Glenda Green

Unendliche Liebe

Glenda Green

Unendliche Liebe
Jesus spricht ...

Wichtiger Hinweis

Die im Buch veröffentlichten Empfehlungen wurden von Verfasserin und Verlag sorgfältig erarbeitet und geprüft. Eine Garantie kann dennoch nicht übernommen werden. Ebenso ist die Haftung der Verfasserin bzw. des Verlages und seiner Beauftragten für Personen-, Sach- und Vermögensschäden ausgeschlossen.

**Aus dem Englischen
von Nayoma de Haën**

Titel der Originalausgabe:
»Love without End«
© Glenda Green
First printing 1999
Spirits Publishing

Deutsche Erstauflage erschien April 2002 Deutsche
Ausgabe: © KOHA-Verlag GmbH Dorfen
Lektorat: Eva Boettler
Fond S. 6, 24, 231 u.a.: Fotolia
Layout: Birgit-Inga Weber
Gesamtherstellung: Karin Schnellbach

Druck: CPI Books, Leck
ISBN 978-3-86728-126-3

Koha Verlag GmbH - St. Sebastian 13 - 84405 Dorfen
www.koha-verlag.de info@koha-verlag.de

Inhaltsverzeichnis

Vorwort		7
Prolog:	Am Anfang …	13

1.	Es werde Licht	24
2.	Er sprach	47
3.	Das wundersame Universum	73
4.	Die Liebe, die du bist	97
5.	Die Ur-Teilchen	131
6.	Der EINE Geist	162
7.	Das Herz ist deine höhere Intelligenz	196
8.	Brücken	230
9.	Leben in Seligkeit	257
10.	Die zehn Gebote der Liebe	281
11.	Unsere Rechte und Freiheiten	309
12.	Gott und die Wirklichkeit	330
13.	Jesus und die Wissenschaften	366
14.	Wege zum Erfolg	396
15.	Die Geliebten	418

Epilog:	Das Leben geht weiter …	446

Widmung

Vater unser, unschuldig und rein,
Geheiligt werde Dein Name.
Möge die Liebe als all das gesehen werden, was sie ist.
Möge die Erde so wie der Himmel gesehen werden.
Fülle diesen Tag aus Deinem überreichen Vorrat,
Und lass uns empfangen,
so wie wir anderen dieses Recht zugestehen.
Heile uns von den Gefahren der Illusionen,
Und erneuere unsere Wahrnehmung der Wahrheit.
Denn die Wahrheit ist das Reich,
und Liebe ist die Macht,
Und Dein ist die Herrlichkeit in Ewigkeit.

Vorwort

> Kämst du hier vorbei,
> Auf welchem Weg immer, von wo immer du ausgingst,
> Zu welcher Tages- oder Jahreszeit immer,
> Geschähe jeweils das Gleiche; du müsstest hintanstellen
> Sinn und Begriff. Du bist nicht hier, um zu bewahrheiten,
> Dich zu unterrichten, deiner Neugier zu frönen
> Oder Berichte abzustatten. Du bist hier, um zu knien,
> Wo Gebet seit jeher gültig war.
>
> T. S. Eliot: »Little Gidding«
> (in: T. S. Eliot: Gesammelte Gedichte.
> Frankfurt/M.: Suhrkamp, 1988)

Überall um uns herum sind Geheimnisse, und die größten, faszinierendsten Geheimnisse des Lebens sollte man genießen, statt sie zu enthüllen. Die Entdeckung der modernen Wissenschaft, dass 99 Prozent der Existenz sich nicht nur der Wahrnehmung durch unsere Sinne und Instrumente entziehen, sondern auch weder Masse noch Gestalt besitzen, ruft ebenso viel Erstaunen wie Demut hervor. Und auch das eine Prozent, aus dem unser Universum besteht, ist nur deshalb fest, weil seine energetischen Konfigurationen relativ stabil sind. Die größten Wissenschaftler, darunter Niels Bohr, Max Planck und Werner Heisenberg, mussten zugeben, dass es auch in einem rationalen Universum Raum für unbegreifliche Wunder gibt.

Albert Einstein sagte: »Das Schönste und Tiefste, was der Mensch erleben kann, ist das Gefühl des Geheimnisvollen. Es liegt der Religion sowie allem tieferen Streben in Kunst und

Wissenschaft zugrunde. Wer dies nicht erlebt hat, erscheint mir, wenn nicht wie ein Toter, so doch wie ein Blinder. Zu empfinden, dass hinter dem Erlebbaren ein für unseren Geist Unerreichbares verborgen sei, dessen Schönheit und Erhabenheit uns nur mittelbar und in schwachem Widerschein erreicht, das ist Religiosität.«

Unsere Wahrnehmung konzentriert sich meistens auf das *eine* Prozent der Existenz, das wir sehen, hören und berühren können. Doch was ist mit den restlichen 99 Prozent? Wie gehen wir damit um? Wahrscheinlich mit Sinnen, die wir noch nicht erkannt oder teilweise noch nicht einmal entwickelt haben. Und doch nehmen wir alle auf selbstverständlichste Weise an dem unendlichen Universum teil. Wann immer wir den Filter, den wir »Selbst« nennen, zur Seite legen oder uns entspannen, uns im Spielen, Dienen, Reden, Träumen, Meditieren, Beten, Studieren oder Schlafen »verlieren«, verlagern wir unsere Aufmerksamkeit vom Überlebensnotwendigen auf die größeren Muster der Verbindung mit endlosen Möglichkeiten. Unsere Verbindung mit dem Unendlichen ist in der Regel keine mystische Himmelfahrt in ein fernes Paradies, sondern die stille, persönliche Epiphanie jener Augenblicke, in denen wir erkennen, dass das Gewöhnliche und das Wunderbare ein und dasselbe sind. In solchen Momenten sehen wir klar, dass alles bereits vor unseren Augen existiert und nur darauf wartet, erkannt zu werden. Marcel Proust hat gesagt: »Das eigentliche Entdecken besteht nicht darin, neue Gebiete zu erforschen, sondern mit neuen Augen zu sehen.«

Das menschliche Bewusstsein ist zweifellos der letzte zu erforschende Kontinent hier auf Erden. Dem allgemeinen Verständnis seiner Zeit weit voraus, regte Jesus Christus vor zweitausend Jahren eine Bewusstseinserweiterung an, deren Ende nicht abzusehen ist. Ausgelöst wurde sie durch seine vielfachen Demonstrationen eines scheinbar paranormalen Umgangs mit dem Leben. Doch die Macht hinter seinen Wundern und ihre Bedeutung lag in seiner Lehre, dass sie eben nicht paranormal sind, sondern auf seiner Ebene der Liebe, Kraft und Wahrnehmung normal. Er versprach sogar, dass wir all dies und mehr auch tun können, wenn wir uns spirituell beharrlich bemühen, wenn wir Gott und die Menschen lieben und unser Bewusstsein erhöhen. Wenn Jesus seine Zuhörer lediglich durch geheimnisvolle Kräfte beeindruckt hätte, um sich der Menschheit überlegen zu zeigen, dann hätten seine Wunder keinen bleibenden Wert gehabt.

Für das in diesem Buch Beschriebene gilt Ähnliches. Falls Sie sich Gedanken darüber machen, was an der Autorin dieses Buches wohl Besonderes sei, dass sie so eine Erfahrung machen durfte, entgeht Ihnen damit der Wert diese Buches. Meine Qualitäten liegen in unseren Gemeinsamkeiten, nicht in unseren Unterschieden. Die Werte, Erklärungen, Inspirationen und Wahrheiten dieses Buches sprechen für sich selbst und legen Zeugnis ab für eine Kraft in der menschlichen Seele, die uns allen zur Verfügung steht.

Die Geschichte, die Sie gleich lesen werden, widerfuhr mir wirklich. Bei ihrer Wiedergabe liegt meine größte Schwierigkeit in der Unzulänglichkeit der Sprache. Wie kann ich eine lebendige, seltene und ungewöhnliche Erfahrung durch Bilder aus der vorhandenen, vertrauten Wirklichkeit vermitteln? Ich wäre daher glücklich (und Sie täten sich einen Gefallen), wenn Sie alle Voreingenommenheit beiseite ließen und einfach davon ausgingen, dass ich eben in eine Welle höheren Bewusstseins gestolpert bin, die allgemeine und erleuchtende Wahrheiten über den menschlichen Geist enthält.

Dieses Buch will weder jemanden überzeugen noch einen Glauben festigen oder verändern. Das Nachgrübeln darüber, wie es nun zu verstehen sei, dass Jesus mir erschien, würde Ihrer Inspiration und dem Genuss dieser Botschaften nur im Wege stehen. Es wäre klug, sich zwei wichtige Tatsachen über Spiritualität und Glauben vor Augen zu halten: Zum Ersten scheint die Wahrheit immer durch, in welcher Geschichte sie auch auftritt, sei es Fiktion oder Realität. Viele der größten Wahrheiten und philosophischen Grundsätze sind dem Bewusstsein in fiktiven oder imaginativen Zusammenhängen präsentiert worden. Also brauchen Sie diese Geschichte nicht zu glauben, um Wahrheit darin zu finden.

Zum Zweiten ist die Kraft persönlicher und subjektiver Überzeugungen ohnehin viel größer als alle formalen oder äußeren Glaubenssysteme. Sie werden Ihre eigenen Überzeugungen formulieren, entsprechend Ihrer eigenen Persönlichkeit, und so soll es auch sein.

Die in diesem Buch dargestellten Gespräche sind bei Weitem wichtiger als die Form, in der sie stattfanden, doch um der Klarheit und Authentizität willen kann man sie nicht von ihrem Kontext trennen. Deswegen werden viele von Ihnen fragen, wer diese Frau ist, die mit Jesus gesprochen hat, und wie es dazu kam.

Beruflich bin ich Malerin und habe an zwei großen Universitäten gelehrt. Als Mensch bin ich eine Frau, die ihre größte Wahrheit in dieser Erfahrung mit Jesus fand. Doch dies ist kein religiöses Buch, und ich bin keine Theologin. Diese Botschaften beruhen nicht auf Lektüre, Studien, religiösen Exerzitien oder menschlicher Belehrung. Sie entstanden durch meine Erfahrung, als ich Jesu Porträt malte. Während der Arbeit an diesem Projekt begann er selbst diesen Dialog, und ich nahm daran teil.

Vier Monate lang, von November 1991 bis zum März 1992, erschien mir Jesus, so wirklich wie das Leben und doch als Manifestation einer göttlichen Ebene. Während dieser Zeit redeten wir von allem Möglichen, wie Freunde es tun. Es ging dabei nicht um ideale Welten oder künftige Ereignisse. Seine Botschaften drehten sich um unser gewöhnliches Leben und den potenziellen Himmel, der in jedem von uns existiert. Seine Worte waren sehr praxisbezogen, universell zeitlos und erfrischend relevant für unseren fortgeschrittenen Kenntnisstand. Sie sind so klar, dass sie keiner Unterstützung oder Erklärung bedürfen.

Ich habe Jesu Worte in einer *Kursivschrift* gesetzt, um es dem Leser zu erleichtern, sie auch unabhängig von unserem Dialog zu genießen. Gleichzeitig habe ich mir große Mühe gegeben, den jeweiligen Zusammenhang zu rekonstruieren, die Fragen, Beweggründe und Gefühle, die ich zu der Situation beitrug. Unser freundschaftlicher Austausch bezog sich immer auf gemeinsame Interessen oder Aspekte unserer Beziehung. Jeden Tag machte ich von unseren Gesprächen ausführliche Aufzeichnungen, manchmal während der Gespräche, doch meist abends, wenn ich alleine war. Ich tat das nur, um auf die Weisheiten, die mir mitgeteilt wurden, auch in Zukunft zurückgreifen zu können. Während des ganzen Prozesses kam ich nie auf die Idee, dass ich unsere Gespräche je veröffentlichen würde, und ich ging bestimmt nicht mit akademischer Genauigkeit daran, alle aus theologischer Sicht interessanten Aspekte zu befriedigen.

Es war eine zutiefst persönliche Erfahrung, doch sie fand inner- und außerhalb von mir statt. Ich hatte nicht nur deutlich sichtbar eine heilige Präsenz vor mir, sondern ich vernahm auch eine wohltönende Stimme und antwortete darauf mit meiner eigenen.

Die vorliegenden Texte sind nicht das Ergebnis von automatischem Schreiben oder Channeling. Wir sind alle Kanäle für Gott. Doch Channeling als beabsichtigter Prozess fand hier nicht statt. Channeling ist eine uralte Praxis, um Botschaften aus anderen Ebenen auf unsere Ebene zu bringen. Diese Methode gewinnt zurzeit wieder an Popularität. Ich erwähne es nur zur Unterscheidung, nicht um es zu bewerten. Jesu Worte waren hörbar, und ich antwortete bei vollem Bewusstsein.

Für eine existenzielle Erklärung der Ereignisse mit all ihren Möglichkeiten reicht meine Perspektive noch nicht aus. Was zwischen dem 23. November 1991 und dem 12. März 1992 geschah, war einfach wundersam. Doch es ist nicht notwendig, es auf eine bestimmte Art zu erklären oder zu betrachten. Ich hoffe, dass die Leser es einfach als die Geschichte einer Frau verstehen, die ihren Platz in einer höheren Wahrheit gefunden hat.

Ob Sie Jesus nun Freund, Lehrer, Meister, Herr oder den fleischgewordenen Gott nennen, ändert nichts an der Tatsache, dass kein anderer Mensch in den letzten zweitausend Jahren mehr Einfluss auf den Verlauf der Menschheitsgeschichte genommen hat als er. Was immer man glauben mag, die Auswirkungen seines Lebens betreffen uns alle. Weit über die zahllosen Gläubigen hinaus gibt es Millionen von Menschen, die seinen Einfluss, seine Liebe und seine Tugenden ehren, auch wenn sie mit den in seinem Namen entwickelten Religionen nichts zu tun haben wollen.

Aus Respekt dafür habe ich mich entschieden, von ihm als »Meister« oder einfach als »Jesus« zu sprechen. Auch wenn manche Leser vielleicht ein sakraleres Protokoll wünschenswert fänden, mir erscheint die Bezeichnung »Meister« ausreichend ehrerbietig und sie bezieht keinen religiösen Standpunkt, der andere von der Lektüre dieser Botschaften ausschließen könnte.

Was Sie von diesen Botschaften haben, wird ein direktes Ergebnis dessen sein, wie Sie sie hören! Ein zentrales Thema in Jesu Lehren an mich war die unschuldige Wahrnehmung: *»Öffnet eure Augen, auf dass ihr seht, und eure Ohren, auf dass ihr hört. Denn nichts ist verhüllt, was nicht enthüllt, und nichts ist verborgen, was nicht offenbar werden kann.«* (Ähnliche Worte sprach der Meister verschiedene Male in den Evangelien. Zwei Stellen, die diesem Zitat sehr ähneln, sind Matthäus 10,26 und Markus 8,18.) Letztendlich ziehen wir alle unsere Schlüsse aus dem, was wir vernommen haben, doch das wird nur wenig sein, wenn wir zuhören, ohne empfänglich zu sein, wenn wir zuhören ohne sehnsüchtiges Herz.

Prolog
Am Anfang ...

Zur hellsten Stunde des kurzen Tags mit Frost und Feuer
Entflammt die kurze Sonne das Eis auf Teich und Gräben,
In windstiller Kälte, die die Hitze des Herzens ist,
Zurückgestrahlt im wässrigen Spiegel
Ein Glast, der Blindheit bedeutet am Frühnachmittag.
Helleres Feuer als flammender Zweig oder Rost
Zündet den tauben Geist; nicht Wind, sondern Pfingstfeuer
In der dunklen Jahreszeit.

T. S. Eliot: »Little Gidding«

Bei vielen großen Geschichten lässt sich der Ursprung nicht genau festlegen, oft waren mehrere günstige Umstände an ihrem Zustandekommen beteiligt. Der genaue Augenblick, in dem die Entwicklung einer Idee anfängt oder eine schicksalhafte Wendung nimmt, bleibt oft unbemerkt, und seine Bedeutung enthüllt sich erst rückblickend. So war es auch mit meiner Geschichte. Wenn ich mich jedoch für einen Anfang entscheiden müsste, dann würde ich Weihnachten 1989 wählen.

In jenem Winter herrschte in Nord-Texas eine bittere Kälte. Es gab zwar keine »weiße Weihnachten«, doch arktische Temperaturen ließen uns am Weihnachtsabend dicht um den Ofen zusammenrücken. Voller Vorfreude auf den kommenden Tag und seinen Segen gingen wir zeitig zu Bett. Es war schon weit nach Mitternacht, als mein Kater Gunnar uns mit einem ohrenbetäubenden Schrei aus tiefstem Schlaf riss. Es waren nicht die Rentiere des Weihnachtsmannes, die ihn erschreckt hatten. Der Kamin unseres Holzofens hatte Feuer gefangen, und Gunnar wurde zu dem Feuermelder, den wir ansonsten nicht hatten.

Als wir zur Besinnung kamen, hatte das Feuer bereits den größten Teil des Wohnzimmers erfasst. Beißender Rauch und Flammen blockierten alle Auswege, sodass unsere einzige Überlebenschance darin bestand, mit ein paar Kleidern und Gunnar unterm Arm aus einem Fenster im ersten Stock zu springen.

Wir konnten uns alle in Sicherheit bringen, doch von unserem ganzen Hab und Gut blieb in kürzester Zeit nichts als Asche. Darunter war auch der größte Teil meiner Bilder.

Wir fanden Zuflucht im Haus meiner Mutter, und der einzige Trost, den ich am Weihnachtstag finden konnte, lag im Schlaf.

Nach ein paar Stunden Ruhe wurde ich von sanften Rippenstößen geweckt.

»Liebling, wach auf!«

»Was ist denn jetzt?« Es war weniger als vierundzwanzig Stunden her, dass ich in einer Katastrophe aufgewacht war.

Mit bebender Stimme flüsterte mein Mann mir zu: »Ich habe gerade geträumt, dass du ein großes Porträt von Christus malen wirst, und das Feuer war irgendwie dafür notwendig.«

»Ach was«, murmelte ich. »Schlaf weiter.« Ich hielt seinen Traum in keiner Weise für eine göttliche Botschaft, sondern nahm an, dass er durch die Gebete und das Mitgefühl unserer Freunde ausgelöst worden war. Ich zog mir die Bettdecke über die Ohren und kehrte in meinen privaten Schutzraum zurück.

Als ich nach mehr als einem Jahr wieder anfing zu malen, spürte ich, dass sich etwas in meinem Herzen verändert hatte. Vielleicht hatte der traumatische Verlust mein Vertrauen erschüttert, jedenfalls war die Begeisterung und Lebendigkeit meiner früheren Arbeiten dahin. Ich studierte den Markt auf der Suche nach Mustern und Tendenzen, die zurzeit erfolgreich waren, während gleichzeitig der Gedanke, aus rein kommerziellen Gründen wieder eine Kollektion meiner Arbeiten aufzubauen, einen dumpfen Schmerz in der Mitte meines Körpers verursachte. Mangels besserer Ideen machte ich jedoch einfach weiter. Ich wendete die Fertigkeiten an, die ich jahrelang entwickelt hatte, in der Hoffnung, dass sich daraus eine neue Wendung ergeben würde.

Meine neuen Arbeiten waren recht ansprechend, auch wenn sie nicht von bahnbrechender Originalität oder Technik waren, und sie hatten beste Aussichten auf eine gute Vermarktung. So entschied ich mich dafür, im Herbst 1991 an einer großen Kunstmesse in Los Angeles teilzunehmen und meine Arbeiten dort zum ersten Mal vorzustellen.

Es wurde kein überwältigender Erfolg, doch ich erhielt etliche gute Aufträge und stellte eine Reihe vielversprechender Kontakte zu Galerien her. Trotzdem fühlte ich mich auf merkwürdige Weise mutlos und ängstlich. Ich war dabei, mich zum ersten Mal in meiner Karriere dem Teil der Kunstwelt anzupassen, der sich vor allem durch Massenproduktion und kommerziellen Erfolg einen Namen machen will.

Mein Maßstab für meinen Erfolg war immer ein akademisch professioneller gewesen. Meine Arbeiten waren von weltweit anerkannten Museen angekauft worden und ich hatte große Einzelausstellungen gehabt. Ich hatte einige prominente Amerikaner porträtiert, darunter einen Präsidenten des U.S. Senats. Mein Porträt von Dr. Paul Peck hing in der Smithsonian Institution, und ein anderes meiner Bilder hing im Museum of the City of New York. Vervielfältigungen meiner Bilder wurden von einem New Yorker Verlag vertrieben, und viele meiner Originale sind in privaten Sammlungen landesweit verteilt. Mein beruflicher Werdegang zeigte Talent, Erfolg und die Anerkennung der »Hüter der wahren Kunst«. Woher kamen also diese nagenden Schuldgefühle darüber, dass ich jetzt auch kommerziellen Erfolg wollte? Dieses äußere Streben hinterließ irgendwie einen bitteren Nachgeschmack. Ich beschloss daher, mir auf der Heimreise Zeit zur Erholung und zur inneren Einkehr zu gönnen. Ich hoffte, von einem inneren, friedvollen Ruhepunkt aus Klarheit über meine wahren Motive zu gewinnen.

In Arizona nahmen wir einen Umweg über Sedona und fuhren durch die herrliche Felslandschaft südlich von Flagstaff. Irgendetwas geschah dort zwischen diesen uralten Sandsäulen, denn am nächsten Morgen fühlte ich mich erholt und zu allem fähig. Ohne bestimmten Anlass hatte ich das Gefühl, dass sich etwas verändern würde. Das Ausmaß der Veränderung wurde jedoch erst im Laufe der Zeit deutlich.

Auf der Heimfahrt hörte ich Mozart und ließ die Schönheit der Musik meine Seele beflügeln. In dieser Stimmung war es leicht, mein Leben zu überblicken und zu erkennen, was mir wirklich wichtig war. Schließlich überkam mich eine tiefe Stille, und außer meinem Drang, einen neuen Anfang zu erreichen, schien nichts mehr von Bedeutung. Ich wandte mich meinem Mann zu und fragte: »Würde es dir etwas ausmachen, wenn ich meine Karriere aufgebe?«

»Nein«, antwortete er. »Tu, was du für richtig hältst.«

Was waren schon mehr als dreißig Jahre harter Arbeit! Ich war innerlich davon überzeugt, dass sich etwas anderes ergeben würde. Wenn ich damals geahnt hätte, was dann kam, wäre ich die Sache vielleicht nicht so entspannt angegangen.

Mein Gefühl der Erleichterung passte zu dem weiten Horizont der trockenen Hochebene Neu-Mexikos, durch die wir fuhren. In der Stille der Wüste versank ich in einen traumartigen Zustand und schaute innere Bilder von unglaublicher Schönheit. Ich bin es gewohnt, Bilder zu empfangen und damit zu spielen, doch diese waren etwas Besonderes. Aus einem sanften inneren Licht hob sich nach und nach eine wunderbare Landschaft mit Feldern, die zu einem üppig grünen Flusstal hin abfielen. Am Flussufer stand ein Baum, dessen Stamm in zwei Hälften gespalten war, und darüber zogen Schäfchenwolken durch einen azurblauen Himmel.

Es war ungewöhnlich für mich, Landschaften als innere Bilder zu empfangen. Es war wohl offensichtlich, wie die Schönheit dieses Eindrucks mein ganzes Sein durchdrang, denn mein Mann fragte mich in diesem Augenblick: »Woran denkst du?«

»Ich denke an gar nichts. Ich sehe eine wunderschöne Landschaft vor meinem inneren Auge.«

»Ach so.« Und einen Moment später fügte er hinzu: »Hast du eigentlich in letzter Zeit über die Idee nachgedacht, das Bild von Jesus zu malen?«

Musste er jetzt unbedingt davon anfangen? Trotz all meiner Widerstände hatte Brian das Thema nie aufgegeben. Ich wunderte mich, wie meine Gedanken und Visionen diese Reaktion auslösen konnten.

»Danach brauchst du gar nicht zu fragen«, erwiderte ich verärgert und versuchte so zu tun, als sei ich kurz vorm Einschlafen.

Nach einer kurzen Pause fuhr er jedoch fort: »Wie würdest du so ein Bild denn angehen?«

»Das ist völlig egal«, gab ich zurück, »denn ich werde das nicht tun, und zwar aus folgenden Gründen.« Ich hoffte, dass ich das Thema endlich vom Tisch bekäme, wenn ich alle Einwände dagegen genau aufzählte.

In meinem Studium der Kunstgeschichte war mein Schwerpunkt die mittelalterliche Kunst Europas gewesen, die im Wesentlichen christlich ist. Ich konnte also aus der Geschichte ausführlich begründen, dass die Grundlage der christlichen Kunst eine bestimmte Theologie ist und dass die christliche Kunst diese Theologie mit ihrer Symbolsprache lehrt und unterstützt. Dies war notwendig, weil es zu wenig historische Fakten über das Leben Jesu gab und die künstlerische Inspiration häufig die Grenzen der kirchlichen Doktrin überschritt. Michelangelo bezahlte gewisse Freiheiten, die er sich an der Decke der Sixtinischen Kapelle nahm, beinahe mit dem Leben. Der Papst hielt sich an das theologische Protokoll, doch der Blick des Künstlers in die ewigen Reiche blieb von diesen Gesetzen unberührt.

Ich kannte keine historischen Beschreibungen Jesu, jedenfalls nicht im Neuen Testament. Für mich als Porträtmalerin war das Projekt allein dadurch schon beendet. Und als gute Porträtmalerin wusste ich darüber hinaus um die intime Beziehung zwischen Körper und Seele, das heißt, kein anderer Mann konnte an Jesu Stelle gemalt werden, wenn das Bild die richtigen Gefühle vermitteln sollte.

Damit nicht genug, stellte ich außerdem klar, dass ich auf keinen Fall ein Porträt von Jesus erfinden würde. Ich war davon überzeugt, dass im Bereich der Vorstellungskraft jeder Mensch das Recht hatte, ihn auf seine eigene Weise zu sehen, und ich wollte meine privaten Vorlieben niemand anderem aufzwingen. In der Hoffnung, die Diskussion damit ein für alle Mal zu beenden, schloss ich meine Ausführungen mit dem Satz: »Und weißt du was: **Wenn er kommt und für mich sitzt, dann werde ich ihn malen.**«

Brian ließ mich eine Weile in Ruhe, doch er war noch nicht fertig. »Wie würdest du das Bild denn nennen?«, fragte er nach.

Ich war zu aufgebracht, um zu antworten, doch als ich gerade »Keine Ahnung« sagen wollte, geschah etwas sehr Merkwürdiges. Vor meinem inneren Auge schoss ein Pfeil vorbei und zog ein Banner hinter sich her, auf dem die Worte standen: »Das Lamm und der Löwe.« Grasende Schafe tauchten auf den Wiesen meiner inneren Landschaft auf und eine große Wolke nahm die Form eines Löwen an. Es war keine menschliche Gestalt zu sehen, doch ich erstarrte angesichts der plötzlichen Erkenntnis, dass ich tatsächlich ein Porträt von Jesus Christus malen würde.

Aber wie? Hatte ich nicht gerade hundert gute Gründe aufgeführt, warum es unmöglich war?

Es blieb mir nichts anderes übrig, als mich darauf einzulassen und mein Bestes zu geben. Ich gab mir drei Monate Zeit, um Nachforschungen anzustellen und Material für dieses Projekt zu sammeln. Ich begann damit, das Neue Testament zu lesen, doch das war wenig hilfreich, da sich dort kaum Hinweise auf das körperliche Erscheinungsbild Jesu finden. Wir erfahren nur Dinge wie seine Herkunft aus dem Hause David, dass er ein Zimmermann und Fischer war und dass er stark genug war, selbst nach der Folter noch ein schweres Kreuz zu tragen.

Ich fand im Weiteren heraus, dass die Zimmerleute jener Zeit nicht nur messen und Holz verbinden konnten, sondern auch selbst die Stämme im Wald auswählten, fällten und zu Bauholz verarbeiteten. Sie mussten also in der Lage sein, schwer körperlich zu arbeiten.

Ich forschte auch nach, ob es irgendwelche besonderen Eigenschaften gab, die den Angehörigen des Hauses David zugeordnet wurden. Jeder der zwölf Stämme Israels hatte seine Eigenheiten und seinen Bereich. Das genetische Potenzial Israels war damals wie heute größer, als man gemeinhin annimmt. Von den zwölf Stämmen verschwanden zehn während des babylonischen Exils (das sind die »verlorenen Stämme Israels«, von denen oft die Rede ist). Nur der Stamm Davids und Benjamins, die Leviten und die Überreste einiger der anderen Stämme kehrten zurück. Aus dem Hause Davids gingen die Regenten, Aristokraten und die militärische Elite der Juden hervor, weshalb sie ein bevorzugtes Angriffsziel von Eroberern waren. So vernichteten auch die Römer bei ihrer Besetzung des Heiligen Landes besonders die Angehörigen der Linie Davids.

Als Jahrhunderte später, im Mittelalter, Europäer von Pilgerfahrten ins Heilige Land zurückkehrten, beschrieben sie die verbliebenen Einwohner jenes Landes mit vereinfachten Bildern, in die sich Eindrücke von arabischen und anderen Völkern des Nahen Ostens mischten. Diese stereotypen Vorstellungen über Aussehen und Charakter der Juden verfestigten sich und haben sich in der christlichen Kunst teilweise bis zum heutigen Tag gehalten.

In den wenigen noch erhaltenen antiken Beschreibungen von Juden wird der Stamm Juda oft als höher gewachsen und heller bezeichnet. Ich habe semitische Freunde gefragt, was »heller« in ihrer Welt bedeutet, und sie wiesen mich darauf hin, dass das nicht blond im nordischen Sinne sei. Man müsse sich darunter vielmehr eine hell-olivfarbene, blassere Haut und Augen von haselnussbrauner bis blaugrüner Farbe vorstellen, umrahmt von goldbraunen bis rotbraunen Haaren.

Vielleicht ist Jesus verschiedenen Menschen in unterschiedlicher Weise erschienen, doch seine charismatische Ausstrahlung legt die Annahme nahe, dass er auf irgendeine Weise besonders anziehend war – zumindest wenn er es **wollte!** Ich konnte jedoch nur vermuten, wie das aussah, und Vermutungen sind nichts für eine Porträtmalerin.

Die frühesten Darstellungen von ihm aus dem 1. und 2. Jahrhundert zeigen einen gut aussehenden jungen Mann, doch sie stehen mehr unter dem römischen Einfluss einer Assoziation mit Apollo, als dass sie dem Nazarener ähnelten. Im Zuge der Romanisierung der Kirche wurden solche symbolischen Parallelen genutzt und stifteten Verwirrung. Daher verboten die frühen Kirchenfürsten den Künstlern, Jesus irgendwie stark oder ansehnlich darzustellen. Sie stützten ihren Standpunkt auf die aus dem 7. Jahrhundert v. Chr. stammende Prophezeiung, die im Alten Testament bei Jesaja 53,2 steht: »Keine Gestalt besaß er, noch Schönheit; und es war kein Anblick, dass wir sein begehrten.« Die meisten Bibelforscher sind sich heutzutage darüber einig, dass diese Prophezeiung sich auf die Art des Charakters und der Führerschaft des Messias bezieht, nicht auf seine äußere Erscheinung. Das würde bedeuten, dass der kommende Messias kein reicher, weltlicher Prinz sei, von dem man sich Privilegien und finanzielle Unterstützung erbitten könne. Diese Interpretation hat sich sicherlich als zutreffend erwiesen. Aber müsste nicht der Herr des Lebens, der Tote erwecken konnte, selbst Gesundheit und körperliches Wohlbefinden ausstrahlen? Mir erscheint das sehr logisch, doch den nur mit der Festigung ihrer geistigen Vorherrschaft befassten Kirchenfürsten jener Zeit passte die Passage bei Jesaja gut ins Konzept, um alle Aufmerksamkeit von seiner körperlichen Erscheinungsform abzulenken. Die meisten Bildnisse von Jesus in den letzten 1700 Jahren sind ein Ergebnis dieser Entscheidung.

Die Kraft jahrhundertealter Traditionen wirkte auch auf mich, und je mehr ich erfuhr, desto weniger fühlte ich mich in der Lage, diese Aufgabe zu erfüllen. Es war meine Grundbedingung, dass ich meine Integrität wahren würde, und so manövrierte ich mich in eine aussichtslose Lage. All die Teilchen, die ich zusammengetragen hatte, waren interessant, doch zusammengesetzt würden sie einen Flickenteppich ergeben und kein Bild von Kraft und Charakter.

Nach drei Monaten hatte mich jede Spur, die ich verfolgt hatte, in eine Sackgasse geführt und mehr Widersprüchlichkeiten hervorgebracht, als ich verarbeiten konnte. Was sollte ich mit alldem anfangen? Für sich genommen hatte es weder Wert noch Verwendbarkeit.

Die Antwort kam am 23. November 1991. Es war ein wunderschöner Herbsttag, der in keiner Weise andeutete, dass etwas geschehen würde, was den unzusammenhängenden Ereignissen der letzten Jahre Sinn verleihen und die Möglichkeit einer unvorstellbaren Zukunft eröffnen würde.

Das klare Licht des Morgens strich mit seinen langen Fingern über den Rasen und betonte die wenigen leuchtend roten Blätter, die noch an den Bäumen in unserem großen, städtischen Garten hingen. Solche Momente sind wie dafür geschaffen, sich in Gedanken zu verlieren, und ich hatte viel nachzudenken. Der Dampf meines Kaffees wärmte mein Gesicht, als ich in der kühlen Novemberluft in der Hängematte saß.

Ich erging mich in angenehmen Erinnerungen aus meinem Leben und sah ein Muster von Neuanfängen, das stetig wiederkehrte, doch in unübersehbarer Ironie stach der außergewöhnliche Akt der Zerstörung in der Heiligen Nacht 1989 besonders hervor. Wenn ich damals schon so viel über Paradoxe gewusst hätte wie heute, dann hätte ich vielleicht nach den – die Zukunft voraussagenden – Zeichen in den Umschwüngen gesucht, die mein Leben seit diesem Ereignis bestimmten. Doch so fand ich an jenem Novembermorgen meinen einzigen Frieden in dem rhythmischen Schwingen der Hängematte, das leise zu flüstern schien: Gib dich hin, gib dich hin, gib dich hin!

Trotz meiner angenehmen Träumereien lenkte mich die farbenprächtig glühende Natur von der inneren Ruhe ab, nach der ich mich sehnte. Ich aß etwas zu Mittag und begab mich ins Innere des Hauses in das Esszimmer, welches selbst zur Mittagsstunde in einem angenehmen Dämmerlicht lag. Es war ein sehr geeigneter Raum, um mit Gott allein zu sein.

Meine Gebete begannen mit Bitten und Vorwürfen, die meinen Widerstand rechtfertigen sollten. Dann brachte ich meine Gefühle zum Ausdruck, meine Zweifel und Ängste. Doch noch immer fand ich keinen Frieden. Zu guter Letzt bat ich um Vergebung dafür, dass ich etwas vorgehabt hätte, was offensichtlich jenseits meiner Kapazität lag, und gab zu, dass meine zurückhaltende Begeisterung eines solchen Werkes unwürdig sei. Auch das löste nichts. So überlegte ich, ob wohl meine Beschäftigung mit dieser Idee lediglich dazu gedient hätte, mich zu einer anderen, vernünftigeren Unternehmung hinzuführen, die sich mir noch offenbaren würde.

Nachdem ich in dieser Weise alle Möglichkeiten ausgeschöpft hatte, die ich mir nur vorstellen konnte, legte ich schließlich meinen Kopf auf meine auf dem Tisch gefalteten Arme und schlief ein.

Ich hatte über eine Stunde geschlafen, als ich von einem hellen Leuchten im Zimmer erwachte. Strahlend glitzernde Helligkeit umgab meinen Körper und erfüllte mein Wesen mit neuer Lebendigkeit. In diesem alles umhüllenden Licht spürte ich die Gegenwart einer Heiligkeit, die mein Leben für immer veränderte. Es war der Anfang vom Ende meines gewöhnlichen Lebens und meiner normalen Wahrnehmung. In jenem Augenblick wurde ich für eine Audienz mit Jesus Christus vorbereitet, die in einer solchen Vollständigkeit meine menschlichen Sinne erfüllte, dass ein Gemälde in den Bereich des Möglichen rückte und eine neue Wirklichkeit wahr wurde.

1
Es werde Licht

Das Leuchten war so hell, dass alle Schatten im Raum verschwanden. Ein Blick nach oben bestätigte mir, dass die Beleuchtung ausgeschaltet war. Ohnehin fühlte sich dieses sanfte, weiße Strahlen, das wie eine Wolke vom Himmel herabzuschweben schien, nicht nach einem künstlichen Licht an. Eine Stille wie frisch gefallener Schnee umfing das ganze Haus. Silbrige Lichtfäden strömten durch diese Stille, energetische Wellen und sanfte Luftstöße, wie von Flammen. Die Quelle dieser Impulse lag in einem Punkt gleißender Helligkeit, der wie die Sonne strahlte und doch nicht feurig war, sondern mehr wie die höchste Konzentration dieses Lichtes schien, das den ganzen Raum erfüllte und dessen Herrlichkeit durch glänzende silberne und goldene Muster noch erhöht wurde, die in schimmerndem Weiß miteinander verwoben waren und in Blau-, Rosa- und Lavendeltönen funkelten.

Ich konnte nur einen Augenblick lang in diese Mitte hineinblicken, weil meine Augen sich sofort mit Tränen füllten. Als ich mich voller Ehrfurcht abwandte, vernahm ich Klänge, die sich zu den Kadenzen und Mustern einer Sprache formten, die ich noch nie gehört hatte. Die »Worte« begannen, in meinem Geist eine Bedeutung anzunehmen, und ihre Botschaft war: *»Sei gegrüßt, Glenda.«*

Unbeschreibliche Heiligkeit erfüllte den Raum. Wenn Licht singen könnte, wären himmlische Sphärenklänge erklungen. Wenn Licht duften könnte, hätte es die Unschuld reiner Bergluft verströmt.

Ich schaute wieder in das Zentrum des Lichts, doch das Strahlen war einfach überwältigend. Ich schloss meine Augen, um sie vor dieser Helligkeit zu schützen, und weinte dabei. In dem gleichen Augenblick, in dem ich mich so in mich selbst geflüchtet hatte, schoss aus dem Zentrum dieser Erscheinung ein Strahl von Energie in den Punkt zwischen meinen Augenbrauen. Ich verspürte einen Druck und öffnete die Augen, nur um tatsächlich einen Energiestrom zu sehen, der in mich hineinfloss. Zu meiner inneren Sicht zurückgekehrt, konnte ich beobachten, wie ein Bild meinem Gedächtnis eingeprägt wurde. In etwa fünf Sekunden war die Übertragung abgeschlossen, bei der die Vision in dem optischen Bereich meines Gehirns offensichtlich so verankert wurde, dass sie unveränderlich blieb. Ich konnte sie mir von nun an zu jedem beliebigen Zeitpunkt betrachten.

Gebannt und hingerissen bestaunte ich eine vollständig dreidimensionale, holografische Vision von Jesus Christus. Majestätisch stand er da, auf einem Hügel über einer grünen Flusslandschaft, in der Schafe weideten, und darüber türmte sich eine große Wolke zu der Gestalt eines Löwen. Es war eindeutig die gleiche Landschaft, die ich auf der Fahrt durch Neu-Mexiko in meiner Vision erblickt hatte. Nur dass jetzt der oberste Hirte das Bild vervollständigte. Es war die lebendigste und realistischste Malvorlage, die ich mir wünschen konnte, wenn ich ihn schon nicht selbst porträtieren konnte.

Als meine äußere Wahrnehmung zur Normalität zurückkehrte, war die leuchtende Erscheinung verschwunden, und die Wirklichkeit erschien wieder so, wie man es von ihr normalerweise erwartet. Ich ahnte jedoch, dass gewisse Dinge für mich nie mehr so sein würden wie zuvor. Diese Ahnung bestätigte sich, denn nach diesem gesegneten Augenblick veränderte sich mein ganzes Leben.

Das wunderbare Licht war meiner Seele auf ewig eingeprägt, oder vielleicht eher: mit meinem Herzen in einem vereinten, unendlichen Herzschlag verschmolzen. In mir war ein Funke zum Leben erweckt worden, der mich in ein immens erweitertes Bewusstsein und Leben führte.

Vierzig Tage vergingen, bevor ich mir der Bedeutung dieser Erfahrung sicher genug war, um mit dem Malen beginnen zu können. Jeden Morgen intensivierte ich meine Beziehung zu der Vision durch andächtige Bewunderung und Meditation. Ich vertiefte mich in jede Nuance und atmete sie in mich ein wie das Leben selbst.

Im Laufe der Tage wurde die Vision vollständiger und die Gegenwart Jesu lebendiger. Allein diese Tatsache unterschied diese Erfahrung von vergangenen Erlebnissen mit Träumen oder visuellen Inspirationen, die durch Wiederholung in der Regel verblasst.

Zunächst war das Gefühl so, als ob man durch die Glasscheibe eines Fensters einen Freund grüßt. Die wunderbaren Augen des Meisters, die eine immer tiefere Hingabe in mir hervorriefen, ließen jedoch schließlich das »Glas« zwischen uns schmelzen und zogen mich magnetisch in seine Welt. Dadurch wurde seine Gegenwart noch unmittelbarer und lebendiger. Ich schien in eine Welt geraten zu sein, die wie ein großer Traum die Sinne erfüllte und alles umspannte, doch ich empfand in diesem »Traum« eine größere Wachheit, als ich sie je erlebt hatte. Ein weiterer Unterschied zu unseren normalen nächtlichen Träumen lag darin, dass wir in diese durch eine Dunkelheit hindurch gelangen. Zu meinen Begegnungen mit Jesus ging ich jedoch durch ein lebendiges, deutlich wahrnehmbares Licht hindurch.

Die Tage zwischen dem 23. November und dem 1. Januar waren angefüllt mit Vorbereitungsarbeiten, Erkundungen meiner persönlichen Realität und geistiger Kontemplation. Letztere hatte plötzlich einen Quantensprung in kosmische, unendliche Möglichkeiten erfahren. Erinnerungen aus meinen Jahren als Studentin mittelalterlicher christlicher Kunst stiegen auf. Ich hatte viele Darstellungen paranormaler Visionen von Jesus oder Maria kennengelernt, und angesichts der Prüfungen und Härten des klösterlichen Lebens, die mit solchen Visionen oft einhergingen, hatte ich zunächst etwas Sorge um mein Wohlbefinden. Doch meine glänzende Gesundheit löste derartige Bedenken schnell auf, und meine Aufmerksamkeit wandte sich einem noch faszinierenderen Kapitel meines akademischen Hintergrunds zu, der Beziehung zwischen Licht und Körper. Schließlich war mir die seltene Gelegenheit einer alle Sinne umfassenden, mystischen Erfahrung in einer Zeit zuteil geworden, die genug über das Universum weiß, um Einsichten in die Zusammenhänge zwischen dem »Normalen« und dem »Paranormalen« erkennen zu lassen.

Mir fiel Karl Pribram ein, mit seinen bedeutenden Untersuchungen über die holografische Funktion des menschlichen Gehirns. Andere hatten schon vor ihm demonstriert, dass das Sehzentrum im Gehirn nicht auf Hell, Dunkel und Farbe reagiert, sondern auf die Frequenzen verschiedener Wellenformen, und dabei die gleichen mathematischen Funktionen verwendet wie in der Holografie, um diese Impulse nach ihrer Wahrnehmung durch unsere Sinne in unterscheidbare Bilder zu übersetzen. Pribram war einen Schritt weiter gegangen, indem er diese Theorie zu ihrem logischen Schluss führte, dass die objektive Realität – die Welt der Materie, der Strukturen und Dinge – vielleicht gar nicht auf die Weise existiert, wie wir sie wahrnehmen. »Nicht dass die Welt der Erscheinungen falsch sei ..., vielmehr erhält man eine andere Sicht, eine andere Realität, wenn man durchbricht und das Universum durch ein holografisches System betrachtet. Diese andere Realität erklärt vielleicht Dinge, die bislang wissenschaftlich unerklärbar schienen, wie zum Beispiel paranormale Phänomene, Synchronizitäten und die offensichtlich bedeutungsvolle Gleichzeitigkeit von Ereignissen.«

In Ergänzung der Theorie des holografischen Gehirns stellte David Bohm die noch erstaunlichere Behauptung auf, dass die gesamte wahrnehmbare Realität eine Art Hologramm sei, in dem jeder Teil des Ganzen nicht nur auf einer primitiven Realitätsebene ungeheuren Ausmaßes wiedergefunden werden könnte, sondern auch unendlich daraus reproduzierbar sei. [Michael Talbot: The Holographic Universe. New York, 1991; dt. Übersetzung: Das holographische Universum. München: Droemer, 1976.]

Dies waren bemerkenswerte Konzepte, und sie sollten in ebenso bemerkenswertem Umfang Bestätigung erhalten. Zuerst einmal hatte ich jedoch meine geheimen Befürchtungen und scheute mich vor der Heiligkeit dessen, was ich der Welt präsentieren sollte – **falls** meine künstlerischen Bemühungen erfolgreich sein würden. Dieses »falls« geisterte immer wieder durch meine Gedanken, und in jedem meiner Gespräche und Kontakte mit der Außenwelt suchte ich Unterstützung. Brian, mein Mann, versuchte mich auf alle erdenkliche Weise zu unterstützen und zu ermutigen. Er schlug vor, dass ich Kontakt mit echten Schafen suchen sollte. Ich könnte ein Lamm zeichnen oder fotografieren, um einen greifbareren Bezugspunkt für mein Werk zu haben.

Nachdem wir alle Schaffarmen in den umliegenden Landkreisen abgegrast hatten, mussten wir uns damit abfinden, dass Ende November eine ungünstige Zeit ist, um ein Lamm zu finden. Trotzdem schlug Brian vor, am Samstag zu dem landwirtschaftlichen Markt meiner Heimatstadt zu fahren. Mit der Kamera in der Hand starteten wir im Morgengrauen unsere Jagd auf das Lamm. Wenn ich zumindest ein Foto schießen und ein Lamm auf dem Arm halten könnte, hätte sich das schon nach Fortschritt angefühlt.

Als wir ankamen, gingen wir sofort in den Großviehbereich – und wurden dort gleich wieder enttäuscht. Die einzigen zwei Lämmer waren schon morgens um halb neun verkauft worden. Das Glück schien uns einfach nicht hold zu sein.

Ich wollte gerade wieder nach Hause zurückkehren, als ich aus dem Augenwinkel in einer Nebenstraße eine zottelige Herde unterschiedlichster Schafrassen entdeckte, die von einem grauhaarigen, alten, mexikanischen Händler angetrieben wurde. Es war eine armselige Versammlung wollig-verdreckter Kreaturen. Ich wollte mich gerade abwenden, als am Schluss der Herde ein leuchtend weißes Mutterschaf auftauchte und auf mich zuging. Ihre kurze, reine Wolle, ihr langer Hals und ihr erhabener Ausdruck ließ sich mit nichts vergleichen, was ich bis dahin gesehen hatte, und ihre eindrucksvolle Erscheinung wurde durch ihre offensichtliche Trächtigkeit noch gesteigert.

Nach einem alten Kinderreim nannte ich sie spontan »Mary«, denn ihr Fell war wirklich »weiß wie Schnee«. Innerhalb von wenigen Minuten entwickelte sich eine Beziehung zwischen uns, und mich überkam das Bedürfnis, sie zu adoptieren. Ich rechtfertigte das schnell damit, dass es dann ja bald ein Lamm geben würde und mir durch den Kauf von Mary beide als Modell dienen könnten. Passenderweise war unser renoviertes Farmhaus als landwirtschaftlicher Bereich deklariert, obwohl es inzwischen mitten in der Stadt lag. So kam es, dass wir zwei uns, etwas unbeholfen, als Schäfer betätigten und Mary auf den Rücksitz unseres Cadillac luden. Sie schien immer noch zu leuchten, auch außerhalb ihrer Herde, und so fragte ich den Händler nach ihrer Rasse. »Sie ist ein Mufflonschaf«, brummte er, während ich ihn bezahlte. Da mir das nichts sagte, fuhren wir ohne weiteres Gespräch davon.

Wir fühlten uns etwas »schafsköpfig«, als die Leute sich über unseren Passagier lustig machten. Die hatten ja keine Ahnung! Um uns von unserer Lächerlichkeit abzulenken, redeten wir Mary gut zu und schmiedeten Pläne für ihre Behausung. Doch plötzlich fragte ich mich: »Was ist eigentlich ein Mufflonschaf?« Der Name klang irgendwie vertraut, doch ich erstarrte bei dem Gedanken, dass Mary vielleicht eine dieser modernen Rassen sein könnte, die es zur Zeit Jesu noch nicht gab. Als Kind war ich oft auf der Schaffarm meines Onkels gewesen, doch so etwas wie sie hatte ich dort nie gesehen. Je mehr ich darüber nachdachte, desto mehr erschien es mir als Problem, denn jedes moderne Element würde der Integrität des Werkes Abbruch tun.

Nachdem wir Mary untergebracht hatten, machte ich mich also auf in die Bibliothek, um meine Frage zu klären. Ich fand das Gesuchte schnell in einer Enzyklopädie, doch ich suchte noch in zwei weiteren Quellen nach Bestätigung für das mir höchst erstaunlich erscheinende Ergebnis: Das Mufflonschaf gilt als die älteste domestizierte Schafrasse Europas und als Vorfahr aller Hausrassen. Und es war vor zweitausend Jahren im Nahen Osten verbreitet!

Ich las die Abschnitte immer wieder, bis ich sie auswendig konnte, und bestaunte die wundersame Weise, in der so viele Teile des Puzzles zusammenwirken mussten, damit ein derart vollkommenes Ereignis geschehen konnte. Ohne in den Nahen Osten zu reisen und mit Beduinen zu verhandeln, hätte ich wohl kein perfekteres Modell finden können. Es schien fast unbegreiflich, wie ich Mary in meiner Heimatstadt, auf der Straße, auf der ich schon als Kind gespielt hatte, begegnen konnte. Seit wie langer Zeit war dieses Gemälde wohl schon vorherbestimmt?

Die Begegnung mit Mary schien mir ein Zeichen zunehmender Festigung und Beständigkeit zu sein, doch in Wirklichkeit war sie nur der Auftakt zu noch größeren Wundern.

Der bekannte Quantenphysiker David Bohm sagte einmal: »Materie ist gefrorenes Licht.« Diese Bemerkung beschreibt vielleicht das ultimative Paradox unseres Universums: Das sich vor uns Entfaltende hat sich höchstwahrscheinlich zuvor aus Mustern und Strahlungen entwickelt, die weit jenseits unserer Vorstellungskraft liegen.

Angesichts der Nähe zu Weihnachten und dem ganzen Feiertagsrummel entschied ich mich, mit dem Gemälde Anfang Januar zu beginnen. Das würde mir auch Zeit geben, einige vorbereitende Entscheidungen zu treffen und die Leinwand zu präparieren. Zunächst musste ich die Größe festlegen. Also richtete ich meine Aufmerksamkeit auf die Vision und fragte Jesus. Dabei kam es mir zum ersten Mal in den Sinn, die Vision als ein Mittel zum Dialog zu sehen. Die Antwort wurde mir telepathisch zwar wortlos, doch klar vermittelt. Die Leinwand sollte einen Meter zwanzig im Quadrat groß sein.

Es war ein ruheloser Dezember. Ich fühlte mich wie ein Rennpferd, das darauf wartet, dass sich das Gatter öffnet. Sooft ich mich auch durch den Blick nach innen der Vision versicherte, sie blieb glasklar und schien anzukündigen, dass eine ganz neue Welt geboren werden sollte. Sie war offensichtlich lebendig, und ich bestaunte sie ehrfürchtig. Dieses innere Bild zeigte und verstärkte so viel von Jesu Lebenskraft, dass es mir schließlich das Gefühl vermittelte, er sei da!

Die Anspannung wuchs, in meiner Familie knisterte es vor Aufregung, und in stiller Erwartung war ich erfüllt von etwas, das sich nicht in Worte fassen ließ.

Als ich am zweiten Januar in mein Atelier ging, empfand ich einen geradezu beunruhigenden Frieden – einen Frieden, den mein Körper nur mit einer Gänsehaut als die Ankündigung der Gegenwart des Schicksals interpretieren konnte. Obwohl der Raum nach Leinöl und Terpentin roch statt nach Weihrauch, schien er doch die Atmosphäre eines Tempels zu haben. Vielleicht entsprachen meine Gefühle auch einfach meinen Erwartungen. Vielleicht erfüllte jedoch ein Geist der Heiligkeit in Erwartung meines Kommens den Raum und hatte einen Platz für die »Eröffnungslinien« der Schöpfung vorbereitet. Wie auch immer, meine Sinne waren so klar und rein, als ob ich eben erst in diese Welt geboren worden wäre. Von dem Staub auf dem Fensterbrett bis hin zu meiner unordentlichen Ansammlung von Pinseln und der vor mir aufragenden Staffelei bestand dieser Augenblick aus Einzelheiten, die ich nie vergessen werde. Natürliches Sonnenlicht fiel in den Raum und erinnerte mich an das andere, heilige Licht, welches ich erfahren hatte. Ich bewegte mich durch seine Strahlen, und die Bewegungen meines Körpers verlangsamten sich dabei zunehmend bis hin zu völliger Stille. Das Gefühl der Unausweichlichkeit des Augenblicks erfüllte mich – alles schien zwischen Zeit und Raum in der Schwebe zu hängen. Tausend Augen schienen auf mir zu ruhen, und ich suchte innerlich und äußerlich nach den »Beobachtern«.

Ein forderndes Miauen vor der Tür unterbrach die feierliche Ruhe. Was auch immer da im Atelier vor sich ging, Gunnar, mein schöner tibetischer Kater, wollte dabei sein. Zögerlich öffnete ich die Tür, irgendwie erwartete ich, dahinter mehr als nur Gunnar zu finden, und war ziemlich erleichtert, nichts als das kleine Blauauge zu sehen. Er sprang flink herein, als ob der Zeitpunkt und die Gelegenheit nicht verpasst werden dürften, und machte es sich dann auf einem meiner zwei weißen Meditationskissen bequem.

Ich wandte mich der jungfräulich weißen Leinwand auf meiner Staffelei zu, doch noch immer hatte ich nicht das richtige

Gefühl, um anzufangen. Also setzte ich mich zu Gunnar auf das andere Kissen und begann mit meiner täglichen Praxis der Anerkennung der Gegenwart des Meisters, indem ich mich so lange auf den Lichtpunkt konzentrierte, bis die Vision erschien. Heute wollte ich ihre Details besonders eingehend betrachten, denn wenn meine Aufmerksamkeit erst einmal auf die Leinwand gerichtet ist, dann bin ich ganz von dem kreativen Prozess eingenommen.

Plötzlich unterbrach ein neues Miau von Gunnar die Tiefe meiner Meditation. Ein sanfter Wind strich durch den Raum und über mein Gesicht. Das »innere« Licht, welches das Bild vor meinem inneren Auge erhellte, schimmerte jetzt auch von außen durch meine Augenlider! Mit noch nie da gewesener Gewissheit öffnete ich meine Augen, um Christus vor mir zu erblicken.

Langsam und mit Ehrerbietung erhob ich mich, setzte mich vor die Staffelei und begann, auf die Leinwand zu zeichnen. Mein Problem, wie ich gleichzeitig die Vision sehen und malen sollte, hatte sich gelöst, auch wenn mir die dahinterstehenden Mächte ein Geheimnis waren.

Kein Wort wurde gesprochen, doch ich konnte nicht anders, als während des Übertragens seiner Gegenwart auf die reine, weiße Oberfläche unaufhörlich zu lächeln. Von diesem Tag an erschien er mir jedes Mal in dreidimensionaler Wirklichkeit, wenn ich an meiner Staffelei arbeitete. Von Tag zu Tag wurde es mehr als eine Vision. Jesus war da, und gemeinsam erschufen wir das Gemälde.

Ich arbeitete noch zwei oder drei Tage an der Zeichnung, sodass ich erst in der folgenden Woche mit dem Malen begann. Nach dem Auftragen der ersten Farbschicht rechnete ich mit ein paar Tagen Pause, denn Ölfarbe braucht immer lange, um zu trocknen. Es ist einfach ein zeitaufwendiges Medium. Auch wenn einige Farben schneller trocknen als andere, sodass man in der Regel irgendwo auf dem Bild arbeiten kann, ist es trotzdem normal, mindestens einen Tag warten zu müssen. Als ich am nächsten Morgen ins Atelier ging, um die Farbe zu prüfen, war jedoch alles trocken! Ich konnte es nicht fassen. Ich verwende nie Trocknungsmittel oder Verdünner, weil die Haltbarkeit der Farbe darunter leidet. Auch wenn es mir ein Geheimnis blieb, wie das möglich war, Tatsache ist, dass die Farbe während der ganzen Arbeit immer innerhalb von Stunden statt Tagen trocknete. Das hatte natürlich große Auswirkung auf die Dauer des Projekts.

Ich arbeitete jeden Tag außer sonntags. Alles fügte sich mühelos zusammen. Es ist erstaunlich, wie schwer wir akzeptieren können, keine Probleme zu haben. Doch alles stand zum richtigen Zeitpunkt zur Verfügung.

So hatte ich bis zum 6. Februar alles so weit gemalt, wie es mir ohne das Lamm möglich war, und nahm an, jetzt eine Weile auf seine Geburt warten zu müssen. Doch in genau jener Nacht kam es zur Welt. Wir gaben unserem »Schätzchen«, wie wir ihn nannten, noch zwei Tage Zeit, um ein bisschen zu Kräften zu kommen, und im Alter von drei Tagen stand er dann Modell.

Ein typisches Element der meisten kreativen Projekte ist das, was manche Künstler »Dschungelzeit« nennen, eine Phase, in der man sich in all den Möglichkeiten und Problemen verliert und mit Instinkt, Talent und schöpferischer Kreativität nach Lösungen und Antworten sucht. Die Dschungelzeit macht unter anderem den Reiz der kreativen Arbeit aus, denn hier können wir Künstler unsere Einzigartigkeit erforschen und mit unserem ganz eigenen Ergebnis aus dem »Dschungel« wieder auftauchen. Doch zum ersten Mal in meinem Leben hatte dieser Aspekt der Arbeit keine Bedeutung für mich. Ich war völlig zufrieden damit, ohne Probleme oder Erwartungen vor mich hin zu arbeiten. Nichtsdestotrotz fühlte ich mich nicht im Geringsten als bloße Illustratorin, denn eine höhere Form von Schöpfungskraft überraschte mich ständig mit ihren eigenen, lebendigen Impulsen.

Die tägliche Erfahrung von Wundern mitten in den alltäglichsten Prozessen ließ mich allmählich eine neue Erwartungshaltung gegenüber den Möglichkeiten des Lebens entwickeln. Ich bemerkte, dass Widerstand, Probleme und Komplikationen in direktem Verhältnis zu meinen Vorstellungen von bestimmten Schwierigkeiten bezüglich Materie, Energie, Zeit oder Umständen stehen. Ich konnte erkennen, dass die Menschheit in eine Welt geraten ist, die aufgrund unserer Überzeugungen, Konditionierungen und Vereinbarungen dichter, konfliktreicher und zäher ist als notwendig. Ich konnte auch erkennen, dass ein wahrnehmbares Lichtfeld und darüber hinaus noch ein spürbares, unsichtbares Leuchten entsteht, wenn die Realität sich erweitert und eine größere Vielfalt an Möglichkeiten zulässt. Es ist durchaus kein Zufall, dass wir Bewusstseinserweiterung mit Licht assoziieren und unsere Schwierigkeiten mit Dunkelheit.

Es gab nur einen Moment, an dem ich die Vision anzweifelte. Vielleicht war es auch eine dunkle Vorahnung dessen, was kommen würde. In der linken Hälfte des Bildes gibt es eine Eiche, deren Stamm in der Vision gespalten war. Ich fragte Jesus danach. »Die Eiche ist ein Symbol der Stärke«, bemerkte ich. »Bist du sicher, dass sie gespalten sein soll?«

Er schaute mich mit einem Blick an, der meine Argumentation gelten ließ, ohne damit einverstanden zu sein. Mit ruhiger Bestimmtheit fragte er mich zurück: »*Wie sieht sie in der Vision aus?*«

»Nun, da ist sie gespalten«, antwortete ich.

»*Dann soll es auch so sein.*«

Ich brauchte einige Monate, um die ganze Bedeutung seiner Antwort zu erfassen. Ansonsten ging die Arbeit reibungslos voran. Etwa zwei Wochen vor ihrer Vollendung machte ich jedoch eine erstaunliche Entdeckung. Ich stand auf, um den Raum für meine nachmittägliche Kaffeepause zu verlassen, und schaute wie immer noch einmal zurück auf die gerade getane Arbeit. Dieses Mal jedoch **schaute sie zurück, als ob sie mich überprüfen wollte!** In einer holografischen Projektion wandte sich das ganze

Bild mir zu. Ich blieb wie angewurzelt stehen, schnappte nach Luft und lief dann zur anderen Seite des Bildes. Es schaute mich **aus jeder Richtung an!** (Dreidimensionale Darstellungen sind ein Qualitätsmerkmal in der realistischen Malerei. Es gibt jedoch einen Unterschied zwischen einer dreidimensionalen Illusion und einer holografischen Projektion. Die Bilder alter Meister sind bekannt für ihre in alle Richtungen projizierenden Illusionen, wie zum Beispiel in Porträts, in denen die Augen dem Beobachter zu folgen scheinen. Das bedeutet jedoch nicht, dass die Illusion wie in meinem Fall **vor** die Leinwand springt und ihre ganze Komposition aus allen Richtungen sichtbar macht. In einer holografischen Projektion ordnen sich komplexe Formen aus unterschiedlichen Betrachtungswinkeln zu den entsprechenden Projektionen um.) Diesen Vorgang in dem Gemälde zu erleben, war ziemlich beeindruckend. Gunnar betrachtete all das mit ruhiger Verwunderung und fragte sich wohl, warum ich mich so aufregte.

Zu jenem Zeitpunkt war ich schon so weit, dass ich auch zum Frühstück mit Wundern rechnete, doch dieses Ereignis bestätigte mir das Wunder des Lichtes – oder anders gesagt: das Licht als dem Bereich der Wunder zugehörig. Normalerweise denken wir bei Licht an das Licht der Sonne. Doch sowohl Physiker als auch Mystiker bestätigen, dass es ein noch elementareres Phänomen gibt als die Streuung von Photonen durch Verbrennung einer materiellen Substanz. Sichtbares Licht ist nur ein schmaler Bereich des energetischen Spektrums, und Photonen sind wiederum ein Aspekt von jedem Teil des gesamten Spektrums. Aus wissenschaftlichen Untersuchungen kennen wir noch viele Formen unsichtbarer Strahlung, zum Beispiel Radiowellen aus fernen Galaxien oder kosmische Hintergrundstrahlung, die vielleicht fossiles Licht des Urknalls ist.

Für die Entstehung von Wundern ist jedoch die Wellenfunktion von Licht **zwischen** den Photonenteilchen von Bedeutung.

Albert Einstein bemerkte die faszinierende Tatsache, dass Licht sich sowohl als Welle wie auch als Teilchen verhält. Das ist eine wichtige Unterscheidung, denn als Welle ist Licht im Weltraum nach gewissen Wahrscheinlichkeiten verteilt, aber man weiß nie genau, wo es ist. Als Teilchen, im Augenblick der Wirkung kann man das Licht exakt auf einen Punkt lokalisieren. Diese doppelte Natur des Lichtes lässt vermuten, dass der Herzschlag des Universums der Rhythmus des Lichts in seiner Wandlung von Punkt zu Wahrscheinlichkeit, von Teilchen zu Welle ist. Zeit und Bewegung verschwinden in dem Augenblick, in dem irgendeine andere Form von Materie sich der Lichtgeschwindigkeit nähert oder sie erreicht, daher verschwinden auch alle Widerstände und Begrenzungen.

Man geht davon aus, dass die Konstanz des Lichtes ein Anziehungsfeld erzeugt, das eine Voraussetzung für die energetische Formation von Schwerkraft bildet. Wenn das wahr wäre, dann würde das bedeuten, dass in Lichtgeschwindigkeit **alles** erschaffen, wieder erschaffen, umgelenkt oder aufgehalten werden kann. Es ist möglich, dass Licht das Instrument ist, mit dessen Hilfe das Leben alle wundersamen Transformationen von Raum, Zeit und Materie vollzieht – auch wenn deren Ursachen im Bereich des Göttlichen liegen! Das Leben ist beweglicher, als unsere Wahrnehmung uns weismachen will. Raum kann sich anpassen, und Zeit ist lediglich der Webstuhl, auf dem die Fäden von Kontakten und Dimensionen im Verlauf der Ereignisse unseres Lebens verwoben werden.

Im Bereich unserer gewohnten Erfahrungen muss auch das Schönste einmal enden. So war es auch mit »Das Lamm und der Löwe«, zumindest was die Malerei betraf. In meinem Herzen, das wusste ich, würde es niemals enden. Diese Erfahrung würde sich in anderen Lebensdimensionen fortsetzen und sie mit ihrer Kraft und ihrer Gnade transformieren. Zum ersten Mal glaubte ich nicht nur das, was Jesus vor langer Zeit gesagt hatte: *»Und* *siehe, ich bin bei euch alle Tage bis an der Welt Ende«* (Matthäus 28,20), sondern hatte die Ehre, die verbindende Kraft eines ganzen, ungeteilten Universums zu erfahren, in dem so etwas möglich ist.

Am 12. März 1992 war das Gemälde fertig. An diesem Tag blieb nichts mehr zu tun, als an ein paar Details herumzufeilen. Ich wollte seinem Haar noch ein paar Striche hinzufügen. Es wehte im Wind, und ich wollte die Strähnen noch ein wenig mehr teilen, damit die Leichtigkeit des Lufthauches deutlicher würde. Ich fügte diese letzten Kleinigkeiten nacheinander hinzu, und als ich aufsah, bemerkte ich voller Verwunderung, dass die Vision sich in einer Wolke funkelnden Lichts auflöste. Fast panisch schaute ich nach innen zu dem Punkt, an dem sie mit meinem Bewusstsein verbunden war. Die Verbindung war gekappt. Der Lichtfunke, der mein Ansatzpunkt zur Übersetzung zwischen unseren Welten gewesen war, löste sich zu einem Lichtfeld auf und verschmolz mit dem Licht, das mich umgab. Ich setzte den Pinsel ab und lächelte, unfähig, meine Freude zurückzuhalten. Das Schwinden der Vision bedeutete auch einen neuen Anfang. Das visuelle Bild verblasste, doch seine Liebe und Essenz verbanden sich mit der Leinwand. Die Malerei war beendet, doch das Leben des Gemäldes hatte gerade erst begonnen.

Ich vermochte diesen Segen aber erst richtig zu schätzen, nachdem ich einige ungeahnte Herausforderungen gemeistert hatte. Nach einem anfänglichen Gefühl der Zufriedenheit und Sättigung warf mich das Gemälde in große Ungewissheit.

Wenige Tage, nachdem es fertiggestellt war, saß ich davor und schwelgte in den Erinnerungen an das Glück unserer gemeinsamen Zeit, als ich plötzlich von einer Welle des Lächelns und der Tränen überwältigt wurde. Ich fühlte mich verwirrt und besorgt – Gefühle, die ich seit Jesu Erscheinung nicht mehr gekannt hatte. »Warum?«, fragte ich mich. »Wozu ist dies zu mir gekommen?«

Ich vermisste ihn zutiefst, auch wenn seine Liebe wie der Duft reiner Bergluft immer noch alles erfüllte. Aber schon wenige Tage danach schwang mein Herz wieder mit der Sanftheit, die ich als seine Gegenwart erkannte. Eine neue Dimension unserer Beziehung hatte begonnen, mit neuen, tieferen Arten der Verbundenheit. Ohne gesprochene Worte konnten meine Fragen jetzt beantwortet werden.

Und ich spürte, wie er mir mit unverwechselbarer Anmut antwortete: *»Gib es den Meinigen.«*

Er hatte meine Frage beantwortet, doch ohne Hinweise darauf, wie ich vorgehen sollte. Auch war sein Anliegen leichter gesagt als getan. Die Seinigen sind überall! Es gibt sie in jeder Hautfarbe, Nationalität und Kultur. Innerhalb der christlichen Gemeinschaft gibt es zahllose Glaubensrichtungen und Hunderte von Kirchengemeinschaften. Viele seiner hingebungsvollsten Anhänger nehmen an gar keinen religiösen Veranstaltungen teil. Und seine Lehren sind jenseits der Grenzen dessen, was wir »Christenheit« nennen, von Bedeutung.

Wo sollte ich anfangen? Die naheliegende Antwort war: Irgendwo. Begeisterung ist ansteckend und die Nachricht begann sich zu verbreiten. Nach kurzer Zeit schon war es so weit, dass völlig Fremde unangemeldet vor unserer Tür standen und darum baten, das Gemälde von Jesus sehen zu dürfen. Wie viele Grenzen und Hemmungen mussten wohl überwunden werden, damit so etwas geschehen konnte! In ihrer Suche und in der Erfahrung der Gegenwart Jesu durch die visuelle Präsentation wurden diese Menschen zu lebendigen Wundern. Die begeisterten Berichte der Besucher lösten eine Welle von Einladungen für öffentliche Ausstellungen aus. In den folgenden zwei Jahren reiste das Gemälde durch fünf Staaten und neben zahllosen anderen Orten zu mehr als achtzig Kirchen und zu den meisten Konfessionen. Wir gingen hin, wo auch immer man uns rief, weit über die Grenzen der Kirche hinaus.

Menschen jeden Alters, Glaubens und jeder Hautfarbe kamen, um Andacht zu halten, zu beten, zu meditieren oder still den Segen des Meisters durch sein Porträt zu empfangen. Über die symbolische Bedeutung der verschiedenen Aspekte des Bildes kann ich nichts sagen, da sie nicht meinem Bewusstsein entsprungen sind und ich keine Absicht mit ihnen verband. Für viele Menschen wurden die Elemente des Bildes zu Katalysatoren persönlicher Botschaften und Heilungen. Eine ähnliche Lebendigkeit wohnt der Natur seiner Erscheinung inne. Wie ein Kaleidoskop scheint sie eine Vielzahl von Ausdrücken, Mienen und Eigenschaften zu enthalten. Ich erfreue mich an der Vorstellung, dass dieses Porträt auf einer Art universeller Blaupause beruht, die viel mehr Möglichkeiten und Bezüge enthält, als unmittelbar zu erkennen sind.

Die wesentliche Erklärung für dieses Phänomen liegt wahrscheinlich in der Anatomie des Wunders. Ich erkannte im Laufe der Zeit, dass Wunder einfach ein Ausdruck der Macht der Wachstumskraft sind, die mit Liebe und Leben die Schleier der Illusion beiseiteschiebt. Mit der Macht der Liebe versehen und auf Wachstum ausgerichtet, ist das Leben die wahre, unbezähmbare Schöpfungskraft. Wenn wir uns auf die Wunder wirkende Kraft der Liebe konzentrieren, dann rechnen wir in unserem Leben auch mit Wundern. Wenn wir uns jedoch auf die herrschenden Strukturen konzentrieren, die die größere Kraft der Liebe und des Lebens verleugnen, dann kann ein plötzlich hervorbrechendes Wunder oft einen bittersüßen Beigeschmack mit sich bringen. Wir sind so gewohnt, bei der Erwähnung eines Wunders zu lächeln, dass wir die gefährlichen oder traumatischen Umstände vergessen, die ihm oft vorausgehen. Eine tiefe Anerkennung dieser Wahrheit ist häufig nur denjenigen möglich, die sich der holistischen Natur des Lebens bewusst sind und ihr zustimmen.

Selbstzufriedenheit, Voreingenommenheit und Konservatismus passen nach meinem Verständnis schlecht zur Macht der Liebe und des Lebens oder zu der Fähigkeit des Meisters, mit diesen Kräften umzugehen! In den Tagen des Wachstums und der Entdeckungen, die der Vollendung des Gemäldes folgten, entwickelte sich meine Beziehung zu ihm – und zum Leben – voller Anmut und Gnade. So wie Tulpen im Frühjahr aus der Erde sprießen, brachte jeder Tag ein tieferes Verständnis einer mehr lebens- und alltagsbezogenen Wahrheit hervor.

Es gibt wahrscheinlich kaum ein schwerer fassbares Thema als das der Wunder, diese bedeutungsschwangere, höhere Ebene, die unser Dasein mit goldenen Fäden durchwirkt. Nur selten erwarten wir die Wunder, die unser Leben verändern, meist treffen sie uns überraschend. Aus meiner heutigen Perspektive ist es leicht für mich, auf die Kette von Wundern zurückzublicken, die der Meister durch sein Bild in mein Leben brachte, und mich still daran zu erfreuen. Die Geburt eines Wunders ist jedoch oft ähnlich schmerzhaft wie die Geburt eines Kindes, denn das neue Leben muss den Schleier der vorhandenen Strukturen zerreißen, um seine Ankunft kundzutun.

Am Morgen des 20. Juli 1992 zum Beispiel hätte ich für eine tiefere Verständnisebene eine Menge gegeben! Ich hätte dann mit freudiger Erwartung frühstücken können, statt in versteinertem Schrecken über ein entsetzliches Ereignis, für das es keine Lösung zu geben schien. Ich hatte keine Ahnung, dass ich in den Wehen zur Geburt eines Wunders lag – des bedeutendsten für mich, seit meiner Begegnung mit dem Meister.

Meine Qualen begannen am Tag zuvor. Der 19. Juli schien ein typischer Sonntag zu sein. Pastor Hermann von der episkopalen Sankt-Franziskus-von-Assisi-Gemeinde in Willow Park in Texas hatte von dem Bild gehört und mich eingeladen, es auszustellen und meine Geschichte zu erzählen.

Er erwartete uns, zusammen mit einigen Gemeindemitgliedern, um uns beim Aufbau des Gemäldes im Gemeindesaal zu helfen. Wir waren gerade fertig, als die Katastrophe geschah: Eine Lampe fiel von einem hohen Ständer mitten in das Bild und krachte auf den Boden! Eine Frau, Judy Huber, sprang hinzu, um den Fall abzulenken, doch sie kam zu spät. Die Lampe fiel in die linke Seite des Bildes, genau in den Spalt der alten Eiche.

Ich hob die Leinwand auf und setzte sie wieder auf ihren Ständer. Der für alle sichtbare Schaden bestand aus einer zehn Zentimeter langen Beule, in deren Mitte ein etwa drei Zentimeter langer Riss war, durch den ich meinen Finger stecken konnte. Als Kunstgeschichtlerin hatte ich auch in Museen gearbeitet und kannte daher die Möglichkeiten der Wiederherstellung eines derart beschädigten Werkes. Die Beule würde immer hervorstehen, und auch wenn der Riss repariert und übermalt wäre, würde er doch für den aufmerksamen Betrachter immer sichtbar bleiben.

Woher nehmen wir die Kraft, weiterzumachen, wenn alles in unserem Inneren sagt: »Ich kann nicht mehr!«? Zum Glück haben wir mehr Kraft, als wir gemeinhin verwenden, und an diesem Sonntag brauchte ich meine Reserven. Der Abstand zwischen dem Bild und den Betrachtern würde groß genug sein, dass ich das Unglück nicht erwähnen musste. Mit flatternden Händen und zittriger Stimme begann ich meine kleine Ansprache vor dem Gottesdienst und brachte auch das Gespräch am Nachmittag irgendwie hinter mich. Die Betäubung, die oft mit einem Schock einhergeht, kann auch ein Segen sein.

Als der Tag vorüber war, packten wir das Bild wieder sorgfältig in seine Kiste und fuhren still nach Hause. Ich wollte beten, doch es war mir unmöglich, meine Empfindungen in Worte zu fassen.

Der nächste Morgen war qualvoll. Ich schob das Unvermeidliche auf, um meine Nerven zu schonen. Ich machte mir eine ganze Kanne voll Kaffee und versuchte, nicht zu der Kiste zu schauen, die an der Wand lehnte. Erinnerungen an all die Ereignisse und Wunder, die bis zu diesem Morgen geführt hatten, kamen hoch. Unter Tränen fragte ich mich: »Warum?«

Die Antwort kam schneller als gedacht.

Sobald ich meine Kräfte gesammelt hatte, wollte ich den Schaden genau untersuchen und mich dann mit einem Restaurator in Verbindung setzen. Die Leinwand würde nie wieder heil sein, doch man würde es präsentabel reparieren können, und eine professionelle Restauration würde weiterem Schaden an der geschwächten Stelle vorbeugen.

Nicht im Geringsten war ich auf das vorbereitet, was ich sah, als ich das Bild vorsichtig aus dem Kasten gleiten ließ. **Der Schaden war verschwunden!** Vorsichtig befühlte ich mit den Fingern die Stelle, die gestern noch gerissen war. **Alles war vollkommen. Es gab keine Beule, keinen Riss, keine fehlende Farbe.** Auch auf der Rückseite war das Gewebe der Leinwand so fest wie an dem Tag, an dem es aufgespannt wurde. Ich hielt das Bild gegen das Fenster und konnte nicht das geringste Löchlein entdecken. Selbst mit dem Vergrößerungsglas zeigte die Leinwand keine Spur eines Schadens.

Mein Schock war fast so groß wie in dem Moment des Unfalls. Meine Erwartungen waren total ins Leere gelaufen. Der Anblick der illusionären Natur der strukturierten Materie erschütterte mich bis ins Mark. Ich kann unmöglich die Gefühle beschreiben, mit denen ich demütig staunend den gespaltenen Eichenstamm betrachtete und mich an den Tag erinnerte, an dem ich Jesus danach gefragt hatte.

Doch der Schreck wich schnell der Begeisterung, und ich hatte das überwältigende Bedürfnis, mit jemandem darüber zu sprechen.

Ich rief meine Freundin Judy von der Gemeinde in Texas an, um noch einmal über die Ereignisse des gestrigen Tages zu sprechen und unsere gemeinsamen Erinnerungen zu vergleichen und zu bestätigen. Sobald wir mit unseren Begeisterungsausbrüchen und Lobpreisungen fertig waren, lief sie zu Pastor Hermann, um ihm davon zu erzählen.

Mit ruhiger, gelassener Stimme sagte er nur: »Ich bin nicht überrascht. Ich habe die ganze Nacht dafür gebetet.«

Ungefähr eine Woche später trafen sich alle, die bei dem Unfall dabei gewesen waren, wieder in der Kirche, um das Gemälde zu betrachten und seine Heilung zu feiern. Alle hatten einen schriftlichen Bericht über ihre Erinnerung an den Schaden mitgebracht. Die Sankt-Franziskus-Kirche hat diese Berichte als Zeugnisse der Ereignisse vom 19. Juli aufgehoben. Es ist gut, dass diese Beweise existieren, denn das Bild selbst zeigt keinerlei Spuren davon!

In den folgenden Wochen und Monaten versuchte ich Klarheit über dieses Ereignis zu gewinnen, denn es wurde immer wieder danach gefragt. Doch wir können uns dem Wundersamen nicht mit der gleichen Logik nähern, mit der wir die endlosen Muster von Ursache und Wirkung unserer Realität rechtfertigen.

Ich erinnere mich des Ereignisses auf merkwürdige Weise, als ob es zwei Erfahrungsstränge auf symmetrisch miteinander verbundenen und doch unterschiedlichen Realitätsebenen wären, nur durch einen feinen Schleier voneinander getrennt. Auf der Seite des Schleiers, die durch unsere physische Wahrnehmung unterstützt wird, kann ich mich an jedes Detail des schrecklichen Ereignisses an jenem Sonntag erinnern, und diese Erinnerungen stimmen zweifellos mit denen der anderen Zeugen überein. Auf der anderen Seite des Schleiers jedoch gibt es ein erweitertes Bewusstsein, das die Wahrnehmung **des vollkommenen Bildes** trotz des Unfalls aufrechterhielt!

Es scheint so, als ob meine normale, horizontale Wahrnehmung der Realität vertikal von einer höheren Wahrheit und Kraft durchkreuzt worden wäre. Derartige Überlegungen führten mich zu der Frage, ob vielleicht unsere ganze universelle Realität ihren kontinuierlichen Schöpfungsakt in derart zeitlosen Momenten vollzieht, in denen die horizontale Plausibilität sich in vollkommener Harmonie mit den vertikalen Möglichkeiten aufsteigenden oder absteigenden Bewusstseins kreuzt.

Wissenschaftler, die sich mit Holografie und Licht befassen, bieten noch eine andere faszinierende Erklärung an. Eines der

Merkmale eines Hologramms ist, dass das gesamte Bild aus jedem seiner Teilchen unendlich wiedererschaffen werden kann. Man könnte auch sagen, dass es unmöglich ist, Licht zu »schneiden« oder zu durchtrennen, ohne dass das Ganze wiedergeboren wird.

Kann es sein, dass die Dualität, um die herum wir unser Leben arrangieren, nur durch die Dichte der Strukturen aufrechterhalten wird? Lag vielleicht Jesu ganze Aufgabe hier auf Erden darin, uns zu zeigen, dass es eine größere Ganzheit gibt, welche die gleichzeitig existierende Dualität – wie den gespaltenen Eichenstamm – zur bloßen Illusion werden lässt? In unserem Leben gibt es Sternstunden und Abgründe. Das Leid ist uns wohlbekannt, doch die Vollkommenheit existiert gleichzeitig damit. Wenn ich auf mein Leben zurückblicke, dann sehe ich überall komplexe Zusammenhänge, doch auch Einfachheit und Ganzheit.

Wird irgendwann ein Augenblick kommen, an dem wir uns endlich entscheiden, der Unvollkommenheit nicht mehr den größten Einfluss zu überlassen? Oder wird vielleicht ohnehin nichts als Ganzheit übrig bleiben, wenn wir sie erst einmal erkennen? Vielleicht ist das der Schlüssel zu seiner Botschaft – und ihr Geheimnis. Vielleicht werden wir suchen, bis die Wahrheit in uns nach Befreiung von den Fesseln des Geheimnisses verlangt. Die unsterblichen Worte von T.S. Eliot beziehen sich auf genau diese Möglichkeit (T.S. Eliot: »Little Gidding«):

> Wir werden nicht nachlassen in unserem Kundschaften,
> Und das Ende unsres Kundschaftens
> Wird es sein, am Ausgangspunkt anzukommen
> Und den Ort zum ersten Mal zu erkennen.
> Durch das unbekannte, erinnerte Tor,
> Wenn der letzte Fleck Erde, der zu entdecken bleibt,
> Jenes ist, das den Anfang gebildet;

An dem Quellengrund des längst vergessenen Stromes
Die Stimme des verborgenen Wasserfalls,
Und die Kinder im Apfelbaum,
Unerkannt, weil nicht erwartet,
Aber gehört, halb gehört, in der Stille
Zwischen zwei Wellen der See.
Rasch nun, hier, jetzt, immer –
Ein Zustand vollendeter Einfalt
(der nicht weniger kostet als alles).
Und alles wird gut sein,
Jederlei Ding wird gut sein und
Wenn die Feuerzungen sich nach innen falten
Zum Schifferknoten aus Feuer
Und eins werden Feuer und Rose.

2
Er sprach

Die Herrlichkeit der Gegenwart des Meisters und die Größe seiner Weisheit sind unbeschreiblich. Doch er strahlte auch Menschlichkeit, Wärme, Zartgefühl und sogar Humor aus.

Das Einzigartige und Wunderbare dieser mehr als vier Monate währenden Besuche war, dass sie Zeit für persönlichen Austausch boten und durch viele Gespräche über große und kleine Dinge eine Freundschaft wachsen ließen.

Ich hatte einige Jahre lang ziemliche Probleme damit, diese Besuche zu integrieren oder ausführlicher darüber zu sprechen, und so betrachtete ich unser Zusammensein einfach als sein persönliches Geschenk an mich. Wenn ich darauf angesprochen wurde, Näheres oder Tiefergehendes über meine Erfahrung zu berichten, dann sagte ich einfach: »Es dreht sich alles um die Liebe.«

Ab und zu erwähnte ich, dass Jesus und ich ein wenig miteinander gesprochen hätten. Das schien ins Bild zu passen, denn wenn eine Erscheinung Porträt sitzen kann, warum sollte es dann nicht auch eine gewisse Kommunikation geben, die in Worte übersetzt werden kann? Diese Vorstellungen waren mir recht, denn so hatte ich meine Ruhe. Ich zog es vor, einen Mantel des Schweigens über die Tatsache zu breiten, dass Jesus und ich **ausführliche Gespräche** geführt hatten. Ich wusste, wenn ich den Schleier lüftete, würden die Fragen kein Ende nehmen, allen voran die Frage: Was hat er gesagt?

Im Frühjahr 1996 erschien mir Jesus jedoch erneut, und diesmal bat er mich, zu reden. Seine Eindringlichkeit überwand meine Widerstände.

Neben der überwältigenden Verantwortung, seine Worte wiederzugeben, gab es auch persönliche Gründe, aus denen heraus ich zögerte, seine Botschaften der Öffentlichkeit zugänglich zu machen. Schließlich waren es subjektive Antworten auf meine Probleme und Überlegungen. Ich stellte Fragen, die in erster Linie ein Spiegel **meiner** Seele waren, und seine Antworten zielten oft in das Innerste **meines** Seins. Ich brauchte vier Jahre Abstand, bis ich in der Lage war, über seine Worte mit einer gewissen objektiven Distanz nachzudenken.

Ich wollte auch seine Gegenwart nicht filtern oder anderen vorschreiben, wie sie über ihn denken sollen. Ich bin schließlich keine Theologin. Ich hoffe, Jesu Botschaften so klar und lebendig zu vermitteln, dass das Gefühl entstehen kann, sie direkt zu empfangen. Dann können Sie sie so interpretieren, wie Sie wollen. Entsprechend Ihrem Verständnis von ihm können Sie dann Ihr Herz und Ihren Geist davon berühren lassen. Zur Klarheit habe ich deswegen alle seine Worte in einer *Kursivschrift* gesetzt. So können Sie sie entweder in ihrem ursprünglichen Kontext lesen oder auch von jedem Eindruck meinerseits trennen.

Vor allem empfehle ich jedoch, die Botschaften mit dem Herzen zu empfangen und immer daran zu denken, dass dies eine Unterhaltung war und keine wissenschaftliche Abhandlung. Er sprach mit einer Freundin, und was er sagte, hatte für uns beide Bedeutung. Wie in jedem Gespräch gab es viele Verästelungen. Eines führte planlos zum anderen, wie es sich ergab und wie unsere Herzen uns leiteten. Im Laufe der Zeit wuchsen die Dauer und die Intensität der Gespräche in dem gleichen Maße, wie unsere Beziehung sich vertiefte. Ich habe hier die Perlen daraus zusammengestellt, und wenn ich sie gut aufgefädelt habe, dann werden seine Worte Ihnen eine Botschaft vermitteln, die weit über die Summe ihrer Teile hinausgeht.

Ich fragte nur mit ehrerbietiger Zurückhaltung, denn ich wollte seine Großzügigkeit, mir zu erscheinen, nicht ausnutzen. Ich wollte keine Rechte beanspruchen, die ich vielleicht nicht hatte, oder in Themenbereiche vordringen, die mich nichts angingen. Als Ausdruck meines Respekts ließ ich am Anfang immer ihn das Gespräch eröffnen.

Nachdem er mich ganz zu Anfang durch das Licht gegrüßt hatte, sprach er zum ersten Mal wieder an jenem Morgen, an dem er mir zum ersten Mal in physischer Form erschien. Ich rang um Fassung angesichts dieser mächtigen Erscheinung und wunderte mich, wie ich wohl Teil dieses unerklärlichen Phänomens geworden war! Doch Jesu liebevolle Worte ließen alle Furchtsamkeit schwinden: *»Glenda, du **bist** Liebe.«*

Ich hatte in jenem Augenblick keine Ahnung, wie wichtig diese Aussage war und welch zentrale Rolle sie in allem spielte, was er zu sagen hatte. Ich war einfach überrascht und glücklich, seine Stimme zu hören. Es war ein volltönender, melodischer und männlicher Bariton. Der Klang seiner Stimme nährte und befriedigte mich so sehr, dass ich mich wie die biblische »Frau am Brunnen« fühlte. Das klare Wasser seiner Worte stillte meinen Durst, und sie zu hören war genug. Wie oft lesen wir suchend etwas und fühlen uns hinterher durstiger denn zuvor? Bei ihm genügte mir oft ein Wort, und ich war zufrieden. Seine Botschaften mit anderer Lektüre zu untermauern oder endlos Fragen zu stellen, war nicht nötig. Dass ich mich in seiner Gegenwart oft wie ein Kind fühlte, ging nicht so weit, ihn als einen »Papa« zu betrachten, dessen Geduld mit endloser Fragerei auf die Probe gestellt werden konnte. Manche meinen, ich hätte doch nach allen Geheimnissen des Universums fragen können! Irgendwann tat ich das auch, doch meist genügte es mir, den zu kennen, der das Universum **gemeistert** hatte. Warum irgendetwas fragen? Seine Gegenwart brachte eine wunderbare Gelassenheit mit sich, die mich immer mit Frieden erfüllte.

Ich hatte zunächst Befürchtungen, ob ich in der Gegenwart des Meisters auf meine gewohnte Art arbeiten könnte. Der künstlerische Prozess funktioniert am besten, wenn man sich in einer Art künstlerischem Chaos »verlieren« kann. Die physische Umgebung eines Künstlers ist oft nicht besonders ordentlich, und Brian würde meinen Arbeitsbereich mit sehr viel stärkeren Adjektiven beschreiben! Wie sollte ich ihm den »roten Teppich ausrollen« und dabei mein gewöhnliches, chaotisches Künstlerinnen-Selbst beibehalten?

Jesus machte es auf wunderbare Art und Weise möglich. Ich glaube, er betrachtete es als seine erste Aufgabe, mir so viel Entspanntheit zu vermitteln, dass ich meine Aufgabe, nämlich das Bild zu malen, auch ausführen konnte. Dafür brauchte ich meinen gewohnten Rahmen, und er verschaffte ihn mir. Er erfreute sich an den Dingen, die mir Freude bereiteten, wartete geduldig meine Kaffeepausen ab, amüsierte sich über meine Gewohnheiten und gab oft sanfte Hinweise darauf, wie ich es besser machen könnte. Er vermittelte mir das Gefühl, auch in meinen Jeans und Pullovern und mit Ölfarbe im Gesicht hübsch zu sein. Er war freundlich, aufmerksam und entspannt, wie ein perfekter Gentleman, und ich fühlte mich in seiner Gegenwart niemals minderwertig. Gleichzeitig führte er mich mit anmutiger Leichtigkeit in schwindelnde Höhen der Wahrnehmung, Inspiration und Erkenntnis, die mir noch Tage zuvor unvorstellbar waren.

Ich war von Anfang an beeindruckt davon, wie er dem geringsten Detail, der kleinsten Geste oder Beobachtung genauso viel Bedeutung beimaß wie den großen Dingen.

Unser erster Dialog begann mit einer kleinen Beobachtung seinerseits, die mir ziemlich peinlich war. Ich arbeitete an meinen ersten Skizzen und saß dabei sehr dicht vor der Leinwand, vielleicht dreißig Zentimeter weit weg, weil ich in den letzten paar Jahren kurzsichtig geworden war, es jedoch nicht zugeben wollte. Aus Liebe zur sichtbaren Schönheit wollte ich eine Brille so lange wie möglich hinauszögern und meinen Blick nicht durch geschliffenes Glas filtern lassen. Ich glaubte, das Problem ganz gut im Griff zu haben. Aber Jesus sah, wie ich mich abmühte, und fragte: *»Hast du Probleme mit den Augen, Glenda?«*

Ich wollte nicht richtig antworten und wich daher aus. »Meine Augen sind von der Anspannung der letzten Zeit etwas angestrengt. Und ich habe letzte Nacht schlecht geschlafen – all die Aufregung und so.« Doch mir war bei meiner Unehrlichkeit nicht gerade wohl.

Als mich mein Mann abends nach den Ereignissen des Tages fragte, sagte ich: »Es war wunderbar. Mir fehlen die Worte, es zu beschreiben. Doch ich muss zugeben, dass ich mich wegen einer Sache schuldig fühle. Er fragte mich etwas und ich habe nicht ehrlich geantwortet.« Ich erklärte meine Gründe, doch das half mir nicht über meine Beklemmung hinweg, dass ich morgen, wenn ich ihn wiedersah, noch das gleiche Problem haben würde.

»Ich kann ihm so nicht gegenübertreten«, dachte ich und ging am nächsten Morgen statt ins Atelier zum Optiker, um mir eine Brille zu besorgen. Das Thema wurde nie wieder angesprochen, doch als ich die Brille zum ersten Mal trug, bedachte er mich mit einem zärtlichen Blick, und wir setzten unsere Arbeit lächelnd fort.

Erst eine ganze Weile nach der Fertigstellung des Bildes entdeckte ich das Wunder, das geschehen war. Ich räumte meinen Schreibtisch auf und entdeckte dabei unter Stapeln von Kram die Brille. Ich habe sie ein paarmal getragen, doch irgendwann im Laufe seiner Gegenwart heilte die Schwäche. Ich hatte es die ganze Zeit nicht bemerkt, weil in seiner Gegenwart immer alles vollkommen war. Er hielt sich nicht mit negativen Standards oder Begrenzungen des Lebens auf, sondern erhob jedes Defizit zu einer höheren Ebene positiven Potenzials! Als ich meine Augen später untersuchen ließ, war meine Sehschärfe tadellos, und ich trug die Brille nie wieder. Ein leiser Dank war genug, um ihn wissen zu lassen, dass ich seine stille Segnung endlich entdeckt hatte.

Als das Kronjuwel seiner Botschaft erscheint mir die Regentschaft des Herzens. Immer wieder erinnerte Jesus mich an seine erste und durchgängige Lehre: *»Denke daran, Glenda, du **bist** Liebe.«*

Unser erstes Gespräch über das Herz begann wieder auf eine Weise, die mir etwas unangenehm war. Wir hatten vor zwei oder drei Tagen mit dem Malen begonnen, und ich versuchte, Smalltalk mit ihm zu machen, um mich zu entspannen. In meinen Jahren als Porträtmalerin hatte ich gelernt, dass es wichtig ist, eine entspannte Atmosphäre zu schaffen, indem ich von der Malerei ablenke. In Bezug auf meinen hoch geschätzten Gast schienen alltägliche Themen jedoch ziemlich unpassend. In meiner Nervosität versuchte ich stattdessen, auf ihn Eindruck zu machen. Ich erzählte ihm von einem Farbkreis, den ich selbst entwickelt habe. Während meines Studiums hatte ich auch einige Kurse in Optik bei den Physikern belegt, um den Lichtaspekt der Farbe besser zu verstehen. Meine daraus entstandene Weiterentwicklung der Farbtheorie gab mir einen netten wissenschaftlichen Anstrich. Meine Theorie war mir beim Arbeiten hilfreich und gab meinen Bildern etwas Besonderes. Diejenigen, die etwas davon verstanden, waren von ihr meist beeindruckt, und die nichts davon verstanden, verstummten oder zogen sich zurück. Er jedoch schaute mich einfach still und mitfühlend an. Ich war von seinem Schweigen überrascht. Wie sollte ich mich auf eine Wattewand beziehen, auf etwas, das keinen Widerstand bot?

Nach einer Weile fragte er: *»Was ängstigt dich an Farbe?«*

Die Frage schoss mir wie ein Pfeil ins Herz. Niemand hatte bis dahin meine Schwäche in diesem Bereich entdeckt, in dem ich mich doch so kompetent fühlte. Ich war den Tränen nahe und rang nach Worten: »Warum fragst du das?«

»Weil dein Verstand Überstunden macht, um etwas zu kompensieren, mit dem du dich offensichtlich nicht wohlfühlst. Du brauchst nicht zu verstehen, um zu lieben, denn die Kraft ist die Liebe.«

Meine Verletzlichkeit war bloßgelegt und ich versuchte, mich zu erklären: »Es ist nur, weil ich Licht und Farbe so sehr liebe, dass ich das Gefühl hatte, ihnen nie gerecht werden zu können. Die Schönheiten des Universums gehen mir derart zu Herzen, dass ich mich in ihrer Gegenwart so unzulänglich fühle.«

Jesus versicherte mir, dass ich durch meine leidenschaftliche Begeisterung für das, was mir am Herzen lag, und durch das Loslassen meiner Angst mehr erreicht hätte, als durch mentales Verstehen je möglich wäre. Er erklärte weiter, wie der Verstand nach Nöten des Herzens Ausschau hält, die es ihm erlauben, das Herz zu dominieren. *»Der Verstand nutzt die Bedrängnis des Herzens aus, aber er versucht nie, sie zu beseitigen oder zu heilen. Denn die Verzweiflung des Herzens ist für den Verstand die Gelegenheit zur Macht.«*

»Ist der Verstand denn immer so?«, erkundigte ich mich.

»Ziemlich oft. Eigentlich kann der Verstand ein sehr guter Diener sein, wenn du ihn einfach nur das sein lässt. Du musst dich klar an die Erkenntnis halten, dass der Verstand für sich genommen keine Macht besitzt. Er integriert oder projiziert Erfahrungen oder er entwickelt eine logische Matrix, um die Macht des Herzens und der Seele zu erklären und ihr zu dienen. Doch wenn das Herz auf irgendeine Weise eine negative Einstellung zum Leben hat, kann es zu ernsten Problemen kommen, denn wenn das Herz dem Verstand einen negativen Impuls gibt, zum Beispiel Unzulänglichkeit, Unsicherheit, Angst oder Zorn, dann wirkt der Verstand mit umgekehrter Logik.«

»Wie kann das geschehen, wenn das Herz rein ist?«

»Wenn das Herz rein ist, kann es nicht geschehen. Doch weil das Herz einheitlich ist und nur auf eine Wahrnehmung der Einheit ausgerichtet, unterscheidet es oft nicht zwischen den eigenen Erfahrungen und den Erfahrungen anderer. Die Seele verfügt über diese Klarheit. In ihrer Fürsorge kennt sie sich selbst nur als das ›ICH BIN‹. Das Herz dagegen, in seinem Mitgefühl, verwechselt oft das Leiden anderer mit dem eigenen – oder nimmt es willig auf. Solche Empfindungen führen dann oft zu Schuldgefühlen, Reue, Kummer und Angst. Die Ursachen derartig unglücklicher Umstände liegen jedoch in Missgriffen des Lebens, nicht im Herzen.

Als ich sagte: ›Ich bin in dieser Welt, doch nicht von dieser Welt‹, bezog ich mich auf die Art, wie ich die Kräfte meines Herzens optimiere. Der Schlüssel liegt darin, das Leid der Welt zu spüren und gleichzeitig in dem Glücksgefühl des Herzens, das nur Vollkommenheit kennt, zu verweilen. Jeder Seele obliegt es, ihr Herz geschickt zu verwalten und seine Reinheit zu erhalten. Negative Gefühle, die in das heilige Zentrum gedrungen sind, können negative Überzeugungen und Haltungen hervorbringen. Überzeugungen und innere Haltungen sind die Verbindungsglieder zwischen Herz und Verstand. Wenn deine Hoffnungen sich erfüllen würden, müsstest du gut aufpassen, auf welches Fundament sie gebaut sind. Das Herz formuliert Überzeugungen, um seine Anweisungen deutlich zu machen, doch auch der Verstand kann Überzeugungen entwickeln, um sich Inhalte des Herzens zu erklären, die ihm verwirrend erscheinen. Dies kann zu unbewussten, dysfunktionalen Handlungen und Wünschen führen.«

Wir alle kennen derartige Muster, doch in jenem Augenblick fiel mir kein Beispiel ein, und so bat ich ihn darum, mir eines zu geben.

»Das offensichtlichste Beispiel ist das ›Unbekannte‹, ein greifbares Mysterium, das der Verstand aus Angst vor Kontrollverlust mit seinen eigenen Erfindungen anfüllt. Doch stell dir einmal vor, dass das Herz eines Mannes sich auf Mangel eingestellt hat, dann macht sein Verstand Überstunden, um Mittel und Wege zu finden, an Geld zu kommen. Das hat angesichts der alltäglichen Überlebensnotwendigkeiten eine gewisse Logik, doch es löst nie wirklich das Problem oder ändert seine Überzeugung. Vielleicht kommt der Mann gerade so zurecht, vielleicht wird er auch reich, um das Armutsbewusstsein in sich selbst und anderen zu unterstützen, und überarbeitet sich, ohne je ein tiefes Gefühl wahren Wohlstands zu erreichen. Es ist nur eine Kompensation für den Mangel, denn der Verstand löst Probleme der Logik und Unausgeglichenheit, doch nie des Lebens.

Die Armut des Mannes wurde durch all seine Abschirmungen gegenüber den Reichtümern des Lebens hervorgerufen, die ihn zuletzt an den Mangel glauben und danach handeln ließen.

Zum Vergleich lass uns sagen, es gab einen anderen Mann, der voll dankbarer Ehrfurcht für die unendlichen Schätze auf das wundersame Universum blickte. Dieser Mann gab seinem Verstand einen positiven Impuls, und sein Verstand wird daher zusehen, diese Fülle auch in seinem Leben zu verwirklichen. Geringere Anstrengung führt so zu größerem Wohlstand.

Das gilt selbst für körperliches Wohlbefinden. Ein Mensch, der an Krankheit glaubt, wird sein ganzes Leben lang um Wohlbefinden ringen. Sein Verstand wird ihn mit zahllosen Möglichkeiten zur Vermeidung oder Linderung der Beschwerden versorgen, ohne je die Ursache der Probleme zu beseitigen. Doch ein Mensch, der an Gesundheit und Ganzheit glaubt, wird seinen Verstand in den positiven Dienst nehmen, dies zu verwirklichen. Wenn dem Verstand irgendwelche negativen Überzeugungen oder Impulse vermittelt werden, wird seine Wirkung dysfunktional. Es mag vollkommen logisch sein, doch es wirkt in umgekehrter Richtung, wie gespiegelt, um die Schwierigkeiten zu kompensieren, doch nicht zu lösen.«

»Kannst du das mit der umgekehrten Richtung erklären?«, fragte ich.

»Logik bestimmt oder prognostiziert Ergebnisse, Konsequenzen und Ableitungen. Wenn ihr Ursprung ein positiver Impuls ist, wird sie diese Richtung beibehalten und zu einer sinnvollen, positiven Schlussfolgerung kommen. Doch wenn die Logik mit einem negativen Element beginnt, dann wird sie in jener Richtung fortfahren. Gleichzeitig wird die Logik versuchen, diese negativen Muster umzudrehen, um zu einem positiven Ergebnis zu kommen, wie zum Beispiel Gesundheit oder Gewinn.«

Er sah sich mit einem Ausdruck der Bewunderung um und sagte: *»Das Universum meines Vaters ist endlos und von unendlicher Fülle. Dies betrachtend und glaubend kann der Verstand auf direkte und angemessene Art dahin wirken, Fülle hervorzubringen. Mit einem positiven Impuls versehen, funktioniert der Verstand richtig, mit einem negativen Impuls wirkt er umgekehrt. Das entspricht seiner Logik. Richte deinen Blick auf die Unendlichkeit. Betrachte die unendliche, ewige Schöpfung mit andächtigem Staunen.*

Er zitierte eine meiner Lieblingsstellen aus dem Neuen Testament. *»Betrachtet die Lilien des Feldes, wie sie wachsen: Sie arbeiten nicht und sie spinnen nicht. Ich sage euch aber: Selbst Salomo in all seiner Pracht war nicht gekleidet wie eine von diesen. Sucht jeden Tag Unendlichkeit, und alles, was ihr ersehnt, wird euch gegeben werden.«*

Nie zuvor hatte ich in dieser Stelle so viel Schönheit gesehen.

Er war mit seinen Erläuterungen sehr großzügig gewesen, doch ich musste noch etwas klären, um es besser zu verstehen, und erlaubte mir die Frage: »In welcher Beziehung steht der Verstand zur Seele?«

»Die Seele ist die Gesamtheit deiner Liebe, Wahrnehmungen, Erfahrungen, Fähigkeiten, Erinnerungen, Gefühle und deines Poten-

zials, was deine Unsterblichkeit ausmacht. Dein Verstand ist der Chronist und Verwalter. In dieser Funktion ist der Verstand hilfreich und ein wichtiger Bestandteil deiner Existenz. Aber er war nie als Regent gemeint. Für sich genommen, hat der Verstand keine Macht und kann grundlegende Zustände nicht verändern.

Im Zentrum deiner Seele ist das Heilige Herz. Hier bist du eins mit Gott. Das Herz sieht Unendlichkeit, innen wie außen. Es kann die Vollkommenheit erkennen. Und es kann die Ursache von Zuständen ermitteln und sie verändern. Das Herz ist deine höhere Intelligenz. Es ruht in seinem, von deinem Schöpfer hervorgerufenen Blick auf die Unendlichkeit. So hält das Herz deine Individualität, die Einheit mit Gott und die integrierte Verbundenheit alles dessen, was ist, in Ehren.

Würdest du zu Sonnenaufgang und zu Sonnenuntergang gerne etwas Schönes tun?«

»Klar.«

»Finde einen Platz, von dem aus du den Sonnenaufgang oder -untergang sehen kannst. Sei vorsichtig und schaue nicht direkt in die Sonne, bevor sie den Horizont berührt oder durch die atmosphärische Dichte am Horizont gefiltert wird. Doch wenn sie orange ist und du gut hineinschauen kannst, dann wirst du in ihrer Mitte einen Unendlichkeitspunkt finden, der den Unendlichkeitspunkt in deiner Seele zum Schwingen bringt. Das wird sehr nährend für dich sein und dir eine positive Wahrnehmung vermitteln. Es wird dich sogar körperlich nähren, denn es unterstützt die Bildung von Vitaminen und die Verfügbarkeit von Mineralien.«

Ich erinnerte mich an die Sonnenverehrung primitiver Völker, die bis zur Vergöttlichung ging, und genau darauf bezog sich seine nächste Bemerkung.

*»Diese Menschen erkannten die lebensspendende Kraft der Sonne, auch wenn sie sie nicht richtig einordnen konnten. Es ist ein Irrtum, die Sonne oder irgendetwas Erschaffenes anzubeten. Es ist jedoch kein Irrtum, die Gegenwart der Unendlichkeit **innerhalb** der Schöpfung anzuerkennen. Die Sonne ist eine mächtige Zurschaustel-*

lung von Unendlichkeit. Gleiches gilt für den nächtlichen Sternenhimmel oder die Weite des Ozeans, wenn man auf hoher See ist.«

Er erinnerte mich immer wieder daran, *»über die Unendlichkeit jeden Tag zu kontemplieren, innerlich und äußerlich.«*

Eines Tages fragte ich den Meister, was »innerlich kontemplieren« bedeute.

»Unendlichkeit ist nicht auf unglaublich große oder unmessbar kleine Räume beschränkt. Unendlichkeit hat überhaupt nichts mit Quantität zu tun, sondern viel mehr mit Qualität. Ich will dir etwas über dein Herz erzählen.«

Dies geschah ziemlich am Anfang und sollte zu einem Grundstein dessen werden, was er mich lehren würde.

»Das Herz, von dem ich spreche, ist nicht das Körperorgan, auch wenn das körperliche Herz ein angemessenes Instrument für das wahre Herz ist, indem es deinen Körper in jedem Augenblick mit Lebensblut versorgt. Ich meine jenes Herz, das der zentrale Fokussierungspunkt deiner Seele ist. Es dient deiner Seele als Linse, durch welche sie all deine irdischen Emotionen und göttlichen Erkenntnisse in einem Brennpunkt unendlicher Möglichkeiten integriert. Dieser Punkt liegt an der Schwelle deiner physischen Existenz, dicht unter und hinter deinem körperlichen Herzen. Finde ihn.«

Als ich das tat, schien mein ganzes System von Energie zu schwingen und zu pulsieren. Ich verspürte eine starke Lebendigkeit in mir, und es bedurfte keines Gedankens, mich in diesen Punkt zu versenken. Die Wirkung entstand einfach, indem ich mich darauf konzentrierte und mir seiner bewusst wurde.

»Dies ist die Kraftquelle, die dein Schöpfer in dir angelegt hat, nicht dein Verstand. Dein Verstand ist nur ein Diener, der sich wohlverhält, wenn er positive Anweisungen erhält, doch bei negativen Anweisungen ist sein Verhalten armselig. Dieses Herz bringt all die irdischen Emotionen genauso hervor wie die mitfühlenden Empfindungen der höheren Sphären. Doch es ist viel mehr als nur Emotion. Es ist unendliche Wahrnehmung und die Grundlage all der höheren

Bewusstseinsebenen, die du je in dir erfahren können wirst. Aus dieser Kraft in der Mitte deines Seins heraus wird das Drehbuch deines Lebens geschrieben. Wenn du in deinem Herzen lebst, erfüllst du das Drehbuch deines Lebens oder schreibst es um. Dein Verstand kann das nicht bewirken. Doch jede Sehnsucht deines Herzens wird erfüllt werden.«

Ich bin mir nicht sicher, ob er das Folgende als historisches Ereignis beschrieb oder als Metapher, aber vielleicht ist das auch nicht so wichtig.

*»Es gab eine Zeit, da war das Herz so durcheinander vom Leben, dass die aus den negativen Gefühlen entstandenen Widersprüche und die Verwirrungen, die sich im Herzen festgesetzt hatten, den Verstand sich um sich selber drehen ließen. Der dienende Verstand probte den Aufstand über das meisterliche Herz, denn es schien überlebensnotwendig, dass der dienende Verstand zumindest logisch bleibe. Das Herz steckte in Schwierigkeiten, und der Verstand war keine Hilfe, denn in seinen Augen ist Irrationalität Verrat. Daher fühlte er sich völlig im Recht, das zu dominieren, was er als irrational wahrnahm. Der dienende Verstand machte sich daran, das Herz zu überwältigen, indem er seine **eigene Realität** erschuf.*

*Der Verstand neigt dazu, nur logisch zu sein, und versucht daher, alle unverständlichen Umstände zu kontrollieren. Aus der Sicht des Verstandes sind **Kontrolle und Verständnis ein und dasselbe**. Er geht davon aus, dass er das, was er kontrolliert, auch versteht. Das ist das zentrale Problem, das Zentrum des Zyklons einer vom Verstand dominierten Welt und der allerwichtigste Grund, weshalb du den Verstand zu deinem Diener und nicht zu deinem Meister machen solltest.«* Er sprach davon, wie diese Umkehrung auch heute, während wir hier davon reden, im Leben vieler Menschen stattfindet. *»Doch Aufstand ist keine Lösung, und wenn du kontrollierst statt verstehst, wird dein Leben sich zunehmend aller Sinnhaftigkeit, Vielfalt und Kraft entleeren. Die Heilung deines Lebens liegt in der inneren Stärke deines Herzens, und du brauchst das entsprechende Verständnis, um das eigentliche Problem angehen zu können.*

Ich gebe dir drei tägliche Übungen: Als Erstes stärke all deine positiven Emotionen durch tägliche Dankbarkeit und Bewunderung. Zum Zweiten entkräfte täglich deine negativen Emotionen durch Vergebung. Die dritte Übung erfordert eine gewisse Sorgfalt, doch ich glaube, dass sie dir, Glenda, leichter fallen wird als manchen anderen, denn als Künstlerin praktizierst du sie bereits. Ich spreche von unschuldiger Wahrnehmung.«

»Was meinst du?«

»Schau aus dem Fenster. Jetzt schau mich wieder an und erzähle mir sofort, was du gesehen hast.«

»Ich habe fünf Äste gesehen und auf der Mauer saßen vier Vögel. Auf der Fensterbank waren zwei kleine Zweige und etwas Vogeldreck.«

»Gut. Das war unschuldige Wahrnehmung. Du hast mir einfach erzählt, was du gesehen hast, wie ein Kind. Kinder können das sehr gut. Sie sehen einfach, ohne jede Voreingenommenheit. Du hast dir diese Fähigkeit etwas besser aus deiner Kindheit erhalten als manche andere Menschen. Wenn der Verstand mir geantwortet hätte, dann hätte er wahrscheinlich einen Moment gezögert, um die Kontrolle wiederzugewinnen, und dann etwas gesagt wie: ›Ich glaube, ich habe zwölf Äste gesehen, sechs Zweige, drei Vögel und eine saubere Fensterbank.‹ Denn der Verstand braucht Struktur und Symmetrie, um sich wohlzufühlen, und so stülpt er der Wahrnehmung eine künstliche Ordnung über.

Das heißt, der Verstand hätte das Drehbuch umgeschrieben, um es zu ›verbessern‹. Er hätte das Drehbuch umgeschrieben und versucht, die Wirklichkeit vorwegzunehmen und sie in seinem Sinne umzugestalten. Das ist es, wonach der komplexe, hoch gebildete Verstand immer strebt. Er sucht der Wirklichkeit idealisierte Muster überzustülpen, und dann nennt er es göttlich, obwohl doch überhaupt nichts getan werden muss, um dieses Universum göttlich zu machen. Du brauchst nur wahrzunehmen und das Vorhandene mit Ehrerbietung zu betrachten. Schau mit andächtigem Blick, sei dankbar und verzeihe, was du nicht verstehen oder kontrollieren konntest. Denn das Leben ist göttlich, es ist vollkommen und verwirklicht den Willen des Schöpfers auf ganz natürliche Weise.«

Wunderbar! Nach dieser Botschaft fühlte ich mich wieder wie ein Kind, voll lebendiger Erwartung. In diesem Augenblick in Jesu Gegenwart leuchtete alles in der Unschuld des ursprünglichen Zustandes. Ich erkannte, wie der Verstand in seinem Versuch, eine Realität zu erschaffen, die Welt tyrannisiert. Zu einem bestimmten Zeitpunkt bestätigte der Meister eine ähnliche Einsicht:

»Der Verstand erschafft die Wirklichkeit in Strukturen, und all die repressiven Strukturen in dieser Welt stammen aus diesen Konzepten des Verstandes, mit denen er versucht, eine Vollkommenheit zu erschaffen, die gar nicht erschaffen werden muss, weil sie schon da ist. Man könnte auch sagen, der Verstand zerbricht etwas, um es dann für einen Preis wieder zusammenzusetzen. Dazu gehört auch das Brechen von Herzen, von Leben, von Seelen, von Beziehungen, und jemandem den Willen zu brechen, und all das nur, um durch irgendeine großartige Struktur, die dann als die ›Lösung‹ oder ›Antwort‹ präsentiert wird, die Dinge im Griff zu haben. Um eine derart vom Verstand und von repressiven Strukturen dominierte Welt überhaupt zu ertragen, musste das arme, opferbereite Herz zum willigen Diener werden. Das Herz musste all die lieblosen Begrenzungen und repressiven Bedingungen der verstandeserzeugten Welt ausgleichen und damit Zugeständnisse machen, die die Umkehrungen vervollständigten. In einer Welt, in welcher der Verstand der Herr und das Herz der Diener ist, geraten die wahren Kräfte des Herzens in tiefe Vergessenheit, sie werden hinter Gefängnistüren verschlossen, ohne freien Ausgang. In einer solchen Welt wird das Herz als weiblich, anpassungsfähig und sentimental betrachtet, als ein Bewusstseinszentrum, das lediglich zur Befriedigung der emotionalen und kreativen Bedürfnisse dient, als ›Eheweib‹ des Verstandes und sonst nichts.«

Dies, erklärte er, sei die Tragik unserer umgekehrten Welt, und er sei mit dem Geschenk und der selbst gewählten Aufgabe gekommen, das Herz wieder in seine wahre Macht einzusetzen.

»Wenn das Herz ›am rechten Fleck‹ ist, dann kann der Verstand ein wahrhaft nützlicher Diener sein, der dadurch ironischerweise sowohl brillant als auch glücklich wird.

Wie jeder Diener arbeitet der Verstand am besten innerhalb klarer, begrenzter Richtlinien. Eine unverrückbare Eigenschaft des Verstandes ist es, dass er mindestens zwei fixe Referenzpunkte braucht, um funktionieren zu können. Deswegen kann er mit der Unendlichkeit einfach nichts anfangen. Die Kraft des Herzens, das Leben wahrhaft anzugehen, liegt jedoch in seiner Ausrichtung auf die Unendlichkeit. Wenn der Verstand dem Herzen dient, dann ist alles möglich, doch wenn das Herz dem Verstand dient, dann gibt es nur Begrenzung, und die emotionale Energie wird ruhelos in Unterdrückung brodeln.«

Das Problem lag deutlich zutage und ich konnte es beim Darüber-Nachdenken überall erkennen. Doch ich wollte noch etwas wissen. »Du warst sehr klar, was das Herz betrifft. Könntest du mir auch eine derartige Definition des Verstandes geben?«

»Der Verstand besteht im Wesentlichen aus zwei Teilen. Zum einen ist er ein Instrument zur Integration und Übertragung, wie ein komplexer DNS-Computer. Sein Zentrum liegt im Gehirn und im Nervensystem, aber eigentlich bezieht er jede Zelle mit ein. Der zweite Teil ist ein elektromagnetisches Feld, das deinen Körper durchdringt und unmittelbar umgibt. Hier werden all deine Sinneserfahrungen und Gedankenintegrationen gesammelt, gespeichert und verfügbar gehalten. Alle Daten des Verstandes werden mathematisch codiert und durch einen Zugangsimpuls von Plus oder Minus ausgelöst. Deswegen wird der Verstand dualistisch wirken, wenn er nicht vom Herzen beaufsichtigt wird. Wenn der Verstand das Sagen hat, steht Polarität auf der Tagesordnung.«

Er erklärte, dass auch die Ursachen vieler sozialer Probleme in der Umkehrung von Herz und Verstand lägen. *»Wenn der Verstand dominiert, dann muss Wohltätigkeit zu einer organisierten, der Struktur untergeordneten Angelegenheit werden. Darin zeigt sich ein tragischer Verfall der Brüderlichkeit unter den Menschen. Doch wenn das Herz in angemessener Beziehung zu Gott* *steht und die Meisterschaft hat im Leben, dann ist Wohltätigkeit ein natürlicher Bestandteil des Miteinander.«* Nachdenklich sprach er weiter: *»Ich habe so sehr versucht, Judas das zu vermitteln, doch er war ein Mann der Strukturen und wollte es nicht hören.«*

Wegen dieser Bemerkung über Judas wagte ich die Frage: »Bitte vergib mir, wenn mein Anliegen unangemessen ist: Könntest du mir erklären, warum du Judas in den heiligen Kreis aufgenommen hast, wenn du doch wusstest, dass er dich verraten würde?«

Jesus antwortete mit einer der warmherzigsten, brüderlichsten Geschichten, die ich je von ihm zu hören bekam.

»Mein Vater bestimmte Judas' Platz im Kreis, nicht ich. Ein großer Teil der Geschichte von Judas ist jedoch nie erzählt worden. Nach seinem Verrat und Selbstmord hassten ihn alle so, dass sie ihn ausstießen und ihm in ihren Herzen nicht vergeben wollten. Ich verstand Judas von Anfang an. Ich wusste nicht, wie er mich verraten würde, auf welche Art, doch ich wusste, dass es unausweichlich war. Ich wusste auch genau, warum mein Vater uns zusammengebracht hatte. Judas und ich sind nämlich zusammen aufgewachsen. Ich bin nicht losgegangen und habe ihn für meinen Kreis gewählt. Als Junge war er mein bester Freund. Er stammte aus einer gebildeten, einflussreichen Familie und genoss alle Vorzüge, die Wohlstand und gute Erziehung mit sich bringen. Seine Familie gab ihm all die strukturellen Privilegien, die in jener Zeit möglich waren, und so wurde er zu einem treuen Diener der Strukturen. Darüber hinaus war sein Verstand durch akademisches und intellektuelles Training so gestärkt, dass er sein Herz überschattete. Wir flossen wie ein klarer und ein trüber Strom Seite an Seite. Doch ich liebte ihn und er liebte mich. Als Kinder spielten wir zusammen ›Cowboys und Indianer‹ – na ja, wir spielten natürlich Juden und Römer. Oft spielten wir auch Verstecken, und ich fand ihn immer. Er fand mich natürlich nie. Es war so leicht, ich brauchte nur hinter dem größten Ding zu schauen, und da war er. Ich konnte mich jedoch mitten auf eine offene Wiese setzen und er lief an mir vorbei, als sei ich unsichtbar. Aber wir hatten Spaß

zusammen, und weil ich so war, wie Jungs eben sind, gab ich Judas gegenüber auch gerne ein bisschen an. Lange bevor irgendjemand die Wunder zu sehen bekam, deren ich fähig war, ließ ich für ihn kleine Dinge verschwinden oder erweckte tote Zweige zum Leben, einfach um auf ihn Eindruck zu machen. Es war einfach Ausdruck meiner jugendlichen Lebhaftigkeit. Judas war tief beeindruckt und wusste von Anfang an, dass ich der Messias bin. Er glaubte daran von ganzem Herzen. Doch seine Vorstellung vom Messias orientierte sich an Mose oder König David, einem priesterlichen König, der durch Wunder eroberte und die Welt erkennen ließ, dass der König der Könige hier sei, um Israel wiederaufzurichten. Die messianische Prophezeiung war im Wesentlichen auf die Zurückeroberung politischer Macht gerichtet. Er glaubte, ich würde Rom auf die gleiche Weise mit der Macht Gottes in Erstaunen versetzen wie Mose, als er zum Pharao ging und sein Stab sich in eine Schlange verwandelte. Er erwartete von mir, dass ich Rom in die Knie zwingen würde, sodass die Armeen Israel verlassen würden und wir unser Land zurückbekämen. Judas erkannte nie wirklich, wer ich war, verstehst du? Er verstand es nur in dem Maße, wie Prophezeiungen und Geschichtskenntnisse es ihm ermöglichten, darüber ging es nicht hinaus.

Als wir zusammen aufwuchsen, verkörperte er immer meine Herausforderung. Er zeigte mir, in welchem Ausmaß eine Situation missverstanden werden konnte. Auf diese Weise konnte ich auf die Missverständnisse eingehen, die in anderen vielleicht vorhanden waren. Wir waren das genaue Gegenteil voneinander, und von daher war er ein gutes Sprachrohr für Opposition. Ich meine das nicht geringschätzig. Er hat seine Rolle gewählt und sie gut gespielt. Für die Schmerzen, die sein Handeln verursacht hat, habe ich ihm schon vor langer Zeit vergeben, denn sie waren notwendig, damit das Wunder sich ereignen konnte. Und es war durchaus nicht so, dass er mich um des Silbers willen verraten hat, wie viele behaupten. Er war überhaupt nicht der Meinung, dass er mich verraten würde. Judas kam aus einer stolzen und einflussreichen Familie, er hätte das Geld sicher den Armen oder der Synagoge gespendet. Judas war jedoch *den Strukturen genauso tief ergeben wie ich meinem Gott. Das war die Essenz unseres Dramas. Als er in jener Nacht den Ort unseres Abendmahls verließ, wusste ich nicht genau, was er tun würde, doch ich wusste, er war losgezogen, um ›sein Ding zu drehen‹. Er war auf dem Weg, sein Schicksal zu manifestieren, mit der gleichen Bestimmtheit, wie ich das meinige vollbringen würde. Er war der Sohn der Strukturen, ich war der Sohn Gottes – es war klar, dass es noch vor dem Ende der Nacht zur Kraftprobe kommen würde. Bis zu diesem Zeitpunkt hatten wir komplementär nebeneinander gelebt, doch jetzt war der Zeitpunkt gekommen, an dem das Drama sich vollständig entfalten würde. Ich denke nicht so wie er, doch wenn ich seine Absicht erklären wollte, dann würde ich sagen, dass meine unpolitischen Reden ihn ungeduldig machten. Er wollte mich in eine Polarität zwingen, sodass ich Rom gegenüber Farbe bekennen müsste. Er schmiedete seinen Plan ohne Zweifel, um mich an die Macht zu bringen – **seine Vorstellung** von Macht. Er wusste, als er zu den römischen Soldaten ging, dass sie hinter mir her waren, und er muss ihnen tolle Geschichten von meinen Kräften erzählt haben, denn sie brachten fast eine halbe Legion mit. Ich nehme an, er dachte, ich würde sie auf irgendeine Weise überwältigen, wenn sie mich umzingelten. Vielleicht sollte ich die Soldaten in Steinsäulen oder Bäume verwandeln. Oder ich sollte zu einer Taube werden und davonfliegen. Er erwartete etwas Wundersames, und das geschah auch, doch das Wunder, welches sich dann ereignete, ging weit über sein Begriffsvermögen hinaus.*

Niemand war darüber erschrockener als Judas selbst, und ich bin sicher, dass er sich nicht aus Schuldgefühl erhängte, sondern aus der niederschmetternden Erkenntnis heraus, dass alles, was er sich vorgenommen hatte, fehlgeschlagen war! Das Einzige, womit er überhaupt nicht gerechnet hatte, war meine Hingabe, denn der Verstand mit seinem zwanghaften Kontrollbedürfnis betrachtet Hingabe als Niederlage. Doch das Herz weiß um seine Unsterblichkeit und kann es daher wagen, sich hinzugeben. Das Paradox des hingebungsvollen Herzens, das seine Meisterschaft zurückgewinnt, ist ein Wunder, in dem ich besonders gut bin. Es war der Zweck meines Daseins. Der Rest ist Geschichte.«

»Du hast gesagt, du hättest Judas vergeben. Hat er deine Vergebung je angenommen?«

»Noch nicht. Doch wenn er je erwacht, um die Wahrheit dessen zu erkennen, was geschah, dann wird seine Rückkehr zu Gott die Tyrannei der Strukturen in diesem Universum zutiefst erschüttern. Verurteile ihn nicht, denn das wird nur die Tyrannei unterstützen, die er noch immer verteidigt. Bete für seine Seele, und vielleicht wird ein Wunder geschehen, über das man noch am Ende aller Zeiten sprechen wird.«

Ich war froh, dass ich den Mut gehabt hatte, nach Judas zu fragen, denn es enthüllte mir ein Geheimnis, über das ich mich schon oft gewundert hatte. So stellte ich mutig eine weitere Frage, doch in dem Moment, als ich sie aussprach, erkannte ich, dass er sie mir gerade beantwortet hatte. »Ich wollte dich gerade nach deinen Leiden am Kreuz fragen. Waren deine Kräfte stärker als die Wirklichkeit des Todes oder traf dich seine ganze Gewalt und du hast sie dann transzendiert? Doch jetzt wird mir klar, dass du den Tod genauso erlitten hast, wie wir es tun würden, und ihn dann transzendiert hast, denn nur diese Unterwerfung, gefolgt vom Triumph, konnte die Umkehrung in unserer Welt aufheben. Du hast unser Flehen von einer höheren Ebene aus vernommen und wusstest, was nötig war. Judas hingegen war so verflochten mit den Strukturen, dass er nur eine Strategie entwickeln konnte, die auf historischen Präzedenzfällen und verzweifelten Mitteln aufbaute. Du hast die Flamme des Lebens aus einer neuen Dimension gebracht, und deshalb konnte Judas nicht erkennen, was du vorhattest. Keiner, der den Strukturen dient, hätte das wahre Wunder voraussahnen können.«

Mit einem warmen Lächeln sagte er: *»Stimmt. Du lernst schnell. Das eigentliche Wunder meiner Kreuzigung und Auferstehung lag in der Wiederherstellung der Macht des Heiligen Herzens über die Strukturen, und dem Sieg der Liebe über den Tod. Nachdem* *ich die Vorrangigkeit des Herzens wiederhergestellt habe, braucht ihr seine Macht nur noch anzuerkennen und in eurem Leben und eurem Winkel der Welt anzuwenden. Das Herz braucht sich nicht zu Gott zurückzuarbeiten, denn es hat Gott nie verlassen. Das Herz in seiner Vollkommenheit ist die Verbindung zu deinem Schöpfer, die nie gebrochen wurde.* **Doch es muss seine Sicherheit als Meister über die Illusionen zurückgewinnen!** *So geschehen alle Wunder. Das Herz ist der Überbringer aller Wunder.*

Unterschätze nie die Fähigkeit des Herzens, höhere Intelligenz, höheres Bewusstsein und erhabenere Lösungen für deine Existenz hervorzubringen, als du je erwartet hättest. Deswegen erleben so viele Menschen angesichts des Todes eine wundersame Heilung. Sie denken: ›Ich habe nur noch sechs Wochen zu leben‹, und lassen alle äußeren Anforderungen los. Der Verstand verliert all seine Bedeutung, und die Nächsten werden wichtiger denn je. Plötzlich brennt das Feuer des Herzens mit heller Flamme durch Kummer und Freude, Zufriedenheit und Resignation. Nur dann ist ein Wunder möglich, durch das Feuer des Herzens. Angesichts des Todes sterben die meisten Menschen zuerst in Bezug auf die Welt der Strukturen, und dann können sie endlich wahrhaft leben. Dies ist es, was ich meinte, als ich sagte: Du musst erst sterben, um zu leben. Denn wenn du im Herzen lebst, dann lebst du unsterblich, dann lebst du ewig.«

Seine erhellenden Lehren über das Herz und seine Wunder riefen mir ein Ereignis in Erinnerung, an das ich schon lange nicht mehr gedacht hatte. 1981 hatte ich einen Vertrag mit einem New Yorker Verleger, um Kunstdrucke herzustellen. Zu jener Zeit wollten mein Mann und ich uns einen Hund anschaffen und hatten unser Herz an einen Drahthaar-Foxterrier gehängt. In New York gab es einige gute Züchter dieser Rasse, und wir beschlossen, dass ich mich während meines New-York-Aufenthaltes darum kümmern würde. Ich sprach mit verschiedenen Züchterinnen am Telefon, und eine, die mir besonders sympathisch war, hatte auch einige Welpen. Wir machten einen Besichtigungstermin aus. Ich war ein Landkind aus Texas und hatte keine Ahnung von den verschiedenen Stadtbereichen New Yorks, daher löste ihre Adresse in der Bronx keinerlei Alarmsignale aus.

Ich wohnte in der Innenstadt, und angesichts der Tatsache, dass ich im Berufsverkehr mitten durch die Stadt musste, dachte ich, dass die U-Bahn schneller sei als ein Taxi. Ich finde die demokratisch-bunte Menschenversammlung in den Zügen sowieso immer interessant.

Ich stieg in der Nähe der Wall Street ein, und der Zug war voll mit gut gekleideten Börsianern auf dem Heimweg zu ihren Stadtwohnungen. Ich war auch nett angezogen, vertiefte mich entspannt in meine Zeitung und beglückwünschte mich zu meiner Entscheidung, die Bahn genommen zu haben. Mit jeder Station änderten sich die Bevölkerungszusammensetzung und die Bekleidung ein bisschen, und ich war fasziniert von den Verwandlungen im Verlaufe der Fahrt. Schließlich fuhren wir durch den Bronx-Tunnel, und die Szenerie veränderte sich drastisch. Keine Bally-Schuhe und dreiteiligen Anzüge mehr, sondern offene Sandalen, schwarze Lederhosen und Tattoos. Der Zug hielt, und ich sah ein Schild, auf dem stand: »Nächste zwei Stationen: Bronx.« In dem Augenblick verließen alle den Zug, und merkwürdigerweise stieg niemand ein. Der Zug fuhr los, und ich war der einzige Fahrgast in den drei Wagen, die ich überblicken konnte. Es war ein unheimliches Gefühl, plötzlich so allein zu sein, nachdem die Leute gerade noch dicht gedrängt wie Sardinen gestanden hatten.

Als der Zug quietschend an der ersten Bronx-Station hielt, öffneten sich die Türen, und sechs Jungen im Alter zwischen zwölf und sechzehn Jahren schlenderten herein. Beim Einsteigen schleuderten sie ein paar leere Brieftaschen auf die Gleise, wahrscheinlich die Überreste ihres Tagewerks. Kalte Panik ergriff mich, doch etwas tief in mir riet mir, mich still zu verhalten. Ich konnte nur beten, dass noch jemand einsteigen oder sie mich ignorieren würden. Doch nichts davon. Sie setzten sich um mich herum, zwei auf jeder Seite von mir, und die anderen gegenüber. Wir saßen einen Augenblick still da. Es fühlte sich wie eine Ewigkeit an. Schließlich konnte ich nicht mehr an mich halten, ich dachte, dies ist vielleicht der letzte Tag meines Lebens, also will ich es mir wenigstens nett machen. Ich schaute auf und sagte: »Hallo!«

Das brach das Eis, und einer von ihnen fragte mit herrischer Stimme: »Wo kommstn her?«

Irgendwie presste ich die Worte hervor und war über meinen südlichen Tonfall selbst überrascht: »Aus Texas.«

»Du kommst aus Tähxxes«, äffte er mich nach. »Was machstn hier?«

Fröhlich antwortete ich: »Ich bin hier, um einen jungen Hund abzuholen.«

Ob es meine Begeisterung war oder der Zauber junger Hunde – die harten Burschen entspannten sich ein wenig und wurden zu normalen Jungs. Was auch immer es war, der ganze Ton des Gesprächs veränderte sich von diesem Moment an. Eins steht jedoch fest: Ohne das Kommando meines Herzens und das Aussetzen meines Verstandes hätte sich das Ganze sehr schmerzhaft entwickeln können. Rationale Manöver wären chancenlos gewesen, denn ich war in ihrem Revier. Hätte ich nur die geringste Abwertung durch irgendeine emotionale Reaktion oder Geste zum Ausdruck gebracht, hätten sie das wahrscheinlich zum Anlass für irgendeine feindselige Aktion genommen. Ich war offensichtlich im Hintertreffen bei unserer Begegnung. Der Verstand hätte das Problem nicht lösen können, denn sie hätten jede mentale Projektion für sich ausgenutzt. Glücklicherweise ist das Herz jedoch nicht auf Dramen und Sackgassen tödlicher Konflikte beschränkt.

Es ist so, wie Jesus gesagt hat: »*Das Herz bringt in jede Situation neues Leben und eröffnet Möglichkeiten, die ohne es nicht vorhanden gewesen wären. Manchmal genügt eine einprozentige Veränderung, um einen großen Unterschied zu bewirken, denn nur so viel ist nötig, um eine absolut erscheinende Situation als relativ zu erkennen. Nur Gott ist absolut. Alles andere ist relativ. Deswegen wird sich in den Sackgassen seines Verstandes verfangen, wer verurteilt oder bewertet. Der blinde Fleck, der diesen selbstzerstörerischen Mechanismus auslöst, besteht in der Tendenz des Verstandes, seine Kontrolle auf Faktoren aufzubauen, die er für absolut hält, und das einzig wahrhaft Absolute kann er nicht begreifen. Deswegen betone ich immer wieder, dass der Verstand ein brillanter Diener ist, doch ein fataler Herr. Bevor du ihn aufbaust, musst du wissen, wie du ihn abschalten kannst.«*

Glücklicherweise schaltete ich ihn an jenem Tag ab. Ohne mir dessen bewusst zu sein, schaltete ich in eine Art »Overdrive«, womit höhere Mächte und Ressourcen das Kommando erhielten. Ich redete mit den Jungen weiter über Hunde, als einer von ihnen neugierig fragte, warum ich denn bis nach New York gereist sei, um einen jungen Hund zu holen.

»Na ja, ich bin Künstlerin und bin hier, um ein bisschen zu arbeiten.«

Einer der Jungs fing an zu strahlen, als er sagte: »Ich bin auch Künstler!« Und zwei andere fügten wie aus einem Mund hinzu: »Und er ist gut!«

»Was für eine Art von Kunst machst du?«, fragte ich.

Er zeigte aus dem Fenster auf all die Graffitis und schlug sich wie Tarzan auf die Brust. »Ich war das!«

Zum ersten Mal in meinem Leben machten Graffitis einen positiven Eindruck auf mich. Sie waren ein beeindruckender Akt des Selbstausdrucks. Darüber hinaus war ich unbeschreiblich erleichtert über die Tatsache, dass wir ein weiteres gemeinsames Thema hatten.

Das Einzige, was mir zu sagen einfiel, war: »Weißt du, wie viele Künstler ihren rechten Arm für derart viel Ausstellungsfläche und Öffentlichkeit in New York geben würden?«

Er strahlte. Wir freundeten uns an und sie entspannten sich noch mehr. Sie fragten nach meinem Atelier, wo ich wohnte, und Manuel bat mich, ihm Kunstunterricht zu geben. Zustimmend sagte ich: »Wenn ich nur lange genug hier wäre, würde ich das gerne tun. Du könntest mir wahrscheinlich auch einiges darüber beibringen, wie man an die Öffentlichkeit kommt.«

Einer fragte mich, ob ich irgendwelche Bilder von meinen Werken hätte. Bevor ich mich versah, hatte ich meine Tasche geöffnet und meine Brieftasche herausgeholt. Ich zuckte einen Moment zurück, als mir klar wurde, was ich da tat. Doch was soll's, dachte ich, zog die Bilder heraus und gab sie herum. Sie waren beeindruckt und ich spürte eine gewisse Ungezwungenheit zwischen uns. Wir waren wie eine Bande von Kindern im Sommerlager, die über Kinderkram wie junge Hunde und über selbst gemalte Bilder quatschten.

Plötzlich platzte einer heraus: »Weißt du denn nicht, dass du hier unten nicht sicher bist?«

Ich antwortete unschuldig: »Wo ich herkomme, in Texas, ist es eigentlich überall ziemlich sicher.«

Einer der Älteren schimpfte: »Dann sollte sich besser jemand um dich kümmern! Wir bringen dich zum Taxi.«

Als wir ausstiegen, eskortierten sie mich wie einst die Ritter der Tafelrunde ihre Königin Guinevere.

Der Taxifahrer schien die Gruppe zu kennen und schnitt eine Grimasse, als er uns kommen sah. Sobald ich im Wagen saß, fragte er, ob alles in Ordnung sei.

»Ja, es geht mir gut.«

Er tadelte mich ausgiebig und betonte immer wieder, dass ich das bloß nie wieder tun sollte. Während ich da saß und die Ereignisse des Nachmittags Revue passieren ließ, stimmte ich ihm zu, dass ich zukünftig nicht so naiv sein sollte. Ich dachte jedoch auch: Falls ich mich je wieder in einer ähnlichen Situation befinden sollte, würde ich hoffentlich genauso mit ihr umgehen.

Ich sah die Jungs nie wieder, doch sie haben einen festen Platz in meinem Herzen.

Als ich Jesus die Geschichte erzählt hatte, waren seine Augen mit Tränen gefüllt.

Ich sagte: »Ich wollte dich nicht traurig machen.«

Er antwortete: »*Du hast mich nicht traurig gemacht. Ich erinnere mich des Ereignisses sehr wohl, und ich war auf dich und die Jungs sehr stolz. Die Augenblicke, in denen sich das Leben von Menschen verändert, machen mich immer sentimental.*«

Unendliche Liebe

3
Das wundersame Universum

An manchen Tagen sprachen wir nur wenig, doch es gab Tage, besonders am Anfang, da waren die Themen unserer Gespräche wie ein reichhaltiges Büffet. Im Laufe der Zeit beschenkte Jesus mein Bewusstsein mit einem größeren Blickwinkel, und ich konnte umfangreichere Gedankengänge und Bedeutungszusammenhänge erfassen.

Die Entwicklung meines Bewusstseins lässt sich mit der Tanzstunde eines jungen Mädchens vergleichen. Am Anfang ist der Tanzlehrer völlig damit beschäftigt, die Füße seiner Schülerin zu entwirren, in Takt zu bringen und von seinen eigenen Zehen runterzuholen. So war auch ich am Anfang ganz darauf konzentriert, nicht zu stolpern, während er elegant das Gleichgewicht hielt. Doch eines Tages wurde aus dem Stolpern und Hüpfen plötzlich ein Tanz.

Diese Harmonie wurde besonders durch das Gespräch an jenem Morgen gefördert, als er mich bei dem Versuch beobachtete, die verschiedenen Teile, die ich verstanden hatte, wie Puzzlestücke zusammenzusetzen. Er bot an, mir dabei zu helfen, und forderte mich auf, mir meinen Zeichenblock und einen Filzstift zu holen.

»Du versuchst, aus Zement und Steinen ein Gebäude zu errichten, doch du hast keinen Plan. Ich will dir ein paar der entscheidenden Faktoren zeigen, nach denen du suchst.«

Nach seinen Anweisungen zeichnete ich ein gleichseitiges Dreieck, das stabil auf einer Seite ruhte und mit einer Spitze nach oben zeigte. Es gebe drei grundlegende Komponenten des Universums, erklärte er: die Liebe, den Geist und eine Substanz, die winziger sei als alles, was die Wissenschaft bisher entdeckt habe! Sie ist kleiner als ein Atom oder eins seiner Teile. Es ist das ultimative, einfachste Teilchen, der unreduzierbare Baustein des Universums. Die Forschung nach diesem Teilchen ist zurzeit ein großes Thema in der Physik und es ist schon mit diversen Namen versehen worden, zum Beispiel »Higgs Boson« oder sogar »Gott-Teilchen«. Auch wenn das ironisch gemeint war, enthält es doch Wahrheit. Dieses Teilchen geht der Abstammungsgeschichte der bekannten Teilchen voraus, deswegen ist es so schwer zu untersuchen. Es scheint **Masse zu erschaffen,** während alle anderen Teilchen **das Ergebnis von Masse** sind.

»Es gibt eine Teilchensubstanz, die die Matrix aller energetischen Masse ist. Diese Teilchen sind äußerst unspezifisch und die grund-

legende, unreduzierbare Komponente der physischen Existenz.« An die obere Spitze des Dreiecks setzte er Liebe. *»**Die Quelle der Liebe ist der Vater,** der Schöpfer selbst, der für alles, was existiert, das Gleiche ist wie die Sonne für das Leben auf der Erde. Doch das Licht seiner Liebe ist so hell, dass wir nur seinen Schein wahrnehmen können. Die Quelle der reinen Liebe ist die ultimative Quelle aller Liebe. Aus dieser Liebe bist du hervorgegangen oder erschaffen worden.* ***Wie ein Lichtstrahl ein Bestandteil der Sonne ist, bist du ein Bestandteil seiner Liebe.*** *Der Name Gottes ist Liebe und auch dein Name ist Liebe. In diesem Sinne bist du sein Ebenbild. Du wirst an der Art deiner Liebe erkannt und wirst immer daran erkannt werden. Über die Erkenntnis der Liebe hinaus kann die Gegenwart Gottes nicht beschrieben werden, denn die Heilige Präsenz ist das Definierende, nicht das Definierte.«* Und er nahm meine nächste Frage gleich vorweg, indem er hinzufügte: *»Die Heilige Dreieinigkeit ist auch ein Mysterium, welches dem dreiteiligen Universum vorausgeht und es definiert. Genau wie Gott kann es nicht definiert werden und ist doch einfach durch die Gegenwart dessen, was existiert, überall manifest. In der Dimension der erkennbaren Realität könntest du sagen, dass der EINE Geist heilig ist, wann immer er die Gegenwart Gottes manifestiert, und die Ur-Teilchen sind buchstäblich der Körper Gottes, wenn sie seinem Willen Form geben.«*

Immer wenn Jesus seine Aufmerksamkeit dem Vater zuwandte, füllten sich seine Augen mit Tränen. Vielleicht blickte er in ein blendendes Licht, doch die Liebe und Verehrung, die er für die Heilige Quelle empfand, ging weit über das hinaus, was selbst er in Worten auszudrücken vermochte.

»Der Name deines Vaters ist Liebe, und daher ist das auch dein unsterblicher Name. Liebe ist die Essenz deines wahren Seins. Sie ist nichts, was du tust oder lässt, gibst oder nicht gibst, empfängst oder nicht empfängst. Sie ist keine Ware oder Substanz, die gewonnen werden kann. Liebe unterliegt nicht den Gesetzen von Fülle oder Mangel. Liebe ist, wer und was du bist. Aus diesem Grund ist Liebe letztlich bedingungslos. Es freut mich, dass die Menschen heutzu-

tage mehr über bedingungslose Liebe sprechen, doch sie wären in ihrem Streben danach erfolgreicher, wenn sie verstünden, warum die Liebe so ist. Liebe ist bedingungslos, weil sie dein Ursprung ist, dein Sein, nicht etwas, was bedingungslos getan wird. Jedes Tun ist in gewissem Maße bedingt, denn die Existenz hat Bedingungen, und Beziehungen daher auch. Wenn Liebe nur aus Tun bestünde, dann könnten wir dem nicht entgehen.«

Erleichtert lehnte ich mich in meinem Stuhl zurück. Ich wollte ja gerne bedingungslose Liebe verstehen und leben, doch ich wollte kein bedingungsloser Fußabtreter sein.

»Des Rätsels Antwort liegt in der wahren Natur der Liebe. Das größte Mysterium des Universums ist, dass Liebe der **heilige Aspekt des Seins** *ist. Wenn du das ganz lebst, dann wird sich alles andere von selbst ergeben.*

Das zweite große Element des Seins ist der alles durchdringende Geist.« Er deutete auf die rechte Spitze des Dreiecks, wohin ich »Geist« schreiben sollte. *»Es gibt nur EINEN Geist. Er ist in allen Dingen, um alles herum, mit allem und aus allem. Es gibt keinen Geist, der auf einen ›reinen‹ Bereich beschränkt wäre, neben der manifestierten Schöpfung.«* Er wies auf die vielen Theorien über Geist versus Materie hin. *»Derartige Theorien spiegeln einen Mangel an echtem Verständnis und die Besessenheit des strukturierten Denkens in der Dualität wider. In allem, was ist, ist untrennbarer und unteilbarer Geist. Es gibt nichts, wo kein Geist wäre.*

Der Geist ist eins. Er muss als Ganzes verstanden werden, fortwährend und ungebrochen. Wenn jemand den Geist als der Materie entgegengesetzt betrachtet, dann lebt er in der Welt der Missverständnisse und Dualität. Es ist nicht wahr, dass die Erde materiell und der Himmel geistig ist. Geist ist die Vereinigung von uns allen, von Himmel und Erde. Diese Einheit des Geistes ist der Grund für die wundersame Wirksamkeit der Gebete. Durch diese Einheit des Geistes wirken die Kräfte der Träume, der Visionen und Prophezeiungen. Im Geist sind wir vereint. Daher leben wir im Geist ein Leben, vereint in einem brüderlichen Zustand, in einem Zustand gemein-

samer Wahrnehmung und gemeinsamen Strebens nach – entweder Erleuchtung und Erhabenheit oder Dunkelheit und Niedergeschlagenheit, je nachdem, was jeder wählt. Wie auch immer sich deine Erfahrung entfaltet, wir sind EINES Geistes, und alle teilen deine Erfahrung.

Tatsächlich ist einer der größten Durchbrüche der modernen Physik, auf dem alle anderen Entdeckungen aufbauen, die Entdeckung der vereinheitlichten Feldtheorie gewesen. Alle modernen Entwicklungen der Physik wären ohne diesen Durchbruch im Bewusstsein nicht möglich gewesen. Die Wissenschaftler haben nur noch nicht ganz erkannt, dass sie die physische Gegenwart des Geistes entdeckt haben.« Er meinte, unsere Wissenschaft stünde kurz vor ihrem nächsten großen Sprung, der die Grundlage für die Entdeckung der Ur-Teilchen bilden würde.

Die dritte Spitze des Dreiecks repräsentiert die aus Teilchen zusammengesetzte Wirklichkeit, durch welche unterschiedliche Potenziale und Anordnungen möglich sind. Manchmal nannte er sie auch »Teilchen der Unendlichkeit«.

»Dieses Teilchen ist so klein, dass es unreduzierbar, unveränderbar, fundamental und zutiefst elementar ist. Dieses Teilchen erschafft Masse und bestimmt und versorgt daher alle sich davon ableitenden Kombinationen seiner selbst. Der Ausdruck ›Teilchen der Unendlichkeit‹ bezieht sich auf seine Funktion, denn es ist die Grundlage aller physischen Existenz ohne dimensionale Beschränkung. Dies ist es, was die alten griechischen Philosophen eigentlich meinten, als sie das Atom benannten.«

Natürlich ist das, was die Wissenschaft heute »Atom« nennt, ein höchst komplexes Teilchen und weit von dem entfernt, was sich die alten Griechen darunter vorstellten. Jesus ermunterte mich, die Suche nach immer kleineren Teilchen als einen notwendigen Prozess zu betrachten, um wie bei einer Zwiebel Schicht um Schicht unser wissenschaftliches Verständnis zu vertiefen. Er versicherte mir, dass die Entdeckung des ultimativen Teilchens bereits am Horizont sichtbar sei und dass sie vieles erklären würde, dessen Funktion uns derzeit noch geheimnisvoll erscheint.

Er wies auf unser Dreieck und sagte: *»Schau dir das noch einmal an. Siehst du, die Liebe steht oben. Sie versetzt den Geist in Schwingung und gebietet den Ur-Teilchen. Daraus ist die gesamte Schöpfung entstanden.«*

Bevor ich hiermit weitermachen konnte, musste ich etwas klären. »In dieser Welt sprechen wir von dem Geist einer anderen Person als etwas Individuellem. Wir sprechen von dem Geist einer Person, eines Ortes, einer Idee oder eines Augenblicks. Wir benutzen unser Verständnis von Geist als ein Unterscheidungsmerkmal. Gibt es in dem EINEN unterschiedliche Teile?«

Mit ruhiger Bestimmtheit versicherte er mir: *»Es gibt nur EINEN Geist.«*

Doch ich hakte nach: »Ich merke es immer, wenn du in den Raum kommst, durch die Art, wie dein Geist sich anfühlt.«

*»Nein, es ist meine Liebe, die du bemerkst. Wir sind alle an unserer Liebe zu erkennen. Der Geist schwingt entsprechend unserer Liebe. Du kannst es dir wie einen See voller Fische vorstellen, jeder Fisch versetzt das Wasser auf unterschiedliche Art in Schwingung. Genauso versetzt deine Liebe den Geist auf einzigartige Weise in Schwingung. Es ist wie ein Fingerabdruck. Du kannst sagen, so fühlt sich der Geist eines anderen an. Doch eigentlich ist es die Art, wie der EINE Geist in Bezug auf diesen Menschen schwingt. Wenn du möchtest, dass der EINE Geist deutlicher und stärker durch dich schwingt, **dann sei wirklich die Liebe, die du bist.***

Du hast gelernt, meine Liebe zu erkennen, Glenda. Keine andere Liebe fühlt sich so an wie meine. Keine andere Liebe fühlt sich so an wie die deiner Mutter. So ist es. Die Liebe jedes Menschen fühlt sich einzigartig an. Und so reagiert der Geist und würdigt jedermanns Liebe als einzigartigen Eindruck, und diese Liebe gebietet auch den Ur-Teilchen. Liebe definiert deine Individualität, nicht Geist. Der Geist ist das unteilbare Element, und die Ur-Teilchen sind die Bausteine der komplexen Existenz. Sie sind von höchst unspezifi-

scher Natur. Nur die Liebe hat die Kapazität für Einheitlichkeit und Individualität. Ohne Liebe wäret ihr so wenig zu unterscheiden wie Sandkörner am Strand.«

Auf dieser Einführung über die Liebe aufbauend, fragte er eines Tages: *»Glenda, würdest du gerne den besten Weg kennenlernen, um zu entdecken und zu beweisen, dass du Liebe bist und dass Liebe kein äußeres Gut ist?«*

»Natürlich!«, sagte ich schnell.

»Liebe deine Feinde.«

Das war nicht die Antwort, die ich mir erhofft hatte, und ich fühlte mich auch nicht besonders wohl mit dieser Aufforderung, doch ich war neugierig, mehr darüber zu hören.

*»Angesichts deiner Feinde kannst du sicher sein, dass alle Liebe, derer du fähig bist, nicht durch äußere Faktoren ausgelöst wird. Du liebst deinen Gegner nicht wegen seiner Freundlichkeit, seiner zugewandten Art oder weil du dir davon einen Gewinn versprichst. Angesichts deiner Feinde erkennst du, dass du Liebe **bist** – und auch die Quelle deiner Liebe. Das ist der wesentliche Grund, weshalb ich euch aufforderte, eure Feinde zu lieben, nicht damit ihr schwach oder passiv euch ausnutzen lasst, nicht um euren Gegnern den Vorteil zu überlassen, sondern um zu begreifen, dass ihr Liebe seid. **Mit dieser Erkenntnis übernehmt ihr das Kommando.***

Keine äußeren Dinge können dich lehren, wer du wirklich bist. Doch solange du glaubst, dass sie das können, wirst du die äußere Welt immer um Erlaubnis für deine Existenz bitten. Diese Zwangsvorstellung ist dein wahrer Feind.« Mit Blick auf das Diagramm wiederholte er: *»Die Liebe gebietet den Ur-Teilchen. Es gibt viele dieser Teilchen zwischen dir und irgendeinem Gegenüber. Wer von euch beiden wird ihnen gebieten?«*

»Derjenige, der liebt!«

»Das ist wahr. Doch es gibt mehr. Derartige Erfahrungen bieten dir Gelegenheit, das Wichtigste zu lernen, was du über dich und die Liebe je erkennen kannst. Die Welt will dir weismachen, dass die Emotion Liebe durch ersehnte und genussvolle Effekte gebildet wird, dass Liebe

also erschaffen wird. Nichts könnte ferner von der Wahrheit liegen, denn Liebe ist das universelle Instrument zur Initiierung und Steuerung des schöpferischen Prozesses. Zu guter Letzt wirst du vielleicht herausfinden, dass dein Gegenüber gar nicht wirklich dein Feind war. Und das beschränkt sich nicht auf menschliche Gegner. Angenommen, es nähert sich ein Sturm. Wie könntest du ihn abwenden?«

»Ich habe nie geglaubt, dass ich einen Sturm abwenden könnte«, sagte ich voller Verwunderung über so eine Frage.

»*Du könntest dich der Kraft zuwenden, die den Sturm hervorbringt, und in ihrer Gegenwart Liebe sein. Du kannst dem Sturm gebieten, denn die Liebe gebietet den Ur-Teilchen. Liebe ist der Ursprung von allem. Sie hat das Kommando und es ist an dich als einem Kind der Liebe weitergegeben worden. Deswegen kannst du in jeder Situation mit der Kraft der Liebe gewinnen. Nicht indem du Liebe ausübst. Da kommt ihr durcheinander. Du musst Liebe **sein**! Eine Liebe, die im Herzen jeder Situation hell brennt wie ein Feuer. Du kannst wirklich den Sturm besänftigen, indem du die Kräfte liebst, die ihn ausmachen.«*

Er hielt einen Augenblick inne und fuhr dann fort: »*Erkenne die Schönheit des Sturms. Erkenne die Schönheit der Kräfte, die ihn ausmachen. Liebe ihn bis in seinen tiefsten Kern. Finde das, was ihn bedingt, bis du eins mit ihm bist. Je nachdem, wie sicher du dir bist, könnten verschiedene Dinge geschehen. Der Sturm könnte sich einfach in Luft auflösen oder in einen sanften Regen verwandeln. Vielleicht würde er auch seinen Kurs ändern. Zumindest würde er dir nicht schaden, denn **die Liebe schadet der Liebe nicht!***

Wenn du Ungeziefer aus deinem Haus entfernen möchtest, kannst du es woandershin lieben. Chemische Mittel werden überflüssig, wenn du verstehst, dass das Leben der Liebe folgt, so wie die Motten dem Licht. Du kannst dein alltägliches Leben auf vielfache Art verbessern, indem du einfach in Liebe den Ur-Teilchen gebietest.«

In all den Tagen mit Jesus hat er kein einziges Mal den Begriff »Kontrolle« im Zusammenhang mit seinen Lebenshilfen verwendet. Er sprach jedoch einige Male von dem schlimmen Zustand, in dem Menschen sich befinden, die von Kontrollbedürfnissen besessen sind. *»Kontrolle ist ein Trick, um eine dualistische Situation zu dominieren. Innerhalb der Polarität verwenden die Menschen Kontrolle, um ihre bevorzugte Position zu sichern. Danach verschlimmert sich die ganze Sache noch dadurch, dass die Polaritäten aufrechterhalten werden müssen, um die Kontrolle zu bewahren.«*

Dagegen waren das Kommando und das Gebieten sehr positive Begriffe für ihn. Durch Ton und Gestik schien er auszudrücken, dass dies ein Teil unseres heiligen Bundes sei und dass es zentraler Bestandteil unserer Würde sei, das Kommando auszuüben, einzig aufgrund der Autorität der Liebe – des Seins in Liebe.

»Alle Teilchen, die je unter deinem Kommando waren, sind auf ewig dein, auf dass du dich ihrer erfreust.«

Das war ein schwindelerregender Gedanke, viel zu weitreichend, um ihn gleich begreifen zu können, doch ich fasste mich so weit, zu fragen: »Hast du so deinen Körper auferstehen lassen?«

»Natürlich. Die Liebe gab mir die Möglichkeit, allen Teilchen zu gebieten, die je meinen Körper ausgemacht hatten, und ich rekonstruierte sie nach den Gesetzen der Liebe statt nach den Gesetzen der Strukturen. Dadurch war ich kein Gefangener der Strukturen mehr.«

Er sprach darüber, dass wir unter bewusster Steuerung durch die Liebe eine neue Erde mit neuen Körpern haben werden. Ohne einen Zeitpunkt anzugeben, versicherte er mir: *»Die Transformation wird durch die Erkenntnis dessen, was Liebe wirklich ist, hervorgerufen werden. In diesem neuen Existenzzustand wird das Schlagen eurer Herzen und das Schwingen eurer Zellen unmittelbar durch die Liebe verursacht werden. Liebe wird das Blut durch eure Adern pumpen. Liebe wird der Funke sein, der eure Gedanken hervorruft sowie alle Energien um euch herum und alles, was ihr magnetisch anzieht.«*

»Hast du so die Fische vermehrt?«

»Hmm«, gab er bescheiden zu.

»Hast du sie wirklich vermehrt oder war das nur eine Metapher, um eine höhere Wahrheit zu lehren?«

»Es war keine Metapher, und doch habe ich eine höhere Wahrheit gelehrt. Keines meiner Wunder habe ich vollbracht, um Eindruck zu machen, sondern ich habe immer damit gelehrt. Was die Fische betrifft, brauchte ich nur einen Fisch genug zu lieben, damit sie sich im Überfluss vervielfachten.«

Es klang so einfach aus seinem Mund. Ich konnte ihn nur voller Verwunderung anstaunen und flüstern: »Was muss das für eine Liebe gewesen sein!« Er begriff alles ganzheitlich, ohne Dualität oder Opposition.

Für die Technik empfand er großen Respekt, wenn sie auf Wahrheit und Verständnis aufbaute und zur Stärkung eines demokratischen Bewusstseins der Wirklichkeit eingesetzt wurde. Er schien auch großen Respekt für die Wissenschaften zu haben, für wissenschaftliches Denken und das höhere Streben nach Leistungsfähigkeit. Verstandeserzeugte Formeln für das Leben lehnte er jedoch ab. Unser Verständnis müsse auf den einfachen Wahrheiten des Lebens aufbauen, betonte er, und unseren tatsächlichen Bedürfnissen dienen. Ein Übermaß an Technologien, die nur Machtmonopolen dienen und die Unselbstständigkeit und Abhängigkeit von künstlichen Dingen steigern, schien er gleichfalls abzulehnen. Doch Praktikabilität und Funktionalität begeisterten ihn, denn sie ziehen ihre Kraft aus den Gesetzen Gottes. *»Praktikabilität ist die auf Erden manifestierte Harmonie Gottes.«*

Viel zu häufig betrachten wir die Grundsätze der Strukturen als die Ursache von Ordnung und Funktionalität. Dies ist eine große Illusion, auf die die Strukturen alle Rechte beanspruchen. Er rief mir oft in Erinnerung, dass wir als liebende Wesen das Recht darauf haben, alles, was ist, mit unschuldigem Blick zu betrachten. Dem so Betrachteten könnten wir dann durch die uns damit verbindende Liebe gebieten.

»Dein Verstand möchte sein Engagement in der Realität gerne strukturieren, und um dieses zwanghafte Tun zu rechtfertigen, ver-

sucht er zu erraten und vorauszubestimmen, worum es im Leben geht. An dieser Stelle wird das vom Verstand projizierte Strukturmodell zur großen Falle, denn derartige Theorien werden deine Wahrnehmung das erfahren lassen, was zu dem Muster passt, und nicht die Wirklichkeit. Darin liegt die Lüge.«

Er machte sehr deutlich, dass Intelligenz nicht auf den Verstand begrenzt sei. *»Im Verstand begegnen sich Struktur und Intelligenz. Doch wenn deine Intelligenz auf die Begrenzungen und Sterblichkeit der Strukturen beschränkt wäre, dann wäre jegliches Streben nach einem transzendenten Verständnis des Universums in der Tat vergeblich. Im unschuldigen Betrachten liegt die große Offenbarung.«*

Er forderte mich immer wieder auf, einfach still zu schauen, aus dem Fenster zu sehen, einfach wiederzugeben, was ist. Um dich dem Leben zu nähern, brauchst du weder Formeln noch formale Bildung.

Manchmal sprach ich über die strukturelle Komposition des Gemäldes, und er half mir, den Prozess unmittelbarer wahrzunehmen, einfach unschuldig das zu sehen, was vor mir war. Wann immer ich daraus eine rationale Formel entwickeln wollte, bremste er den Gedankenfluss und lenkte ihn um mit Worten wie: *»Du hast das nicht nötig, Glenda. Du brauchst diese Formeln nicht, um das Leben zu erkennen oder das zu erklären, was du tust. Sei einfach da und nimm wahr. Entspanne dich und sei einfach.«* Immer wieder ermutigte er mich, einfach zu **sein.**

Als wir einmal über unschuldige Wahrnehmung sprachen, fiel mir eine Frage ein, die ich seit Langem hatte. Sie betraf die Vertreibung der Menschen aus dem Garten der Unschuld aufgrund ihrer Nachforschungen über Gut und Böse. Ich wollte wissen, warum es den Menschen verboten war, über Gut und Böse nachzudenken.

»Weil das Nachdenken im Verstand stattfindet und der Verstand endlos polarisiert ist. Wenn sich also der Verstand mit dem Thema

von Gut und Böse beschäftigt, dann führt das notwendigerweise in die Dualität, denn er wird seine Wahrnehmung dazu verwenden, zu bewerten und zu verurteilen. Doch das Herz kennt den Weg zum rechten Leben bereits. Das Herz braucht nicht über ein Thema nachzudenken, das ihm eingeboren ist. Der Verstand hingegen wird das wahrhaft Gute nie erkennen können, denn die eigentliche Grundlage des Guten ist Liebe, zusammen mit unschuldiger Wahrnehmung und mitfühlendem Handeln, je nach persönlicher Aufgabe. Du kannst das Thema von Gut und Böse nicht intellektuell erfassen. Es macht erst Sinn, wenn du die Liebe verwirklichst, die du bist. Einen Mangel an Liebe können auch noch so viele gute Taten nicht ersetzen. Der Geist erfreut sich an der Liebe und wird sich davon nicht abbringen lassen. Liebe steht über Ethik und Moral, wie könnte es sonst Gnade geben? Wahre Ethik beruht auf den Mustern der Liebe.«

Wenn wir versuchen, das Thema Richtig-Falsch verstandesmäßig anzugehen, verfallen wir offensichtlich nur in Abgrenzungen und Bewertungen, und wir sperren alle aus, die nicht unserer Meinung sind.

»Das Gewissen entstammt dem Herzen. Was ihr ›Schuld‹ nennt, ist ein eingebautes Alarmsystem, das dich warnen soll, wenn du dich von deinem Herzen entfernst. Wer seinem Herzen folgt, wird niemals Schuld empfinden, auch wenn er sich vielleicht etwas außerhalb dessen bewegt, was die Gesellschaft als angemessen betrachtet. Doch wer nur in seinem Verstand lebt, wird sich insgeheim schuldig fühlen, auch wenn er logisch versucht, das ›Richtige‹ zu tun. Es wird ihm keine innere Befriedigung verschaffen, und so wird er sich bald nicht mehr sicher sein, was das Richtige ist. Irgendwann wird er den Versuch aufgeben, und die Schuld wird als ständige Beunruhigung im Verborgenen weiterwirken. Vielleicht wird er ein Vermögen für Therapien oder Alkohol ausgeben, um sie zu betäuben oder verschwinden zu lassen. Letztendlich wird ein verstandesorientierter Mensch sein Immunsystem zerstören. Darauf läuft es in einer vom Verstand gesteuerten Welt hinaus. Doch ihr könnt den Prozess ganz einfach und elegant umkehren.«

»Wie?«

»*Indem ihr eurem Herzen folgt!*«

»Und der Verstand folgt dem Geld«, grinste ich.

»*Das ist leider wahr.*«

Meine Gedanken führten mich schnell zur nächsten Frage. »Im Neuen Testament lehrt Paulus, dass die Liebe zum Geld die Wurzel allen Übels sei. Hast du das gesagt?«

»*So etwas Ähnliches. Durch die Übersetzung vom Aramäischen ins Griechische wurde auch die schlichte Praktikabilität einiger meiner Aussagen in die abstraktere griechische Denkweise übertragen. Aramäisch war eine Volkssprache, keine Sprache der Gelehrten, deswegen habe ich sie auch gewählt. Außerdem hatte Paulus seine eigene Art, die Botschaft der Liebe weiterzutragen, eine Art, die den Bedürfnissen und dem Verständnis derer entsprach, denen er diente.*

Habgier ist die Wurzel allen Übels. Habgier bringt die Menschen dazu, bis zum Äußersten zu gehen, und daraus entsteht die Vorstellung von Mangel. Wenn die Idee des Mangels erfunden wird, dann keimt überall die Furcht, wie Unkraut im Garten. Alle negativen Gefühle, derer der Mensch fähig ist, entspringen der Furcht und der Angst. Das ist der berüchtigte Stammbaum, von den Wurzeln bis zu den Zweigen: Habgier führt zu Extremen, die bewirken Mangel, der bewirkt Angst, und Angst ist die Wurzel aller zerstörerischen Gefühle und Taten.«

»Da bin ich aber froh, denn ich hätte gern etwas mehr Geld!«

»*Das ist in Ordnung. Du kannst Geld haben. Geld ist einfach eine Austauschbescheinigung. Es ist für die Menschen sogar ökonomisch gesünder, wenn sie viel Austausch betreiben. Ich sehe es gerne, wenn die Menschen aktiv Waren und Dienstleistungen austauschen, denn wenn die Ökonomie fließt, haben die Strukturen weniger Macht. Wenn alle im freien Austausch miteinander stehen, dann leidet keiner Hunger, keiner ist arbeitslos und keine sinnvolle Idee bleibt ungenutzt.*«

»Jesus, manche Menschen sagen, dass Hass das Gegenteil der Liebe sei, und ich las kürzlich in einem Buch, dass Angst das Gegenteil der Liebe sei. Was sagst du dazu?«

Er lächelte etwas gequält und sah mich intensiv an. »*Ich dachte, du hättest es inzwischen erkannt:* **Liebe hat kein Gegenteil!** *Liebe ist das Lösungsmittel, in dem alle Polarität verschwindet.*« Seine Augen waren klar wie Bergseen und spiegelten die Schlichtheit seiner deutlichen Antwort.

Doch er wusste auch, dass ich mit dem Thema noch nicht fertig war, und so fuhr er mit folgenden Überlegungen fort: »*In der Abwesenheit von Liebe vermehrt sich die Angst, und die Angst vor der Liebe äußert sich als Hass. Habgier ist ein zwanghaftes Verlangen, das versucht, die Bedürfnisse des Lebens ohne Liebe zu erfüllen. Du könntest auch sagen, dass Habgier der Versuch ist, die Macht der Liebe vorzutäuschen und zu untergraben. Deshalb ist sie die Wurzel allen Übels. Und das bezieht sich nicht nur auf materielle Güter oder Geld. Es gibt auch die Gier nach Aufmerksamkeit, Einfluss, Ruhm, Bildung, Therapie, Abhängigkeit, sogar nach Leiden – nach allem, was eine Bindung ohne Liebe herstellen kann. Du liegst also gar nicht so verkehrt mit deiner Annahme, dass die Abwesenheit von Liebe Probleme verursacht. Dies sind die größten Probleme, die ein Mensch haben kann!*«

»Warum Habgier?«

»*Wenn du verzweifelt versuchen würdest, einen Ersatz für Liebe zu finden, wie viel von diesem Ersatz würdest du wohl brauchen?*«

»Ich verstehe.«

»*Ohne Liebe verliert ein Mensch die ganze Grundlage seines Kommandos. Das Beste, worauf er noch hoffen kann, ist Kontrolle, doch dazu braucht er Einflussmöglichkeiten, und zwar eine Menge.*

Meine Aussage, dass die Sanftmütigen die Erde erben werden, ist auch nicht ganz angemessen übersetzt worden. In eurer Sprache bedeutet ›sanftmütig‹ eher nachgiebig und demütig. Das meinte ich jedoch nicht. Die Begriffe ›gemäßigt‹ oder ›genügsam‹ treffen es besser. Diejenigen, die Genügsamkeit üben, werden die Grundlage der neuen Weltwirtschaft bilden und damit die Erde erben.«

»Ich widerspreche dir nicht, denn im Prinzip klingt es wunderbar, doch wie kann es sein, dass habgierige Menschen vorwärtszukommen scheinen, während genügsame Menschen zurückgehalten werden?«

»Das liegt daran, dass viele von jenen, die heutzutage Genügsamkeit üben, dies nur tun, um sich durch Mäßigung vor möglichem Mangel zu schützen. Idealerweise ist man genügsam, um teilen zu können und gemeinsam im Geist der Fülle zu leben.

Was die Habgier betrifft, so täuschen die anfänglichen Vorteile. Der Habgier wohnt eine Art von Therapie-Effekt inne, der am Anfang eine gewisse Hochstimmung erzeugt. Vielleicht hatte sich die Person zuvor auf ein Mangelbewusstsein reduziert und sich mit endlosen Fragen gequält, ob sie nun dies nehmen sollte oder jenes, bis sie eines Tages entscheidet: Ich will alles! In jenem Augenblick geschieht etwas Unglaubliches: Dieser Mensch befreit sich von seinem Mangelbewusstsein und der Dualität der endlosen Entscheidungen! Damit setzt er eine immense kreative Kraft in sich frei.

Wenn er jetzt die **Qualität** *dieser Kraft auf die Verbundenheit allen Lebens richten könnte, dann würde er sich erfüllenden Wohlstand erschaffen statt einer zerstörerischen Sucht. Doch viel zu oft richtet die Person diese Kraft nur auf sich selbst und erschafft damit einen neuen Mangel namens ›Nur für mich‹. Eine Fülle, die sich nur auf ›mich allein‹ bezieht, ist ein Verrat am Bewusstsein!*

Die Kontemplation der Unendlichkeit und der Fülle des Universums soll der Stärkung eurer Verbindung zum Rest des Lebens dienen, nicht dessen selbstsüchtiger Aneignung. Um die Gefahren der Habgier sicher zu umschiffen, gibt es eine ganz einfache Richtschnur: Nimm niemals mehr, als du wirklich lieben kannst!«

»Manche Menschen meinen, dass wir ohnehin nie etwas besitzen. Was sagst du dazu?«

»Das ist eine sehr gute Frage, und die Antwort hängt davon ab, was du zu besitzen trachtest. Es ist undankbar und vergeblich, nach dem Besitz von materiellen Strukturen zu streben, denn sie sind vergänglich und illusionär. Deshalb ruhte der Schöpfer am siebten Tag. Strukturen besitzen und verwalten zu wollen, ist einfach nicht der Mühe wert. Und alles, was deine Liebe je befohlen hat, kannst du

sowieso behalten. Und doch, du kannst etwas besitzen. Wenn es kein persönliches Eigentum gäbe, dann bräuchte es kein Gebot wider das Stehlen.

Dein wahres Eigentum beruht auf deiner Liebe und ihrem Einfluss auf die Ur-Teilchen deiner Existenz, denn die führst du ewig mit dir. Eigentum ist eine Sache der Verantwortung, nicht des Erwerbs. Kein Geld dieser Welt kann dir das zu eigen machen, was du nicht geliebt hast. Das ist das heilige Gesetz der Zuteilung. Was immer du durch Bezahlung, Dienst oder Verpflichtung erworben hast und nicht liebst, wird dich besitzen, bis irgendwann eine oder mehrere Kräfte des Universums es aus deinen Händen reißen und dich gnädig davon befreien. Dein Leben besitzt du, und die Dinge, die dir der Vater gegeben hat, die Früchte deiner Schöpfung, deiner Arbeit. Du besitzt die Wirkung all deiner von dir anerkannten Träume, Vorstellungen und Bestrebungen. Die Früchte all dessen sind dein, genauso wie die Erinnerungen. **Wohlstand ist die Ernte der Liebe.** *Du weißt ja, die Liebe gebietet den Ur-Teilchen. All das, was du je geliebt hast, zieht die Ereignisse deines Lebens zu dir, all deine Freunde, die Familie, die dein Leben vergrößern, und die Träume, die dein Leben erweitern. All dies ist dein, und das will geehrt werden.*

Versuche nicht, die Strukturen um ihrer selbst willen zu besitzen«, ermahnte er. »*Alle Strukturen sind sterblich und verfallen. Ich empfehle dir, deinen Wohlstand im Himmel anzulegen, wo die Erinnerungen an deine Liebe all das wiedererschaffen werden, was dein ist, und alle trügerischen Strukturen zurückbleiben.*

Das ist der eigentliche Segen des Sabbats. Es ist der Tag, an welchem du dich von der Dominanz der Strukturen löst. Du ruhst in den Geboten Gottes und der Unendlichkeit des Kosmos. Damit ruhen auch all die Künstlichkeiten und Illusionen, die dich besitzen wollen, und du kannst zu der Liebe zurückfinden, die du bist.«

»Ich dachte, das Gebot lautet, uns des Sabbats zu erinnern und ihn heilig zu halten.«

»*Hol deine Bibel«,* forderte er mich auf. »*Es geht dabei um mehr als nur das.«*

Mir war nicht klar gewesen, dass das Gebot sich auch auf die Kinder, die Bediensteten, das Vieh und alle Durchreisenden bezog, einfach auf alles und jeden. In mir entstand ein Bild tiefer Ruhe von all den Anspannungen unseres Lebens.

»Du kannst den Sabbat nicht alleine halten, er ist ein Segen, den du als ein Geschenk der Freiheit an alle weitergibst, der Freiheit von der strukturierten Existenz, und damit wird für einen Augenblick die Macht und Heiligkeit des Seins sichtbar.

*Viele haben die Sache mit dem siebten Tag in dem Sinne missverstanden, dass der Schöpfer sich von da an zur Ruhe gesetzt hätte. Doch nichts könnte der Wahrheit ferner liegen. Seither erschafft, erhält, liebt und hilft er durch sein **Sein**, nicht durch sein **Tun**. Er ruhte, doch er setzte sich nicht zur Ruhe! Wenn du wie dein Vater wärst, dann würdest du das Geheimnis erlernen, das Leben durch dein **Liebe-Sein** zu steuern. Durch diese Fähigkeit erhebst du dich über die Strukturen. Der siebte Tag feiert die Erhabenheit deines Schöpfers über die Strukturen. Wenn du dem nachfolgst, harmonisierst du dich mit diesem Prinzip, und wenn du es an andere weitergibst, befreist du die Welt aus ihrem Gefängnis.«*

»Warum hat mir das bisher niemand erzählt?«

»Wenn die Strukturen die Bibel interpretieren, dann wollen sie damit ihre Illusionen aufrechterhalten. Wenn die Liebe die Bibel liest, dann will sie damit die Illusionen durchschauen und zur Wahrheit gelangen.«

»Ich habe zwar ein paar Ideen dazu, was du mit Strukturen meinst, doch ich wäre dankbar, wenn du mir genau erklären könntest, was du darunter verstehst.«

»Strukturen sind ein organisatorisches Element im Universum, doch sie sind zweitrangig und nachgeordnet. Die Liebe bringt zuerst Ordnung ins Chaos, und in den Strukturen finden diese Ordnungsmuster Haltbarkeit. Die Liebe hat dein Heim erschaffen, die Strukturen halten die Wände aufrecht. Liebe hat deine Nation erschaffen, die Struktur verwaltet sie. Liebe bestimmt die Richtlinien rechten Verhaltens, und die Strukturen formulieren die Gesetze dazu. Es ist

genau wie mit dem Verstand: Die Strukturen sind gut, wenn sie uns dienen, doch wenn sie unflexibel und dominant sich neuen Eingebungen der Liebe verschließen, werden sie zu Tyrannen.

Strukturen repräsentieren das Voraussehbare, die vereinbarten Existenzmuster, einfache Formen, die sich zu komplexen addieren. Diese Muster sind es, die unterschiedliche Potenziale und Organisationsstrukturen aufrechterhalten. Der Unterschied zwischen Dampf, Wasser und Eis zum Beispiel besteht in den Strukturen, denn die Bestandteile sind dieselben. Doch die Strukturen bestimmen nicht, ob H_2O zu Wasser oder Eis wird, sondern sie entstehen durch harmonische Anpassung an die Umgebung (Liebe).

Alle Struktur ist nachgeordnet und gehört auf ihren Entwicklungswert hin überprüft. Du könntest auch sagen, dass die Strukturen das erhaltende Element sind, welches wünschenswerte Schöpfungen stabilisiert und zu größeren Aggregaten von Formen und Materie kombiniert. Struktur hält die Dinge an ihrem Platz.

Diesem Netzwerk sind viele verstandesmäßig erzeugte Muster und Strukturmodelle übergestülpt worden, mit denen die Menschen Kontrolle ausüben. Es gibt keine ›heiligen Muster‹, die der Wirklichkeit vorausgegangen wären. Das ist eine Vorstellung, die nur erfunden wurde, um euch vor dem Verändern oder Auflösen unbrauchbarer Strukturen zurückschrecken zu lassen und den Strukturen Macht über euch zu geben.«

Ich stelle mir Strukturen manchmal so wie den Speicher-Befehl in einem Computer vor. Mit seiner Hilfe können wir uns an bestimmte Dinge erinnern und sie miteinander verbinden oder ein Programm zu einem anderen Zeitpunkt, wo es sinnvoller erscheint, wieder aufrufen. Es ist tröstlich, zu wissen, dass Strukturen nur insofern sinnvoll sind, als sie den fortschreitenden Schöpfungen der Liebe dienen. Es ist tröstlich, zu wissen, dass es auch einen Entfernen-Befehl gibt, der dem Leben sein unschuldiges Potenzial wiedergibt!

»In der Gesellschaft sind diejenigen die stärksten Hüter der Strukturen, die das erreicht haben, was sie wollten. Ironischerweise dienen

ihnen auch diejenigen blindlings, die so wenig haben, dass jede Veränderungsmöglichkeit nur Angst vor neuen Verlusten erzeugt. Das ist die Harmonie zwischen den Armen und den Reichen. Diejenigen hingegen, die mit auf Genügsamkeit und Beweglichkeit beruhenden Werten leben, wenden ausreichend Struktur an, um ein funktionierendes Leben zu führen und gleichzeitig Wachstum zu ermöglichen. Du erlebst die Strukturen des Lebens als hinderliche Anhaftungen, und tatsächlich berauben sie dich deines wahren Wohlstands, der nämlich auf einer viel höheren Ebene liegt. Dein wahrer Wohlstand ist die Ernte der Liebe. Du musst das Loslassen erfahren, um empfangen zu können. Erlerne die Kraft des Loslassens. Dies ist genauso bedeutend wie das Lieben deiner Feinde, denn wenn du die Strukturen loslässt, wird dein wahrer Wohlstand sich um ein Vielfaches vermehren. Als Erstes wirst du lernen, dass du niemals deinen wahren Wohlstand loslassen kannst, sondern nur Strukturen. Diese Erkenntnis wird dir enorm dabei helfen, dich aus der Sklaverei der Strukturen zu befreien und dich in die größere Wirklichkeit der Brüderlichkeit hineinzubegeben.«

Er erklärte es mir an ein paar Beispielen, mit denen ich zu jener Zeit beschäftigt war. *»Du hast doch dieses Haus gekauft, um es zu renovieren. Indem du die innere Struktur verbesserst, erhöhst du den Wert des Hauses, doch einen Gewinn wirst du erst daraus ziehen, wenn du das Haus verkaufst, es also loslässt! Du kannst dich entscheiden, die Struktur dieser vier Wände für dich zu behalten oder sie zu verkaufen und finanziellen Gewinn daraus zu ziehen. Das gilt für alles. Du baust deinen Wohlstand auf, indem du Strukturen loslässt. Du kommst in eine Struktur, sie sagt dir zu, du entwickelst sie und lässt sie wieder los. So entwickelst du Wohlstand. So sagte der Vater am siebten Tag, es ist gut, doch **Sein** ist bei Weitem besser, ich will jetzt meinen wahren Wohlstand empfangen, die Ernte der Liebe.«*

Er zwinkerte mir zu und fasste seinen Vortrag mit einem freundlichen Lächeln noch einmal kraftvoll zusammen.

»Die Kinder Gottes wurden erschaffen, um seinen wahren Wohlstand zu ernten, die Liebe. Ihr seid sowohl seine Ernte als auch das

Werkzeug, mit dem er erntet. Ihr seid die Kinder seiner Liebe, und daher gilt für euch das Gleiche. Genauso könnt ihr auch euren materiellen Wohlstand aufbauen. Plant mit Hilfe von Strukturen, baut es auf, sagt: ›Es ist gut‹, verkauft es und zieht Gewinn daraus, den ihr für etwas anderes verwenden könnt. Wenn ihr euch nie zu sehr an den Strukturen festhaltet, wird sich der Wohlstand weiter aufbauen. Die Illusion der Strukturen blockiert euch darin, wahren Wohlstand zu erreichen – spirituellen, intellektuellen und finanziellen. Um die Wahrheit zu gewinnen, musst du die Illusion loslassen.«

An jenem Abend hatte ich Zeit, darüber nachzudenken, wie diese Prinzipien wohl auf zwischenmenschliche Beziehungen anwendbar sind. Wie können wir zwischen der Wirklichkeit einer Beziehung und ihren Strukturen unterscheiden? Und welches Element gilt es in den Beziehungen loszulassen?

Ich sollte das wohl selbst austüfteln, denn obwohl ich fest der Absicht war, das Thema am nächsten Tag anzusprechen, dachte ich doch nur darüber nach und sagte nichts. Meiner Ansicht nach vergessen wir manchmal, dass es in einer Beziehung im Wesentlichen nicht darum geht, Rollen zu spielen, sondern warum man zusammen ist, die verbindende Liebe, das, was man am anderen schätzt und weshalb man weitermacht. Die Wahrheit des eigenen Seins und das wahre Sein des anderen können so viel mehr sein, als bestimmte Funktionen je erfassen können. Wir vergessen oft, dass unsere Rollen wie die Zimmer eines Hauses sind, die umdekoriert werden können und dessen Bewohner doch dieselben bleiben.

Manchmal ist es gut, glaube ich, sich von dem erwartungsgemäßen Drehbuch freizuspielen oder einfach zu **sein.** Manchmal kann ein Wechsel der Pflichten in einer Beziehung zu größerem Verständnis führen und die Grenzen der Liebe und Achtung erweitern.

Zu einem anderen Zeitpunkt fügte er diesem Verständnis durch eine Beschreibung der Todeserfahrung als einem Loslassen der komplexen physischen Form noch einen weiteren Aspekt hinzu.

»Die Seele erfährt eine unglaubliche energetische Erleichterung von all dem, was ihr geliehen worden war, und eine noch wundervollere Rückkehr all dessen, was dir vom Vater gegeben wurde. Was je unter dem Kommando deiner Liebe stand, behältst du für alle Zeiten. Alle, mit denen du in Liebe verbunden warst, bleiben auch mit dir verbunden. Das ist deine ultimative Ernte.«

Da wir gerade über die Kontinuität unseres Wohlstands sprachen, fragte ich nach der Kontinuität des Lebens. Dieses Thema interessierte mich besonders, und ich nutzte daher so manche Gelegenheit, ihn danach zu fragen.

»Euer Leben hier ist zu strukturiert, um eure größere Kontinuität zu erkennen. Alles, was dich wirklich ausmacht, geht weiter. Das Leben verlässt einfach seine komplexe Form. All die Ur-Teilchen, die deinen Körper bilden, bleiben bei dir. Der Geist behält dich auf ewig in Erinnerung, und die Liebe, die du bist, wird immer deinen heiligen Namen tragen. Indem der Geist sich deiner erinnert und dich würdigt, wiederholt sich deine Wiedererschaffung in alle Ewigkeit, sei es im Himmel oder auf Erden oder sonst wo in dem unendlichen Reich deines Vaters.«

Schließlich traute ich mich auch irgendwann, den Begriff der Reinkarnation anzusprechen.

»Deine Unsterblichkeit ist eine simple Angelegenheit, von daher wird auch dein Verständnis davon umso zutreffender sein, je einfacher du es hältst. Durch den Willen Gottes erschafft das Leben in alle Ewigkeit immer wieder einen Platz für dich, entsprechend deiner Liebe und in Beziehung zu denen, die du liebst.

Die Philosophie der Reinkarnation ist jedoch nicht so einfach«, sagte er und mahnte zur Vorsicht. *»Sie bestätigt eure Kontinuität, und das ist gut so, doch sie bezieht eure Unsterblichkeit wieder auf eine Struktur und auf eine lineare Entwicklung, und das stimmt so nicht. Eure Unsterblichkeit ist nicht in einem Rad des Lebens oder* *in einem Prozess von Ursache und Wirkung gefangen, und du bist auch nicht das Produkt einer linearen Entwicklung. In Vollkommenheit wurdest du erschaffen, in vollkommener Liebe, und in der Tat fährst du unendlich fort, dich zu remanifestieren, doch das geschieht gemäß dem Willen des Vaters und gemäß deinen eigenen Zwecken, deiner eigenen Liebe und deinem eigenen Platz des Lernens und Dienens.«* Er grinste mich an. *»Eigentlich hast du wirklich nur ein Leben! Doch es ist ziemlich lang und hat viele Kapitel.«*

Ich musste lachen und alle Ernsthaftigkeit löste sich auf. Ich ließ das in Ruhe auf mich wirken und erkannte dabei, wie manche Menschen versuchen, durch den Prozess von Ursache und Wirkung Erklärungen für ihr Leben zu finden, und dabei hoffen, vielleicht tief in der Geschichte einen Ursprung zu finden. Doch **der Ursprung ist die Liebe,** die Liebe Gottes, ihre eigene Liebe, die Liebe anderer. Wenn Materie, Energie, Zeit und Raum sich ergänzen und sich vereinigen, um zu physischer Substanz und zu den Strukturen zu werden, die diese Schöpfungen erhalten und begrenzen, dann spielen Ursache und Wirkung eine Rolle. Doch die wahre Quelle ist die Liebe, sie ist nicht ein Resultat der Strukturen, sondern sie erzeugt sie. Zum ersten Mal in meinem Leben erkannte ich, dass Liebe die Ursache ist und nichts Erschaffenes! Ich freute mich über diese Erkenntnis, und er schaute mir mit heiterer Gelassenheit beim Malen zu.

Gegen Ende dieses Tages ergriff er wieder das Wort. *»Häufig versuchen diejenigen, die im Bereich der Reinkarnation nach Antworten suchen, eigentlich sich selbst zu finden. Doch ihre Bemühungen sind fehlgeleitet. Es gibt keine andere Zeit und keinen anderen Ort, an dem du dich finden kannst. Das **Jetzt** ist dein einziger Kontext! Die Vergangenheit ist vorbei! Nur das Ego hängt sich an eine Identität, die keinen Kontext hat. Du findest nur selten jemanden, der über sein vergangenes Leben als Arbeiter, als Leprakranker oder als Dieb spricht. Die meisten brüsten sich mit Leben als Könige, Helden oder Heilige. Da versucht das Ego, die Seele in seiner Struktur zu verstricken. Deine Unsterblichkeit bedarf keiner Struktur. Die Quelle* *deiner Identität liegt nicht in irgendeiner Art von linearem Weg. Die Quelle deiner Identität liegt einzig in deiner Liebe.«*

Er blickte mich an und fragte: »Wer bist du?«

»Liebe«, antwortete ich fest.

»Wenn du das wahrhaft erkannt hast, dann brauchst du nichts sonst über dich zu wissen. Diese Gewissheit wird dir die anderen Antworten bringen, nach denen du suchst. Du wirst dir deiner Unsterblichkeit und deiner unsterblichen Liebe zu anderen sicherer werden. Je tiefer dein Verständnis hiervon wird, desto klarer wird dir auch dein wahrer Lebenssinn werden, denn auch dieser wurzelt in Liebe.«

»Viele Therapien arbeiten mit hypnotischer Rückführung in vergangene Leben. Bringt das was?«

»Das kommt ganz auf die Aufrichtigkeit derer an, die diese Erinnerungen anleiten, und derer, die sie empfangen. Der Wert dieser Therapien liegt allein darin, das loszulassen, was nicht mehr brauchbar ist. Durch aufrichtiges und gründliches Vergeben kann dasselbe erreicht werden.«

Meine nächste Frage hatte eine stärkere Wirkung, als ich vermutet hätte. »Gibt es irgendetwas in unserer kollektiven Vergangenheit«, erkundigte ich mich, »das wir vergessen haben und das wir wissen sollten?«

»Viele Menschen leben immer noch unter den Auswirkungen des ursprünglichen Geburtstraumas.«

Ich fragte mich, was er wohl mit »Geburtstrauma« meinte, und bevor ich etwas sagen konnte, beantwortete er bereits meine Frage.

*»Es gab eine Zeit, bevor du warst, doch es wird nie eine Zeit geben, in der du nicht mehr bist. Es gab eine Zeit, da warst du völlig eins mit der Quelle der Liebe. Doch die Liebe entschied sich, dich **als du selbst** unsterblich sein zu lassen und dir eine eigene Identität zuzugestehen. Das war ein großartiges, herrliches und vielversprechendes Geschenk, voller Möglichkeiten und Verantwortung. Doch die Kinder Gottes besaßen keinen anderen Bezugspunkt als die Schlichtheit eines gemeinsamen Lichtes. Sie erlebten dies als Schock und*

empfanden das Geschenk des Lebens als Trennung. Viele verwundeten sich tief, indem sie es als eine Zurückweisung betrachteten. Das war ein tragisches Missverständnis, und viele der Schwierigkeiten und Leiden der Menschheit wurzeln in diesem Geburtstrauma. Für manche Menschen ist dieser Bezug noch direkter, weil sie auch von ihrer physischen Geburt emotionale Narben der Zurückweisung und Einsamkeit davongetragen haben. Nach jahrelangen dysfunktionalen Beziehungen hat sich das Erkennen des Problems und eine angemessene Therapie für diese Menschen oft als heilsam erwiesen. Wie viel stärker wird die Wirkung erst sein, wenn die Seele ihre Dauerhaftigkeit und ihre wunderbaren Gaben erkennt!«

»Wodurch wird diese Erkenntnis verhindert?«

»Die Menschen sind hin- und hergerissen zwischen dem Wunsch, heimzukehren, und der Angst vor dem Verlust persönlicher Freiheit und Identität. Hier ist die Erkenntnis notwendig: Auch wenn du eins bist mit dem Vater, wirst du doch nie in eine kollektive Anonymität resorbiert werden. Der Geist würdigt den Platz jedes Einzelnen innerhalb des EINEN, und es wird nie eine Zeit geben, zu der du nicht bist.

Das ewige Leben wurde dir unter deinem Namen gegeben. Wenn du die Großartigkeit dieses Geschenks begreifst, wirst du deine neue Geburt als ekstatisch erleben.

Nachdem du es das erste Mal als Trennung begriffen hast, hast du es auch seitdem als Trennung erlitten und strukturiert. Hierin ist die Abhängigkeit der Menschheit von den Strukturen begründet, nämlich dass sie die Strukturen als Ersatzquelle für Sicherheit genommen haben. Bald wird auf der Erde jedoch die große Heilung erfolgen, die die Menschheit über das Trauma der ursprünglichen Geburt erheben wird, ihr die Wahrheit ihres Seins enthüllen und sie zu ihrem Ehrenplatz in diesem wunderbaren Universum zurückführen wird.«

4
Die Liebe, die du bist

Unsere ewige Frage lautet: Wer bin ich? Ohne Antwort darauf bleibt auch alles andere in gewisser Weise rätselhaft.

Bin ich einfach nur Mensch, ein Kind meiner Rasse und Nation? Bin ich eine unsterbliche Seele, ein Kind Gottes, ein Geistwesen, etwas Sinnhaftes, eine Quelle von Möglichkeiten, ein Lichtstrahl? Neben alldem bleibt die Frage: Was bin ich im innersten Kern meines Seins?

Jesus sagt: **»*Du bist Liebe.*«**

Am Anfang wusste ich es noch nicht besser und dachte, dass er seine Liebe zu mir und anderen betonte, indem er mir eine höhere Meinung von mir vermittelte. Doch nach einigen Tagen der Unterweisung und Bekräftigung dieser Aussage begann ich zu erkennen, dass er über die Kraft sprach, die uns zu Anbeginn der Zeit gegeben wurde, die Grundlage unserer Verwandtschaft mit Gott.

Ich konnte nicht umhin, ihm zu sagen, dass meiner Meinung nach einige Menschen nicht gerade vor Liebe und Freundlichkeit überströmen. Und im Hinblick auf die schrecklichen Ereignisse, von denen wir ständig in den Nachrichten hören, wird es noch viel schwieriger, diese Botschaft zu akzeptieren. Angesichts meiner offensichtlichen Voreingenommenheit fragte ich ihn etwas niedergeschlagen, wie meine Wahrnehmung mit seiner Lehre vereinbar wäre.

»Jeder wurde als Liebe erschaffen«, antwortete er. *»Doch der Zustand dieser Liebe reflektiert den Zustand der jeweiligen Person, ihr Wohlbefinden, ihre Entscheidungen, ihre Fähigkeit, mit dem Leben umzugehen. Oft wird die Liebe vernachlässigt, infrage gestellt, missbraucht oder verachtet. Eine Rose ist eine Rose, auch wenn sie welk und von Mehltau befallen ist. Die erschöpften und gequälten Gesichter, die du um dich herum siehst, sind die Gesichter von Menschen, deren Liebe gebrochen ist. Wenn das Selbstgefühl einer Person nicht mehr mit ihrer wahren Natur verbunden ist, dann wird die Liebe nur noch als etwas betrachtet, was man fühlen oder tun kann. In diesem Zustand wird vieles misslingen, und doch entspricht er der allgemeinen Vorstellung von Liebe hier auf der Erde.«*

Es ist nicht leicht, eine Wahrheit zu verkünden, die mitten in die uralten Wunden unseres Missverständnisses trifft, doch wie in allem, so war Jesus auch hierin ein Meister. In seinem Verständnis bedingungsloser Liebe betonte er immer wieder, wie viel wichtiger es sei, **Liebe zu sein, statt liebevoll zu handeln.** Heutzutage üben sich viele Menschen in bedingungsloser Liebe und streben redlich nach diesem Seinszustand, doch immer wieder liegen ihnen gnadenlos Hindernisse im Weg. Wer will schon ein bedingungsloser Fußabtreter sein? Oder bedingungslos dämlich? Sobald ich eine Schwierigkeit transzendiert und »durchliebt« hatte, schien mir die nächste ins Gesicht zu springen. Wie können wir bedingungslos lieben angesichts der Tatsache, dass das Leben Bedingungen mit sich bringt?

*»Solange du Liebe als eine äußere Kraft betrachtest, wird sie immer den Bedingungen des Lebens unterliegen. **Das Leben unterliegt Bedingungen.** In der Natur zum Beispiel ist der Winter notwendig, damit der Frühling neues Leben hervorbringen kann. Die Menschen haben in ihren Kulturen viele Bedingungen erschaffen, manche davon sind weise, andere weniger. Den meisten dieser Bedingungen täte etwas Entspannung gut, denn die Menschen haben daraus Gefängnismauern gemacht. Dies kann zum Beispiel durch die Erweiterung eurer Toleranz geschehen, eurer Perspektive, eurer Neugier auf Leben und durch eine tiefere Vergebung. Die Bedingungen müssen gelockert werden und zu einer größeren Vereinbarkeit mit der natürlichen Ordnung zurückfinden, doch das ändert nichts an der Tatsache, dass es im Leben immer gewisse Bedingungen geben wird. Zum Beispiel kann es sein, dass du jemandem gerne zwanzig Dollar gibst, um ihm zu helfen, aber deine Haustürschlüssel gibst du ihm nicht so gerne. Dabei könntest du ihm die ganze Welt geben, wenn du ihn wahrhaft liebtest. Es wird jedoch unausweichlich einen Punkt geben, an dem du auf äußere Widerstände und persönliche Vorbehalte triffst, und damit auf Bedingungen. Im Umgang mit dem Leben muss es immer wieder eine Grenze geben, damit auch Ausgleich und Fairness zum Zuge kommen. Ausgleich ist eine ewig wiederkehrende Bedingung des Lebens und häufig der entscheidende Faktor zwischen Krieg und Frieden. Erweiterung und der Blick nach außen beantworten also letztendlich nicht die Frage nach der bedingungslosen Liebe.*

Lass uns daher die Perspektive wechseln und zu der Wahrheit zurückkehren, dass du Liebe bist und dass Liebe nicht etwas ist, was man tut, gibt oder austauscht. Du kannst Liebe nicht manipulieren, nicht darum feilschen, sie nicht besitzen oder damit angeben, wie viel mehr du davon hast als jemand anderes. Wenn du Liebe wirklich verstehst, dann wirst du unfähig sein, sie weiterhin als etwas Äußeres zu betrachten.«

Mit der Zeit wurde es leichter für mich, die Weisheit in seiner Antwort zu erkennen. Wenn wir Liebe als etwas Äußerliches betrachten, kommen wir auch mit äußeren Bedingungen in Konflikt. Mit der Erkenntnis, dass wir Liebe sind, lösen diese Bedingungen sich auf. Trotz all unserer äußeren Begrenzungen und all der Kräfte, die uns immer wieder auf diese Begrenzungen hinweisen, geschieht das Wunder: **Liebe wirkt!**

Je mehr ich verstand, desto besser begriff ich auch, wie Feinde zu Freunden werden können. Wenn wir in unserem Feind sein Liebespotenzial erkennen, berühren wir sein Herz und verringern damit die Wahrscheinlichkeit, dass er seine Feindseligkeit fortsetzt. Die Liebe schadet der Liebe nicht. Sie ist dein geheimes Zeichen der Verbundenheit mit all deinen Mitmenschen. Wir sind menschliche Wesen, spirituelle Wesen, Lichtwesen, Kinder Gottes, leuchtende Sonnen. Und was tun Sonnen? Sie scheinen, sie verströmen ihr Licht. Jeder Mensch ist auf seine eigene Art Liebe. Unser Verständnis all dessen wird vielleicht besonders durch unsere Vorstellung von Liebe als Zuwendung und Zugehörigkeit erschwert. In dieser von den Strukturen dominierten Welt sind Zuwendung und Zugehörigkeit selten geworden, daher halten wir uns an dem Wenigen fest, was wir zu haben meinen. Wir halten uns an unseren liebsten Menschen fest, an unseren liebsten Besitztümern und an unseren liebsten Gewohnheiten.

»Liebe kann auch loslassen bedeuten«, sagte Jesus. *»Diese Erkenntnis kann unerträglich schmerzhaft sein, wenn sie nicht in das Wissen eingebettet ist, dass die Macht der Liebe im tiefsten Inne-*

ren deines Seins liegt. Etwas aus Liebe loszulassen, ist der schwierigste Ausdruck von Liebe. Das Zweitschwierigste ist das Loslassen von Hass und Angst durch Vergebung. Wenn ihr Vergebung mehr als eine Möglichkeit zur Vervollkommnung eurer Liebe betrachten würdet, käme das eurem Verständnis davon zugute. Zu guter Letzt kann die Liebe auch von dir verlangen, dein zwanghaftes Bedürfnis nach Tätigkeit in den Momenten loszulassen, in denen es für dich gilt, nichts zu tun. Genauso wie der himmlische Vater ruhte, um durch die Liebe zu wirken, so ist das auch für dich eine Möglichkeit. Es gibt Zeiten, da ist es ein größerer Ausdruck von Liebe und der ultimative Ausdruck reinen Seins, nichts zu tun. Wenn du diese Dinge begreifst, kann dich nichts und niemand mehr manipulieren.«

Das Gespräch machte mich neugierig auf seine Erklärung der Bezeichnung Gottes als dem »ICH BIN DER ICH BIN«.

*»Es bedeutet, dass das Sein das Höchste ist und dass Gott die Quelle allen Seins ist. Doch der Name dieses Seins ist Liebe! Auch in dir ist Sein seliger denn Tun, und der Name deines Seins ist Liebe. Die Schöpfungskraft **ist** Liebe, die Quelle der Liebe und der Ursprung deines Seins. Nach diesem Bilde wurdest du erschaffen.«*

»Was bedeutet es, nach dem Bilde Gottes erschaffen zu sein?«

»Es bedeutet, dass du ein Kind des Schöpfers bist, nicht ein erschaffenes ›Ding‹. Das Geheimnis des Schöpfers ist jenseits aller Erkenntnis, die auf eine Form oder auf ein Bild projiziert werden kann. Doch der erkennbare Aspekt unserer Heiligen Quelle ist Liebe, eine Liebe, die die gesamte Schöpfung umfasst.

*Die Menschheit hat einen besonderen Platz in dieser Schöpfung, weil sie das Privileg genießt, auch **sich selbst als Liebe erkennen** zu können, und diese Macht für zukünftige Schöpfungen aktivierbar ist. Das bedeutet jedoch nicht, dass der Himmlische Vater sich in eine unendliche Anzahl kleiner Götter aufgeteilt hätte. Es gibt nur einen Gott, der alles, was ist, in dauerhafter Einheit zusammenhält. Nach dem Bilde Gottes erschaffen zu sein bedeutet, dass Gottes heiliger Wille die gesamte Menschheit durchströmt und Generation* *um Generation mit einer gemeinsamen Essenz versorgt, der Essenz der Liebe.*

Du kannst das als etwas Ähnliches wie die Rolle der DNS in deinem Körper betrachten, die eine Kommunikationsgrundlage für die integrierte Funktion deines Körpers bildet. Wenn man von verschiedenen Teilen deines Körpers Gewebeproben nähme, dann würde eine DNS-Analyse sie alle als deine identifizieren, und doch sind sie alle verschieden und könnten nicht alleine überleben. Der gemeinsame DNS-Code ermöglicht allen Aspekten deines Körpers, koordiniert zusammenzuwirken. In Anlehnung an dieses Beispiel könntest du sagen, dass du mit deinem Schöpfer eine gemeinsame ›DNS‹ hast, nämlich Liebe, durch die du sowohl der Quelle des Lebens selbst wie auch allen ihren Manifestationen koordiniert dienen kannst.

*Deine Liebe ist der ›Fingerabdruck‹ deines Seins. Wenn du das erkennst, kann sich deine besondere Art entfalten, um derentwillen du erschaffen wurdest. Doch stelle dir auch hier Liebe nicht als etwas vor, was zu tun wäre, oder als eine ungeheuer großartige Effektivität, denn wenn du dich mit der Größe deines Schöpfers vergleichst, würdest du hilflos zusammenklappen. Es geht in der Liebe nicht um Quantität, sondern um eine **Qualität des Seins,** die wahres Tun hervorbringt. Liebe ist eine Qualität, unbeschränkt und nicht messbar. Sie bezieht ihre Macht aus Gott, der ultimativen Quelle der Liebe, und daher besitzt sie einige unabdingbare Rechte.*

Da ist zuerst das Recht, in dir selbst all das zu würdigen und in deinen Charakter zu integrieren, was dir die Liebe gebracht hat, denn dein Charakter ist die Summe deiner Liebe. Niemand kann dir das je nehmen. Liebe ist absolut frei, und daher bist du es auch, wenn du Liebe bist. Dein Körper mag in sich gefangen sein, doch deine Liebe kennt keine Grenzen. Liebe gebietet den Ur-Teilchen, daher kannst auch du, wenn du Liebe bist, Regie über dein Leben führen.

Liebe meistert die Bedingungen, statt ihnen zu dienen, daher bist auch du, wenn du Liebe bist, niemandes Sklave.

Liebe ist Gesetz, und jedes Gesetz ist nur insoweit gültig, als es in Liebe wurzelt. Dieses Gesetz gilt für alle, und alle sind vor ihm gleich.

Deswegen habe ich euch nur zwei Gebote hinterlassen: Liebet Gott von ganzem Herzen und euren Nächsten wie euch selbst.

Liebe steht mit dem gesamten Leben in Resonanz, daher bist auch du, wenn du Liebe bist, in Resonanz mit dem Leben. Die Wahrheit deines Seins unterliegt keinen Bedingungen. ***Es ist dein heiliges und bedingungsloses Recht, die Liebe zu sein, die du bist.****«*

Es hatte einige Beispiele für diese Lehren in meinem Leben gegeben, und als ich ihm davon erzählte, trat ihre tiefere Bedeutung noch deutlicher hervor. Eine besonders passende Geschichte ereignete sich in New Orleans, als ich an der Tulane Universität mein Examen machte. Ich hatte das Glück, im Garden District in einer renovierten Sklavenunterkunft eines 1836 erbauten Anwesens unterzukommen. Das mächtige Herrenhaus schien direkt aus »Vom Winde verweht« zu stammen, mit einer drei Meter hohen Gartenmauer und umsäumt von duftenden Magnolien. Es gab zwei Zugänge, das Haupttor und eine mächtige Kutscheneinfahrt direkt neben meinem Häuschen, das über zwei Stockwerke und einen kleinen Balkon verfügte, von dem aus ich durch den Garten auf das Herrenhaus blickte. Direkt neben meinem Haus stand eine alte knorrige Eiche, die einen dicken Ast an ein Fensterbrett im oberen Stockwerk lehnte, sodass meine Katze Tag und Nacht kommen und gehen konnte, wie es ihr beliebte. Es war nahezu paradiesisch.

Ich konnte mir diese schöne Wohnung als Studentin leisten, weil die Sache einen Nachteil hatte: Das Grundstück lag genau an der Grenze zu dem gefährlichsten Ghetto von New Orleans. So ging ich vernünftigerweise immer durch den Haupteingang und vermied die Kutscheneinfahrt, doch ich saß häufig auf meinem schattigen Balkon und schaute den Kindern durch die Einfahrt beim Spielen zu. Ihre Spiele waren mir unbekannt und einige der Kinder waren noch ziemlich klein. Sie waren ohne Aufsicht und offensichtlich vernachlässigt. Ich fragte mich oft, ob ich etwas für sie tun könnte, so als »große Schwester«, doch ich entschied mich, sie einfach in meine Gebete einzubeziehen und in mein Herz zu schließen. Während ich ihnen beim Spielen zusah, verspürte ich eine starke Liebe für sie und hoffte inständig, dass sie in ihrem Leben Güte und Chancen zu einer guten Entwicklung erfahren würden. Im Laufe der Zeit wuchs meine Liebe zu ihnen. Es war das erste Mal in meinem Leben, dass ich die größere Kraft des liebevollen Seins statt des liebevollen Tuns erfuhr. Es war auch das erste Mal, dass mir klar wurde, wie geringschätzig es sein kann, Liebe in Handlung umzusetzen, bevor sie verkörpert wurde.

Es war an einem Ostersonntagmorgen und ich schlief tief und fest. Ob jemand die Kutscheneinfahrt offen gelassen hatte oder die Kinder sich hindurchgezwängt hatten, weiß ich nicht. Jedenfalls wurde ich zu Sonnenaufgang von dem Gesang der Kinder unter meinem Fenster geweckt. Ich winkte ihnen vom Balkon aus zu, und sie stellten mir ein Körbchen mit Blumen hin, die wahrscheinlich aus irgendeinem Garten stammten. Sie wünschten mir schöne Ostern und zogen nach ein paar Minuten wieder ab. Es war eines der schönsten Ostergeschenke meines Lebens. Wir begegneten uns nie wieder.

Ich kann mir nur vorstellen, dass die Kinder meine Liebe gespürt haben und darauf reagierten. Jetzt wurde mir jedoch klar, und das freut mich noch viel mehr, dass die Kinder in der Lage waren, ihre **eigene** Liebe zum Ausdruck zu bringen, statt von meiner Liebe behütet zu werden.

Als ich Jesus diese Geschichte erzählte, glänzten seine Augen vor Freude. *»Selbsterkenntnis ist das größte Geschenk, das du einem anderen Menschen machen kannst. Der Himmlische Vater hat das für jeden vorgesehen!«*

Bis zum heutigen Tage erinnere ich mich der größeren Kraft der liebevollen Akzeptanz, wann immer ich die Tendenz in mir verspüre, meine Liebe in besserwisserisches Tun umzusetzen.

Natürlich soll uns das nicht blind machen für die Bedürfnisse anderer, denn wir sind eine Gemeinschaft. Doch wenn wir Liebe in Handlung umsetzen, bevor wir sie verkörpern, dann bewerten wir lediglich eine Situation und missachten den Menschen darin. Wie können wir jemandem sagen, welche Schuhe er tragen soll, bevor wir ein Stück in seinen Schuhen gegangen sind?

Wenn liebevolles Handeln trotz bester Absichten auf Widerwillen stößt oder abgelehnt wird, so liegt das häufig daran, dass es von der anderen Person als Wertung empfunden wird und nicht als Liebe. Jesus sagt, dass das Liebe-Sein uns zu rechtem Handeln führen wird.

Sollen wir nun unsere Liebe bewusst auf andere Menschen ausrichten, bewusst mit ihr beten oder sonst etwas Besonderes mit ihr tun? Ich glaube, dass es nichts zu tun gilt, als aufrichtig die Liebe zu sein, die wir sind. Der Rest ergibt sich dann schon.

Eine Geschichte aus meiner Kindheit verdeutlicht die Kraft der Liebe im Charakter eines Mannes. Ich kam in den Vierzigerjahren in einer Kleinstadt in Texas zur Welt, die aus einigen viktorianischen Herrenhäusern mit Zuckerbäckertürmchen zwischen sich rasch entwickelnden modernen Gebäuden und einigen Überresten der Depressionsära bestand. Die etwa zehntausend Einwohner waren ein bunt gemischtes Völkchen. Der Held meiner Erinnerungen ist Mat, der mit seinem Maultierkarren Müll einsammelte. Die Müllabfuhr war damals noch kein Unternehmen, und ein Mann mit Erfindungsgeist und entsprechendem Werkzeug konnte da einiges daraus machen. Mat versah auch einige andere Dienste in der Nachbarschaft. Ich liebte es besonders, wenn er im Frühjahr kam und mit seinem Pflug unseren Gemüsegarten umgrub. Seine Frau Viola war unsere Haushälterin, eine warmherzige, freundliche Person, der ich oft überlassen wurde und mit deren Kindern ich ab und zu spielte.

Jeden Tag fuhr Mat mit seinem Karren auf dem Weg zu seinen verschiedenen Tätigkeiten an unserem Haus vorbei. Im Alter von vielleicht vier Jahren wartete ich oft auf das Klick-Klack der Hufe und konnte ihn meist schon spüren, bevor ich ihn hörte. Mat hatte so ein Leuchten um sich herum und eine einzigartige Art, zu sein. In meiner Kindheit kannte ich niemanden mit so einer Ausstrahlung wie Mat. Er besaß die seltene Gabe, ganz »da« zu sein, mit wem auch immer. Er lebte ein einfaches Leben, doch er war ein edler Mann. Heute kann ich verstehen, dass er seine Grenzen im Leben als Gelegenheit betrachtete, die Liebe, die er war, zu vervollkommnen. Man brauchte Mat nicht zu kennen, um das zu spüren. Er strahlte einfach vor Zufriedenheit, und sein wunderbarer Charakter war ein Vorbild für meine frühe, vehemente Liebe zum Leben. Wann immer das Wetter es erlaubte, durfte ich ungefähr fünf Blocks weit bis zum Marktplatz mitfahren. Dort winkte ich ihm nach und ging meinem Tagewerk nach, nämlich ein paar Ladenbesitzer zu besuchen und auf dem langen Heimweg durch leere Grundstücke, Großmutters Garten und geheime Verstecke zu streifen. Mat lehrte mich als Erster, dass es in der Liebe nicht darum geht, etwas zu tun, sondern darum, wer du bist! Als Seinszustand ist Liebe unglaublich ansteckend.

Als ich meine Erzählung beendet hatte, schaute ich Jesus erwartungsvoll an, in der Hoffnung auf Ergänzungen oder Erläuterungen. Doch er strahlte einfach, zuckte mit den Schultern und sagte: *»Was könnte ich der Vollkommenheit noch hinzufügen? Genauso sollte das Leben sein.«*

Sein Hinweis, das Leben auf Erden, dort, wo es am besten ist, zu ehren, traf mich wie ein Schwall kühlen, erfrischenden Wassers ins Gesicht und machte mich hellwach. Bis zu diesem Augenblick schlummerte ich angenehm in der Annahme, dass Vollkommenheit nur im Himmel stattfindet. Genauso hatte ich auch angenommen, dass seine Botschaft des »Liebe-Seins«, vielleicht mit Ausnahme der Heiligen, erst im Himmel wirklich vollbracht werden könnte. Ich begriff zum ersten Mal, dass wir nicht nur in Bezug auf Gott und unser letztendliches Streben Liebe sind, sondern **hier und jetzt, mitten im Leben.** Auf der praktischen Ebene war das jedoch nicht so leicht zu verstehen, daher fragte ich ihn nach Beispielen des Liebe-Seins im alltäglichen Leben.

»*Ich glaube, dass ich dich nicht an all die wunderbaren und offensichtlichen Arten der Liebe erinnern muss, die kennst du in deinem Herzen auswendig. Würdest du gerne mehr darüber erfahren, wie du auch in harten Zeiten Liebe sein kannst?*«

»Das meinte ich eigentlich. Die Härten des Lebens liegen mir bloß so fern, wenn ich mit dir zusammen bin.«

Er lächelte.

»*In schweren Zeiten ist es Liebe, zu wissen, dass allein deine Anwesenheit bereits einen Unterschied macht, wenn du deinem inneren Ruf und deiner Fähigkeit des Dienens treu bleibst und allen anderen Verlockungen nach Ruhm und Reichtum widerstehst, die sowieso das Wunderbare deines eigentlichen Charakters nur schmälern würden. Oft bedeutet das, mitten im Chaos standhaft und geduldig zu bleiben in der ruhigen Gewissheit, dass auch du ein Teil dessen bist, was sich gerade entfaltet.*

Liebe ist, wenn ein Geschäftsmann mit Hingabe und Klarheit viele schlaflose Nächte durcharbeitet, um trotz geringer Einnahmen in seinem Betrieb eine neue Lösung zu finden.

Liebe ist, wenn eine hingebungsvolle und geduldige Mutter in ihrer Aufmerksamkeit nicht nachlässt, ihr unruhiges, schwieriges Kind zu heilen und ihm Richtung zu geben. Es gab da zum Beispiel so eine Mutter, die alles versuchte, Aufmerksamkeit, Zärtlichkeit, Schimpfen, Erziehungsmaßnahmen und Therapie, doch nichts Äußeres wirkte. Da sie nicht aufgeben wollte, dachte sie sogar darüber nach, ihr Kind in die Familie ihres Bruders zu geben, damit ihr Sohn einen neuen Anfang finden könnte. Eines Nachts jedoch, als sie betete und über diese letzte Möglichkeit nachdachte, hatte sie eine überraschende Erkenntnis. Sie begriff, dass sie selbst sowohl ein Teil des Problems als auch der Lösung war. Wenn sie sich aus dem Prozess herauszog, würde ihnen beiden eine lebenswichtige Verbindung fehlen. Ihre Erkenntnis erfrischte sie, und nach einem tiefen, erholsamen Schlaf weckte sie ihren Sohn am nächsten Morgen mit einer

›Seelen‹-Umarmung. Seit seiner frühen Kindheit hatte es so etwas nicht mehr gegeben – und die Heilung begann.

*Schau, die Liebe zu sein, die du bist, bedeutet, die Situationen deines Lebens **zu akzeptieren** und dich mit ihnen **zu verbinden**. Häufig schlittern die Menschen über die Oberfläche des Lebens und suchen nach Empfindung, angetrieben von Verlangen und Unzufriedenheit. Doch das Leben funktioniert nur, wenn du die Füße fest auf den Boden setzt und Kontakt aufnimmst. Der erste Schritt zur Erkenntnis der Liebe, die du bist, ist es, deine unvermeidbare Verbindung zum Leben zu würdigen und zu akzeptieren.*

Ich verspreche dir, dass das keine furchtbar ernste Angelegenheit ist. Je mehr du in Kontakt mit dem Leben kommst und seine Offenbarungen genießt, desto mehr wirst du auch Sinn für Humor entwickeln. Es sind nämlich vielmehr die oberflächlichen, gesellschaftlich korrekten Haltungen und Handlungen, die dem Leben das Lachen rauben. Lachen ist gut für die Seele, besonders wenn du über dich selbst lachen kannst.

Unterschätze niemals deine Verbindung zum Leben, zu dem Zentrum deines Seins, das in Kontakt steht mit der Wirklichkeit Gottes. Sie gibt dir Demut, sie kann dich adeln, erleuchten oder zum Weinen bringen. Doch vor allem wird sie dich mit Sicherheit aus den Problemen herausholen, die dich bedrücken.

Eine Frau im Kindbett könnte die Schmerzen kaum aushalten, stünde sie nicht in Verbindung mit dem Wunder, das sich da entfaltet. Ein Sportler könnte den Schmerz seiner verrenkten Schulter ohne den Teamgeist seiner Mannschaft nur viel schwerer aushalten.

Das Leben ist ein Abenteuer der Verbindungen. Die von dir eingegangenen Verbindungen stärken und kräftigen deinen Charakter. Die in Liebe eingegangenen Verbindungen gereichen dir zur Ehre, der Rest sind Erfahrungen, die dich unterhalten oder herausfordern mögen, die dich jedoch hungrig und durstig nach der wahren Bedeutung des Lebens zurücklassen.

Die Seele sehnt sich nach einer Wirklichkeitserfahrung, die ihr nur das physische Leben geben kann. Der Körper sehnt sich nach einer Unsterblichkeitserfahrung, die ihm nur die Seele geben kann. Wenn du es zulässt, dass diese Vereinigung sich erfüllen kann, wirst du direkt erfahren, wie es sich anfühlt, die Liebe zu sein, die du bist.

*Die Menschen wurden durch eine Reihe von Vereinigungen erschaffen – zuerst mit Gott, dann mit dem Leben, und zu guter Letzt die Vereinigung von Körper und Seele. Dem Menschen als Kind Gottes wurde eine Wahrnehmung seiner selbst gegeben, verbunden mit der Abmachung, sie **zu akzeptieren**. Um ein höheres Leben zu gewinnen, muss der Körper die Seele anerkennen, und die Seele muss den Körper würdigen, um ihre physische Erfahrung zu erfüllen. Körper und Seele haben einander viel zu bieten. Die Seele bringt dem Körper Visionen eines erhabeneren Lebens, eines höheren Bewusstseins und höherer Prinzipien sowie den Mut, diese anzustreben. Der Körper gibt der Seele viele Erfahrungen, darunter die großartigste von allen – Mitgefühl. Der Körper stellt auch ein Feld dar, um einen Fokus auf die Anwendung und den Dienst am Leben zu halten. Durch ihre gegenseitige Integration können Körper und Seele den Sinn und Zweck des Herzens stärken und ausführen.*

Deine erste Pflicht ist es, die Vereinigung von Körper, Seele und Liebe in dir und als du selbst zu akzeptieren. Wie kann eine Frau ihren Platz in der Welt finden oder ein Mann Frieden mit seinem Nächsten schließen, wenn sie die wichtigste Integration ihres Lebens nicht erfolgreich durchgeführt haben?

Viele Beschreibungen von Körper und Seele werden dieser lebenswichtigen Beziehung und den Mühen, die Teil dieser Verbindung sind, nicht gerecht. In der Regel ist es der Körper, der sich nach Frieden, Ruhe und Schutz sehnt. Ohne die Seele und die treibenden Kräfte der Liebe würde der Körper den Weg des geringsten Widerstands gehen. Seine schwersten Sünden wurzeln in seinem Widerstand gegen Veränderung und seinem Verlangen nach Bequemlichkeit. Der Körper mag kein Risiko eingehen. Die abenteuerlichen Sünden lassen sich dagegen in der Regel auf die Seele zurückführen, denn schließlich kam die Seele hierher, um Erfahrungen zu sammeln. Sie kennt die süßen Sphärenklänge und den Duft himmlischer Rosen bereits. Doch ohne physische Erfahrung weiß sie nicht, wie sich der **Dorn** *einer Rose anfühlt oder die Fliehkraft eines Düsenjets. Es ist die Seele, die sich an der Aufregung eines Weltcup-Spiels begeistert oder an der Freude des Sich-Verliebens und Heiratens. Dies sind ganzheitliche Erfahrungen. Doch in ihrer Jagd nach Erfahrung kann die Seele auch Schwierigkeiten verursachen, vor allem, wenn sie mit ihrem irdischen Bund nicht in Frieden ist.*

Eine ungebundene und absichtlich widerspenstige Seele kann sich selbst und anderen viele Probleme bereiten. Ein Körper, der die Seele ignoriert, kann unter Lust oder Stumpfsinn lebendig begraben sein. Keines der Extreme ist gut, und es entspricht auch nicht dem Willen des Schöpfers, dass du dich länger an einem der beiden Enden der Skala aufhältst.

Ohne ein Verständnis von Liebe kann die ›Ehe‹ zwischen Körper und Seele ziemlich mühevoll sein, doch wenn du in dir die Kraft der Liebe entdeckst, dann entsteht auch Ausgleich und Lösung. Viele Menschen sind einem selbstzerstörerischen oder gar verbrecherischen Leben verfallen, bevor dies in ihnen geschehen konnte. Solch degeneratives Verhalten entsteht, wenn eine Seele ihre Verbindung zur Liebe und den Fokus auf ihren Dienst am physischen Leben verloren hat. Menschliche Schwächen dagegen sind nicht kriminell, mit ihnen muss man rechnen. Du kannst einem Menschen helfen, sein Leben wieder zu finden, indem du ihm hilfst, die drei Grundsäulen der Existenz wieder zu errichten: Seele, Körper und Liebe.«

»Wo ziehst du die Grenze zwischen Schwächen und Verbrechen?«

»Eine destruktive Handlung gegen die funktionsfähigen schöpferischen und synchronen Strömungen der Existenz ist ein Verbrechen. Es ist etwas, das allem zuwiderläuft, was der Schöpfer in Bewegung gesetzt hat. Die Konsequenz des Verbrechens ist daher, dass es die integrale Ganzheit seines Verursachers zerstört. Natürlich setzt der Schöpfer Zerstörung auch ein, um etwas Gutes zu erreichen, und vergibt dem Verbrecher. Der wesentliche Punkt ist jedoch, dass ein Verbrechen der Ganzheit schadet.

Damit ihr euer Verständnis von Verbrechen schlicht und einfach haltet, hat Mose es auf zehn Gebote zusammengefasst. Sie gaben seinem Volk eine deutliche Richtlinie, ohne langes Aufzählen von Fehlverhalten und Bewertungen. Die meisten Diskussionen über Recht und Unrecht lenken ab vom Strom des Lebens und behindern die Seele beim Navigieren. Wenn Verurteilungen als Gerechtigkeit ausgegeben werden, dann entstehen endlose Listen von Recht und Unrecht. Eure zwanghafte Beschäftigung mit diesen Themen entspricht nicht dem Willen Gottes, denn sie behindert euer Streben nach Erfüllung der Vereinigung von Körper und Seele.

Viel wichtiger ist es, Konfliktlösung und Vergebung zu lernen. Ihr seid eine Gemeinschaft, und jeder von euch ringt mit den Ungleichgewichten zwischen Körper und Seele. Unter Schwächen verstehe ich die Mühen der Vereinigung eines Körpers und einer Seele, die als Disharmonie und Zwietracht erlebt werden. Das ist so ähnlich wie bei einem Kind, das Gehen lernt und immer wieder fällt und heult vor Verzweiflung, während es versucht, die Vase zu verstecken, die es aus Versehen zerbrochen hat. Solche Vorfälle sind für alle Beteiligten ärgerlich und frustrierend, doch sie sind Fehlschläge auf dem Weg zur Ganzheit, im Gegensatz zum Verbrechen, das der Ganzheit willentlich Gewalt antut.

Ich wurde oft gefragt, warum ich meine Jünger aus den gesellschaftlichen Randgruppen erwählt habe, Männer, die nicht unbedingt den Richtlinien der Schicklichkeit entsprochen haben. Ich habe sie gewählt, weil sie lebendige, vitale Menschen waren, die ihr Bündnis mit Gott, ihren Körper und ihre Seele zu vereinigen, voll verkörperten. Ich habe ihr Verständnis dahingehend erweitert, dass sie durch die Gegenwart der Liebe diesen Prozess mit transzendentaler Anmut erfüllen und über die menschliche Haltlosigkeit erheben konnten.

Wenn ihr das Bündnis der Einheit akzeptiert, werdet ihr Augenblicke des Lachens erleben, der Traurigkeit – und Augenblicke, die um Vergebung flehen. Wenn du diese Probleme löst, wirst du mitfühlendes Verständnis für andere entwickeln. Zu guter Letzt wirst du erkennen, dass du Liebe bist. Denn nur durch die Macht der Liebe können vitale Verbindungen geknüpft und die Bedingungen der Einheit erreicht werden.«

Jesus sagte, dass eine der größten Irrungen im Leben eines Menschen darin liege, seine Jahre mit dem Aufbau von Verbindungen zu Strukturen zu verbringen statt mit dem Aufbau von Verbindungen zu Gott, dem Leben und der Art des eigenen Seins. So versuchen wir, gleichzeitig zwei Herren zu dienen: der Liebe und den Strukturen. Wir sprachen oft und ausführlich über die Strukturen.

Er sagte, sie seien in unserem Verständnis des Lebens unsere größten Herausforderungen und wir würden viel unnötige Schmerzen und Entmutigungen erleiden, bis wir dieses Verständnis erreichten. Unsere Bereitschaft, uns den Strukturen unterzuordnen, hat uns blind gemacht für die größere Macht der Liebe. Aus der Perspektive der Strukturen ist zum Beispiel ein Sturm lediglich das Ergebnis von Ursache und Wirkung. Wenn er unter bestimmten Bedingungen sich erst einmal in Bewegung setzt, wird er auf relativ voraussehbare Weise zuschlagen. Nichtsdestotrotz gebietet die Liebe dem Universum und gibt allem den Bewegungsimpuls. Wenn du also die Liebe mit in das Bild hineinnimmst, gibt es einen übergeordnet wirkenden Faktor.

»Es ist ziemlich schwierig, ein Sturm zu sein, wenn du geliebt wirst. Selbst wenn jemand die Liebe erst mit einbezieht, wenn er völlig verzweifelt ist, ist es doch besser als gar nicht. Natürlich ist das dann ein bisschen so, als wenn du beim Plätzchenbacken den Zucker weglässt und erst am Schluss ein wenig darüberstreust. Es schmeckt besser, wenn du den Zucker gleich in das Rezept hineinnimmst!«

Unser Zwiespalt zwischen Struktur und Liebe kostet uns in der Regel unsere klare Wahrnehmung davon, wie wir die Liebe **fortlaufend** einbeziehen können. Die Strukturen verführen uns dazu, unsere Liebe zu verschieben oder uns insgesamt davon zu verabschieden, meist unter dem Vorwand, damit zu warten, bis es »wirklich etwas ausmacht«. Du vermeidest dieses Problem, wenn du die Liebe verkörperst, die du bist, denn dann **lebst** du die Lösung, und laut Jesus reicht das.

»Das, was du haben und tun sollst, wird dich finden. Es gibt keinen Unterschied dazwischen, das zu lieben, was gerade vor deiner Nase ist, oder das, was dir vielleicht lieber wäre. Der Segen liegt nicht in dem Objekt deiner Liebe, sondern in der Gelegenheit zur Liebe.«

»Was sollte ich zuerst lieben?«, fragte ich.

»Was auch immer gerade vor dir ist«, antwortete er.

»Und was tue ich zuerst?«

»Was auch immer gerade dran ist.«

»Wem sollte ich jetzt helfen?«

»Dem nächsten Menschen, mit dem du sprichst.«

»Was sollte ich als Nächstes lernen?«

»Deine Probleme zu lösen. Du brauchst nach deinen Lektionen nicht zu suchen, sie finden dich schon. Die Menschen suchen viel zu oft nach einer Lektion oder nach einer Aufgabe, weil sie meinen, das, was direkt vor ihnen liegt, sei nicht gut genug. Viele machen es sich dabei schwer. Sie suchen nach schwierigen Aufgaben und versagen doch darin, die Kraft der einfachen, direkt vor ihrer Nase liegenden Lektionen zu respektieren. Jeder von euch hat ausreichend Aufgaben vor sich. Wenn ihr sie gemeistert habt, werden die nächsten auftauchen.«

»Ich glaube, wir suchen außerhalb unserer selbst, weil wir uns so verloren und von der Quelle getrennt fühlen«, meinte ich.

Er lächelte mitfühlend und erinnerte mich daran, dass unsere Verbindung zur Quelle im Heiligen Herzen liege, nirgendwo sonst, und fuhr damit fort, die trennende Art der Strukturen und ihre vielfältigen Illusionen zu erklären.

»Wenn du bedenkst, dass die gesamte physische Existenz aus denselben Ur-Teilchen besteht, dann kann die Struktur als der Aspekt betrachtet werden, der die verschiedenen komplexen Anordnungen zur Verfügung stellt, durch die sich eine Form von der anderen unterscheidet. Es sind diese unterschiedlichen Muster, die einen

Baum von einem Vogel unterscheiden und Eisen von Quecksilber. Die größeren Muster ermöglichen physische Formen mit längerer Haltbarkeit, doch auch sie sind sterblich, und als Sterbliche sind sie nicht in der Lage, dein Leben zu steuern.«

Er sagte, es sei der Wille des Heiligen Geistes, dass unsere Ganzheit erhalten bleibe. Die Strukturen wollen uns weismachen, dass wir aus verschiedenen Teilen bestehen, doch wir sind nicht nur grundsätzlich Liebe, sondern wir sind auch all das, was wir je geliebt haben und was uns geliebt hat. So ist unsere Liebe sowohl Erinnerung als auch Potenzial. Er machte es sehr deutlich, dass Liebe nicht nur eine göttliche Energie ist, die in der Gegenwart existiert, sondern dass sie auch Erinnerung und zukünftiges Potenzial ist.

»Liebe ist ein Lebensquell ohne Ende. Dein Name ist Liebe, und dein Charakter besteht aus allem, was du je geliebt hast, was dich geliebt hat, sowie allen, mit denen du dein Leben geteilt hast, und allem, was du durch deine Liebe zum Leben erweckt hast. Das bist du. Von dieser Liebe wirst du niemals getrennt werden, sie ist deine Unsterblichkeit. Die Strukturen wollen dir weismachen, dass dein Leben in verschiedene Raum- und Zeitsegmente eingeteilt ist oder als unwahrscheinliches Ereignis irgendwo ruht. Nur die Vorherrschaft der Strukturen kann dich von der Totalität deines Seins trennen. Die Macht des Heiligen Geistes besteht darin, dass er diese Illusionen der Getrenntheit zerschlagen kann und die schlichte Ganzheit der Seele wiederherstellt. In der Gegenwart des Heiligen Geistes bist du eins mit deinem Schöpfer, und alles, was du bist, ist in völliger Integrität wieder vereint. Ganzheit ist heilig, Ganzheit ist Heilung. Das ist der Kern aller Wunder, aller physischen, mentalen, finanziellen und sozialen Wunder. Was auch immer zerrissen war, kommt in Ganzheit zusammen. Die Liebe unterstützt die Ganzheit, und die Ganzheit unterstützt die Liebe. Durch diese Gemeinsamkeit kann Liebe alles heilen.«

Ich erinnerte mich an die biblische Geschichte, in der eine Frau einfach durch das Berühren seines Gewandes geheilt wurde.

»Sie berührte meine Liebe und war geheilt«, antwortete er. *»Es liegt in der Natur der Strukturen, euer Leben in Stücke zu schneiden und sie dann gegeneinander zu setzen. Würdest du dich dem unterordnen wollen?«*

Alles in mir widersetzte sich diesem Gedanken. »Ist das die Quelle menschlichen Leidens?«

»Die Quelle menschlichen Leidens ist die Trennung von Gott, von der Liebe, die du bist, und von dem Verständnis davon, wie Liebe das Universum regiert. Der schwerwiegendste Fehler, den man in diesem Zustand der Getrenntheit jedoch machen kann, ist, den Strukturen zu dienen. Sie sind grausame, tückische Herren, die in einem Zustand der Getrenntheit immer versuchen werden, dich zu beherrschen, doch wenn die Ganzheit wiederhergestellt ist, dann werden sie zu demütigen und willigen Dienern.

Der Grund hierfür liegt in dem universellen Gesetz des Kommandos. Die Liebe gebietet dem Universum, den Ur-Teilchen, dem EINEN Geist, dem Herzen und dem ganzen Leben. Wenn ihr euch von dieser Kraft getrennt habt, greift ihr auf die alten Kontrolltricks zurück und die Strukturen haben Macht über euch. Solange ihr versucht, das Leben zu kontrollieren, oder das auch nur für möglich haltet, werdet ihr den Strukturen frönen und sie werden euch festhalten. Das Tragische dabei ist, dass ihr das Leben nie kontrollieren werdet. Ein Kind Gottes verfügt jedoch über die größere Macht, dem Leben zu gebieten!«

Diese Bemerkung erinnerte mich an ein Erlebnis aus meiner Jugend. Damals begeisterte ich mich für Pferde und Rodeos, und eine Spezialität von mir waren Fassrennen.

Eines Tages übte ich auf der Reitbahn, als ein alter Cowboy meine Probleme mit meiner Stute bemerkte. Sie war langsam und schnitt die Kurven viel zu weit. Ich arbeitete mich ab, doch ohne Erfolg.

Der alte Mann winkte mich zu sich an den Zaun, und ich hoffte, von ihm ein paar Tipps zu bekommen – was auch geschah, doch ganz anders, als ich erwartet hatte. In breitem Texanisch fragte er mich mit der Zigarette im Mundwinkel nach meinem Gewicht.

Ich hatte damals eine »Twiggy«-Figur und musste errötend zugeben, dass ich nur fünfzig Kilo wog.

Er deutete auf meine Stute und fragte: »Wie kommst du auf die Idee, dass du eine halbe Tonne Pferdefleisch einfach so herumschleudern kannst?«

Ich war baff! Was war das für eine Frage? Ich wollte schon einfach darüber hinweggehen und mich abwenden, als mir ein inneres Gefühl sagte, dass er auf etwas hinauswollte, was für mich wichtig sein könnte. Dieser Mann hatte fünfzig Jahre lang Reiter trainiert, doch ich wusste nicht, ob er sich über mich lustig machte oder mir etwas Gutes tun wollte. Ich war neugierig genug, um das Risiko einzugehen.

»Wenn du die Stute vor die Wahl stellst, ob es nach ihr oder nach dir gehen soll, wird sie sich wahrscheinlich für einen Kompromiss entscheiden und irgendwas dazwischen tun. Du versuchst dann, die Differenz durch Kraft oder Hartnäckigkeit auszugleichen. Damit erhältst du nie eine gute Leistung. Das Geheimnis liegt darin, eins mit dem Pferd zu werden, damit seine Art gleichzeitig deine Art ist! Dann bist du fünfzig Kilo schwerer als die Stute und hast das Sagen.«

Damit hatte er meine ganze Aufmerksamkeit, und ich lernte noch manche Geheimnisse der »Einheit« von ihm.

Als ich Jesus diese Geschichte erzählte, half mir seine Gegenwart wiederum, ein tieferes Verständnis zu gewinnen. Wir schauten einander intensiv in die Augen, und er wusste, dass ich eine wichtige Wahrheit begriffen hatte. Kontrolle ist ein Instrument der Trennung! Das Kommando ist ein Instrument der Einheit! Selbst in Kriegssituationen weiß jeder gute General, dass das Geheimnis der effektiven Befehlsgewalt im Kameradschaftsgeist und im gemeinsamen Ziel der Truppe liegt. Gott gab seinen Kindern die **Macht** der Liebe. In Verbindung mit Kontrolle wird diese Macht gemindert, durch Gebieterschaft wird sie gestärkt.

Diese Erkenntnis war sehr wichtig für mein Verständnis dessen, was er mir über Strukturen beigebracht hatte. Laut Jesus verursachen die Strukturen Krankheiten und Schwächung. Es kostet uns endlose Mühen, den Verfall der Strukturen immer wieder zu reparieren. Der Körper ist eine komplexe Form aus Liebe und Struktur, dessen paradoxe, komplementäre Kräfte durch das spirituelle Herz und seine höhere Intelligenz integriert werden.

»Wenn die Strukturen im Ungleichgewicht oder im Konflikt miteinander sind, verspürst du Schmerzen«, fügte er hinzu. *»Und die Schmerzen nehmen noch zu, wenn die Strukturen im Konflikt mit der Liebe stehen und du nicht weißt, wie du den Konflikt lösen kannst. Die Lösung liegt in den richtigen Prioritäten und einem Verständnis der größeren Fähigkeiten des Herzens, Situationen zu meistern. Strukturen sind kein Gegner für das Herz, sondern machen es nur stärker.«*

»Nähre das Herz«, erinnerte er mich oft. *»Stärke die positiven Impulse des Herzens durch Bewunderung und Dankbarkeit. Beginne jeden Tag mit dem Auslöschen aller negativen Impulse in deinem Körper, deiner Existenz und deinem Umfeld durch Gesten der Vergebung. Vergiss nicht, dass jeder negative Impuls die Logik des Verstandes umkehren kann und damit die Widersprüche deines Lebens erschafft. Wenn der Verstand ein Problem lösen soll, dann erschafft er weitere Aspekte des Problems und präsentiert sie als **Lösung**. Der Verstand arbeitet nicht auf eine Lösung des Problems hin, sondern auf dessen Fortschreibung.*

Wenn ein Mensch an den Mangel glaubt, dann wird er seinen Verstand dahingehend programmieren, dass er den Mangel für eine Realität hält. Er wird also viel Geld verdienen müssen, um diesen Mangel zu kompensieren, und er wird es konsequenterweise so tun, dass der Mangel weiterhin existieren darf. Er wird immer weiter in den Mangel investieren und seine Werte an Dinge binden, die nur begrenzt oder kontrolliert zur Verfügung stehen. Er wird sagen, dass es schließlich nur wenig gute Diamanten gibt und dass sie daher teuer bleiben werden. Oder dass es nur wenig Grundstücke in Top-

lagen gibt und dass es daher trotz des hohen Preises eine gute Investition sei. Er wird seine Denkweise durch eine Ökonomie der Wirkungsmöglichkeiten bekräftigen, doch das wird Wirkung auf sein Leben haben. Er versucht, immer mehr Geld zu horten, um mehr Wirkungsmöglichkeiten zu haben, bis er schließlich sein Leben verwirkt hat. Solch eine innere Haltung wird nie das Rätsel der Fülle lösen, sondern sich höchstens gegen die Konsequenzen des Glaubens an den Mangel schützen!

Mangel ist ein Aspekt der Strukturen, das heißt, es ist ein sich selbst erhaltendes Problem ohne Lösung. Alle Strukturen verfallen, egal, wie groß oder komplex sie sein mögen. Die Prinzipien der Thermodynamik veranschaulichen die selbstzerstörerische Natur der Strukturen. Gleichzeitig erweitert sich das Universum mit ewiger Kontinuität. Seine Fülle ist unendlich. Dieses scheinbare Paradox kann nur mit der Macht der Liebe erklärt werden.

Unschuldige Wahrnehmung ist eine weitere Möglichkeit zur Stärkung des Herzens. Versteife dich nicht darauf, das Leben zu enträtseln, bevor du es lebst.«

Er erinnerte mich oft daran, »*zu leben, zu erfahren und zu genießen.*« Es kann manchmal so schön sein, einfach übers Wochenende loszufahren, ohne Plan, nur mit der Absicht, sich von neuen Perspektiven und Abenteuern überraschen zu lassen. Natürlich können Strukturen bei Geschäftsreisen oder großen Ferien hilfreich sein. Doch solche Reisen sind häufig nicht besonders erfrischend und erholsam.

Er half mir oft bei künstlerischen Problemen, mein Handeln ohne Vorurteil oder Bewertung wahrzunehmen, indem er mich freundlich aufforderte, meine Überlegungen außen vor zu lassen und es einfach zu tun. Wenn ich diesem Rat folgte, erledigte ich die jeweilige Aufgabe meist in einem Bruchteil der Zeit, die ich dazu gebraucht hätte, erst zu denken und dann zu handeln.

Heute scheint mir, dass wir oft zögerlich sind, weil uns der Verstand vormacht, nach einem einfacheren Weg zu suchen, was uns nicht nur Zeit und Energie, sondern vor allem unser Kommando kostet.

»Indem du ohne Vorbehalt direkt ins Handeln gehst«, sagte er, *»erschaffst du ein positives Momentum. Das erspart dir Zeit und Energie und stärkt dein Kommando. Sei ganz bei dem, was du tust, und genieße unschuldig den Prozess, so wie Kinder es tun. Dies ist der Schlüssel zum Himmel, der Schlüssel zum Hiersein, zur Wertschätzung deiner Zeit und deines derzeitigen Platzes im Leben. Genieße, was auch immer du tust. Sitze auf dem Rasen und erfreue dich an dem feuchten, kühlen Gras, der erfrischenden Brise, die über dich streicht, oder an dem warmherzigen Gespräch, bei dem dir jemand in die Augen schaut und ihr euch lebendig fühlt.«*

Er lehrte mich durch einfache Anweisungen. Zum Beispiel sollte ich aus dem Fenster schauen und die Blätter an einem Busch zählen. Doch bevor mein Verstand sie erfassen konnte, zog er meine Aufmerksamkeit wieder auf sich und fragte mich, wie viele Blätter ich gesehen hätte. Ich wollte mich damit rechtfertigen, dass ich nicht genug Zeit gehabt hätte, um sie zu zählen, doch stattdessen antwortete ich einfach, und es war immer richtig. Er unterbrach mich, bevor mein Verstand sich einschalten konnte. *»Es gibt eine Einfachheit im Leben, die Freude macht, wenn du das Leben so nehmen kannst, wie es ist.«*

Ich wies darauf hin, wie erleuchtend es sein kann, über die verschiedenen Bedeutungsebenen eines Ereignisses nachzusinnen. Er stimmte zu und mahnte gleichzeitig, dass alles ein Recht auf eine eigenständige Existenz habe, ohne Gedankenfutter oder Symbol für etwas anderes zu sein. *»Das Sein ist souverän«*, bemerkte er. *»Es braucht sich nicht zu rechtfertigen.«*

Dieser Hinweis half mir, ein altes Gefühl der Defensive loszulassen, das mich oft beschlich, wenn jemand symbolische Bedeutungen in meine Bilder »hineinlas«, wohl in der Annahme, dass zusätzliche Bedeutung auch mehr Wertschätzung bedeute. Ich fühlte mich dann etwas naiv, einfach nur einen Baum gemalt zu haben.

*»Was soll verkehrt daran sein, wenn ein Baum einfach ein Baum ist?«, meinte er. »Die Sprache der Symbole mag interessant und bedeutsam sein, doch es gibt nichts Mächtigeres als das einfache Sein. Ein Gegenstand muss nicht etwas Zusätzliches bedeuten, um zu sein. Indem du den geringsten Dingen das Daseinsrecht absprichst, untergräbst du dieses Recht für dich selbst. Menschen, die so etwas tun, haben höchstwahrscheinlich gar keine Ahnung, dass sie das Recht haben, **einfach sie selbst zu sein!** Wer gewohnheitsmäßig allem eine extra Bedeutung beimisst, der stiehlt dem Leben Kraft und gibt sie dem Verstand. Was glaubst du wohl, was geschieht, wenn derartige Tendenzen zwanghaft werden?*

Alles manifestiert sich durch die Kraft der Liebe und nicht um äußerlicher Bedeutungen willen. Ein kleines Unkräutlein wächst in deinem Garten, weil seine Eltern dort den Samen hinterlassen haben und die Umstände günstig waren. Die Heilige Quelle allen Seins umfasst auch die ICH-BIN-Gegenwart eines kleinen Unkrauts. Es wäre also nicht sinnvoll, gleich daraus zu schließen, dass hier widrige Kräfte am Werk seien oder dass es auf ein dunkles Schicksal hinweise. Es ist einfach ein Unkraut, welches in deinem Garten keimte, weil es dort wachsen wollte, und wenn du es dort nicht haben willst, dann äußere deine Gefühle und segne es auf seinem Weg.

*Das Segnen ist die beste Art, etwas loszuwerden, was du nicht möchtest, denn **die Liebe ehrt die Liebe.** Ein Segen ehrt den Segen. **Wenn du diese Dynamik zu deinem Grundsatz machst, wird sich vieles in deinem Leben von selbst erledigen.** Dies ist die Überlegenheit des Seins.*

Seit Anbeginn gibt es drei heilige Elemente – die drei Säulen des Seins. Die erste und höchste ist die ICH-BIN-Gegenwart, die Quelle der Göttlichkeit. Ihr folgt die Unschuld, die spirituelle Gegenwart der Göttlichkeit. Und die dritte ist die Liebe, die manifestierte Präsenz der Göttlichkeit und seiner schöpferischen Macht. All diese drei sind dem Menschen anvertraut zu seinem Segen und seiner Erfüllung.

Der Sinn und Zweck des siebten Tages im Schöpfungsakt war, von der Tätigkeit abzulassen und zu ruhen. Das war weder das Ende der Schöpfung noch der Anfang des Ruhestands des Schöpfers, sondern setzte den letztendlichen Plan in Gang, nämlich durch die Souveränität des Seins zu gebieten – und dieses Sein manifestiert sich als Liebe.«

Er erklärte, dass wir in unserer Wahrnehmung der Existenz einen natürlichen Zusammenhang zwischen Sein, Tun und Haben erleben. Gemäß seiner wahren Priorität ist unser Sein unsere Liebe, aus der unsere Fähigkeiten und unser Eigentum hervorgehen. Die Welt der Strukturen kehrt diese Reihenfolge jedoch um und will uns weismachen, dass wir **haben** müssen, bevor wir **tun** können, und dass wir tun müssen, bevor wir **sein** können. Im Hinblick auf professionelle Fertigkeiten mag das in gewisser Weise zutreffen, doch wenn dieses Prinzip alles dominiert, dann erhalten wir lauter ausgewiesene Profis, die nicht durch Liebe motiviert sind und denen daher ihre wahren Fähigkeiten fehlen. Solch eine Umkehr der Prioritäten führt zur Anhäufung materieller Besitztümer um ihres Einflusses willen. Der Einfluss wird dann zum Ersatz für echte Leistung. Das Endergebnis ist die Erschaffung von Bildern statt wahren Seins.

Jesus meint, dass unsere Erfahrungen von Selbstachtung, Stolz, Selbstvertrauen und Wohlbefinden nicht dem Ego zuzuordnen sind, sondern der Liebe.

*»Das Ego ist die Ermächtigung falscher oder vorübergehender Bilder, die **deine Liebe ersetzt haben**. Falsche Bilder des Ruhmes dienen nicht deinem Wohlbefinden, sondern mindern es.«*

Er sagte, dies geschehe, wann immer wir die Ziele in unserem Leben auf dem aufbauen, was wir haben, und nicht auf der Liebe. Die Selbstbilder werden sich anhäufen, Schicht um Schicht, und sie erlauben weder Frieden noch die Möglichkeit einfachen Seins. Er versicherte mir jedoch, dass all diese Bilder ihre Macht über uns verlieren würden, wenn wir die Richtung ändern und unser Selbstverständnis auf der Liebe aufbauen, die wir sind. Die Welt ist voller verirrter Menschen, die ihre Existenz durch Identitäten zu erklären suchen, die auf äußerlichen Assoziationen beruhen. Sie glauben, selbst etwas »Negatives« sei immer noch besser als gar nichts.

*»Die Wahrheit ist: **Du bist Liebe,** und dein Ursprung ist der Vater, die Quelle der Liebe, sonst nichts. Dies mag eine unbequeme Erkenntnis sein, weil sie die Verantwortlichkeiten offenlegt, die du für dein Leben hast.*

Die Liebe ist die Urkraft deines Seins. Auf weise, pflichtbewusste und hingebungsvolle Art verwalten Güte und Tugendhaftigkeit die Liebe als die Kraft des Lebens. Gewisse Ordnungen und Richtlinien sind schon hilfreich, doch eure zwanghafte und unhinterfragte Abhängigkeit von den Strukturen, ihren Notwendigkeiten und Identitäten kann viel Kummer und Leid hervorrufen.

Alle komplexen Formen sind sterblich, sie verfallen und verändern sich, damit das Leben weitergehen kann. Sich an diese Strukturen und komplexen Verbindungen zu hängen, kann zu einer qualvollen Erfahrung werden, egal, ob es sich um körperliche Abhängigkeiten, soziale Bindungen oder geschäftliche Dinge handelt.«

»Was können wir denn dann tun?«

»Aus der Sicht der Liebe könnt ihr die unvermeidlichen Veränderungen zur Verbesserung eurer selbst und anderer verwenden. Jedoch nur, wenn ihr euch die Strukturen dienstbar gemacht habt. Ihr müsst die Strukturen sehr aufmerksam beobachten, denn als organisatorisches Element kommen sie in der ganzen Existenz vor. Was kommt und geht, sind zum Beispiel einfach die komplexen Anordnungen physischer Formen. Die Strukturen sind auch ein Aspekt der vom Verstand erzeugten Formeln, die er zum Verständnis oder zur Verwaltung des Lebens verwendet. Es gibt viele Ebenen der Existenz, die durch Strukturen formuliert werden, denen die Menschen jedoch zahlreiche mentale Programmierungen hinzugefügt haben. Die Strukturen können euch dienen, wenn ihr euch ihrer Begrenztheit bewusst bleibt, und sie können euch unterdrücken, wenn ihr vergesst, was sie sind.«

»Wann geht der Einfluss der Strukturen denn zu weit?«, hakte ich nach.

»Er geht zu weit, wenn er die Überzeugung aufrechterhält, dass die Welt eine Scheibe ist, nachdem bewiesen wurde, dass dem nicht so ist«, antwortete er lächelnd. »Er geht zu weit, wenn Feiertage ihre Bedeutung verloren haben und als bloßes Ritual weiterbestehen. Die Strukturen gehen zu weit, wenn Regierungen nur um ihrer Macht willen überleben wollen und nicht, um ihrem Volk zu dienen. Es ist mehr als genug, wenn Bürokratien nicht mehr dienen, sondern sich selbst bestätigen und bereichern. Es ist mehr als genug, wenn Geschäfte nur noch aus Papierkram bestehen und ihre Werte und Produktivität verloren haben. Es ist mehr als genug, wenn die Schulen nur Theorien vermitteln und kaum etwas darüber, wie das Leben wirklich funktioniert. **Wenn die Strukturen zum bestimmenden Faktor werden, dann geht es zu weit.** Zuletzt werden euch die Strukturen immer im Stich lassen – sie müssen es, weil sie sterblich sind. Selbst die natürlichen Strukturen des Universums sind sterblich, ganz zu schweigen von all den vom Verstand erzeugten Formeln, die nur vorübergehenden Zwecken dienen.

Die Strukturen der wissenschaftlichen Theorien müssen entspannt sein, wenn innovatives Denken stattfinden soll. Geschäftliche Strukturen müssen gelockert sein, wenn neue Werte sichtbar werden sollen. Die Menschen müssen ein Gefühl der Selbstbestimmung entwickeln, damit Verantwortung wachsen kann. Ein Respekt für ethische Werte kann nur aus der Freude am rechten Tun entstehen und nicht aus Angst vor einer Bestrafung falschen Tuns. Es geht zu weit, wenn ihr das Kommando des Herzens nicht mehr vernehmt und das Herz eurem Leben keine Kraft geben kann. Die Strukturen wollen herrschen, weil ihre Sterblichkeit in ihnen eine unermessliche Angst erzeugt.«

»Sind vom Verstand erzeugte Strukturen genauso trügerisch?«, wollte ich wissen.

»Mindestens«, antwortete er, »denn ihr verwechselt sie meist mit der Realität. Der Verstand liebt die Strukturen, weil sie logisch sind und ihm gleichzeitig viele bewegliche Teilchen liefert, die er seiner eigenen Komplexität einverleiben kann. Im kollektiven Einverständ-

nis bestätigt der Verstand seine eigenen Erfindungen als Realität. Vieles von dem, was ihr Realität nennt, ist es nicht im Geringsten, sondern es sind vom Verstand erzeugte Strukturen, auf die ihr euch geeinigt habt!

Wenn das Herz über dein Leben gebietet, wirst du dich wahrscheinlich dafür entscheiden, auf viele der verstandeserzeugten Strukturen zu verzichten, oder du wirst zumindest unterscheiden können, welche du behalten willst und welche nicht.

Die Liebe des Verstandes für die Strukturen ist grenzenlos und blind gegenüber ihren gefährlichen Konsequenzen. Am gefährlichsten sind die Strukturen, die ihr in Form von Identitäten verinnerlicht«, fügte er hinzu. *»Ihr sagt: ›Ich bin dies und jenes, ich habe diese Stellung in unserer Stadt, ich habe jenes Erbe.‹ Wenn ihr derartige Strukturen verinnerlicht, habt ihr euch verirrt, denn **was ihr verinnerlicht, wird für euch unsichtbar.** Die verinnerlichten Strukturen verursachen die stärkste Störung eurer Wahrnehmung der Unendlichkeit und eures Bewusstseins der Unsterblichkeit. Schlimm genug, wenn ihr den äußeren Strukturen dient. Doch wenn ihr sie verinnerlicht, werdet ihr einen großen Bewusstseinsverlust erleiden. Ihr werdet meinen, ein Produkt der Strukturen zu sein, doch nichts liegt ferner von der Wahrheit! Wenn ihr euch eurer selbst nur als Liebe bewusst wärt, hättet ihr keine Angst. Doch alle anderen Identitäten wurzeln in den Strukturen und sind daher sterblich. Die Sterblichkeit lebt in Todesangst und überlebt, indem sie allen ihren bereitwilligen Teilnehmern diese Angst einflößt. Und mit der Angst gehen Schmerz und Leid einher.*

Wenn ihr die Strukturen verinnerlicht, wird euer Leben von zwei Kräften bestimmt: Liebe und Angst! Doch ihr könnt nicht beiden dienen – auch wenn es die meisten Menschen versuchen.«

»Heißt das, Liebe und Angst sind Gegensätze?«

»Wie ich dir schon sagte, kennt die Liebe kein Gegenteil, denn in ihr löst sich die Dualität auf. Liebe kann jedoch eine Entscheidung sein und hat daher Alternativen.«

»Was ist der Unterschied zwischen Gegensätzen und Alternativen?«

»Eine Alternative ist einfach eine andere Möglichkeit, der du beschlossen hast, keine Aufmerksamkeit zu widmen. Daher hat sie nur minimale oder gar keine Wirkung auf dein Leben. Die Kinder Gottes erweitern die Schöpfung durch ihre Entscheidungen und ihre Sichtweise der Wirklichkeit. Alternativen sind daher unvermeidbar.

Fasten ist zum Beispiel eine Alternative zum Essen, verstehst du. Beides kannst du erfahren, aber nicht gleichzeitig. Vielleicht hast du sie als Gegensätze betrachtet, weil sie auf einer Entscheidung beruhen. Doch sie ringen nicht miteinander oder bestärken eine Polarität. Eigentlich löschen sie einander aus. Alternativen beruhen auf freiem Willen und der Tatsache, dass du dich entscheiden kannst. Sie sind lebensbestärkend und lebensverändernd.

Wenn sich ein Mann zum Beispiel entscheidet zu heiraten, verändert das sein Leben von Grund auf, es verändert seinen Blick auf sein Leben. Eine weitere Entscheidung, die das Drehbuch seines Lebens verändern wird, ist, ob er Kinder haben möchte oder nicht.

Manche Entscheidungen sind so grundsätzlich, dass sie zur Regel wurden und die Alternativen völlig aus dem Blickfeld geraten sind. Diese sind am schwierigsten umzukehren, weil die Alternativen so schwer zu erkennen sind. Deshalb ist es so wichtig, dass ihr euch daran erinnert, wer ihr wirklich seid, und dass die Liebe der Kern eurer Wirklichkeit ist! Eure wichtigste Entscheidung liegt darin, ob ihr die Liebe sein wollt, die ihr seid, oder nicht.«

Diesem Satz folgte eine Stille, ein Vakuum, das er offensichtlich nicht mit Worten füllen wollte.

Nach einer Weile fuhr er fort: *»Die meisten Wesen reagieren teilweise auf diese Entscheidungsmöglichkeit graduell und zögerlich. Diese Unentschiedenheit führt sie an einen mysteriösen Abgrund voller Ängste, Strukturen, erfundener Identitäten und Überlebenskämpfe. In vielen hat das Bitterkeit und Hass hervorgebracht. Doch nichts von alledem ist das Gegenteil der Liebe. All diese negativen Gefühle und Erfahrungen sind das Ergebnis einer Entscheidung für die Alternative zur Anerkennung der Liebe, die ihr seid, für ihre Verleugnung. Liebe kann all das lösen. Wenn Liebe das Gegenteil derar-*

tiger Negativität wäre, dann würde die Anwesenheit der Liebe den Unterschied nur verstärken und eine Polarität aufbauen!

Gegensätze können ohne Strukturen nicht existieren. Was ihr als gegensätzlich empfindet, erscheint nur in eurem begrenzten Blickfeld so. Wenn ihr das ganze Bild erkennen könntet, würden die Gegensätze sich auflösen. Gegensätze sind eigentlich nur Kreise, die euch unterbrochen erscheinen, weil ihr den verbindenden Teil nicht erkennen könnt. Wenn du zum Beispiel einem Kind eine Karte der Erde flach auf den Tisch legst, dann könnte es auf das ›Ende‹ der Erde hinweisen. Du könntest die Karte jedoch hochnehmen, einen Kreis daraus formen und ihm zeigen, wo sich Meer und Land begegnen. Du könntest auch Tag und Nacht als Gegensätze betrachten, besonders wenn du in einem Tal lebst, wo die Übergänge relativ abrupt erscheinen. Vom Gipfel eines Berges aus würde die längere Dämmerung die Verbindung deutlicher werden lassen. Wenn du vom Mond aus auf die Erde blicktest, wäre dieser Vorgang noch deutlicher erkennbar als ein ungebrochener Kreis mit unterschiedlichen Phasen. Dies trifft auf alle ›Gegensätze‹ zu, selbst technische.«

Er deutete auf meine Palette und auf die Farben, die ich verwendete. *»Schwarz scheint das Gegenteil von Weiß zu sein, weil es am meisten absorbiert, während Weiß am meisten reflektiert. In Wirklichkeit geht das Spektrum jedoch über Schwarz und Weiß hinaus. Schwarz setzt sich zur dunklen Transparenz fort und Weiß zur hellen Transparenz. Beide entwickeln sich letztendlich zur völligen Durchsichtigkeit hin, und damit ist der Kreis geschlossen.*

Alle Gegensätze können durch das entsprechende Bindeglied aufgelöst werden, welches ihren Kreis schließt. Sie als Gegensätze zu institutionalisieren, ist ein Zeichen der Ignoranz und des Selbsterhalts der Strukturen. Liebe ist die ultimative Verbindung, und in der Gegenwart der Liebe sind alle anderen Verbindungen leicht zu finden. Ohne sie können jedoch viele wichtige Verbindungen äonenlang verborgen bleiben.

Die Liebe beendet die Polarität, daher hat sie keine Gegensätze. Liebe kennt keine Polarität, doch wenn ihr euch für Alternativen dazu entschieden habt, sind die die Liebe ersetzenden Strukturen voller Gegensätze. Wer unter dem Einfluss der Strukturen lebt, lebt häufig in Angst, weil die Strukturen sterblich und voller Gefahren sind. Wer sich den Strukturen unterwirft, lebt häufig in Hass, doch der Hass ist nur ein Schutzschild gegen die Rückkehr der Liebe.

Der Liebe steht nichts entgegen und doch erobert sie alles. *Liebe ist in der Welt, doch nicht von ihr! Angst, Hass und alles, was sich davon ableitet, ist sekundär, Liebe ist primär. Es gab Liebe, bevor es das Universum gab, und erst recht, bevor es die Welt der Strukturen gab. Am Anfang war nicht Böses, Angst und Hass. Am Anfang war nur EINE Liebe, EIN Potenzial und EIN Geist. Mit der Gestaltwerdung der Manifestationen wurde der freie Wille auf alle Aspekte der Liebe ausgedehnt, um Leben zu sein, zu erfahren, das Potenzial zu erfüllen und sich selbst als Liebe zu erkennen. Es gab sogar die Möglichkeit, die eigene Natur zu verleugnen, wenn das gewünscht werden sollte. Aus dieser letzten Wahlmöglichkeit sind all die ›Unkräuter‹ der Gefahren emporgewachsen.*

Doch diese letzte Entscheidungsmöglichkeit war ein sehr wichtiges Geschenk, denn ohne sie wäret ihr ein Aspekt der Liebe gewesen, der nicht über die Kraft verfügt, die Schöpfung fortzuschreiben. Ihr wäret eine Schöpfung Gottes gewesen, doch keine Kinder Gottes. Wenn ihr euch für die Liebe entschieden habt und sie zu eurer Natur geworden ist, dann schwindet alle Polarität aus eurem Leben und ihr erhaltet das Kommando.

Wenn ich auf diese Weise von der Liebe spreche, meine ich damit keine romantischen Gefühle, nicht Vorlieben oder Sentimentalitäten. Das sind in der Regel einfach positive Reaktionen auf persönliche Anhaftungen. Die Liebe, die ich meine, ist eine Wirkung, eine Kraft, eine reine Absicht und die grundlegende Ehrlichkeit all dessen, was ist. Alles, worüber du grundehrlich sein kannst, inklusive deiner eigenen Beteiligung, ist etwas, was du sehr liebst! Wenn die Liebe herrscht, dann kommen Anständigkeit und Ehrlichkeit in die Welt der Strukturen, doch wenn die Strukturen dominieren, dann spielt das Leben auf einer Bühne voller Rauch und Spiegel. Es gibt nichts

Verkehrtes an den Strukturen, was eine Korrektur der Prioritäten nicht bereinigen könnte. Doch in dominanter Position sind sie von Grund auf dysfunktional, weil sie weder verursachen noch sich korrigieren können.

Strukturen sind formgebend, ausführend und konservierend. Das ist alles. Nur jemand, der die Liebe, die er ist, vergessen, verleugnet oder zurückgewiesen hat, würde die Strukturen je über sich stellen. Sie haben ihre Überlegenheit einfach durch Unterlassung erhalten.

*Vieles leitet sich aus den Strukturen ab, doch sie haben nichts erschaffen, keine Dinge und noch viel weniger den Menschen. Der Mensch ist nicht hier, weil die Strukturen bestimmte Muster entwickelt haben, aus denen er als Endprodukt hervorging. Die Strukturen führen die Produktion aus, doch sie verursachen sie nicht. Sie sind der Mörtel und die Hinfälligkeit des Universums, nicht seine Gnade oder Unsterblichkeit. Sie sind ein Organisationsfaktor ohne eigene Macht. Wenn du sie als einen Aspekt deiner Selbsterkenntnis verinnerlichst, verleihst du ihnen **deine Macht**. Das ist nicht sinnvoll, da du dich selbst, deine Unsterblichkeit oder irgendeine Erfahrung von Unendlichkeit niemals in ihnen finden wirst.*

Du kannst die Wiederentdeckung deiner Unsterblichkeit und deiner Wahrnehmung der Unendlichkeit nicht von deiner Erkenntnis deiner wahren Quelle, der Liebe, trennen. Die Strukturen wollen, dass du dich als eine Identität verstehst und nicht als Liebe. Identitäten hemmen deine Unsterblichkeit und sollten daher als vorübergehend betrachtet werden. Sie loszulassen, kann einen großen Kraftzuwachs mit sich bringen.

Womit auch immer du dein Leben erklärst oder definierst, wird in dein Sein aufgenommen. Wenn ein Mensch der Überzeugung ist, dass sein Leben das Ergebnis seiner Vergangenheit, äußerer Bedingungen oder angesammelter Identitäten ist, dann hat er die Strukturen verinnerlicht. Im Vergleich zu der Macht der Liebe in jedem Menschen ist es gleichgültig, ob er als Prinz oder Bettler geboren wurde. Beide Umstände sind gleich unbedeutend! Es bringt nichts, solche Strukturen zu verinnerlichen, außer drei großen Verlusten: Ers-

tens wirst du damit die Liebe, die du bist, durch eine falsche Identität ersetzen, zweitens werden unendliche Bedingungen dich von der unschuldigen Wahrnehmung ablenken, und drittens wirst du dich auf eine Partnerschaft mit der strukturellen Sterblichkeit einlassen.«

Wir seien von den Strukturen so besessen, weil wir sie besitzen wollen, erklärte er, doch so anfällig und aufwendig, wie sie sind, seien sie eigentlich kaum der Mühe wert. Sie vergehen, doch der schöpferische Abdruck deines Lebens wird im Universum weiterbestehen.

»Deswegen habe ich gesagt, kümmert euch lieber um euren Reichtum im Himmel, den euch niemand rauben kann. Die Strukturen sind naturgemäß vergänglich, sie sind sterblich. Wenn du jedoch irgendetwas erschaffen hast, dann trägt es auf ewig deinen Abdruck, und dieser kann wie eine Kuchenform immer wieder verwendet werden, um das Gleiche wieder zu erschaffen.«

Diese Lehre entsprach meiner persönlichen Erfahrung. In jedes Bild, das ich male, lege ich mein ganzes Herz, und manche Leute fragen mich, wie ich es denn verkaufen könne. Meine Antwort darauf war und ist, dass ich lediglich die Leinwand und die Farben verkaufe. Den Abdruck meiner Kreativität habe ich nie verkauft. Alles, was ich erschaffen habe, könnte ich wieder und wieder erschaffen. Wenn das für eine Künstlerin zutrifft, um wie viel mehr muss es dann in Bezug auf unsere Heilige Quelle wahr sein! Wie einfach wäre es für unseren Vater in seiner Macht, uns wieder und wieder zu erschaffen aufgrund des Abdrucks unserer Liebe?

*»**Das Leben ist Liebe in Aktion,** während die Zeit nur Struktur in Aktion ist, die ums Überleben ringt! Wenn ihr die Dichte der Strukturen verinnerlicht habt, dann wird der Tod sowohl unausweichlich als auch notwendig.«*

Er bezeichnete den Tod als das »Aufräumen nutzloser Identitäten«. Das würde bedeuten, dass der Tod und die Illusion der Zeit so lange vorhanden sind, wie wir den Strukturen dienen.

»Ihr seid nicht wirklich im Strom der Zeit, es scheint nur so aufgrund eurer Verflechtungen mit den Strukturen.«

Er betonte sehr deutlich, dass »*... alles wahre Sein im Jetzt ist, nicht in der Vergangenheit oder in der Zukunft. Deswegen hat die Zeit kein Sein. Versuche doch, sie räumlich festzulegen, was erhältst du dann?*«

Die offensichtliche Antwort war: das Jetzt.

»*Genau, das Jetzt existiert wirklich. Das dauerhafte Jetzt ist die Heimat allen Seins. Die Strukturen überdauern nicht, daher benötigen sie den Prozess der Zeit, um geboren zu werden, zu leben und zu sterben. Was ihr gewöhnlich ›Zeit‹ nennt, ist einfach Struktur in Aktion, ist das Bemühen der Strukturen, zu überleben. Für euch spielt die Zeit keine Rolle, denn das Leben ist Liebe in Aktion. Die Zeit, wie ihr sie wahrnehmt, ist der Anfang, der Verlauf und das Ende der Haltbarkeit der Strukturen.*

Ein Motor wurde gebaut, diente einem bestimmten Zweck, nutzte sich ab, die Reparaturkosten stiegen, und er wurde entsorgt. Vom Schrottplatz kam er wieder in die Stahlverarbeitung und wurde zu etwas anderem. Der Lebenskreislauf dieses Motors kann als zeitlich betrachtet werden, doch für euch existiert Zeit nicht wirklich. Wenn du versuchst, irgendeinen Teil davon zu erhaschen, erhältst du immer nur das **Jetzt.**

Wenn ihr endlich den Unterschied zwischen den universellen Gesetzen und den Tendenzen der Strukturen erkennt, wird euch das große Klarheit verschaffen. Ihr werdet die Strukturen nicht zurücklassen, doch ihr werdet sie euch endlich zu Diensten machen können. Ihr werdet euer Schicksal von ihnen lösen können, sodass ihre Sterblichkeit euch nicht mehr täuschen kann. Und noch viel wichtiger: Wenn ihr euch in eurem ganzen Wesen sicher seid, dass ihr Liebe seid und dass die Strukturen euch dienen, dann werdet ihr zum Berg sagen: ›Komm‹, und er wird kommen, und ihr werdet zum Sturm sagen: ›Sei still‹, und er wird sich legen. Dies ist der Schlüssel zu allem.«

5
Die Ur-Teilchen

Immer wenn Jesus über die Ur-Teilchen sprach, erinnerte er mich daran, dass sie unter dem Kommando der Liebe stehen. Einmal fügte er energisch hinzu: *»Egal, wie weit unsere technische Entwicklung noch gehen mag: Wenn wir keine Liebe haben, haben wir nichts!«* Die Ur-Teilchen stellen einen kontinuierlichen Fluss eines höheren Frequenzpotenzials dar, welches sich in bestimmten Formen und Anordnungen unter dem Kommando der Liebe manifestiert.

Unglücklicherweise steht die Menschheit jedoch derart unter dem Einfluss ihrer sinnlichen Wahrnehmungen und strukturellen Begrenzungen, dass wir uns dieser mächtigen Kraft praktisch unbewusst sind. Dieser allgegenwärtige und endlose Fluss des Lebens entzieht sich unserer normalen Wahrnehmung so weit, dass ihn zu erklären mich vor eine schwierige Aufgabe stellt. Meine einzige Hoffnung auf Erfolg hierbei liegt in den Erläuterungen des Meisters selbst.

Beim Sichten seiner verschiedenen Erklärungsansätze wurde klar, wie einfach, anwendungsbezogen und direkt sie alle waren. Meist kamen sie überraschend für mich. In die gewöhnlichsten Unterhaltungen schob er neue Denkansätze ein, um meine Sichtweise der Dinge zu verändern oder ein höheres Verständnis auszulösen. Er stellte scheinbar harmlose Fragen wie: *»Ist dir je aufgefallen, wie leicht alles geht, wenn du liebst, was du tust?«*

»Natürlich«, erwiderte ich, und dann entspann sich ein anregender Dialog, der zu dem größeren Hintergrund seiner Frage führte. Seine Lehren führten vom Großen zum Kleinen und vom Alltäglichen zum Außergewöhnlichen. In meiner Darstellung dieses Themas will ich mich daher auf seine menschlichen und praktischen Anwendungen konzentrieren und gleichzeitig seine tiefgreifende Übereinstimmung mit universellen Prinzipien beleuchten. Solange klar ist, dass alle Manifestationen sich letztendlich auf die Natur und das Potenzial der Ur-Teilchen zurückführen lassen, ist es eigentlich gleichgültig, wo wir mit dem Thema beginnen.

Das Wissen um die Ur-Teilchen ist nicht nur für die Teilchenphysik, für intergalaktische Reisen oder feinstoffliche Sphären von Bedeutung, sondern für ein Verständnis unseres Lebens selbst. Durch erhöhte Wahrnehmung dieser Lebenskraft werden Sie anfangen, zu begreifen, warum die Pflanze, die Sie lieben, auch blüht. Wo Liebe ist, da entsteht ein freier Austausch der Ur-Teilchen, und das wirkt sich in dynamischer Interaktion zwischen lebendigen Wesen aus. Diese subatomaren Teilchen sind die Bausteine aller komplexen Gebilde des Universums, und weil sie unter dem Kommando der Liebe stehen, sind sie in organischen Lebensformen besonders fließend. Ist es daher verwunderlich, dass eine unmittelbare Verbesserung des Wohlbefindens eintritt, wenn in eine ansonsten sterile Umgebung eine Pflanze oder ein Haustier eingebracht wird? Derartige »Geschenke der Liebe« haben sich in vielen Bereichen des Heilens bewährt, besonders bei Menschen mit psychischen Problemen. Im offenen Strafvollzug und in der Psychiatrie werden Pflanzen und Tiere auch als wertvolle therapeutische Hilfen eingesetzt, denn sie ermöglichen eine neue Art des Austauschs außerhalb der Strukturen, des freien Austauschs mit dem Leben.

Wir ziehen uns oft in die Natur zurück, um mal »raus aus allem« zu sein. Doch einer der besten Gründe dafür, sich in die Natur zu begeben, ist vielleicht gerade, sich mit allem zu verbinden. Es scheint dabei nebensächlich zu sein, ob diese Verbindung bewusst oder intuitiv erfolgt, der Austausch erfolgt unabhängig davon gemäß den jeweiligen Synchronizitätsmustern mit der Umgebung. Es erstaunt mich immer wieder, wie die Angler spüren, wo die Fische beißen, und wie die Waldbewohner ihre Wege finden.

Ich erzählte Jesus von einer mir lieben Erinnerung an einen Ritt über die Hügel im nördlichen Texas, bei dem mein Pferd nicht ein einziges Mal in ein Hamsterloch trat oder über einen Stein stolperte, obwohl es nie nach unten sah. Er erklärte mir, dass es durch seinen permanenten Kontakt mit der Erde ständig über das Terrain informiert sei. Diese Tiefe der Information und der Wahrnehmung ist jedem zugänglich, der den kontinuierlichen Austausch von Lebensenergie versteht. Wir deuten diese Gefühle gewöhnlich als »Intuition« oder »sechsten Sinn«, doch derartige Vorstellungen belassen diese Dinge im nebulösen Bereich der besonderen Begabungen. Jesus sagte, dass subtile Wahrnehmungen jedem möglich sind und dass unsere Vorfahren darin mehr Übung hatten als wir heutzutage. Die Wahrnehmung des lebendigen Austausches muss wie jede Fähigkeit geübt werden und verkümmert bei mangelndem Gebrauch. Daher begann ich, in allem, was ich tat, so viel wie möglich zu bemerken.

Während ich dies schreibe, verwundert mich der Gedanke zutiefst, dass die gesamte universelle Ordnung sich auf diese eine simple Funktion reduzieren lässt. In jedem Tintenmolekül existiert die Blaupause von allem, was ist, denn jede Manifestation ist eine Offenbarung von Ur-Teilchen, die aus dem unendlichen Meer des Geistes mit Hilfe der steuernden Absicht der Liebe auftauchen.

Dieses Phänomen durchzieht und erhält die gesamte Existenz, ohne Ende. Der permanente Austausch der Ur-Teilchen nimmt in der Gegenwart der Liebe sinnvolle Formen an, um eine funktionale Einheit darzustellen. In der Liebe eines verheirateten Paares zum Beispiel hat die Liebe des Mannes Einfluss auf die Ur-Teilchen seiner Frau und umgekehrt. Im Verlauf ihres gemeinsamen Wachsens an Herz und Verstand vermengt die Liebe ihre Lebensenergien. Im Laufe der Zeit nähern sich sogar ihre physischen Erscheinungen einander an, genauso wie Menschen, die aus der gleichen geografischen Gegend stammen, oft gewisse Ähnlichkeiten aufweisen. Mit Hilfe der Technologie kann man heutzutage die Herkunftsfamilie einer Person nur anhand ihrer Stimme nachweisen. Und manchmal lächeln wir über Menschen, die sogar ihren Haustieren ähnlich sehen! Ihre Liebe verbindet sie und versetzt die Ur-Teilchen in harmonische Resonanz. Das wird jedem offensichtlich, der sich die Mühe macht, hinzusehen.

Ich achtete auf die Natur und ihre Muster lebendigen Austausches, wann immer ich konnte. Einmal verbrachte ich den ganzen Tag in unserem Garten, einfach um mich daran zu erfreuen. In stiller Beschaulichkeit saß ich auf meiner Lieblingsbank unter den ausladenden Ästen eines alten Pecan-Nussbaumes und badete in dem freien Fluss der Ur-Teilchen. Es dauerte nicht lange und ich fühlte mich jenseits alles Trennenden völlig eins mit meiner Umgebung. Plötzlich landete ein Schwarm Krähen vor mir auf dem Rasen, dicht gefolgt von einer Bande Eichhörnchen, die durch die Bäume heranstürmten. Die Krähen pickten im Gras herum und die Eichhörnchen suchten nach Nüssen. Auch ein paar Spottdrosseln und Grünfinken kamen dazu. Mein wunderbarer Gartenplatz war plötzlich mit Leben erfüllt! Eichhörnchen und Krähen näherten sich mir unschuldig und frei, als hätten sie noch nie einen Menschen gesehen und keine Ahnung, dass ich eine Bedrohung sein könnte. Ein beeindruckender Frieden herrschte zwischen uns, und ich »atmete« Natur. Es war faszinierend, zu beobachten, wie sie mich einbezogen. Eine der Krähen fing eine grüne Gartenschlange und schien sie mir stolz zu zeigen. Ich sagte: »Das ist ja großartig!«, ohne anzunehmen, dass sie meine Worte verstand, doch mit dem Gefühl, dass sich das dahinterstehende Gefühl vermittelte. Daraufhin hüpfte sie zu mir hin und verspeiste ihr Abendessen etwa anderthalb Meter vor mir mit großer Geste! Kurz danach bemerkte ich ein kleines Eichhörnchen, das Pecan-Nüsse sammelte und vergrub. Die neuen Nüsse waren noch nicht ganz reif und so schaute ich ihm neugierig zu, während ich das kleine Geschöpf fragte, ob es nicht ein wenig früh dafür sei. Es schaute mich intensiv an, legte das Köpfchen etwas schief und kam kurz darauf mit einer älteren Nuss zurück, die es mir hinhielt, als sollte ich sie beurteilen. Ich bestätigte seine Wahl und es wuselte davon, um sie zu vergraben. Sobald es damit fertig war, wählte es eine andere Nuss und sprang zu mir herüber. Ich saß mucksmäuschenstill, ganz bezaubert von seinem Vertrauen, als es weniger als einen Meter von mir entfernt die Nuss schälte und den Kern mir zu Füßen fallen ließ. Ich hatte die Eichhörnchen schon oft gefüttert, doch noch nie hatte ein Eichhörnchen mich gefüttert! Die Unschuld dieser Wesen gab mir ein wunderbares Beispiel dafür, wie die Liebe einen Austausch der Ur-Teilchen bewirkt.

»Der Austausch der Ur-Teilchen ist der Atem des Lebens«, sagte Jesus. *»In der gesamten Existenz gibt es einen fortwährenden Austausch dieser Teilchen, die nicht nur das organische Leben ausmachen, sondern auch die Planeten, den Wind und alles, was ist. Alles atmet während seines gesamten Seins. Diese Teilchen ein- und auszuatmen, bringt lebenswichtigen Ausgleich und Verbindung. In der Gegenwart der Liebe geschieht dieser Ausgleich auf natürliche Weise, deswegen kann einfaches Handauflegen einem Menschen helfen, seine Gesundheit wiederherzustellen. Darauf beruht die heilende Kraft einer Berührung oder einer herzlichen Umarmung.«*

Im Verlauf des Gesprächs fragte ich ihn, ob Heilung auch erfolgen kann, wenn die Berührung indirekt sei. Ich dachte dabei an die Frau, die durch die Berührung seines Mantels geheilt wurde.

»Sie berührte meine Liebe«, antwortete er. *»Das hat sie geheilt. Wenn ihr einander berührt, besonders wenn ihr die liebende Essenz in einander berührt, dann seid ihr geheilt. Getrennt und isoliert zu leben, kann euer Leben schnell aus dem Gleichgewicht bringen.«*

Mein Wissensdurst war geweckt und ich fühlte mich ermutigt, genauer nachzufragen, was die Ur-Teilchen eigentlich seien.

»Sie sind die grundlegenden Bausteine der physischen Existenz«, antwortete er, *»einzelne Energiepotenziale, die aktivieren, vereinigen und der Unendlichkeit Gestalt verleihen. Als Punkte sind sie unteilbar, unreduzierbar und unspezifisch. Ihre Existenz erschafft Dimension, zwischen einem Punkt und dem nächsten ist Dimension und daher Raum. Die energetische Dynamik wird durch rhythmische Aktivierung und Wiederholung dieser Muster gebildet. In dem Maße, wie diese Muster und Rhythmen komplexer und spezialisierter werden, entsteht Materie.«*

Ich erinnerte mich daran, im Physikunterricht gelernt zu haben, dass Licht sowohl Teilchen als auch Welle sei. Er beschrieb die Eigenschaften der Ur-Teilchen auf ähnliche Weise als Punkt, Energie und Masse.

*»Ur-Teilchen sind die einzigen Teilchen, die **Masse erschaffen** können. Einfach gesagt sind sie die primären Ursprungspunkte, an*

denen Energie und Masse dasselbe sind. Die Matrix, aus der sie hervorgehen, ist der kontinuierliche Faden des universellen Potenzials, der EINE, ungeteilte Geist. Du kannst die Ur-Teilchen also auch als ultimative Punkte betrachten, die durch ihre Manifestation und Beschreibung der Unendlichkeit ihr Potenzial aktivieren und alle manifesten Formen ermöglichen.«

Ich war verwirrt. »Wie kann Unendlichkeit beschrieben werden? Wie kann sie mit bekannten Elementen verbunden werden, ohne sie zu begrenzen?«, fragte ich.

»Der scheinbare Widerspruch entsteht durch deine Annahmen, mit denen du die physische Existenz erklärst. Zurzeit ist das menschliche Verständnis von Energie und Materie durch die Gleichsetzung von Energie und Kraft im Sinne von Stärke begrenzt. Der größte Teil der Wissenschaften interpretiert Energie als Kraft, Verbrennung oder Druckwelle. Man stellt sich das etwa so vor: Kraft erzeugt Druckwellen, Druckwellen erzeugen Dichte, Dichte erzeugt Materie, und alles, was übrig bleibt, ist Unendlichkeit. Das ist der eigentliche Widerspruch! Solch ein Rest kann nicht definiert werden und bietet keine Verständnisgrundlage. Wie könnten die Eigenschaften der Unendlichkeit beschrieben werden, solange sie als undefinierbares Überbleibsel gilt? Wie könnte sie genutzt, durchdrungen oder aktiviert werden?«

Alles, was er sagte, machte auf so natürliche Weise Sinn, dass es mich zwang, mehr über das Leben nachzudenken als je zuvor. Gleichzeitig hatte ich das Gefühl, dass das Bewusstsein hiervon schon immer in mir war und jetzt danach drängte, aufwachen zu dürfen. Ich fühlte mich zunehmend lebendiger.

Er erklärte, dass die Vorstellung von Energie als Kraft und Stärke das Denken der Menschen in allen Lebensbereichen dominiert, von den industriellen Produktionen über Regierungen bis hin zur persönlichen Lebensgestaltung. Vorstellungen bewirken Handlungen – wir sehen oft das, was wir für wahr halten. Was dominiert daher die Welt? Kraft und Stärke! Was verursacht viele unserer Probleme? Kraft und Stärke!

»Das wird sich verändern, sobald das Verständnis der Menschen sich von elektrischen zu magnetischen Konzepten hin wandelt«, versicherte er mir. *»Dieser Wandel wird notwendig sein, um die Ur-Teilchen endlich zu definieren und zu verstehen. Dem vereinheitlichten Feld liegt ein magnetisches Potenzial zugrunde, und die magnetische Anziehungskraft vereint die physische Unendlichkeit. Unendlichkeit ist kein Überbleibsel, es ist der vereinende Faktor, der **alles integriert**. Wenn sich das Denken der Menschheit von elektrischen zu magnetischen Grundannahmen verändert, werden sich auch alle Aspekte der Technologie verändern.«*

Viele der Schwierigkeiten, die wir mit Brennstoffen und Rohstoffen haben, beruhen auf diesem Verständnis von Energie als Kraft und Stärke, erklärte er. Wir verwenden Kraft, um Widerstand zu erzeugen, und dieser Widerstand erzeugt dann elektrische Energie. Wenn wir erst in das magnetische Zeitalter eintreten, dann werden wir das haben, was er *»harmonische, ungiftige Energie«* nannte. Die wahre Energie des Universums wird uns zur Verfügung stehen, um alles anzutreiben, von unseren Generatoren bis hin zu unserem Verstand. Erst dann werden wir mit der Unendlichkeit praktisch umgehen können.

»Zurzeit konzentriert sich die Wissenschaft noch auf Mängel, Kräfte und Reste. Mangel muss kontrolliert werden, diese Kontrolle wird durch Kraft ausgeübt und der Rest des Lebens wird nicht verstanden. Die Unendlichkeit als Rest zu betrachten ist keine sehr produktive Einstellung, doch das wird sich ändern«, versprach er.

»Wie werden wir diesen Übergang hinkriegen?«

»Es beginnt mit Ehrfurcht vor der ultimativen Macht. Wenn genug Menschen dieses Verständnis erreicht und aktiviert haben, dann wird das Paradigma der gesamten Menschheit sich über das Verständnis von Energie als Kraft erheben. Angesichts der Liebe verliert die Kraft ihre dominierende Macht über das Bewusstsein. Von dem Zeitpunkt an wird das Bewusstsein mit Quantengeschwindigkeit aufwachen. Die Veränderung wird so immens sein, dass die Antworten sekündlich kommen werden. Bis dahin erinnere dich daran, dass die

Ur-Teilchen auf magnetische Anziehung reagieren. Im menschlichen Potenzial ist das Herz das magnetische Zentrum. Durch dein Herz ziehst du Ur-Teilchen an, und durch deine Liebe gebietest du ihnen.«

Während meine Fantasie von seiner Vorhersage einer besseren Welt ganz hingerissen war, hielt sich mein Verstand zäh an die Lehrbuchmeinung, dass elektrische Energie der magnetischen Anziehung vorausgehe. Ich musste mir darüber Klarheit verschaffen. Seine vollständige Antwort darauf war ziemlich technologisch und gehört mehr in ein späteres Kapitel, doch in diesem Zusammenhang soll sein Hinweis erwähnt werden, dass es einen formativen Magnetismus gibt, der elektrisches Potenzial erzeugt, und einen nachgeordneten Magnetismus, der aus Elektrizität entsteht.

»Du kannst dir den formativen Magnetismus als ein Anziehungsfeld vorstellen, in dem synchrone und holografische Integrationen ohne elektrische Polarität oder elektrischen Widerstand vollzogen werden. Der nachgeordnete Magnetismus hingegen ist komplementär zur elektrischen Energie, da er die grundlegenden Formationen der Existenz aufrechterhält. Aus vielerlei Gründen könnte man sagen, dass Magnetismus das Alpha und Omega der physischen Existenz ist.«

»Du hast gesagt, dass die Ur-Teilchen unter dem Einfluss der Liebe magnetisch reagieren. Kannst du beschreiben, wie das funktioniert?«

Er verharrte eine Weile in kreativem Schweigen wie ein Bühnenbildner, der den Hintergrund für den nächsten Akt entwirft. Dann breitete er sein visuelles Szenario aus: *»Ich lade dich mal in einen ganz besonderen Raum ein, in dem nur geringe Schwerkraft herrscht und Tischtennisbälle langsam und chaotisch in zufälligen Mustern durch die Gegend schweben. Sie sind in ständiger Bewegung und prallen immer wieder zwischen den Wänden hin und her. Jeder von ihnen ist mit Eisenstaub bedeckt. Deine Aufgabe ist es, mit einer magnetischen Weste bekleidet diese Kammer zu betreten. Einer nach dem anderen werden sich die Tischtennisbälle an* *dich heften und Ketten bilden, ausgedehnte Muster, die genau dem Impulsmuster der magnetischen Anziehungskraft entsprechen, die sie sich versammeln ließ. Die Bälle verbinden sich und reichen in den Raum genau in der gleichen Weise hinein wie die Muster der Liebe, die du in das magnetische Feld eingebracht hast.*

Ich kann dir noch ein weiteres Beispiel geben. Du erinnerst dich vielleicht an die magnetischen Zeichenbretter aus deiner Kindheit. Unter einer durchsichtigen Plastikfolie waren Eisenspäne, die auf den magnetischen Stift reagierten. Durch den Stift wurden sie in Linien und Muster zusammengezogen, die dann eine Zeichnung auf der Tafel erscheinen ließen. Indem du den Magnetstift über das Brett gleiten ließest, konntest du alle möglichen Muster erzeugen.

*Jetzt stell dir vor, dein Herz ist der Magnet, und deine Liebe ist der Stift. Das ist die Macht deines Einflusses, du beeinflusst tatsächlich jeden Aspekt deines Lebens, **einfach durch dein Sein**, indem du die Liebe bist, die du bist. Du bist der Magnet, der auf das Zeichenbrett deines Lebens schreibt. Wenn du dich in eine Situation begibst, werden sich die ihr innewohnenden Ur-Teilchen auf den Einfluss einstellen, den du hineinbringst. Du brauchst dir keinen großen Entwurf auszudenken, **du bist der große Entwurf!** Du brauchst nur die Liebe zu sein, die du bist. Alles wird sich darauf einstellen. Je größer die Liebe, desto größer der Einfluss, ohne dass du etwas anderes zu tun hättest, als die Liebe zu sein, die du bist. Deine Liebe ruft die Muster und Manifestationen hervor, die sich daraus ergeben werden.«*

»Sind alle Ur-Teilchen gleich?«

»In ihrem ursprünglichen Zustand ja.«

Er wies darauf hin, dass alle physische Existenz aus Ur-Teilchen und Raum bestehe, vor allem riesigen Mengen Raum. Die Teilchen kleben magnetisch zusammen, um die Grundlage aller komplexen Form- und Materie-Muster zu bilden. Sie bilden Konglomerate, aus denen Strukturen entstehen, die durch energetische Spannungen zusammengehalten werden. Das erzeugt die Illusion von Stabilität. Alle Festigkeit ist Struktur, und Struktur ist notwendig für Festigkeit. Wenn wir die Barrieren durchbrechen wollen, die zwischen uns und einem unendlichen Vorrat an Lebensenergie stehen, dann müssen wir die Illusion erkennen und über die Strukturen hinausschauen.

Er warnte mich jedoch vor der Möglichkeit einer defensiven Reaktion, die erfolgen kann, wenn eine strukturelle Anordnung mit den neuen Qualitäten der Liebe erfüllt wird.

»Es kann zunächst zu Widerstand oder gar Zurückweisung kommen! Das kommt daher, dass die Struktur oft der Kraft dient und häufig eine Maske für das Chaos darstellt. Die Strukturen sind ein Aufzeichnungs- und Konservierungssystem, das Teilchen enthält, verteilt und verwendet, doch sie haben nicht die Kapazität, lebendige, dynamische Ordnungen zu erschaffen. Wenn dann die Liebe ins Bild kommt und wahre Harmonie und Synchronizität zwischen den Teilchen entsteht, beginnt ein neuer und vitaler Lebensstrom. Dies kann für die spröden, unzulänglichen Strukturen und ihre Illusion der Festigkeit niederschmetternd sein. Es wirkt buchstäblich existenzbedrohend auf jede Struktur, die den Strom des Lebens behindert. Bereits vorhandene Bruchstellen fallen auseinander. Dann gilt es, sich daran zu erinnern, dass hier nur der Versuch der instabilen Strukturen verloren geht, die Liebe nachzuahmen. Die Genesung wird eine neue, echte Ordnung bringen.

Zu keiner irdischen Zeit war diese Botschaft wichtiger als heute! So viel Liebe strömt zurzeit auf die Erde. So viel, dass sie manche der nutzlosen Strukturen, die es zurzeit auf der Erde gibt, zerschlagen wird. Sie werden zugrunde gehen, sie müssen es. Doch neues Leben wird aus ihnen hervorgehen, neue Hoffnung und neues Wachstum.«

Mir war klar, dass er sich mit dieser Aussage auf komplexe, temporäre, vom Menschen erschaffene Strukturen bezog und nicht auf die natürliche subatomare Struktur der Atome und Moleküle. Trotzdem begann ich, über die Kontinuität der natürlichen Strukturen in der Ewigkeit nachzusinnen, sodass ich ihn eines Tages fragte, ob die Teilchen eines Baumes eigentlich immer wieder einen Baum bilden oder ob sie nach dem Tod des Baumes und seiner Verrottung zu etwas anderem werden.

»Der Lebensweg der Ur-Teilchen wird immer durch die Liebe bestimmt, doch gleichzeitig haben sie ein Gedächtnis und enthalten Erfahrungen. Daher tendiert die Liebe im Fluss des Lebens dazu, bestimmte Tendenzen und Vorlieben für bestimmte Arten von Erfahrungen zuzulassen. Dies wird dadurch unterstützt, dass die bereits in Form befindlichen Ur-Teilchen noch in den komplexeren Neutronen und Elektronen gebunden sind, ganz zu schweigen von den atomaren Anordnungen der Elemente wie Wasserstoff oder Kohlenstoff, die ja noch bestehen, auch wenn der Baum jetzt zu Rindenmulch geworden ist. Beim Tod des Baumes gehen die Ur-Teilchen, die seine Lebenskraft ausgemacht haben, meist dazu über, einen anderen Baum zu bilden. Das ist es, was das Leben eigentlich ausmacht – ein freier, unstrukturierter Strom von Ur-Teilchen, die vom Einfluss der Liebe gesteuert werden. Leben ist einfach Liebe in Aktion. Deswegen brauchen die Menschen eine Pause von ihrer dumpfen Routine und ihren starren Verpflichtungen. Es ist wichtig, sich zu entspannen, Ferien zu machen oder sich ein Freizeitinteresse zu suchen, weil die freie Interaktion mit dem Leben heilsam ist und euch frisch mit Ur-Teilchen versorgt. Atmet sie ein und genießt die Fülle um euch herum.«

Seine liebevollen und ehrfürchtigen Gefühle dem Leben gegenüber gingen mit einer großen Bewunderung ihrer nährenden Kraft einher. Als ich eines Tages seine Liebe zum Leben bestaunte, fiel mir auf, dass er vom Leben häufig als etwas Weiblichem sprach und von der Heiligen Quelle als etwas Männlichem. Ich fragte ihn also danach und nach der Relevanz von Geschlechtlichkeit in Bezug auf Gott.

»Das Allerheiligste steht über aller Geschlechtlichkeit und enthält das Potenzial, Männliches und Weibliches als Teil des ewigen Ausgleichs der Existenz zu manifestieren. Die grundlegendste Manifestation des Männlichen ist das Quelle-Sein. Die grundlegendsten Manifestationen des Weiblichen sind Bewusstsein und Liebe als dynamische Kräfte des Lebens und der Schöpfung.«

»Ist das Leben dann der weibliche Aspekt Gottes?«

»So empfinde ich das«, antwortete er.

Meine vorgefassten Meinungen über männlich und weiblich fingen an zu bröckeln. In der westlichen Kultur betrachten wir gewöhnlich aktive Prozesse als männlich und passive als weiblich.

Unsere Konzepte hiervon seien von den Kräften von Ursache und Wirkung bestimmt, meinte er. *»Sie existieren nur in den dichten Mustern der physischen Strukturen. Auf höheren Existenzebenen gibt es nur Ursache und Ursachen in Synchronizität miteinander. Ursache und Wirkung sind nachgeordnete Aspekte des Universums, nicht primäre. Auf höheren Bewusstseinsebenen werden beständige, unerschütterliche Einflüsse als maskulin betrachtet und aktive, interaktive und anpassungsfähige Schöpfungsmodalitäten als feminin.«*

Da wir schon beim Thema waren, ergriff ich die Gelegenheit und fragte ihn nach Bibelpassagen, in denen die männliche Dominanz und die weibliche Unterordnung als selbstverständlich betrachtet werden. Als moderne Frau fühlte ich mich mit diesen Konzepten sehr unwohl.

Er erklärte, dass einige dieser Passagen die historischen Lebensumstände jener Zeit widerspiegelten. In anderen Fällen jedoch waren die Aussagen als metaphorischer Bezug auf universelle Ordnungsprinzipien gemeint.

»Leider wurden solche Passagen zur Untermauerung destruktiver sozio-politischer Verhaltensmuster verwendet, und viel größere Wahrheiten gingen darüber verloren. Die universelle Ordnung wird durch ein Gleichgewicht und gegenseitigen Respekt zwischen dem Männlichen und dem Weiblichen aufrechterhalten. Gleichzeitig gibt es ein universelles Postulat, das besagt, dass Konstanz über Aktivität geht und Wahrheit über Anpassung, dass die Quelle dem Erschaffenen vorangeht und dass das Unbewegte über die Veränderungen gebietet. Beweise hierfür lassen sich in der gesamten Existenz finden.

Es gibt in jeder Persönlichkeit genauso einen männlichen und einen weiblichen Aspekt, wie es einen männlichen und einen weiblichen Aspekt des Lebens gibt. Diese inneren Potenziale können im

Gleichgewicht sein oder nicht. Ein Mann zum Beispiel, der sich schwer damit tut, sich zu verändern, müsste vielleicht einmal darüber nachdenken, dass er mehr ist als nur männlich. Ein anderer Mann, der sich auf nichts festlegen will, müsste vielleicht zur Beständigkeit seiner männlichen Seite zurückkehren. Genauso hat eine Frau, die keine beständige und sinnvolle Aufgabe für sich im Leben finden kann, vielleicht ihre weiblichen Tendenzen etwas überzogen und sollte ihre maskuline Stärke mehr ehren, um Richtung und Durchhaltevermögen zu finden.«

»Bezieht sich dieses Prinzip auch auf etwas so Grundlegendes wie die Ur-Teilchen?«

»In Bezug auf ihre Konstanz, Unreduzierbarkeit und Grundsätzlichkeit sind sie männlich. In ihrer unendlichen Kapazität, lebendig zu sein, sich den unterschiedlichsten Formen anzupassen und die Schöpfung der Liebe zu nähren, sind sie weiblich.«

»Ist Liebe dann sowohl männlich als auch weiblich?«, fragte ich fasziniert.

»Ja natürlich«, antwortete er. *»Die Beständigkeit der Liebe ist männlich, ihre Aktivierung und Anpassungsfähigkeit weiblich.«*

Seine Aussage, dass Leben Liebe in Aktion sei, machte jetzt mehr Sinn für mich, und ich begann, seine Verwendung des femininen Pronomens als einen rein philosophischen Bezug ohne sozio-politische Absicht zu verstehen.

Der gleichmäßige Fluss der Ur-Teilchen kennt keinen Mangel, doch meine Neugier trieb mich zu der Frage, warum wir denn an den Mangel glauben, wenn es doch eine unendliche Fülle gibt. »Was hat unsere Überzeugungen so stark konditioniert, dass wir nicht mehr über unsere Begrenzungen hinaussehen können?«

»Ihr geht davon aus, dass alle Substanz zu der Struktur gehört, die ihr Form verleiht, anstatt den frei fließenden Strom des Lebens als unendliches, mit der Quelle verbundenes Potenzial zu erkennen.«

»Du siehst mit vollkommener Klarheit, was ich erst anfange, zu begreifen. Wie kann ich meine Wahrnehmung verbessern?«

Er besänftigte meine Ungeduld mit einem mitfühlenden Lächeln und erklärte: »*Zuerst musst du das Heilige Herz erkennen und lernen, dein Leben mehr darauf zu zentrieren. Es ist dein wahres Herz und dein heiliger Raum. Die meisten Menschen haben am Ende ihrer Kindheit die Türen zu diesem Raum verschlossen und sind dann nur noch zu einer reduzierten Wahrnehmung der lebenserzeugenden Teilchen fähig, sodass der Rest als begrenzte Menge erscheint. Von da an verbraucht der Mensch buchstäblich sein Leben, er setzt seine Lebensressourcen für strukturelle Investitionen und widersprüchliche Muster ein. Das Ergebnis ist dann Erschöpfung und Alter.*

Nur das wahre Herz kann den vitalen Strom und Austausch der Teilchenenergie spüren. Deswegen seid ihr in den Bereichen, die euch ›mehr am Herzen liegen‹, auch empfindsamer. Wenn das Heilige Herz wieder zum Leben erwacht und sein Feuer erglüht, werdet ihr euren Vorrat an Ur-Teilchen aus der unendlichen Fülle des Universums erneuern können, indem ihr sie magnetisch anzieht. Ihr könnt unbegrenzt Ur-Teilchen anziehen, um eure Lebenskraft zu stärken, euch zu heilen und euer Leben auf eine viel höhere Leistungsstufe zu heben.

Das Heilige Herz ist der heilige Raum, in dem das wahre Gebet stattfindet. Es ist ein Ort des Friedens und des Alleinseins, der so stark mit eurer Quelle verbunden ist, dass ihr nur hineinzugehen braucht und schon findet Gebet statt, unabhängig davon, was ihr sagt oder ob ihr überhaupt etwas sagt. **Das Zusammensein mit deinem Vater in deinem Heiligen Herzen ist das Gebet,** *und sich dort hineinzubegeben ist eine heilige Handlung. Deswegen habe ich meinen Aposteln geraten, sich zum Gebet in ein Kämmerlein zu begeben, denn ein äußerlicher Rückzug an einen stillen Ort unterstützt den Zugang zu dem heiligen Raum. Ich habe mich damit zurückgehalten, bestimmte Worte als Gebet vorzuschlagen, denn wenn die Worte das Gebet ersetzen, ist der Effekt dahin. Der Wert der Worte liegt darin, dass sie den Gedanken helfen, sich auf eine höhere Ebene zu konzentrieren und die Seele auf die Hingabe an die heilige Stille vorzubereiten. Wenn ihr in dem heiligen Raum mit der*

Quelle verbunden seid, wird in euch eine Kraft aktiviert, die, was auch immer nötig ist, magnetisch zu euch zieht. Dies ist ein sehr besonderer Ort in eurem Sein, und ihr erkennt ihn an der vollkommenen Ruhe, die darin herrscht, an einer Stille und Reinheit wie von frisch gefallenem Schnee.«

Als er diese letzten Worte sprach, fiel mir plötzlich eine kleine Beigabe seiner Gegenwart auf, die ich bis dahin nicht weiter beachtet hatte. Wenn er anwesend war, schienen die normalen Leinöl- und Terpentingerüche meines Ateliers wie weggeblasen, und ein herrlich frischer Duft erfüllte den Raum, der mich an die reine Bergluft bei Neuschnee erinnerte, voller Ozon und Koniferenduft. Was für ein merkwürdiger »Zufall«, dass er nun genau dieses Bild verwendete, um den heiligen Raum zu beschreiben!

Ich habe die Berge immer geliebt und fahre so oft wie möglich hin. In einem Sommer wurde ich in der wunderschönen Kirche des Heiligen Franziskus von Assisi in Ranchos de Taos mit einer starken Erfahrung des Heiligen Herzens gesegnet. Dieses zinnengeschmückte Lehmgebäude aus der Zeit der Spanier hat schon Künstler und Fotografen aus aller Welt angelockt, doch es hat neben seiner pittoresken Fassade noch Außergewöhnlicheres zu bieten: eine Erfahrung überwältigender, überirdischer Stille! Als ich zum Altar ging, bemerkte ich, dass nicht nur alle Außengeräusche ausgeschaltet waren, auch die Schritte und das Flüstern der anderen Besucher verschwanden in der Stille. Ich vernahm nichts mehr außer meinem eigenen Herzschlag.

Ich weiß nicht, ob die Erbauer diesen Effekt absichtlich herbeigeführt haben, noch nicht einmal, unter welcher spirituellen Anleitung die Kirche entworfen wurde. Für mich war es der großartigste äußere Rahmen, in dem ich je war, um das Erlebnis des Betretens meines heiligen Raumes auch im Außen zu erfahren. In diesem Zusammenhang ist die Legende hochinteressant, dass alle in der Heiligkeit dieser Kirche dargebrachten Gebete erhört werden. Ich weiß, dass es bei mir so war.

Mehr als einmal stellte er fest: »*Worüber das Herz gebietet, das behält es auch. Alle Teilchen, die für dein Leben vorgesehen waren und von deinem Herzen kommandiert wurden, sind für immer dein.*«

Ich dachte viel über diese Worte nach, auch wenn ich sie nicht ganz erfassen konnte. Eines Morgens brachte ich die Sache einfach auf den Punkt und fragte: »Wenn ich heute aufhören würde, zu leben, was geschähe dann mit all den Ur-Teilchen, die meinen Körper, mein Leben und meine Schöpfungen ausmachen?«

»*Unzählbare Mengen an Ur-Teilchen gehören einfach zum Universum. Der Schöpfer hat sie für den allgemeinen Gebrauch zur Verfügung gestellt, damit sie solche Elemente wie Sauerstoff, Stickstoff, Kohlenstoff und so weiter bilden. Diese Teilchen kehren also wieder zu ihrer allgemeinen Matrix zurück. Milliarden Teilchen gehören zur menschlichen Spezies und kehren daher zu neugeborenen Kindern zurück, deren Liebe dem Weg der Liebe ähnelt, den du zurückgelegt hast. Milliarden von Ur-Teilchen kamen durch deine familiäre Abstammung zu dir und werden zukünftige Kinder deiner Familie unterstützen, deren Liebe wiederum der ähnlich ist, die du mit deiner Familie geteilt hast. In den Tagen nach deinem Ableben werden die Teilchen, die du mit anderen ausgetauscht hast, wieder zu ihren rechtmäßigen Eigentümern zurückkehren. Doch all die Teilchen, die du persönlich durch dein Herz angezogen und zur Gestaltung deines Lebens verwendet hast, werden mit dir gehen. Sie werden sich entweder an deine Seele heften oder an einen Ort, den du mit deiner Liebe markiert hast, und dort so lange warten, bis dein Herz sie wieder ruft. Auf jeden Fall sind sie für immer dein. Häufig werden solche Punkte der Liebe kollektiv von Freunden oder Familien ausgewählt, die durch die Ewigkeit hindurch verbunden bleiben möchten oder auf einer bestimmten Existenzebene wieder zusammenarbeiten wollen.*«

Die mit dieser Wahrheit einhergehende Verantwortung war so beeindruckend, dass ich mehrere Tage brauchte, um diese Enthüllungen zu absorbieren. Was für eine Vorstellung, dass wir tatsächlich Fußstapfen unseres Lebens hinterlassen und andere dort hineintreten, obwohl wir das, was unser Sein und unsere Liebe zentral ausmachte, mitnehmen. Wir hinterlassen all unsere Erfahrungen, sodass andere an ihnen teilhaben können, während wir mit dem fortfahren, was wir zu lieben gelernt haben.

Manche sagen, dass die Luft, die wir atmen, schon von allen lebendigen Wesen geatmet wurde. Dieser Gedanke erweiterte sich jetzt noch für mich durch mein neues Verständnis des lebendigen Versorgungsstroms der Ur-Teilchen. Jede seiner Antworten warf neue Fragen auf. Die letzte und größte Frage ist die nach der Verantwortung, und jeder Mensch muss für sich selbst beantworten, ob er Muster der Liebe oder der Mühsal hinterlässt, Muster der Herrlichkeit oder der Illusionen. Hinterlassen wir Wissen oder Geheimnisse, Liebe oder Vergebung?

»Mein Rat, euren Reichtum im Himmel anzusammeln, bezog sich auf diese Realität. Wenn ihr euer Leben mit einem klaren Sinn und Zweck gelebt habt und wenn eure Liebe auf Prinzipien und Gedanken höherer Bewusstseinsebenen gerichtet war, dann werden die Schätze eures Lebens sicher aufbewahrt sein. Doch wenn das Lieben und Leben eines Menschen unklar und verwirrt war, voller Unaufrichtigkeit und Verrat, dann wird er seine Ur-Teilchen an die Leben derer verlieren, die er verletzt hat, die wiederum jene Teilchen häufig wie Geiseln festhalten, bis die Schuld abgetragen wurde, was allen Beteiligten viel Verwirrung und Schmerz bereiten kann. Es wäre so viel einfacher und gesünder, zu vergeben und loszulassen.«

»Ist es das, was die östlichen Philosophien mit ›Karma‹ bezeichnen? Ist dies der wahre Hintergrund dafür?«

»Im Universum beschreibt der Prozess von Ursache und Wirkung die Art, wie Ausgleich stattfindet. Wenn etwas aus dem Gleichgewicht gerät, muss es ausgeglichen werden. Das ist Karma. Doch die Wege von Ursache und Wirkung sind nicht die einzigen Möglichkeiten, Ausgleich und Ganzheit herzustellen. Gnade und Liebe bieten einen höheren Weg. Ihr braucht nur inbrünstig nach der Wiederherstellung der Ganzheit zu streben, egal, wo sie verloren ging. Ich hoffe, dass ihr sie durch eine Rückverbindung mit der Quelle findet, die

eure Schuld durch die größere Macht der Liebe, Gnade und Synchronizität tilgen wird. Karma ist eine einfache ethische Aktion, eine Art Polizei-Strategie für das Universum. Es funktioniert und ist für das Universum notwendig, doch es kann Seelen verletzen. Meine zentrale Aufgabe ist es, Seelen zu einer höheren Verantwortungsebene zu führen, die durch das Heilige Herz und die Gnade Gottes gestärkt wird, und damit diesen bitteren Kreislauf zu beenden.«

Doch noch mehr als diese wunderschöne Botschaft berührte mich seine mitfühlende Erklärung und Toleranz der menschlichen Fehler.

»Viele Irrtümer und Fehlwirkungen sind als Teil des gesamten menschlichen Gedächtnisses oder als Teil der Familienerinnerungen an zukünftige Generationen weitergegeben worden.« Er sprach davon, wie unser begrenztes Verständnis uns dazu verleitet, eine Sünde oder ein Verbrechen zu verdammen, obwohl es doch nur die letzte Manifestation eines verzweifelten Musters ist, das vor langer Zeit begann. *»Wer freute sich nicht darüber, die Errungenschaften derer zu übernehmen, die vor ihm gelebt haben, doch wie viel mehr Mut ist notwendig, um mitten in den Irrtümern weiterzumachen, in die man hineingeboren wurde! Es ist nicht möglich, das kollektive Erbe von Gutem und Schlechtem zu umgehen.«*

Mit durchdringender Klarheit blickte er mir tief in die Augen und sagte: *»Du wirst unschuldig und vollkommen geboren, doch in eine Welt, die erfüllt ist mit allen nur denkbaren Hinterlassenschaften, die auf jeden zukommen, teilweise durch Magnetismus, doch teilweise auch ohne jedes Ansehen der Person, denn alle Menschen sind gleichermaßen Brüder und Schwestern. Ausnahmslos muss jeder einen Teil des kollektiven Erbes tragen. Das ist die ursprüngliche Bedeutung des vielfach missbrauchten Ausdrucks, dass niemand frei von Sünde sei. Es bedeutet, dass niemand in der menschlichen Gemeinschaft darüber steht, Verantwortung für einen Teil der negativen Hinterlassenschaft zu übernehmen und ihn zu verwandeln. Wenn du das nächste Mal jemanden auf eine Weise leben siehst, die du missbilligst, dann kannst du, statt ihn gering zu schätzen,* *ein stilles Dankgebet dafür sprechen, dass du diese Aufgabe nicht zu übernehmen brauchtest. Wenn du einen behinderten Menschen siehst, dann schau nicht auf die Behinderung, sondern auf den großen Mut, ein derartiges Schicksal anzunehmen. Wenn du einen Mann siehst, der unter den Brücken lebt, dann erinnere dich daran, diese edle Seele zu würdigen, die ihren Teil an Verlusten und Verlassenheit übernommen hat. Wenn ein Kind an Krebs stirbt, dann kannst du, statt den Verlust an Leben zu bedauern, eine Seele sehen, die sich ihrer Unsterblichkeit so sicher war, dass sie diese Hinterlassenschaft angenommen hat.* **Betrachte Schwierigkeiten nicht als Strafe, sondern als etwas Gemeinschaftliches.**

Das war Hiobs große Lektion. Hiob war ein Mann im alten Israel. Er hatte viel Glück im Leben und war reich gesegnet, bis eine Reihe von Schicksalsschlägen sein Leben verwüstete. Hiob verstand sein Unglück als Strafe, doch es ergab keinen Sinn. Er versuchte, es als etwas zu verstehen, wo er ›durchmusste‹, doch das veränderte auch nichts. Er versuchte, die Lektionen zu verstehen, die dahinter lagen. Noch immer geschah nichts. Er versuchte es mit Buße und flehte zu Gott in Gebeten und Opfergaben, doch nichts brachte im Sinne von Ursache und Wirkung irgendeinen Erfolg. In seiner Verzweiflung flehte er Gott um Erklärungen an. ›Warum leiden die Rechtschaffenen‹, fragte er Gott, ›während die Frevler frei ihrem Gewinn nachgehen können?‹ Der Allmächtige antwortete ihm in einem Gewittersturm mit Gegenfragen: ›Hast du zu deiner Zeit dem Morgen geboten und der Morgenröte ihren Ort gezeigt? Kannst du die Bande des Siebengestirns zusammenbinden? Fliegt der Falke empor dank deiner Einsicht und breitet seine Flügel aus, dem Süden zu? Fliegt der Adler auf deinen Befehl so hoch und baut sein Nest in der Höhe? [Hiob 38-40] Gottes Botschaft an Hiob war, dass die Antwort nicht in Bitterkeit, Urteil oder auch nur in der Suche nach Gründen liege, sondern in der Unermesslichkeit und Erhabenheit des Universums. Endlich gab sich Hiob hin und nahm das Unglück als sein neues Los im Leben an. Endlich begriff er, dass es sein Teil in der menschlichen Gemeinschaft war, das Schlechte mit dem Guten zu nehmen.

Durch die Gnade Gottes wurde dann sein vorheriger Wohlstand und sein Glück wiederhergestellt, doch nicht als Ergebnis von Ursache und Wirkung, sondern durch die höhere Kraft der Akzeptanz und Gnade. Während alle Menschen gemeinsam einer höheren Lebensebene zustreben, muss das Leben miteinander geteilt werden, im Guten wie im Schlechten. Die größere Weisheit erkennt, dass das, was dir als das Schlimmste erscheint, nur eine Illusion ist, die auch vorübergehen wird.«

»Muss es immer so sein?«

»Es wird so lange so sein, wie ihr unter der Illusion der Getrenntheit voneinander und von Gott lebt. Es wird vorübergehen, wenn ihr erkennt, dass ihr Liebe seid und euren rechtmäßigen Platz in dem EINEN Geist einnehmt. Dabei ist es hilfreich, euch von dem Strom aus der Fülle versorgen zu lassen, der Strukturen verändern oder überrollen kann wie die Brandung des Meeres. Wenn ihr dies erst erkannt habt, werdet ihr auch die Begrenzungen der Strukturen wahrnehmen und aufhören, ihnen zu dienen.«

In unserem menschlichen Verhalten vermeiden oder bemitleiden wir häufig Menschen, mit denen wir nichts zu tun haben wollen. Er schlug dagegen Würdigung und Einbeziehung vor. Natürlich bedeutet das nicht, dass wir Verbrechen hinnehmen, krankheitserregende Zustände dulden oder uns dem Unglück anderer gegenüber gleichgültig verhalten sollen. Seine Botschaft besagt vielmehr, dass menschliche Schwierigkeiten **uns allen gemeinsam** sind. Wer hat daher das Recht, sich abseitszustellen und andere zu verurteilen?

Bei dieser und verschiedenen anderen Gelegenheiten unterschied er zwischen drei Verständnisebenen, die einen direkten Einfluss auf unser Wohlbefinden im Universum haben.

Die unterste Ebene bezieht sich auf unser unmittelbares Überleben und nimmt mögliche Konsequenzen kaum wahr. Das kann kurzfristigen Notwendigkeiten entsprechen, doch auch in schlimme Sackgassen und zu tödlichen Ausgängen führen.

Die nächste Verständnisebene befasst sich mit Ursache und Wirkung. Sie führt zu anständigem, zivilisiertem Benehmen und deutlich mehr Kommando über das Leben. Wenn wir auf dieser Ebene stehen bleiben, wird das Leben jedoch von Strukturen, linearer Logik, Kontrolle und Bewertungen dominiert. Ein Leben wie in einer Kiste!

Zum Glück gibt es eine dritte, höhere Ebene, die sich der Ganzheit hingibt und alles mit einbezieht. Jesus sagt, dass diese letzte Ebene einen Quantensprung des Vertrauens und des Bewusstseins verlangt, **denn hier regieren Vertrauen und Bewusstsein.** Beide sind in großem Umfang nötig, genauso wie Liebe, Akzeptanz und Vergebung.

Auf meine Frage, ob wir uns nur auf die höchste Verständnisebene konzentrieren sollten, antwortete er: *»**Alle drei Verständnisebenen sind notwendig und wertvoll.** Es mag dich überraschen, zu hören, dass manche Menschen lernen müssen, zu überleben, und dabei vielleicht Hilfe brauchen. Andere mögen einen Nachholkurs in Ursache und Wirkung nötig haben. Doch jeder würde davon profitieren, zu verstehen, wie die unendliche Ganzheit Leben kommandiert, zerschmettert oder wieder aufbaut, in Übereinstimmung mit dem Wohle des Ganzen. Wer in Liebe und Synchronizität auf diese Kraft ausgerichtet ist, für den verschwindet alle Trennung von Gott und den Menschen, und das Leben füllt sich mit größeren Segnungen, erweitertem Verständnis und bewusster Unsterblichkeit.«*

Das sich ständig den Geboten der Liebe anpassende Meer unendlicher Fülle ist eine erstaunliche Vorstellung. Seit jenen Tagen im Jahr 1992 habe ich unzählige glückliche Stunden damit verbracht, mir all die Möglichkeiten und Potenziale zu erträumen, die ein Verständnis der Ur-Teilchen und ein bewussterer Umgang mit ihnen bewirken könnte.

Wenn die Menschheit ein derartiges Verständnis aufbrächte, würde das alles verändern, im Gesundheitsbereich, der Energie- und Brennstoffversorgung bis hin zu intergalaktischer Kommunikation und Weltraumreisen. Mit jedem Tag scheinen wir diesem Ziel näher zu rücken.

Am 6. November 1997 wurde in der Zeitung von Beaumont in Texas ein Artikel der New York Associated Press abgedruckt unter dem Titel »Wissenschaftler beherrschen den Star-Trek-Trick«. In einem österreichischen Labor war es Forschern gelungen, ein Lichtteilchen an einem Ort zu zerstören und einen Meter daneben vollkommen wieder zu erschaffen. Dies war die erste Demonstration von Quanten-Teleportation, eine bizarre Veränderung der physischen Merkmale von Photonen, egal, wie weit sie voneinander entfernt waren. Der Wissenschaftler Zeilinger sagte in dem Artikel, dass der Mensch in wenigen Jahren vielleicht die Teleportation von Atomen und in etwa zehn Jahren die Teleportation von Molekülen beherrschen könnte.

Ich fragte Jesus danach, ob die Menschheit solche Erkenntnisse missbrauchen könne.

»In der Struktur von Ursache und Wirkung ist das immer möglich. Bei einem Verständnis der Ur-Teilchen ist das jedoch ziemlich unwahrscheinlich, weil ihr Verständnis auf einer holistischen Sicht des Universums beruht. Solange die Menschen in Konflikten verharren und mit dem Leben nur aus der linearen Perspektive von Ursache und Wirkung umgehen, werden sie nie das größere Bild erkennen.«

Diese Antwort beruhigte mich nicht ganz und so fragte ich weiter. »Du hast mir erklärt, dass es immer gleichzeitig Menschen mit unterschiedlicher Verständnis- und Verantwortungsbereitschaft geben wird. Was wäre, wenn neue, von Wissenschaftlern mit hohem Verantwortungsgefühl entwickelte Technologien gestohlen und von anderen missbraucht würden? Dies ist in unserer Geschichte schon oft vorgekommen.«

Er blieb ruhig und gelassen, während er die Realität unserer Geschichte nickend anerkannte. Mit einem tröstenden Lächeln erinnerte er mich daran, dass die Ur-Teilchen von der Liebe kommandiert werden – und nur von ihr. *»Ihr Verständnis und ihre Nutzung gehört zu einem höheren Paradigma. Ab und zu haben Die-*

be Erfolg. Doch das größere Gesetz des Eigentums setzt sich durch, und dieses Gesetz besagt, dass die Liebe Eigentümerin ist, Liebe und verantwortlicher Umgang im Sinne des Gesamtwohls.«

Ich muss ehrlich zugeben, dass trotz der Ehre, von Jesus selbst über die Ur-Teilchen belehrt zu werden, sie erst wirklich real für mich wurden, als ich am 26. April 1996 eine Reise in den Kosmos geschenkt bekam. Merkwürdigerweise begann sie in einem Einkaufszentrum. Mein Mann und ich hatten dort zu Abend gegessen und überlegten, ob wir in einen Buchladen oder ins Kino gehen wollten. Wir entschieden uns zunächst für den Buchladen, und ich fand ein Buch, das ich gerne lesen wollte. Es war ein Bestseller von einem mir bekannten und geschätzten Autor. Bei dem Gedanken, es zu kaufen, verspürte ich zunächst ein Zögern, dann eine deutliche Ablehnung. Dieses plötzliche »Nein« war erstaunlich. Es bezog sich nicht auf das Buch selbst, sondern auf meine seit einiger Zeit wieder angestiegene Neugier auf Äußeres, auf die Wahrheiten anderer Leute. Ich verspürte in diesem Augenblick eine Abneigung gegen irgendwelchen zusätzlichen mentalen Krimskrams und erinnerte mich an die »kühlen, klaren Wasser« der Botschaften Jesu. Ich konnte meine Sehnsucht förmlich schmecken.

Mit dieser Entscheidung der Ablehnung des Äußeren und der Würdigung des Inneren muss ich wohl eine Art Schalter in meinem Herzen umgelegt haben, denn in diesem Moment verwandelte sich mein Bewusstsein vollständig, eine Tür öffnete sich, und ich schritt über ihre Schwelle. Ich weiß nicht, was auf der physischen Ebene weiter geschah. Ich fühlte mich wie Alice im Wunderland. Ich ging durch eine Tür und stolperte in den Kosmos. Es geschah offenbar in Form einer parallelen Realität, während ich neben meinem Mann stand und wohl einigermaßen normal aussah. Er war damit einverstanden, dass ich das Buch nicht wollte, und schlug vor, ins Kino zu gehen. Mir war alles recht, ich wollte nur mein privates Panorama genießen und die Flure weiter erforschen, die sich vor mir öffneten und Tür um Tür aufwärtsführten. Mit jedem Schritt schien die Schwerkraft abzunehmen und es war, als ob ich mit jeder durchschrittenen Tür Pfunde an Gewicht und Hüllen äußerer Existenzen abstreifte. Ich wurde immer leichter und entfernte mich von der Anziehungskraft des Planeten.

Als sich die letzte Tür öffnete, erblickte ich die Himmel. Es war, als sähe ich sie zum ersten Mal. In tiefer Verwunderung schaute ich die Unendlichkeit.

Mit großen Kinderaugen sah ich mich um, bis mein Blick in der Ferne an einem leuchtenden, wolkenähnlichen Schein hängen blieb. Er ähnelte ein wenig der Milchstraße, doch ich wusste, das er nicht aus Sternen bestand. Es glitzerte hell und golden und schien weder Gewicht noch Dichte zu haben – eine Wolke von Teilchen. Die Teilchen und ich begannen, aufeinander zuzusegeln wie Vögel im Wind.

Als wir einander näher kamen, wusste ich, dass dies **meine** Ur-Teilchen waren, die die Erinnerung und das Potenzial dessen enthielten, was ich sonst noch bin. Es war wie eine lang ersehnte Heimkehr, als ob alles, was ich bin, zu mir zurückkehrte. Ich sah Himmel und Erde als eine Einheit und empfing alles, was ich war, bin oder je sein werde. Es war, als ginge ich durch den Garten Eden und kostete von all den köstlichsten Früchten, die ich mir je wünschen könnte. Alles leuchtete und es war keinerlei Schwerkraft oder Widerstand zu spüren. Ich erfuhr wahrhaftig Unsterblichkeit und durfte sie mit allen meinen Sinnen genießen. Ich konnte wahrnehmen, wie mein Körper den normalen irdischen Aktivitäten jenes Abends nachging, während meine Seele woanders weilte. Ich wäre gerne in diesem Zustand geblieben, wenn es möglich gewesen wäre, denn ich wollte die himmlische Ebene nicht verlassen.

Nur zögerlich kehrte ich zu dem Teil von mir zurück, der hier auf Erden war. Ich hatte auch eine deutliche Elastizität der Zeit erfahren, denn was mir als drei bis vier Monate erschienen war, hatte in irdischer Zeit nur so lange gedauert, wie wir brauchten, um den Buchladen zu verlassen, einen Film anzuschauen und nach Hause zu fahren.

Dieser Reise verdanke ich vieles, unter anderem eine direkte Erfahrung der Ur-Teilchen. Ich weiß nicht genau, was diese Reise ermöglichte, doch sie erinnerte mich an die Tage, die ich mit dem Meister in meinem Atelier verbrachte. Als wir eines Tages dort über die Ur-Teilchen sprachen, fragte ich nach der Art, wie er mir erschien. »Hast du Ur-Teilchen so arrangiert, dass du im dreidimensionalen Raum hier bist?«

Er nickte und erklärte mir, dass er Ur-Teilchen ausgewählt habe, die eine Erinnerung an seinen physischen Körper enthielten. Er habe sie in meine Nähe gebracht und mit seiner Liebe aktiviert. Er fügte hinzu, dass die Teilchen nicht dicht genug seien, um Licht zu reflektieren, und deswegen mein Sehnerv etwas angepasst werden musste, daher der Lichtstrahl, der in meine Stirn drang und meine Wahrnehmung verfeinerte.

Ich fühlte mich nach seiner Erklärung etwas ernüchtert, als ob ein besonderer Teil des Geheimnisses entfernt worden wäre. »Aber es scheint so, als ob du wirklich hier seiest!«, beharrte ich.

»Ich bin durch meine Liebe hier«, beruhigte er mich. »Um mit den meisten Menschen zusammen zu sein, muss ich nicht all diese mechanischen Abläufe durchmachen. Du brauchtest diese sinnliche Wahrnehmung, um das Porträt zu malen. Andere Menschen brauchen andere Formen der Bestätigung.«

»Können Ur-Teilchen direkt wahrgenommen werden?«

»Manche Menschen können die Ausstrahlung der Ur-Teilchen mit bloßem Auge sehen. Es ist eine alte Fähigkeit, die die meisten Menschen haben einschlafen lassen. Wenn jemand davon spricht, die Aura zu sehen oder ein Leuchten um die Dinge herum, dann ist dies gemeint. Genauso wie der Geruchssinn war diese Fähigkeit in alter Zeit stark ausgeprägt. Vor Tausenden von Jahren war es ein Teil der Überlebenssinne, um Nahrungs- und Heilmittel zu unterscheiden oder Freunde von Feinden. Die Tiere verwenden ihn heute noch. So kann ein Vogel ein giftiges Samenkorn von einem heilenden unter-

scheiden. Wenn er sich einem Samenkorn nähert, das gut für ihn ist, werden die Ur-Teilchen leuchten. In einer gefährlichen Situation verdüstern sie sich.«

»Wodurch geschieht das?«

»*Leben ist Liebe in Aktion. Es bringt Licht in Bereiche positiven Potenzials und Verdunkelung in Bereiche negativen Potenzials. Jeder kann diese Wahrnehmung mit etwas Geduld und Übung wieder aktivieren. Beginne mit stark kontrastierenden Plus- und Minus-Reizen, damit du den Unterschied sehen kannst, und gehe dann zu den mittleren Bereichen über. Mit zunehmender Vertrautheit damit kannst du das ganze Spektrum erweiterter Wahrnehmung zusammensetzen. Lass dir Zeit und sei geduldig, es wird nicht über Nacht gehen, doch die Anlage ist vorhanden. Sie ist natürlich und normal.«*

Ich fragte ihn, ob das mystische Wahrnehmung sei.

»*Es ist eher ziemlich praktische Wahrnehmung. Doch es gibt eine lichte Dimension der Realität, die du als mystisch bezeichnen könntest. Es kommt jedoch sehr darauf an, wie ausgedehnt dein Realitätsbegriff ist. In dieser Dimension kann jede Lebensform, die je gelebt hat, immer noch als in ihrer jeweiligen Existenz lebendige Ur-Teilchen-Erinnerung oder als Ur-Teilchen-Potenzial wahrgenommen werden.«*

»Ist das der Himmel?«

»*In sehr realer Weise ist jede Unsterblichkeitserfahrung ein Teil des Himmels, und viele haben das in ihren Visionen erfahren und ›Himmel‹ genannt. Doch der Zugang zum Himmel der ewigen Seligkeit, der im Mittelpunkt meiner Lehren stand, liegt im Heiligen Herzen und seiner Rückverbindung zu Gott.«*

Ich konnte diese Dimension bewusst erst in jenem April vier Jahre später wahrnehmen. Unser Gespräch brachte mich jedoch dazu, danach zu fragen, wie Engel in dieses Bild passen. Damals – 1992 – interessierte ich mich nicht besonders für Engel, doch ich war neugierig zu erfahren, ob sie durch ihre Liebe einen besonderen Einfluss auf die Ur-Teilchen haben.

Er bestätigte meine Vermutungen. *»Diese Wesen wirken nicht im Reich der Strukturen. Deswegen können sie den Gesetzen der Schwerkraft, der Zeit und des Raums widerstehen und unaufhörlich den Wundern Gottes dienen. Sie unterliegen nicht den Begrenzungen der Strukturen wie die Menschen. Engel haben in der Tat direkten Einfluss auf die Ur-Teilchen.«*

Während wir sprachen, fiel mein Blick auf meinen Kater Gunnar, der das einzige andere Lebewesen im Atelier war, wenn ich malte. Ich bemerkte, wie er oft zu Jesus hinübersah. »Kann Gunnar dich sehen?«

»Ja«, antwortete er und erklärte mir, dass Tiere die Ur-Teilchen leichter wahrnehmen als Menschen. *»Doch wenn Gunnar meine Anwesenheit unangenehm wäre oder er meine Liebe zu ihm nicht spüren könnte, dann gäbe es auch keine Wahrnehmung, außer dass er vielleicht etwas im Raum spüren würde, was ihm unangenehm ist und das er vermeiden würde. Gunnar ist hier, weil er meine Gegenwart liebt und sie mit dir teilen möchte.«*

Wir schauten beide zärtlich zu Gunnar hinüber, der seine Zufriedenheit mit ein paar Happen seines Mittagessens zum Ausdruck brachte. Das brachte uns auf natürliche Weise auf unser nächstes Thema. Wenn alles aus Ur-Teilchen besteht, die universell ausgetauscht werden, dann muss das auch auf unsere Nahrung und Ernährung enorme Auswirkungen haben.

Er erinnerte mich daran, dass in allem, was wir zu uns nehmen, Liebe der wichtigste Faktor ist.

»Du weißt, die Liebe gebietet den Ur-Teilchen. Empfange immer mit Liebe, denn die Liebe lehrt die Nahrung, wie sie den Körper nähren kann. Segne das Essen und danke denen, die es gegeben und zubereitet haben. Deine Liebe wird auf die Frequenz eingestimmt sein, die dein Herz für deinen Körper gesetzt hat, und daher den Körper anweisen, wie er die Nahrung angemessen umsetzen kann. Stärke dein Herz, um dich besser zu nähren. Ein starkes Herz erschafft eine höhere Frequenz für die Körperfunktionen und damit einen geringeren Widerstand bei der Energiegewinnung. Das ist nicht nur effizi-

enter, sondern fördert auch die Aufnahmefähigkeit und Produktion von Vitaminen und Mineralstoffen.«

Offensichtlich wohnt uns die Fähigkeit zur Erzeugung von viel mehr Vitaminen und Mineralien inne, als uns zurzeit möglich ist. Unsere Unterversorgung mit selbst erzeugten Nährstoffen liegt an der niedrigen Frequenz unserer Herzen.

Ich fragte ihn nach den chemischen Problemen, die ich mit meiner Ernährung hatte.

»All dies wird sich geben, wenn deine energetische Frequenz hoch genug ist, um das zu erzeugen, was du brauchst. Das Niveau deines Körpers ist im Moment zu niedrig, um dich ohne Unterstützung und Kompensation mit allem Notwendigen zu versorgen. Die Aufnahme direkten Sonnenlichtes zu Sonnenauf- oder -untergang wird dir helfen, deine Frequenz anzuheben. Wann immer du das tust, reagiert deine Körperchemie darauf mit der Erzeugung bestimmter Nährstoffe, für die die Energie deines Körpers sonst zu niedrig ist. Chemische Resonanz entspricht energetischer Frequenz und umgekehrt. Ein großer Teil des Wertes der Spurenelemente in euren Körpern liegt in der energetischen Matrix, die sie erzeugen. Die Sonne kann dies direkt bewirken, weil sie sowohl die Substanz als auch das Feuer jedes Minerals eures Sonnensystems enthält.

Ernährung ist in vielerlei Hinsicht von Bedeutung, denn sie unterstützt die Liebe, die ihr vorausgeht und die sie umgibt. Unterschiedliche Jahreszeiten, Altersstufen, Gesundheitszustände und innere Einstellungen können den Gesamtprozess beeinflussen. Doch dein Herz wird dich umso besser durch all dies leiten, je stärker es ist. So wie die Vögel wissen, welche Samen gut für sie sind, wird auch dein Herz dich zu den Nahrungsmitteln hinziehen, die du brauchst. Dein Herz wird dir auch dabei helfen, die Nahrungsmittel so zu verarbeiten, wie es dein Körper gerade benötigt.

Bis du die Wirkung der Ernährung vollständiger verstehst, rate ich dir, in jeder Hinsicht Mäßigung zu üben und Dankbarkeit und Liebe wirken zu lassen.«

»Ist es falsch, Fleisch zu essen?«, wollte ich wissen.

»Es wird dahin kommen, dass die Menschen wenig bis gar kein Fleisch essen. Heutzutage brauchen die meisten Menschen jedoch etwas Fleisch, um gesund zu bleiben, und ihr solltet es nie mit Schuldgefühlen zu euch nehmen. Solange ihr euch schuldig fühlt, kann eure Liebe den Prozess der Ernährung nicht steuern und abstimmen. Die Nahrungskette ist eine Tatsache des Lebens, mit der alle Lebensformen für die Dauer ihrer Notwendigkeit einverstanden waren. Viele Lebensformen haben ihre Rolle darin als ihren Liebesdienst gewählt. Diese Tatsache sollte akzeptiert, gewürdigt und niemals missbraucht werden. Als die Menschen in alter Zeit näher an der Erde lebten und sich des EINEN Geistes mehr bewusst waren, wurden diese Dinge besser verstanden und geehrt. Bis ein tieferes Verständnis wiederhergestellt ist, kann ich nur um mehr Freundlichkeit, Dankbarkeit und Mäßigung gegenüber denjenigen bitten, die bereit sind, ihr Leben mit euch zu teilen.

In der westlichen Welt wird viel zu viel Fleisch konsumiert. Das überfrachtet den Körper mit elektrischer Ladung und unterdrückt seine Empfindsamkeit für den EINEN Geist und die magnetischen Anziehungskräfte des Herzens. Es ist kein Zufall, dass der übermäßige Fleischgenuss solch schwerwiegende Schäden am physischen Herzen bewirkt.

Nach dem übermäßigen Konsum ist das nächstgrößte Vergehen gegen Tiere die Art, wie sie in lieblosen Unterkünften für die Schlachtung aufgezogen werden. Das ist gewissenlos und hinterlässt eine bittere Spur in den Ur-Teilchen der Natur. Außerdem ist die daraus gewonnene Nahrung in jeder Hinsicht wertlos.

Die gesamte Wissenschaft der koscheren Küche, wie sie Mose lehrte, basierte auf einem Verständnis dieser Faktoren. Eine der Regeln dabei lautet zum Beispiel, nie Kalbfleisch mit Milch zu kochen. Milch ist die Essenz der Mutterliebe der Kuh, die das Kalb gebar. Die Lebenssubstanz der Mutter sollte niemals mit dem geschlachteten Körper ihres Kindes zusammengebracht werden. Das ist eine Entehrung der Liebe. Das war der ganze Grund für diese Regel. Die anderen Gesetze der koscheren Küche beruhen auf ähnlichen Bezügen zwischen Liebe und Ernährung. Unglücklicherweise ist ein großer Teil dieser alten Weisheit verloren gegangen und durch feste Regeln ersetzt worden. Wie bei vielen alten Weisheiten blieben die Strukturen erhalten, doch das Elixier der Wahrheit verflog.

Ein wirkliches Verständnis der Beziehung zwischen Nahrung und Liebe könnte den Gesundheitszustand der Menschheit revolutionieren. Doch vergiss nicht, was ich dir über das Sonnenlicht gesagt habe, morgens und abends in die Sonne zu schauen, denn das kann tatsächlich dein physisches, dein feinstoffliches und dein spirituelles Herz in harmonische Resonanz miteinander versetzen. Das bringt zu dir, was du brauchst, und verarbeitet besser, was du hast. Diese Übung wird sowohl deine Erfahrung während des Tages verbessern als auch deine Energie, deine Ernährung und deinen Schlaf. Denn die Ur-Teilchen sind der Strom des Lebens, der Himmel und Erde verbindet.«

6
Der EINE Geist

Unser EINER Geist ist von solcher Erhabenheit, dass er unmöglich abschließend definiert werden kann. Und überhaupt, aus welcher Perspektive kann etwas objektiv beschrieben werden, das alles verbindet, alles enthält und die unteilbare Einheit alles Existierenden ist? Es entspricht dem Wesen der Definition, zu objektivieren und zu erfassen, was ist und was nicht ist. Eine absolute Definition unseres Einsseins könnte daher unsere unschuldige Wahrnehmung nur auf wackelige Anmaßungen reduzieren. Wir wollen deswegen hier die wertvollen Einsichten würdigen, die uns gegeben wurden, und sie ehrerbietig zu einem Mosaik größerer Wahrheit zusammensetzen, in der Hoffnung, dass dies in uns den Segen einer intuitiven Verbindung mit der heiligen Wahrheit auslösen möge. Auf jeden Fall können wir die Einfachheit unendlichen Einbezogenseins bewundern. Wenn wir uns auf den Geist beziehen, rufen und erkennen wir die Gegenwart dessen an, was die gesamte Existenz verbindet und vereint. Es gibt keinen Ort, an dem der Geist nicht wäre. Das macht die Schönheit und Herrlichkeit unserer Einheit aus.

Ungeachtet seiner Unermesslichkeit sprach Jesus von dem Geist als einer der drei Säulen der Existenz. Liebe, Ur-Teilchen und Geist sind die Wegweiser unseres Bewusstseins, nicht weil sie voneinander getrennte Dinge wären, sondern weil jedes davon einen prinzipiellen Aspekt unserer Schöpfung beschreibt und damit der Intelligenz und der Konstanz ermöglicht, unser Verständnis der Schöpfung zu unterstützen.

Als Mose die Annehmlichkeiten des ägyptischen Palastlebens zurückließ, um die Hebräer aus der Sklaverei zu führen, tat er das mit dem neuen, revolutionären Konzept, dass es nur **einen** Gott gibt. Das Revolutionäre daran war die Überwindung der Idee, dass die Rassen, Stämme oder sozialen Gruppierungen ihre eigenen Götter besitzen. Er transzendierte auch die pantheistische Vorstellung von Gott als der allem Physischen innewohnenden Kraft. Die radikale, geschichtsverändernde Idee lag darin, dass Mose Gott als die Quelle allen Seins wahrnahm, doch nicht unbedingt in der äußeren Gestalt all dessen, was ist. Er sah, dass aus einem gemeinsamen Lebensquell endlose Formen und Muster hervorgegangen sind. **Er/sie/es ist einfach Gott** – die **eine** ursprüngliche Essenz! Er erkannte, dass weder die Heilige Präsenz noch Unsterblichkeit durch äußerliche Darstellung erlangt werden können, sondern nur durch eine Würdigung des Einfachen, was letztlich zu Einheit führt.

Wenn wir dieses Verständnis verlieren und uns stattdessen auf das Chaos der Komplexität konzentrieren, auf Erklärungen des Lebens, die verschiedene Götter erfordern, und uns zu Diskussionen darüber verleiten lassen, welche Interpretationen besser seien, dann verlieren wir den Sinn und die Kraft des Göttlichen.

Moses wunderbarer Beitrag zur Geschichte der Menschheit erschuf eine Basis für die Integration und Vereinigung des menschlichen Bewusstseins, die unter den vorherigen Weltanschauungen unmöglich oder gar undenkbar gewesen wäre.

Jesus bestärkte mich in der Vorstellung, dass zurzeit wiederum ein kritischer Augenblick außergewöhnlicher Seelenentwicklung stattfindet. *»Wenn die Menschheit sich zu einem höheren Bewusstsein hin entwickelt, wird sie drei grundsätzliche Missverständnisse über den Geist hinter sich lassen, die heute in der Welt vorhanden sind. Eines davon ist, dass Geist und Körper voneinander getrennt sind. Das ist nicht wahr. Der Körper ist eine vollständig integrierte Einheit von Liebe, Ur-Teilchen und Geist. Sie sind unzertrennliche Bestandteile des Ganzen und doch ist jedes für sich unterscheidbar.«*

»Wenn diese drei Teile unzertrennlich sind«, fragte ich, »wozu brauchen wir dann eine getrennte Wahrnehmung von ihnen?«

»Aus Gottes Perspektive gibt es keinen Unterschied. Und doch wurden dir für dein spezielles Selbst Leben, Sinn, Bewusstsein und Kontinuität verliehen, unterstützt durch dein eigenes Bewusstseinszentrum und deine eigene spezielle Verbindung zum Vater. In dieser Verbindung, die ich ›das Heilige Herz‹ nenne, ruht deine Liebe und beginnt deine Wahrnehmung der Unendlichkeit. Dieser außerordentliche Ort ist die Macht und das Heiligtum, das den Töchtern und Söhnen Gottes anvertraut wurde. Du kannst das Heilige Herz mit einem reinen Kristallprisma vergleichen, durch welches das Licht Gottes fällt und sich beugt, um viele einzigartige Bündnisse zu manifestieren. Genauso wie ein Prisma einen einfachen weißen

Lichtstrahl in einen ganzen Regenbogen von Farben aufteilt, werden auch die einfachen Wahrheiten Gottes für die Vielfalt des Lebens anwendbar gemacht. Aus der Perspektive deines Herzens erfährst du daher die Erde und deinen Körper in drei grundlegenden Aspekten. Es ist sinnvoll und intelligent, es so zu sehen. Nichtsdestotrotz sind sie alle eins, und Körper und Geist sind nicht getrennt voneinander.

Das zweite Missverständnis besagt, dass der Geist eine komplementäre Dualität zum Körper darstellt. Das ist genauso falsch, da Körper und Geist eins sind. Das westliche Denken hat eine ungeheure Menge an dualistischen Konzepten entwickelt, auf denen eure Denk- und Handlungsweise aufbaut. Die Menschheit betrachtet alles in Gegensätzen. Sie bemisst oben durch unten, Nord durch Süd, Weiß durch Schwarz und trüb durch klar. Vergleichende Maßstäbe können zum Unterscheiden hilfreich sein, doch sie sind nur nützlich, wenn beide Enden der Skala bekannt und beobachtbar sind. Wenn sie dagegen über euer Bewusstsein hinausreichen, dann ist die Skala irrelevant. Deswegen vermeiden das dualistische Denken und die derzeitige Wissenschaft die Unendlichkeit. Aus dem gleichen Grund kann eine materialistische Motivation die Unendlichkeit nicht begreifen, denn wenn du glaubst, dass der Geist der materiellen Welt gegenübersteht, dann kannst du kein integriertes spirituelles Leben führen. Dieses Missverständnis ist weit verbreitet. Wie oft hast du schon jemanden sagen hören: ›Das ist spirituell, das ist nicht von dieser Welt!‹? Der Geist ist in allen Dingen. Mit dieser Erkenntnis gewinnst du die Fähigkeit, diese Welt in eine bessere zu verwandeln. Was immer du von der Einheit des Geistes ausnimmst, verdammst du. Die Annahme, dass etwas nicht mit Geist erfüllt sei, ist das härteste Urteil, das ihr fällen könnt.

Auch das dritte Missverständnis wurzelt in eurer Geschichte. In ihrer von den Naturkräften geprägten Stammesgeschichte glaubten alle menschlichen Rassen an eine Vielfalt der Geister. Das hatte seine vernünftige Grundlage in der Beobachtung der Naturkräfte und der Vielzahl der umweltwirksamen Lebensaspekte. Wenn diese Vorstellungen mit der unschuldigen Haltung, zu der sie gehören, zu-

rückgelassen worden wären, hätten sie keinen Schaden angerichtet, doch sie sind zu Religionen und Philosophien über gute und schlechte Geister entwickelt worden, die um die Dominanz in der Welt streiten. In Wahrheit gibt es nur EINEN Geist!

*Doch diese Hinterlassenschaft hatte auch ihre gute Seite. Diese alten Philosophien brachten mit ihrem Glauben an die Vielfalt den Anfang eines Verständnisses der menschlichen Individualität hervor. Jeden Menschen als einzigartig zu erkennen, war für die Menschheit ein riesiger Sprung nach vorne. Da die Menschen den Geist früher begriffen als die Liebe, wurde der Geist die Grundlage ihres Verständnisses von Individualität. Aber mit deinem erweiterten Verständnis kannst du jetzt korrekter sagen, dass eure Liebe euch zu Individuen macht und dass der EINE Geist mit jeder Person **entsprechend ihrer Liebe** in Resonanz ist. An deiner Liebe – und ihrem Zustand – wirst du erkannt. Die Art deiner Liebe bildet deinen Charakter. Der EINE Geist ist absolut unteilbar und schwingt doch mit jedem auf einzigartige Weise.«*

In unseren Gesprächen über den Geist wurde keine theologische Debatte über den Heiligen Geist als Bestandteil der Heiligen Dreieinigkeit geführt und sie lösten auch keine Pfingst-Erlebnisse in mir aus. Er war immer sehr rücksichtsvoll darauf bedacht, unseren Austausch friedlich und moderat zu halten, sodass ich gut mit meiner Arbeit fortfahren konnte. Seine Botschaften waren so auf besondere Weise in mein gewöhnliches, tägliches Leben integriert.

Ich fragte ihn einmal, wie sich der Geist, von dem er sprach, zu dem Heiligen Geist verhält.

»Sie sind beide dasselbe«, erklärte er bereitwillig. *»Eines der großen Mysterien der Existenz ist die Fähigkeit des EINEN Geistes, die Heiligkeit, den Willen und die Macht Gottes personifizieren zu können. Als solches ist der Heilige Geist ein mächtiger Wirbel göttlicher Energie, der große, belebende Kräfte hervorbringt. Alles, was er berührt, verwandelt er. Solche Momente sind gemeint, wenn jemand von Pfingst-Erfahrungen spricht. Während des größten Teils des Le-*

bens wird er jedoch als der eine, von Gott in alle Kreatur und jeden Aspekt der Existenz gesandte Geist erfahren.«

Über diesen zweiten Aspekt des Geistes sprach er in großer Ausführlichkeit und betonte dabei den Ansatz der integrierten Spiritualität. Technisch betrachtet ist unser EINER Geist die ursprüngliche Matrix, in der alles koexistiert, sich ewig mischend und austauschend, die unbefleckte und undurchdringbare Matrix unserer Existenz, die unsere Einheit verteidigt und umfasst. Ironischerweise kann der Geist jedoch nie durch die Sinne oder irgendein Instrument vollständig beobachtet werden, weil er keine Fluktuationen oder unterschiedlichen Potenziale aufweist.

»Wie können wir ihn erkennen, wenn wir eins mit ihm sind?«

»Beginne lieber mit Verständnis als mit Wahrnehmung«, riet Jesus mir. *»Der Geist ist völlig einheitlich, während die Teilchen unterscheidbar sind. Teilchen können untersucht und definiert werden, der Geist hingegen nicht. Teilchen sind voneinander getrennte, unterscheidbare Manifestationen, die aus der kontinuierlichen Matrix der ursprünglichen Existenz auftauchen. Ein Atom ist beispielsweise im Vergleich zu den Ur-Teilchen relativ groß und komplex. Es kann durch seine strukturelle Zusammensetzung von anderen Atomen unterschieden werden, genauso wie ein Stein auf dem Feld von einem anderen unterschieden werden kann. Alle materielle Substanz trägt das Merkmal der Getrenntheit und Unterscheidbarkeit. Der Maßstab ist dabei irrelevant.«*

Wenn wir der Unterscheidbarkeit der Teilchen und der Einheitlichkeit des Geistes die Liebe hinzufügen, haben wir das große Dreieck der wunderbaren Majestät der Schöpfung. Unter der Führung der Liebe erwächst aus dem unendlichen Potenzial der Einheitlichkeit das Unterscheidbare, und wie Wellen auf dem Meer gibt sich das Unterscheidbare dann wieder der Einheit hin. Sind wir nicht genau das auch als Einzelpersonen: ein Mensch mit vielen Perspektiven? Sind wir es nicht auch als Familie: eine Einheit mit vielen Mitgliedern – und als menschliche Gemeinschaft: ein Volk in einer Vielzahl unterschiedlicher Gestalten?

Was mein Verstand nur sammeln konnte, fasste der Meister auf poetische Weise zusammen: *»Du kannst dir das gesamte Universum als einen wundervollen Tanz der Einheitlichkeit mit der Teilbarkeit vorstellen, und der höchste Meister der Liebe ist der Choreograf.«*

Seine Erläuterungen waren eine meisterhafte Orchestrierung dieser universellen Melodien. *»Durch die Einheit des Geistes werden die Einheit des Universums und das ineinander verwobene Beziehungssystem der Schöpfung aufrechterhalten, in dem jedes zugehörig ist und seinen Platz hat. Der Geist ist das ideale Kommunikationsmedium, denn er ist unteilbar. Durch seine ungebrochene Essenz werden alle Gedanken und Absichten übermittelt. Je mehr die Menschheit zu dieser Erkenntnis erwacht, desto mehr Menschen werden der Gabe der Prophezeiung, der Visionen, der Telepathie und der Empathie fähig sein. Sie werden über das Nichts hinausreichen können und erkennen, dass es kein Nichts gibt. Wo einst Einsamkeit herrschte, wird dann die trostreiche Erkenntnis sich ausbreiten, dass der Weltraum voller Liebe und Kontinuität ist.*

In dem großen Dreieck der Existenz verbindet und gebietet die Liebe den Ur-Teilchen, während der Geist in Resonanz mit der Liebe steht und alle Substanz in vollendeter Einheit verbindet. In diesem unendlichen Kreislauf der Schöpfung ist jedes Teil von allem, und doch gibt es drei unterscheidbare Funktionen. Wenn Geist und Materie zusammenfinden, kannst du den feinen Punkt bemerken, an dem Unterscheidbarkeit zu Einheitlichkeit wird.«

In klarer Vorausschau fügte er hinzu: *»Diesen Punkt klar zu definieren, wo die Einheitlichkeit in die Unterscheidbarkeit übergeht, ist das wesentliche Verständnis, das die Wissenschaft ins nächste Jahrtausend befördern wird. Dem Fortschritt steht im Moment am meisten im Weg, dass das unterscheidbare Feld vor dem Hintergrund eines undurchdringbaren Unbekannten betrachtet wird, unter der Annahme, dass man den Rest schon verstehen wird, wenn Brücken zwischen diesem Feld und der unterscheidbaren Natur der Instrumente und des Wissens geschlagen werden. Doch genau genommen wird es erst verstanden werden, wenn seine Einheitlichkeit akzeptiert* *wird und die Untersuchungen sich auf die Übergangszone konzentrieren, wo die Einheitlichkeit unterscheidbar wird. Wie kann ein einheitliches Feld nach den Gesetzen der Getrenntheit funktionieren? Neue Wege müssen aus einer größeren Perspektive heraus entwickelt werden, und ein Verständnis der Brücke zwischen Unterscheidbarkeit und Einheitlichkeit muss die Macht der Liebe mit einbeziehen.«*

Das war eine starke Behauptung, denn sie ging klar davon aus, dass die Liebe bis in technische Funktionen hineinreicht, weit über einen Impuls zur Existenz und ihrer Steuerung hinaus. Später führte er die Funktionen der Liebe noch sehr viel weiter aus, doch in diesem Gespräch bot er mir auf meine Frage nach weiteren Informationen hierüber eine Analogie an.

»Du kannst dir zum Beispiel Kommunikationsmuster anschauen. Wenn uns der Geist nicht verbinden würde, würden wir überhaupt nicht miteinander kommunizieren, denn Kommunikation ist nur möglich, wenn das, was ich sage oder was ich anbiete, zumindest möglicherweise für dich zu einer Realität werden kann. Sonst wäre meine Stimme nur ein bedeutungsloses Geräusch und keine Kommunikation. Gleichzeitig hätte unsere Kommunikation auch keinen Sinn, wenn ich dir etwas anböte, was du nicht schon hast. Du siehst, Kommunikation ist ein feiner Grat zwischen Unterscheidbarkeit und Einheitlichkeit. Das Verständnis zwischen uns entsteht an dem Punkt, wo die Unterscheidbarkeit zur Einheitlichkeit wird. Damit ist Kommunikation eine lebenswichtige Transmutation von Verständnis füreinander, die durch unsere gemeinsame Liebe ermöglicht wird. Wenn die uns verbindende Liebe nicht wäre, könnte ich nicht geben und du könntest nicht empfangen. Die Liebe, die wir sind, ermöglicht alle Kommunikation.«

»Ist Kommunikation immer direkt und explizit oder ist der EINE Geist voller von der Liebe gesteuerter impliziter Kommunikation?«

Mit seinem zufriedenen Lächeln zeigte er mir, dass ich mir die Frage schon selbst beantwortet hatte.

Einige Jahre später erlebte ich ein anrührendes Beispiel dafür, wie die Macht der Liebe eine Kommunikation zwischen zwei Seelen ermöglicht, die einander kaum gewahr sind. Es geschah auf dem Grundstück meiner Galerie in Fort Worth. Mein kleines Landhaus stand direkt neben einem Taco-Bell Drive-in-Restaurant. Das abschüssige Gelände war terrassiert, sodass unsere Galerie mehr als einen Meter unterhalb der benachbarten Zufahrt lag.

Eines Tages ersetzte ich einige Steine, die aus dem Mäuerchen zwischen unseren Grundstücken gefallen waren, und litt dabei nicht nur unter den Auspuffgasen, dem Motorenlärm und dem Gedröhn der jeweiligen Musikanlagen, sondern diente auch allen, die zur Bestellung vorfuhren, zur Belustigung. Ich versuchte, mich möglichst unauffällig zu verhalten, doch mein Unbehagen war wohl ziemlich offensichtlich und ich fühlte mich verletzlich.

Ich wurde von meiner Arbeit durch einen außergewöhnlichen Krach aufgeschreckt, der quietschend über mir zum Halten kam. Der Lautsprecherlärm war ohrenbetäubend und spielte auch noch Hardrock, was nicht unbedingt meinem Geschmack entspricht. Ich duckte mich schnell wieder in meine Arbeit und entschloß mich, einfach abzuschalten und es vorüberziehen zu lassen. In meiner geduckten Haltung, mich wie Häschen in der Grube fühlend, suchte ich nach einem Aspekt der Liebe, auf den ich mich konzentrieren könnte. Mir fielen nur die wilden Kaninchen ein, wie sie in Deckung rennen, wenn sie sich überwältigt fühlen.

Als ich mich in ein zärtliches Gefühl der Koexistenz mit diesen kleinen Wesen versetzte, geschah etwas Merkwürdiges: Der Mann in dem Auto hörte auf, den Motor aufheulen zu lassen, wechselte zu einem ruhigeren Radiosender und senkte die Lautstärke! Sobald er seine Bestellung in Empfang genommen hatte, kehrte er zu seinen normalen Vorlieben zurück und fuhr mit quietschenden Reifen davon.

Ich erfuhr bei diesem Erlebnis das, was mich der Meister gelehrt hatte. Der EINE Geist ist in allem und bezieht die gesamte

Schöpfung mit ein. Er ist die Heiligkeit unserer Beziehung zu Gott und die Verbindung, die wir miteinander spüren.

Ich bat Jesus, mir zu helfen, das Ausmaß dieses Konzeptes tiefer zu erfassen.

»*Dann mach doch mal einen Moment Pause*«, *schlug er vor. »Mach es dir bequem, strecke dich und entspanne. Atme tief und begib dich in einen friedvollen Zustand. Sieh dich selbst als einen Aspekt von Gottes Liebe – einen Teil des Ganzen. Und jetzt erweitere dein Herz, deinen Verstand und deine Seele, so weit du kannst, und besinne dich auf alles, was ist. In diesem Zustand der Andacht sei im Frieden mit dir selbst und wisse, dass du ein Teil des Ganzen bist. Danach empfange und stell dir vor, dass alles sich auf dich besinnt! Ob du dir dessen bewusst bist oder nicht, es existiert ein ewiger Dialog zwischen dir und dem EINEN Geist. Jetzt stell dir das in Bezug auf jedes Wesen in der gesamten Existenz vor!* **Dieser Dialog des ›EINEN‹ mit ›ALLEM‹ ist ein endloser Rhythmus des Lebens.** *Es gibt keine Trennung, nur Rhythmen des Gebens und Nehmens, des Sprechens und Zuhörens, des Lehrens und Lernens, des Vorwärtsstrebens und Zurückweichens, des Erscheinens und Verschwindens.*«

Mit Hilfe dieser Meditation begann ich zu erfahren, wie unser EINER Geist mit verschiedenen Menschen, Dingen und Lebensaspekten in unterschiedlicher Resonanz schwingt, ohne getrennt zu sein.

Bei dieser enormen Vielfalt ist es nur natürlich, dass wir alle unsere eigenen Vorlieben und Richtungen haben, als Spiegel unserer Individualität, wie er sagte. Manchmal können wir Harmonien zwischen uns selbst und anderen wahrnehmen, die auf energetische Weise zu vibrieren scheinen.

»*Durch die Resonanz des Geistes kannst du den Charakter und die Absicht von allem erkennen. Diese Resonanzen verbinden sich mit anderen in ihrer Umgebung, um Muster für eine Melodie oder ein kosmisches Lied in Bewegung zu setzen. Deswegen kann Musik mehr als jede andere Kunst die Seele direkt in spirituelle Kommunion mit Gott versetzen. Eigentlich gilt das aber für alle Arten von Schönheit, denn Schönheit repräsentiert eine spezielle Harmonie und Synchronizität mit der Einheit des Geistes. Wo du Schönheit wahrnimmst, ist auch die Erkenntnis von Wahrheit möglich. Schönheit bestätigt dir, dass du dich unter der Führung des Geistes in Harmonie durch dein Leben bewegst.«*

Als Künstlerin faszinierte mich diese Aussage natürlich, vor allem die Verknüpfung von Wahrheit und Schönheit.

»Lass uns zunächst die Verbindung von Schönheit und Intuition betrachten. Wie du weißt, ist Kunst ein intuitiver Prozess. Egal, ob es ums Malen, Schreiben, Komponieren oder Bildhauern geht, das primäre Medium eines Künstlers ist die intuitive Entdeckung und ihr Ausdruck. Von daher funktioniert die Intuition am besten, wenn sie nicht zu stark durch äußere Einflüsse oder Strukturen begrenzt wird. Andererseits führt ungeleitete Intuition selten zu bedeutenden Ergebnissen.

Schönheit und Intuition sind die perfekten Partner füreinander. Es gibt keinen besseren richtungsweisenden Lichtstrahl für die Intuition als die Schönheit, denn Schönheit ist ein Aspekt der Liebe, welcher natürliche Ordnung und Potenzial hervorruft und verfeinert, ohne von Strukturen abhängig zu sein.

Die Intuition macht den Weg frei für das sich entfaltende Bewusstsein, und die Wegweiser der Schönheit lenken die Aufmerksamkeit des wachsenden Bewusstseins auf die Konstanten der Realität und ermöglichen damit die Erkenntnis von Wahrheit. Wahrheit und Schönheit sind beides Konstanten des Universums, die eine der Offenbarung, die andere der Manifestation.

Mit jeder Neuschöpfung tastet sich ein Künstler durch einen Dschungel der Illusionen, Verwirrungen und Ausdrucksversuche vorwärts, bis ein konstantes Muster auftaucht. Das ist das Bild, der Klang oder das Konzept, welches sein Herz und sein Handeln geboren haben. Er erkennt die Schönheit, genauso wie eine Mutter ihr Kind erkennt, auch wenn für einen unbeteiligten Beobachter nichts Außergewöhnliches sichtbar ist. Der Künstler hat in der sich entfaltenden Manifestation eine Konstante entdeckt und empfindet sie als schön. Und später werden es dann vielleicht auch andere bewundern.

Dieser Kreislauf kehrt in der gesamten Kunstgeschichte immer wieder. Ein Ausdruck von Schönheit taucht auf und bestimmt die Richtung des kulturellen Wachstums. Im Laufe der Zeit lässt seine Fähigkeit, andere zu inspirieren und anzuspornen, nach, und irgendwann ist es nur noch Dekoration für die oberflächlichen Aspekte des Lebens. Dann kommt aus einer unerwarteten Richtung plötzlich eine frische Art der Wahrnehmung hervor, die zu aufregenden Aussagen und neuem ästhetischen Verständnis führt. So wie die Vögel im Frühjahr aus ihren Eiern schlüpfen, so durchbricht eine innovative Sensibilität den Schleier der vorherrschenden Ideen und verleiht der Schönheit neues Leben. Häufig werden solche neuen Ausdrucksformen zunächst nicht als schön empfunden, weil sie mit den alten Vorlieben verglichen werden. Die meisten Menschen verbinden Schönheit mit dem vorhersehbaren Glanz des Vorhandenen. Doch wer die Evolution der Schönheit begleitet und fördert, der weiß, dass ihre Essenz in der Wahrnehmung der lebendigen Wahrheit durch den ständigen intuitiven Prozess liegt.

Das Denken ist also eine Kunstform, vielleicht die vornehmste des Menschen. Auch sie funktioniert am besten, wenn sie von Intuition und Schönheit begleitet wird.«

Mit unserem Denken erschaffen wir Vorstellungen und Bilder, die es unserem Bewusstsein ermöglichen, sich zu entwickeln und zu erweitern. Bei derart nebulösen und uferlosen Themen wie dem EINEN Geist sind vergleichende Konzepte zur Überprüfung unserer Gedanken unerlässlich.

»Auch wenn der Geist nicht definierbar ist, können wir ihn uns doch vorstellen und unser Verständnis von ihm vertiefen. Das Konzept der Unendlichkeit ist dabei dem des EINEN Geistes wohl am nächsten verwandt. Genauso wie der Geist entzieht sich auch die Unendlichkeit jeglicher Begrenzung, weil sie das Große und das Kleine, Qualität und Potenzial transzendiert. Unendlichkeit ist ein funktionaler und leistungsbezogener Aspekt des universellen Potenzials und

keine Einschätzung möglicher Dimension. Es gibt keine Strukturen, die die Unendlichkeit adäquat erklären oder beinhalten könnten.«

Bis vor Kurzem wurde die Unendlichkeit von der Wissenschaft als mystisches Konzept abgetan, das seiner Natur nach einfach unmessbar ist. Die Unendlichkeit stellt auch für die philosophischen Strukturen des analytischen Reduktionismus eine Herausforderung dar. Genauso wie den Geist betrachtet man die Unendlichkeit am besten als ein Element der Einheit und Koordination statt der Trennung und Maßstäblichkeit. Der gegenwärtigen Tendenz der Wissenschaften und Philosophie zum integrativen Denken hat die Beschäftigung mit der Unendlichkeit wahrscheinlich viel zu bieten. Jesus sagt, dass für diese neuen Wahrnehmungsmöglichkeiten Flexibilität und Anpassungsfähigkeit notwendig sind.

Eine kleine Lockerungsübung mag uns helfen, unseren Blick zu erweitern. Für diese Reise in den Kosmos des »Großen« und des »Kleinen« will ich kurz den Begriff »Googolplex« erklären. Ein Googolplex ist eine sehr große Zahl, die auf einem Googol aufbaut. Ein Googol ist ein mathematischer Begriff für eine 1 mit hundert Nullen, also 10^{100}. Um das Ausmaß dieser Zahl zu verdeutlichen: Vor 22 Jahrhunderten errechnete Archimedes, dass 10^{63} Sandkörner das damals bekannte Universum ausfüllen würden. Das uns heute bekannte Universum umfasst mindestens hundert Milliarden Galaxien, die jeweils im Durchschnitt hundert Milliarden Sterne enthalten. Die Anzahl der Elektronen, Protonen, Neutronen und all der anderen Teilchen, aus denen die Sterne, Planeten und alle Substanzen bestehen, beträgt 10^{86}, was immer noch deutlich weniger als ein Googol ist. Doch wenn wir unser gesamtes Universum mit seinem Durchmesser von fünfzehn Milliarden Lichtjahren mit subatomaren Teilchen vollstopfen würden, ohne Zwischenräume, dann könnte es 10^{132} umfassen, immerhin etwas mehr als ein Googol. Ein Googolplex hingegen ist 10^{10}, und dann noch mal hoch hundert. Allein das

Papier, um die Nullen hinter der 1 auszudrucken, würde unser ganzes Universum füllen. Darüber hinaus gibt es noch den Super-Googolplex, ein Googolplex hoch hundert. Kein Verstand der Erde kann diese Zahl erfassen. Diese Übung soll Ihre mentalen Grenzen zum Explodieren bringen, denn ein Super-Googolplex entpricht **einer Schwerkrafteinheit,** das heißt einer Schwerkraftwelle. Ist es wahrscheinlich, dass es nur eine Welle gibt? Angesichts unserer Gesetze des Rhythmus und der Energie glaube ich das kaum. Wie groß ist dann die Unendlichkeit? Und der EINE Geist ist die Gesamtheit dessen – und noch mehr!

Eine ähnliche Reise lässt sich auch ins Kleine machen. Ein Baseball verhält sich zur Größe eines seiner Atome wie die Erde zu einer Kirsche. Und wenn ein Atom die Größe eines Planetariums hätte, wäre sein Nukleus so groß wie ein Sandkorn. Und dabei haben wir noch nicht einmal angefangen, über die Größe der Ur-Teilchen nachzudenken.

»Die Unendlichkeit geht über jede Art von Begrenzung hinaus. Deswegen konzentrieren wir uns eher auf näherliegende Aspekte der Realität und extrapolieren dann mit Hilfe von graduellen Maßstäben der Dichte. Wenn du dich umschaust, erscheinen die Objekte direkt vor dir als sehr dicht. Je mehr du deinen Blick in Richtung Horizont schweifen lässt, desto mehr Raum scheint es im Verhältnis zu den Objekten zu geben. Wenn du dann den Blick noch weiter ausdehnst, in den nächtlichen Sternenhimmel zum Beispiel, dann scheint sich der Raum noch mehr auszubreiten und die Dichte scheint noch mehr abzunehmen. Natürlich bezieht sich das nur auf Standpunkte und Entfernungen. Für den primitiven Menschen war jedoch die natürliche Schlussfolgerung, dass der Raum in der Ferne existiert und der Geist noch dahinter, während das Nahe dichter und fester zu sein schien, eben materiell. Sich selbst siedelte er irgendwo in der Mitte zwischen Geist und Materie an. Diese Wahrnehmung relativer und gradueller Dichte war eine erste, wenn auch begrenzte Erkenntnis von Unendlichkeit. Die Festschreibung eines Standpunktes zwischen

zwei Extremen besteht bis zum heutigen Tag in der dualistischen Denkweise der Menschheit fort.

Es ist nicht wahr, dass ihr euch erst durch verschiedene Schichten der Dichte arbeiten müsst, um zu einem spirituellen Leben zu gelangen. Der Geist ist kein dimensionaler Aspekt, sondern ein integrierter Teil der Existenz. In der Einheit des EINEN Geistes sind all deine Wahrnehmungen von Dichte irrelevant und zerfließen in einer Vielfalt von Möglichkeiten. Ihr seid nicht von dichten Schichten umgeben, durch die ihr euch hindurchentwickeln müsst, um zu Gott und eurem wahren Selbst zurückzukehren. Wer das glaubt, betrachtet das Leben nur als endlose Reihe von Bedingungen und Anforderungen, als einen Dienst an den Strukturen. Ironischerweise halten gerade die, die am härtesten mit den Strukturen gerungen und gestritten haben, am stärksten an diesen Überzeugungen fest. Ihre Sichtweise der Strukturen und der Unendlichkeit ist von ihrem Versagen im Umgang damit bestimmt.

Wenn ein Mensch das Leben auf seine Sichtweise der Dichte begrenzt, begreift er Energie als Kraft. In ihrer Orientierung an der Dichte betrachten die Wissenschaftler Energie als die notwendige Kraft, um einen gewissen Schub oder Druck zu erzeugen. In diesem Sinne funktioniert Kraft nur gegen Dichte, und diese vergrößert sich noch unter Druck, wie in einer Schrottpresse. Die große Schwäche dieser Vorstellung von Energie liegt darin, dass die Wahrnehmung von Dichte größtenteils eine Illusion ist. Mehr als 98 Prozent der physischen Existenz ist Raum, und Raum reagiert nicht auf Kraft! Damit sollte die Begrenztheit dieses Ansatzes offensichtlich sein.

Unter dem Einfluss der Liebe reagiert der Raum, indem er das Leben magnetisch anzieht und es mühelos in das Zentrum der Aufmerksamkeit bringt. Damit wird der Raum interessanter als die Dichte. Kraft hat wenig Einfluss auf die Unendlichkeit, die daher flüchtig bleiben wird, solange das Denken, die Wissenschaft und das menschliche Verhalten sich auf Kraft beziehen.

Kraft und Dichte sind Arbeitskolleginnen. Eine bedingt die andere. Eine Gesellschaft, die ihre Wahrnehmung auf Kraft aufbaut, wird einen geringen Einflussbereich haben. Kraft kann nur auf Situationen in unmittelbarer Nähe, innerhalb absehbarer Grenzen wirken, da sie genau die Dichte erschafft, die letztlich ihren Einfluss dämpft. Das gilt für Teilchen genauso wie für Menschen. An der Peripherie eines Einflussbereichs gibt es immer Widerstand, und wenn ein Einflussbereich sich mit einem anderen überschneidet, entstehen Konflikte. Dieses Thema ist für die Erde in diesem Augenblick von großer Bedeutung und wird es auch weiterhin bleiben, bis Dichte und Kraft nicht mehr die Sprache des menschlichen Verhaltens und Austausches sind.

Die Menschheit steht auf der Klippe ihres Schicksals gefährlich nah am Rand. Entweder wird sie sich zu einem Paradigmenwechsel aufschwingen oder sie wird Niedergang und möglicherweise Zerstörung erfahren. Diese Konfrontation ist unvermeidbar. Die Optionen werden angeboten und die Entscheidungen gefällt werden.«

Er strahlte Optimismus und Zuversicht aus, während er über die kommenden Veränderungen sprach. Er versicherte mir, dass das Leben dann müheloser sei, dass der Einfluss der Kraft in unserer Energieverwendung, unseren Industrien und unserem Verhalten nachlassen würde.

Ich verglich das mit den Bildern, die uns in Science-Fiktion-Filmen vermittelt werden, wo unsere Zukunft als eine hoch technisierte, stark kraftorientierte Kultur dargestellt wird.

»Da erschafft sich die Fantasie ihre Zukunft nur aus den gegenwärtigen Zuständen. Die Annahme, dass sich aus der ›Morgenseite‹ eines Paradigma-Berges genaue Aussagen über seine ›Nachmittagsseite‹ schließen lassen, ist ein verbreiteter Irrtum. Wer in den Rahmenbedingungen der Kraft denkt, kann nur ›mehr desselben‹ erwarten. So jemand kann die anstehenden Veränderungen nicht begreifen. Ich versichere dir, dass es für die auf Kraft basierende Raumfahrt unmöglich ist, sich durch den Weltraum zu bewegen. Für einen kleinen Radius mag es gehen, um zum Mond zu fliegen, oder zum Mars, vielleicht sogar durch das ganze Sonnensystem. Doch mit kraftgesteuertem Denken und Instrumentarium wird die Mensch-

heit sich nicht durch die Galaxie bewegen. Ihr werdet bald in eine Welt hoch entwickelter Technologie eintreten, die mit dem auf Reibung und Widerstand beruhenden Ingenieurwesen eurer Zivilisation nichts mehr zu tun hat.«

»Du hast von Schafen auf anderen Weiden gesprochen, meintest du damit auch Weiden jenseits dieses Planeten? Haben wir da draußen ältere oder jüngere Brüder, von denen wir nicht wissen?«

Die Antwort auf meine Frage schien ihn ein bisschen nervös zu machen, nicht ernsthaft, sondern eher wie ein Vater, der sich bei der Frage seiner Vierjährigen, wo denn die Babys herkommen, ein wenig windet. Er wusste offensichtlich mehr, als er sagen wollte, und wollte es doch alles richtig darstellen. Seine Antwort enthielt den einzigen Hinweis, den er je auf Zivilisationen auf anderen Planeten machte.

*»Ihr seid nicht allein. Du hast schon recht, ihr habt woanders jüngere und ältere Brüder, doch jede Gemeinschaft ist eine eigene Einheit und hat ihr Recht auf ihren eigenen Familiensinn und ihren eigenen Entwicklungsprozess. Woanders hinzuschauen bringt euch im Moment nicht weiter, es geht darum, euch selbst und Gott anzuschauen, um zu all dem zu werden, was ihr sein könnt. Eure Science-Fiction-Filme haben euch den falschen Eindruck vermittelt, dass das Bewusstsein sich der Technologie entsprechend entwickelt, dass ein strukturiertes, polarisiertes Bewusstsein sich durch das ganze Universum ausdehnen kann, indem es einfach die technologische Entwicklung beschleunigt, was dann auf irgendeine magische Weise das Bewusstsein wachsen ließe. Nichts könnte der Wahrheit ferner liegen. Technologie bewirkt keinen Zuwachs an Bewusstsein, **Bewusstsein bringt Technologie hervor.***

Zuerst muss sich das Bewusstsein verändern, bevor die Technologie sich weiter ausdehnen kann. Euer Planet und andere seiner Art sind wie Inseln in einem weiten Ozean, und keine Mechanik kann diese Distanzen überbrücken. Wer euch nahe kommen kann, kennt die Technologie des Reisens ohne Kraft und respektiert vor allem, dass das Bedürfnis nach Kommunikation und Austausch im gemeinsamen Einverständnis sein muss. Gegenseitigkeit ist ein Gesetz der intergalaktischen Verbindungen. Zivilisationen, die eurer ähnlich oder weniger entwickelt sind, können euch genauso wenig erreichen wie ihr sie. Zwischen euch liegt genug Abstand, um sicherzustellen, dass das auch so bleibt, bis ihr euch von der Kraft abwendet.

*Ich könnte nicht behaupten, dass es in der galaktischen Gemeinschaft weder Turbulenzen noch Fehlverhalten gibt, denn es gibt **immer** den freien Willen. Doch es gibt eine im Allgemeinen zutreffende Regel, auf die ihr euch zu eurer Beruhigung verlassen könnt. Wer euch schaden könnte, kann euch nicht erreichen. Die euch erreichen können, schaden euch höchstwahrscheinlich nicht. In seiner großen Weisheit legte der Schöpfer zwischen alle Planeten, die Leben tragen, genug Raum.*

Dazu kommt ein zweiter Aspekt, nämlich der, dass alle wirklich fortschrittlichen Technologien auf den Prinzipien der Synchronizität, der ganzheitlichen Muster und des Respektes für die Dynamiken des Lebens beruhen. Die Vorstellung von mit Lichtgeschwindigkeit reisenden Marodeuren auf Raubfang ist reine Fiktion. Die für eine solche Technologie notwendige Synchronizität könnte ein auf Konflikten beruhendes Bewusstsein nicht hervorbringen.

Durch den EINEN Geist üben alle Wesen der Liebe von überall einen Einfluss aufeinander aus. Manchmal wird das direkt erkannt und erfahren, doch häufig wird es einfach als eine Resonanz oder Harmonie empfunden, die angenommen oder ignoriert werden kann.«

»Ich verstehe Kommunion, doch ich wüsste gerne mehr über die Resonanzen und wie sie uns zu einem verbundeneren Leben helfen können«, sagte ich.

»Um ein besseres Verständnis von der Verbindung durch Resonanzen zu bekommen, stelle dir einen großen See in der frühen Morgenstille vor. Die Liebe kommt vorbei, nimmt zwei Steine auf und wirft sie ins Wasser, einen in die linke Seite des Sees und einen in die rechte. Der plötzliche Kontakt mit dem kühlen Wasser ist zwar erfrischend, doch die beiden Steine fühlen sich etwas verloren. Die Bewegungen

der durch den Fall ausgelösten Wellen im Wasser zu spüren, entzückt sie, doch es ist ein einsames Vergnügen. Dann kreuzen plötzlich die Wellenbewegungen des einen Steins die des anderen. Voller Freude erkennt jeder Stein, dass er den anderen gefunden hat. Endlich sind sie wieder in Kommunion, doch nun mit größerer Sicherheit, denn jetzt wissen sie, wie sie den anderen im Geist erkennen können. Durch diese Gewissheit können sie sich nie wieder verloren fühlen.«

Diese Geschichte warf auf das ganze Thema der Trennung ein neues Licht. Vielleicht warf die Liebe die Steine in unterschiedliche Richtungen, um ihnen die Unmöglichkeit spiritueller Getrenntheit zu zeigen. Unser Plantschen in den Wassern des Lebens steht sicher in Resonanz zu unserer Liebe, und wir spüren in die Unendlichkeit hinein, bis unsere Wellen sich kreuzen und erkennen.

Ich werde oft gefragt, wie ich mit meinen Verlustgefühlen umgegangen bin, nachdem Jesus mich wieder verlassen hatte. Es war nicht schwer, denn in unserer gemeinsamen Zeit habe ich gelernt, seine Gegenwart überall wahrzunehmen. *»Du wirst mich an meiner Liebe erkennen, denn der Geist steht in Resonanz zu meiner Liebe«*, hatte er gesagt. Natürlich kann er an vielen Orten gleichzeitig sein, denn unsere physischen Begrenzungen sind für ihn nur Illusion. Ich spüre seine Gegenwart oft, genauso wie Sie sie jetzt vielleicht spüren. Aus dieser Art der Wahrnehmung habe ich auch gelernt, die Anwesenheit von Verstorbenen, die mir lieb waren, zu spüren. Jetzt bin ich mehr mit ihnen zusammen als je zuvor, weil es unabhängig von den Bedingungen der Körperlichkeit stattfindet. Die zwei Steine im See haben einander in Liebe und Wahrheit gefunden, weil sie einander im Geist fanden. Vielleicht wird auch unsere Vorstellung von Freundschaft neue Bedeutung gewinnen, wenn wir uns mehr für die Wahrnehmung des EINEN Geistes öffnen. So viele Verbindungen können geknüpft oder wieder aufgenommen werden – vielleicht sogar quer durch das Universum! Im Gebet, in Meditation oder spontan in mitfühlenden Augenblicken.

»Verbindungen werden wie Blumen im Frühling hervorsprießen, nach dem grauen Winter werden sie in farbenprächtiger Fülle erstrahlen. Die Unendlichkeit des Geistes ist wie ein Meer an Potenzial, das mit uns allen in Resonanz steht. Durch dieses großartige Medium kann jeder, der die Grenzen der Strukturen entfernt, unabhängig von Zeit oder Entfernung in Verbindung miteinander treten. Darin liegt die Macht des Gebets, der Empathie und der Prophezeiungen. Doch vergiss nicht, dass es Gottes und unser aller Geist ist, der heilig gehalten werden kann, indem er heil gelassen wird. Wer den Geist für selbstsüchtige Zwecke verwendet, in abgegrenzten Zirkeln, der kann sich selbst großen Schaden zufügen, denn das wird letztendlich zur Trennung von Gott führen. Wenn ein Wesen die Macht der Liebe vergessen hat und den EINEN Geist missbraucht oder missachtet, verliert es seinen Kompass und vergisst den Namen seiner Heimat. Geschlossene geistige Kreise entstehen meist um Leute herum, die anderen nicht wohlgesonnen sind oder ihnen gar Schlechtes wünschen. Wer andere aus seiner Liebe ausschließen will, dem wird es selbst daran mangeln. Wer andere vom Geist trennen will, wird selbst Getrenntheit erfahren. Die meisten Menschen leben in geistigen Kreisen, die ihnen Gemeinschaft und Wohlbefinden vermitteln. Das schadet nicht, solange auch die Gesamtheit des Geistes geehrt wird und solange der Kreis nicht versucht, den Bereichen des Einheitlichen Struktur und Unterscheidbarkeit aufzuzwängen.«

Ich verstand das so, dass es in Ordnung ist, einen Kreis zu haben, in dem man sich gegenseitig unterstützt und seine Vorlieben und Vergnügungen miteinander teilt, solange das nicht dazu führt, dass man sich Privilegien anmaßt und ein Verhalten an den Tag legt, das anderen schadet.

»Versuche nie, den Geist aufzuspalten, denn es ist unmöglich. Du würdest deine Energie verschwenden und nur dich selbst aufspalten. Es gibt keine allgemein gültigen Formeln für den Unterschied zwischen deinem Freundeskreis und der Unendlichkeit des Geistes. Ich bitte euch nur darum, den Geist heilig zu halten. Das geschieht zum einen, indem ihr die Göttlichkeit des Heiligen Geistes als Personifika-

tion des Vaters ehrt, und zum anderen, indem ihr den Geist in eurem ganz alltäglichen Leben vollständig lasst. Seid euch der Einheit all dessen, was ist, bewusst. Der EINE Geist weist niemanden zurück, und niemand ist vom Vater unerwählt. Doch viele haben es sich in ihren geistigen Kreisen so bequem gemacht, dass sie die Vollständigkeit des Geistes zurückweisen. Durch ihre eigene Ablehnung sind sie aus der Kommunion ausgeschlossen. Durch ihr eigenes Nichtwählen bleibt es ihnen verwehrt, ein erweitertes und reineres Bewusstsein zu erlangen.

Dies war gemeint, als ich sagte: Richtet nicht, auf dass ihr nicht gerichtet werdet. Denn wenn ihr richtet, trennt ihr euch von dem EINEN Geist und erschafft damit euer eigenes Gericht. **Das Richten war die Ursünde.** *Jedes Wesen setzt durch das Richten konsequent seine eigene Getrenntheit in Gang. Das ist der einzige Weg, auf dem eine reine, unschuldige, nach dem Ebenbild Gottes erschaffene Seele sich aus der Gemeinschaft der Liebe abwenden kann. Die direkte Konsequenz des Richtens ist die Trennung. Ob ihr euch dessen bewusst seid oder nicht, ihr seid in dem ständigen inneren Dialog zwischen dem ›EINEN‹ und ›ALLEM‹. Was immer ihr abweist, wird euch abweisen. Kein geistiger Kreis kann euch vor den Konsequenzen des ewigen Dialogs schützen.«*

»Hast du das damit gemeint, als du sagtest: ›Wie ihr sät, so werdet ihr ernten‹?«

»Es ist das gleiche Konzept, nur umfassender. Die meisten interpretieren diese Botschaft nur linear, zum Beispiel: Was du wässerst, wird auch wachsen; wenn du dir Freunde machst, wirst du nicht alleine speisen; wenn du immer borgst, wirst du immer Schulden haben. So wahr diese Dinge sind, meine Botschaft war nicht auf Ursache und Wirkung begrenzt. Wenn du die Idee von Ursache und Wirkung auf dreihundertsechzig Grad ausdehnst, in alle Richtungen, dann erhältst du ein größeres Verständnis davon, wie das Große das Kleine nährt und das Kleine das Große stärkt. Wenn du in deinem eigenen Leben Frieden haben willst, dann bete und arbeite für den Frieden in der Welt. Wenn du dir Wohlstand wünschst, dann lebe

und unterstütze Prinzipien, die anderen Wohlstand bringen. Damit vermittelst du dem EINEN Geist deinen innigsten Herzenswunsch, und im Gegenzug wird der EINE Geist dich mit dem ehren, was du für andere anstrebst. Das ist der ewige Dialog.«

Ich sah das Gute in alldem, und irgendwie brachte mich das zu der Frage: »Ist das Böse das Gegenteil des Guten?«

»Genauso wenig, wie Krankheit das Gegenteil von Gesundheit ist. Krankheit ist die Abwesenheit von Gesundheit, doch sie kann nicht unabhängig von der Gesundheit existieren und hat daher nicht die Macht, sich ihr entgegenzusetzen. Genauso wie Krankheit ist auch das Böse oft als eigenständige Kraft missverstanden worden. Dem Konzept von bösen Versuchern, Störenfrieden und gefallenen Engeln ist viel zu viel Aufmerksamkeit gewidmet worden, weil man annahm, dass sie Macht besäßen. Wenn meine Gabe auf der Erde darin bestünde, ein Widersacher des Bösen zu sein, dann wäre sie verschwendet. Alle Gaben der Liebe und der Güte dienen dazu, eine solche Fülle von Wohlbefinden zu erschaffen, dass das Böse nicht mehr Aufmerksamkeit bekommt als ein Fliegenfleck an der Wand.«

Nach dieser Antwort empfand ich nie die Notwendigkeit, das Thema von »Wesen der Dunkelheit« anzusprechen, die im Zusammenhang mit Konflikten so oft erwähnt werden. Aus seiner Bemerkung schloss ich, dass sie existieren, doch dass ihre Kräfte durch dualistische Missverständnisse übertrieben werden.

*»**Das Böse ist der Existenz nicht natürlicherweise innewohnend.** Gut und Böse wurden nicht als gleichwertige, einander gegenübergestellte Kräfte eines ewigen Dramas erschaffen. **Das Böse ist einfach eine Unterbrechung der Verbindung zu Gott und eine Verleugnung der Liebe, die du bist!** Die andere Entscheidungsmöglichkeit ist Liebe. Es muss diese Wahl geben, sonst wäre das Geschenk der Individualität eine hohle Geste. Eine Entscheidung hat Konsequenzen, daher auch die Entscheidung für oder gegen die Liebe. Eine Entscheidung zu vermeiden, hat auch Konsequenzen, nämlich den **ständigen Dialog der Unentschiedenheit**, der das dualistische Denken hervorruft.*

Doch wenn du an die Wirkung des Bösen denkst, dann darfst du nicht die Herzen der anderen richten, nur weil du mit ihrem Verhalten nicht einverstanden bist oder weil ihr Handeln dir zerstörerisch erscheint. Vieles von dem, was die Welt ›böse‹ nennt, ist eigentlich der Kampf zwischen tyrannischen Strukturen und dagegen gerichteten Vergeltungsschlägen.

Anderes, was auch verurteilt wird, ist einfach eine Entladung alter Störungen durch jemanden, der den Mut dazu hatte, es zu Ende zu bringen. Und es gibt Situationen, die aus dem großen Dialog des interaktiven Lebens und Lernens heraus einem Menschen die Lektionen des Geistes vermitteln. All diese Dinge können mit Toleranz betrachtet werden, wenn man ihren Platz in der göttlichen Ordnung versteht.

Das Böse ist nachgeordnet, nicht ursprünglich. **Das Böse hat nichts erschaffen.** *Gott hat durch Liebe alles erschaffen und es gibt keine anderen Ursachen, weder dualistische noch andere. Am Anfang war kein Gut und Böse, am Anfang war nur Güte. Es gibt einen Unterschied zwischen Schöpfung und Nachgeordnetem.* **Gott ist die Quelle aller Schöpfung. Das Nachgeordnete ist das Ergebnis von Entscheidungen!**

Die Quelle alles Bösen ist die Verleugnung der Liebe, die zu einem unglücklichen, chaotischen Leben führt, dem die leitende Hand der Liebe fehlt. Wenn eine Person die Liebe leugnet, die sie ist, dann verliert sie die Macht, den Gegebenheiten ihres Lebens zu gebieten. Stattdessen wird sie Kraft oder Täuschung einsetzen. Liebe kommandiert, sie kontrolliert nicht. Wenn irgendeine Person, Situation oder ein Element des Universums die Liebe leugnet, verliert es das Kommando und greift dann nach Kontrolle. Das Ergebnis davon ist ein herzloses Momentum bedeutungsloser Werte, die durch Täuschung eingesetzt und mit Kraft kontrolliert werden. Wenn ein Mensch die ihm tief innewohnende Macht der Liebe verloren hat und ihn die Verzweiflung trifft, dann schlägt er zurück! Doch niemand kann Böses in Gang setzen, ohne über lange Zeit darauf zugegangen zu sein, denn kein Kind Gottes trägt in sich Böses. Nur durch die Verleugnung der Liebe und durch eine Bestärkung von Hass, Neid und Gier können Situationen entstehen, die voller Übel sind. Das meine ich, wenn ich sage, dass das Böse nachgeordnet ist und nicht ursprünglich.«

»Ist das Böse nur eine Illusion?«, fragte ich ihn.

»Nein, die Konsequenzen der Verleugnung der Liebe sind sehr real. Doch sei vorsichtig und richte nicht, was du siehst, denn dein Urteil wird Illusion sein! Urteile sind die mentale Mechanik der Trennung, daher können sie nichts anderes sein als Illusionen. Aus der mentalen Mechanik des Sich-Einlassens dagegen ergibt sich ein auf der Realität beruhendes Unterscheidungsvermögen. Das Böse hat eine gewisse Realität, und ich habe dir die Definition und den Grund dafür genannt.

Eine Absicht oder eine Handlung, die die Liebe gegen sich selbst wendet, ist die Vollendung des Bösen, doch die meisten Wesen, die Liebe sind, können das niemals verstehen oder anziehen. Liebe und Böses haben keine Grundlage für irgendeine Kohärenz, es sei denn, die Liebe würde verleugnet. Dein stärkster Schutz liegt darin, einfach die Liebe zu sein, die du bist. In den zwei Geboten, die ich der Menschheit gab – Gott von ganzem Herzen zu lieben und deinen Nächsten wie dich selbst –, gab ich euch das Gegengift gegen das Böse! Wenn das Böse sich dir dann näherte, könntest du einfach sagen: ›Verschwinde!‹, und es wäre verschwunden. Der einzige Grund, weshalb das Böse überhaupt existiert, liegt darin, dass der EINE Geist sogar das mit einbezieht. Gott ist größer als jede Zurückweisung, die gegen ihn möglich ist, und er wird nicht erlauben, dass irgendwelche Attacken des Bösen die Einheit des Geistes stören.

Es gibt große Wesen unter euch, mit starker Liebe, denen die Fähigkeit gegeben wurde, das Böse tatsächlich zu sehen, um dem Heiligen Geist behilflich zu sein, seine Ganzheit aufrechtzuerhalten. Diese großen Wesen sind die Gesandten des Heiligen Geistes.«

Ich fragte nicht nach, doch in meinem Herzen wusste ich, dass zu diesen Wesen auch seine Mutter Maria, ihre Anhänger und die Legionen der Engel gehören, die die Ganzheit an allen Punkten aufrechterhalten.

Das Böse ist eine Realität, doch er fügte hinzu, dass es für uns nicht relevant sei, darüber nachzudenken oder es als Vorwand zu verwenden, unser Leben in ein Paradox dualistischer Situationen zu verwandeln.

»Daraus lernt ihr nichts, denn im Vergleich zum Heiligen Geist verfügt das Böse über keine Macht. Außerdem ist das, was die meisten ›böse‹ nennen, eine aus ihren eigenen Missverständnissen oder Urteilen erwachsene Illusion. Wenn die Entscheidung für die Liebe einmal gefallen ist, hat das Böse keinen Zugriff mehr auf dich. Das Böse geht dich nur in Bezug auf diese Entscheidung etwas an. Ohne diese Option, ohne die Freiheit zu wählen, wärest du nicht frei und die Deklaration deiner Freiheit wäre mehr Hohn als Wahrheit. Ihr habt die Freiheit, euch zu entscheiden. Ihr könnt euch so lange verirren, wie ihr wollt, und ihr könnt nach Hause kommen, wenn ihr so weit seid. In der Zwischenzeit könnt ihr all die Lektionen erfahren, die die Verleugnung der Liebe mit sich bringt!

Es gibt keine Entscheidungen, die nicht geändert werden können, und keine muss für ewig sein. Deswegen verleiht der Heilige Geist seinen Gesandten immer mehr Verständnis, sodass die Entscheidungsfreiheit geehrt und so wenig wie möglich gestört wird. Du kannst sogar über die Möglichkeit nachdenken, dass die Wesen, die Gott und die Liebe leugnen, das ultimative Opfer gebracht haben, um zu beweisen, dass diese Freiheit wirklich existiert. Aus einer gewissen Perspektive kann das als ein mutiger Liebesbeweis betrachtet werden. Denn wie könnte ein Wesen der Liebe auch je etwas anderes sein? Das wirklich gründlich zu durchschauen, könnte euer dualistisches Denken für immer beenden. Der Geist ist nicht teilbar.«

Er sagte, unsere wertvollste spirituelle Übung sei es, uns auf den ewigen Dialog zwischen dem »EINEN« und »ALLEM« zu konzentrieren. Dadurch würde sich unser Leben mit zunehmendem Vergnügen entfalten, zwar auch mit ein paar Wachstumsschmerzen, doch ganzheitlich, nicht dualistisch.

»Die wahre Größe eines Wesens wird an seiner Reichweite gemessen, wie weit es sich ausdehnen kann, nicht was es enthält. Nicht

wie viel es aufnehmen kann, sondern wie viel es geben kann. Etwas zu halten und abzugrenzen, ist der Weg der Strukturen, während Erweiterung zu Freiheit und einem Überfluss an Leben und grundlegender Güte führt. In Kommunion mit dem EINEN Geist ist man sich dessen bewusst, und die Anwendung dieser Erkenntnis wird die Getrenntheit für immer aufheben. Endlich werdet ihr die Mauern durchbrechen, die eure Wahrnehmung von dem unendlichen Potenzial des Lebens abhalten. Wenn ihr mehr Einfluss haben wollt, dann begebt euch in Kommunion mit dem EINEN Geist und ihr werdet Kraft durch Anmut und Intuition ersetzen. Ihr werdet mit euren Gedanken bis in die Gesamtheit der Unendlichkeit reichen und damit Freude und alles, was ihr braucht, in euer Leben ziehen.«

Im Zusammenhang damit machte er auch eine interessante Bemerkung über Ethik.

»*Ethische Grundsätze sind der interaktive Rhythmus zwischen Individuen und ihrer gemeinsamen Matrix. Ein Kollektiv, das die wahren Talente seiner Individuen nicht hervorlockt und unterstützt, ist ethisch ausgehöhlt. Gleichzeitig ist ein Individuum, das sich selbst ohne Rücksicht auf das Wohlbefinden des Ganzen in den Vordergrund stellt, ethisch unverantwortlich.*«

Da wir schon über Gut und Böse sprachen, schien es mir ein guter Zeitpunkt zu sein, auch nach Himmel und Hölle zu fragen. »Sind Himmel und Hölle Orte oder sind sie Seinszustände?«

»*Wenn du bedenkst, dass die Essenz eines Ortes ein Seinszustand ist, dann müsste die Antwort lauten: Beides. Genau wie Gut und Böse ist jedoch der Himmel das Ursprüngliche, während die Hölle etwas Nachgeordnetes ist. Der Himmel zieht seine Macht aus der grundlegenden Güte der Existenz und der Bereitschaft des Lebens, den Geboten der Liebe nachzukommen. Himmel ist überall, wo in der Manifestation des Seins Liebe vorherrscht. Lass ihn in deinem Herzen beginnen. Es gibt auch einen Ort nahe dem Herzen des Vaters, wo die Seelen erneuert und von allen Illusionen und Leiden geheilt werden. Das ist die heilige Erfahrung des Lebens nach dem Leben, nach der so liebevoll gestrebt wird. Doch der Himmel braucht nicht auf diesen wunderbaren Bereich begrenzt zu sein. Nichts würde den Vater mehr erfreuen, als wenn alles Himmel wäre! In deinem Herzen kann Himmel sein, sowie du es zulässt. Dann kannst du ihn mit derselben Anmut auch in dein Leben ausstrahlen. Im Laufe der Zeit, während das Universum sich seiner Erfüllung nähert, wird überall Himmel sein!*

Die Hölle dagegen ist die Qual einer Seele, die im Krieg mit sich selbst, mit Gott und der Existenz ist. Du kennst den Spruch: Der Krieg ist die Hölle. Ich aber sage dir, die Hölle ist Krieg. Wenn ein Wesen der Liebe das Böse als Richtung für sich gewählt hat, wie könnte in ihm etwas anderes als Krieg herrschen?«

»Wie können wir damit umgehen?«

»Vergeben, vergeben und nochmals vergeben. Was würde es nützen, noch mehr Konflikt hinzuzufügen? Außerdem, wenn du die Liebe leugnest, wohin hast du dich dann begeben? Die Menschheit hat die sozialen Albträume, die ihr ›Hölle‹ nennt, durch die Verleugnung von Liebe und Vergebung erschaffen. Es gibt viele Ängste und Missverständnisse um das Thema der Vergebung. Ihr müsst verstehen, dass einem Menschen nicht vergeben wird, damit er zu seinen Untaten zurückkehrt, sondern damit er zu Gott zurückkehrt!«

»Sollten wir nicht für das kämpfen, was richtig ist?«, fragte ich.

Er schien einen Moment lang nach den angemessenen Worten zu suchen.

*»Lass uns damit beginnen, die Prioritäten zu sortieren. Anstatt loszurennen und für deine Urteile und Annahmen zu kämpfen, finde erst einmal heraus, **was richtig ist!** Sprich es aus und mache deine Position klar. Wenn Krieg sein soll, dann lass deinen Gegner anfangen. Wenn du angegriffen wirst, dann kommandiere mit Liebe und kämpfe nur, **um den Krieg zu beenden.***

Ein Kind Gottes sucht nicht den Kampf, denn Krieg ist gesellschaftlicher Krebs und eine Plage für die Erde. Letztendlich wird der Krieg in den Seelen derer wohnen, die sich auf ihn einlassen. Selbst die kleinlichen Kriege gesellschaftlicher und geschäftlicher Aggressionen werden ihre Spuren in den Seelen derer hinterlassen, die sie verfolgen. Ihr seid nicht hier, um euch zu streiten, sondern um eure Gemeinsamkeit zu finden – eure Gemeinsamkeit mit Gott, der Liebe ist, und eure Gemeinsamkeit miteinander, die Liebe ist!

Ein Wesen, das im Krieg mit sich ist, denkt sich nichts dabei, auch woanders Kriege anzuzetteln. Wenn jemand die Macht der Liebe leugnet, öffnet das Leben ihm nur noch wenige Türen, außer jenen, die er mit Gewalt oder Täuschung durchbricht. Krieg ist oft der verzweifelte Versuch, Möglichkeiten zu erschaffen, die denen, die die Liebe verleugnen, nicht mehr zugänglich sind.

Nimm dies verständnisvoll auf und richte nicht. Das Richten und Urteilen begrenzt die Wahrnehmung des Lebens enorm. Es gibt nur zwei Irrtümer, und beide werden durch Urteilen hervorgerufen. Der eine Irrtum ist, etwas Falsches als Wissen anzunehmen, und der zweite liegt in der Annahme, dass die Wirklichkeit auf das beschränkt sei, was man weiß. Durch dein Leben und Wachsen erweiterst du täglich deine Wahrnehmung dessen, was Gott dir bietet.«

»Wie können wir die Wege des Geistes im Alltäglichen anwenden?«

»Durch die Vereinfachung des Lebens unter dem Kommando der Liebe. Mit Hilfe des großen Geistes wirst du das in dein Leben ziehen, was du brauchst, und deine Liebe wird ihm die Form verleihen, die du brauchst und ersehnst. Im alltäglichen Sinne ist spirituelles Management einfach das Ergebnis von Anziehung und Kompression. Weil das die angemessene Art der Bemühung für ein Wesen der Liebe ist, wirst du den Prozess genießen und noch genug Zeit für Ruhe, Erholung und Inspiration übrig haben.

Kompression ist die Kraft der Vereinfachung komplexer Potenziale. Das Ergebnis ist wirkungsvoll und unmittelbar. Ist dir je aufgefallen, dass die wichtigsten Veränderungen in deinem Leben im Bruchteil einer Sekunde begannen, in einem Augenblick? Das kann das Erkennen einer Gelegenheit sein, der Augenblick, als du die Antwort wusstest, die Erkenntnis von Sinnhaftigkeit, der Moment, als dir klar wurde, dass du verliebt bist, oder einfach der Zeitpunkt, an dem sich alles fügte. Der Augenblick der Kompression ist ein potenter, ka-

talytischer Moment. Es ist eine zwingende Erkenntnis des persönlich Richtigen angesichts seines Daseinszwecks.«

Der Begriff der Kompression tauchte in unseren Gesprächen öfter auf, das erste Mal in Bezug auf den Geist. Da wir darauf konditioniert sind, den Geist als den unbegreiflichen, heiligen oder esoterischen Bereich des Lebens zu betrachten, scheint es merkwürdig, ihn mit einem Begriff zu verbinden, dem wir sonst eher in Autowerkstätten begegnen. Doch Kompression bedeutet einfach, aus mehr weniger zu machen. Das kann bedeuten, mehr Dinge in weniger Raum zu packen, eine gemeinsame Antwort für eine Menge vielschichtiger Probleme zu entwickeln oder mit einer einfachen Wahrheit der Komplexität Sinn zu verleihen. Ohne ein gemeinsames, verbindendes Element wäre es unmöglich, die Komplexität auf eine Einfachheit zu reduzieren.

Es ist das Wunder der Liebe, der Einheit des Geistes und der Generalität der Ur-Teilchen, das Expansion und Kompression ermöglicht. Über Expansion wird in spirituellen und weltlichen Zusammenhängen viel geredet, doch das riesige Potenzial, das in einem einzigen Atom oder einer guten Idee komprimiert ist, übersehen wir in unserem täglichen Einerlei leicht.

»Ihr seid mehr daran gewöhnt, etwas durch Kraftaufwand und Aktion zu bewirken statt durch Magnetismus, Anziehungskraft und Kompression, deswegen müsst ihr mit euch selbst geduldig sein, während ihr einen neuen Weg lernt. Unterschätze nie die Macht von winzigen Schritten. Das Potenzial der Kompression ist groß! Denke nur an die Kraft eines Atoms. Was glaubst du, wie viele Ur-Teilchen in einem Atom komprimiert sind, wenn seine Dekompression eine ganze Stadt in die Luft jagen kann?

Ich will dir eine kleine Geschichte über die Effektivität der Kompression auf ganz praktischer Ebene erzählen. Ein wohlhabender Grundbesitzer hatte einen halben Hektar Land, den er urbar machen wollte. Der Acker war mit Buschwerk, Unkraut und kniehohem Gras überwuchert und voller Steine. Er wollte es nicht selbst tun und fuhr daher die Dörfer der Umgebung ab, in der Hoffnung, einen kräftigen jungen Burschen zu finden, der für wenig Geld bereit war, zu arbeiten. Er fand auch jemanden und fuhr mit ihm zu dem Stück Land. Der Besitzer hatte sich überlegt, dass die Arbeit ungefähr zwanzig Stunden dauern würde, und bot ihm daher hundert Dollar an, was besser klang als fünf Dollar die Stunde. Der Bursche dachte, das sei recht wenig Geld für so viel Arbeit, sagte aber nichts, sondern überlegte ein wenig und sagte dann unter der Bedingung zu, dass er sich zwei Wochen Zeit lassen dürfe. Der Besitzer freute sich, dass er mehr Arbeit für sein Geld bekommen würde, und war einverstanden. Doch der Bursche besaß eine Herde Gänse und zwanzig Ziegen, die das Land in zwei Wochen völlig verändern konnten. Und er hatte noch andere Ressourcen. Ein Nachbar, der ihm einen Gefallen schuldete, besaß einen Frontlader und eine Mähmaschine, die er sich ausleihen konnte. So verbrachte er zwei Stunden damit, Steine zu schieben und den restlichen Aufwuchs abzumähen, und der Acker sah tadellos aus. Der Besitzer, der das Ganze mitangesehen hatte, sagte bewundernd: ›Das sieht sehr gut aus, doch findest du nicht, dass hundert Dollar eine Menge Geld sind für zwei Stunden Arbeit?‹ Der Bursche erinnerte ihn daran, dass er ja selbst den Preis festgelegt hätte. Das musste der Besitzer zugeben und bezahlte ihn wie verabredet.«

Durch effektive Kompression fand der Bursche einen Weg, einen Gewinn zu erzielen. Genauso wichtig wie das, was er tat, war das, was **er nicht tat,** vor allem, dass er sich nicht selbst verkaufte, sondern die Arbeit! Er stellte nicht seine Mühe in Rechnung, sondern das Ergebnis. Indem er eine Reihe von Optionen einbezog und sie im Hinblick auf sein Ergebnis kombinierte, erkannte er, dass ein Profit möglich sei. Er übertraf dabei sogar die Erwartungen des Besitzers, der jedoch zögerte, seinen Teil einzulösen, weil er von der Annahme ausging, der Bursche sei nur fünf Dollar die Stunde wert. Der Bursche verteidigte jedoch seinen Wert, indem er sich nicht auf dieses Urteil einließ.

Diese Prinzipien lassen sich überall mit wunderbarem Erfolg anwenden, einfach weil sie Arbeit als die Erschaffung von Werten betrachten und nicht als die Anwendung von Mühe. Wenn sich unser Bewusstsein dahin entwickelt, alles als eine Verkörperung von Werten zu betrachten (positiven und negativen), dann wird unser Bedürfnis nachlassen, das Leben ständig gegen irgendwelche Widerstände mühevoll arrangieren zu müssen.

Eine Freundin von mir arbeitete in der Poststelle eines großen Maklerbüros an der Wall Street. Sie machte eine ähnliche Erfahrung wie der Bursche in der Geschichte, indem sie neue Möglichkeiten der Organisation, Verarbeitung und Bündelung der Post entwickelte. Sie arbeitete für einen geringen Stundenlohn, doch sie fand einen schlauen Weg, ihre effizientere Arbeit in ein Bonussystem einfließen zu lassen. Und richtigen Gewinn zog sie dann aus der Veröffentlichung einer Anleitung zur Verbesserung von anderen Poststellen.

Als ich Jesus auf das Thema Stundenlohn ansprach, antwortete er mit einer alten Lehre:

»Jeder Arbeiter ist seinen Lohn wert. Stundenlöhne sind kein Problem, solange du dir darüber klar bist, was du verkaufst. Deine Arbeit kann Grundlage für einen Austausch mit anderen sein, je nachdem, was sie jemandem wert ist. Doch verkaufe nicht dich selbst, deine Zeit oder irgendeinen Teil deines Seins.

Die Dimension des Bewusstseins, die im täglichen Leben am meisten mit dem Geist verbunden ist, ist die Erschaffung und das Erkennen von Werten. Wenn diese Bewusstseinsaspekte auch Grundlage eurer Ökonomie werden, dann wird eine wahrhaft erleuchtete und wohlgenährte Zivilisation entstehen.«

Jesus betonte in vielfacher Hinsicht, dass wir unbezahlbar seien. Statt einen Preis für unsere Mühen festzulegen (was durch die aufgewendete Zeit gemessen wird), sollten wir lieber Werte erschaffen, mit deren Hilfe die Arbeit bezahlt wird und nicht die Person.

Ich sah in diesem Konzept völlig neue ökonomische Möglichkeiten. Auf diese Weise würde der Gewinn nicht auf Kosten anderer gehen. In einer kraftorientierten Wirtschaft wird nie echter Gewinn erzielt. Sie lässt lediglich Netto-Erträge so schnell in der Inflationsspirale kreisen, dass die Schulden nicht sichtbar werden. Jesus erweiterte mein Verständnis hiervon noch.

»Inflation entsteht durch die Vortäuschung von Profiten, indem das Momentum des Geldaustauschs schneller vorangetrieben wird, als die Schulden sichtbar werden können. Dadurch entsteht die Illusion des Profits. Solange Technologie, Produktion, Expansion und menschliche Energie dieses Momentum aufrechterhalten, kann auch die Illusion bestehen bleiben. Deswegen leiden arme Länder mehr unter Inflation als reiche, die sie besser verbergen können. Kompressionsorientierte Ökonomien erzeugen jedoch keine Inflation und vernichten kein Leben. Das wird letztendlich der Weg der Erde sein. Bis dahin kann jeder für sich selbst damit anfangen, auf kompressionsorientierte Weise sein Geld zu verdienen. Der Erfolg wird Nachahmer finden, denn wann immer du etwas leichter und besser tust, wirst du andere inspirieren, es dir nachzutun. Und während du effektivere Arten des Lebens und Arbeitens entdeckst, wirst du auch mehr Zeit zum Spielen, Lernen, Beten, Meditieren und Leben haben! Alles, was du tust, wird beobachtet und nachgemacht. Durch den EINEN Geist geschieht nichts unbemerkt, und die Ergebnisse können sehr ansteckend sein.«

Das erinnerte mich an eine Geschichte, die ich im Biologie-Unterricht gehört hatte. Sie wird »das Phänomen des hundertsten Affen« genannt, das seit seiner Entdeckung ausführlich untersucht und immer wieder bestätigt worden ist.

Die Geschichte erzählt von einigen Anthropologen, die auf einer Insel irgendwo in der Südsee eine Herde Affen beobachteten. Die Affen dieser Insel lebten hauptsächlich von einer bestimmten Art von Kartoffeln. Ihr tägliches Ritual bestand darin, die Kartoffeln auszugraben, entzweizubrechen und zu verspeisen. Dabei fraßen sie nur die Mitte der Knolle, um den Sand zu vermeiden, und warfen den Rest weg.

Eines Tages beschloss einer der Affen, seine Kartoffel zu waschen. Dadurch konnte er sie ganz verspeisen, er brauchte nicht so viel wegzuwerfen und vor allem brauchte er nicht so viele neue Kartoffeln auszugraben. Er bekam auch keinen Sand mehr in den Mund, und ich stelle mir gerne vor, dass er dadurch mehr Zeit zum Spielen und Plantschen hatte. Die Vorzüge müssen offensichtlich gewesen sein, aber sein seltsames Verhalten brach auch mit dem Althergebrachten. Intelligenz und Praktikabilität setzten sich jedoch durch. Binnen Kurzem begannen seine Familie und seine Gruppe, auch ihre Kartoffeln zu waschen, und langsam wurden es immer mehr. Den meisten schien jedoch die Annehmlichkeit des gewohnten Grabens und Sandspuckens wichtiger zu sein, daher setzte sich die Veränderung nur allmählich durch.

Die Anthropologen zählten geduldig die Affen und bemerkten nur wenig Fortschritt. Doch eines Tages geschah etwas Bemerkenswertes. Als der hundertste Affe das neue Verhalten annahm, taten es auch alle anderen! Das Massenbewusstsein der ganzen Affengemeinschaft veränderte sich plötzlich und alle Affen wuschen ihre Kartoffeln. Und noch erstaunlicher war, dass auf all den umliegenden Inseln, auf denen Affen in ziemlich der gleichen Weise lebten, zu demselben Zeitpunkt die gleiche Veränderung stattfand!

Spontane Synchronizität ist das greifbare Ergebnis des spirituellen Dialogs. Die Kommunion zwischen dem »EINEN« und »ALLEM« geht ständig weiter, ob wir uns dessen bewusst sind oder nicht. Wenn wir mit Liebe darauf eingehen, dann erfahren wir diese erhabenen Augenblicke, in denen die inneren und die äußeren Wirklichkeiten vollkommen harmonisch sind, ohne uns dafür abmühen zu müssen. Und noch größerer Segen entsteht aus unserer spirituellen Einheit, wenn wir bereitwillig und bewusst mit unserem ganzen Sein daran teilnehmen.

Durch unseren EINEN Geist berühren wir einander und werden mit Freundschaft gesegnet, wir berühren Gott und werden mit Frieden gesegnet, wir berühren ein Bedürfnis und werden mit Gelegenheiten gesegnet, wir berühren eine Hoffnung und erhalten eine Vision, wir berühren ein Gefühl und erhalten einen Ausdruck, wir berühren eine Wahrheit und erhalten eine Stimme. In kindlicher Einfalt können wir den Geist andächtig bestaunen. Doch wir finden ihn nicht, wenn wir auf den Horizont schauen, zu den höchsten Bergen oder zum Polarstern. Der Geist ist in unserer Mitte, unsichtbar, so wie es bei Lukas 17, Verse 20–21 geschrieben steht: »*Das Reich Gottes kommt nicht so, dass man es berechnen könnte. Auch wird man nicht sagen: Siehe, hier! Oder: Dort! Denn siehe, das Reich Gottes ist mitten unter euch.*«

7
Das Herz ist deine höhere Intelligenz

Unsere Gespräche über das Herz bildeten den Dreh- und Angelpunkt unseres gesamten Austauschs. Er verweilte bei diesem Thema am längsten und bezog sich auch bei Gesprächen über andere Themen immer wieder darauf. Für Jesus ist das Herz heilig, hier fühlte er sich offensichtlich zu Hause. »*Das Herz ist deine Verbindung zu Gott und dem Universum, es integriert dein eigenes, einzigartiges Wahrnehmungs-, Erfahrungs- und Persönlichkeitszentrum mit dem, was jenseits deines Begriffsvermögens liegt.*«

Wenn wir diese Aussage akzeptieren, kommen wir zwangsläufig zu dem Schluss, dass das Herz auch unser Ursprungspunkt ist, der Punkt, von dem aus wir ins Leben springen und der unsere unsterbliche Kontinuität erhält.

»*Das Herz ist magnetisch, ruhig und still. Im Herzen zu sein – das ist, als ob du in einem friedvollen, himmlischen Teich ruhst oder im schwerelosen Raum schwebst. Dein Herz als magnetisches Zentrum ist der große Generator all deiner Lebensenergie, daher erhöht jede Stärkung des Herzens dein physisches, mentales, emotionales und spirituelles Energieniveau. Im Herzen findest du auch Klarheit, Lösung, Ausdauer, Ausrichtung, Stille, Achtsamkeit, Gerechtigkeit, Güte und die Wahrnehmung von Herrlichkeit.*«

Als wir eines Tages über das Herz sprachen, bat er mich, die Zeichnung mit dem großen Dreieck wieder hervorzuholen. Er meinte, es sei noch eine Ergänzung notwendig, um das Diagramm zu vervollständigen. Er wies mich an, in die Mitte einen Kreis zu malen, ihn innen leer zu lassen und von der Kreislinie aus Lichtstrahlen nach außen zu ziehen.

»*Dies fügt einen Fokussierungspunkt hinzu und weist außerdem auf den Bezug nach außen in die Unendlichkeit hin. Wenn ich dir erklären wollte, wie das Herz in das Muster der Existenz passt, würde es so aussehen. Das Herz ist der eigentliche Mittelpunkt von Ruhe und Frieden, von dem aus die Unendlichkeit wahrgenommen wird. Wenn ein Mensch in die Unendlichkeit schaut, dann aktiviert er alle Potenziale in sich selbst und um sich herum, er aktiviert die Liebe, die er ist, den EINEN Geist und die Ur-Teilchen, die die Muster ihrer Existenz unter der Führung des Herzens sammeln. Die Seele einer Person besteht aus einer integrierten Einheit der Liebe, des Geistes, der Ur-Teilchen, der Erfahrungen, Taten, Hoffnungen und Träume, die ihr Leben ausmachen. Das Herz ist das Tor der Seele, sowohl ins Leben hinein als auch in die jenseitige Ewigkeit. Das Herz ist die zeitlose und unzerstörbare Quelle alles höheren Wissens. Es ist der eine Punkt in jedem Menschen, in dem die inneren und die äußeren Kräfte identisch sind. In deinem Herzen kannst du den Willen Gottes mit deinem eigenen Willen in Harmonie bringen.«*

Das Herz, auf das er sich bezog, war offensichtlich etwas weit Mächtigeres und Umfassenderes, als wir uns gewöhnlich darunter vorstellen. Deswegen fragte ich ihn eines Tages, warum er etwas derart Bedeutendes mit dem Namen eines physischen Organs bezeichne, auch wenn dieses Organ noch so lebensnotwendig und legendär sei.

»Das Symbol ist wichtig«, erklärte er, *»weil es starke, lebensspendende Assoziationen weckt. Es geht darum, dein Verständnis des Herzens zu erweitern. Ähnlich wie die relative Ruhe im Auge des Orkans oder an der Nabe des Rades gibt es auch in deiner Existenz einen Punkt, an dem die physischen, mentalen, emotionalen und spirituellen Komponenten deines Lebens in einem gemeinsamen Sinn und in schlichter Harmonie ruhen. An diesem Punkt gibt es keinen Unterschied in Zeit, Raum oder Substanz. Das körperliche Herz ist der physische Ausdruck davon. Die Vitalität deines Blutes zeigt die Lebensqualität, die dein Herz erzeugt. Es ist kein Zufall, dass Blut ein Symbol für das Leben ist. Die medizinische Forschung wird das bald bestätigen.«*

Ich staunte darüber, wie wenig von den Konditionierungen zu diesem Thema sich zu wahrem Verständnis entwickelt hatte, obwohl es doch in unserer Kultur kaum etwas gibt, worüber mehr geredet wird. Wir feiern das Herz am Valentinstag, zu Weihnachten, Muttertag, Vatertag und vielen anderen Gedenktagen. Wir hören Schlager über gebrochene Herzen, die die Therapeuten dann versuchen, wieder zu heilen, Zeitungsanzeigen und Fernsehreklame bemühen die Kraft des Herzens, um von Hundefutter bis zu Luxuslimousinen alles Mögliche zu verkaufen, doch über seine wahre Bedeutung wissen wir so wenig. Die Mediziner erzählen uns, dass unser physisches Herz so kräftig ist wie nie zuvor, weshalb wir größere Körper entwickeln und länger leben. Und gleichzeitig gehören Herzkrankheiten zu den meistbenutzten Fahrkarten in den Himmel!

Das physische Herz ist ein lebensspendendes Organ, dessen tiefe, wunderbare Ressourcen zum großen Teil noch darauf warten, entdeckt zu werden. Die östliche Medizin und Philosophie erzählt uns von dem wichtigen Energiefeld, das unseren Körper und unser Herz umgibt, und jeden Tag tauchen neue Beweise dafür auf, dass dieses komplexe elektrische Feld einen lebensstärkenden Einfluss auf das körperliche Herz hat. Auch die chinesische Medizin hat jedem, der sich dafür interessiert, viel dazu zu sagen, genauso wie die Psychologie.

Viele Untersuchungen und Therapien beschäftigen sich zum Beispiel mit den Unterschieden zwischen einer »linkshirnigen« und einer »rechtshirnigen« Herangehensweise an das Leben. Man nimmt dabei vielfach an, dass rechtshirnige Menschen Herzens-Menschen seien, das heißt emotional, intuitiv, empathisch und empfindsam, und linkshirnige eher logisch, analytisch, konkurrierend und initiativ. Diese Aufteilung wird oft so weit getrieben, dass Herzens-Menschen als feminin und Verstandes-Menschen als maskulin bezeichnet werden. Angesichts unserer zwei Gehirnhälften ist dieses Verständnis in gewisser Weise berechtigt. Doch die eigentliche Wahrheit liegt in dem, was derartige Annahmen über unsere Gesellschaft aussagen. So macht es zum Beispiel deutlich, dass in unserer Kultur das Herz meist als emotional, einfühlsam, intuitiv und weiblich betrachtet wird.

Den meisten Menschen ist das volle Spektrum der Macht des Herzens gar nicht bekannt. All die aufgeführten Überlegungen zum Herzen sind wichtig und wertvoll, doch für sich genommen unvollständig. Selbst insgesamt beschreiben sie das Herz nicht in dem gleichen Umfang wie das Heilige Herz, von dem Jesus sprach.

Seit meinen Unterhaltungen mit ihm sind wichtige Erkenntnisse gewonnen worden. Ich habe vor Kurzem mit Begeisterung einen Artikel von dem Wissenschaftler Chilton Pierce gelesen, in dem er eine Reihe unterschiedlicher Forschungsergebnisse zusammenfassend betrachtet, die das Herz als das wesentliche Zentrum der menschlichen Intelligenz bestätigen (Chilton Pierce, Journal of Family Life, Bd. 5 #1, 1999). Er berichtet, dass 60 bis 65 Prozent der Herzzellen Neuralzellen sind und keine Muskelzellen, wie man bisher annahm. Sie sind den Hirnzellen nicht nur ähnlich, sie haben auch die gleichen Verbindungen und Neurotransmitter. Ihre Verbindungen, die »Ganglien« genannt werden, reichen zu jedem wichtigen Körperorgan. Darüber hinaus ist es für Pierce ganz klar, dass das Herz ein elektromagnetisches Feld von drei bis vier Meter Durchmesser erschafft. Dieses Feld besteht aus einer Schwingung und ist holografisch, das heißt, mit ihm kann von jedem Punkt des Körpers aus Kontakt aufgenommen werden. Die Forschungen von Pierce scheinen darauf hinzuweisen, dass dieses »Herzfeld« das ganze Spektrum an Radiowellen anbietet, aus dem das Gehirn sein Material zur Erschaffung unserer inneren Welterfahrung bezieht.

Das erinnerte mich an eine interessante Bemerkung, die Jesus mehr als einmal machte.

»In jedem Menschen gibt es einen Punkt, an dem die physischen, intellektuellen, emotionalen und spirituellen Komponenten der eigenen Existenz in vollkommener Synchronizität sind. An diesem Punkt gibt es keine Unterschiede in Zeit, Raum, Elementen oder Bedingungen. Dies ist ein persönlicher ›Nullpunkt‹, der vor der Geburt und direkt nach dem Tod erfahren wird, aber auch dazwischen jederzeit zugänglich ist, wenn der Wille der Person sich mit dem göttlichen Willen völlig versöhnt hat.

An diesem heiligen Ort kann sich jeder Mensch immer mit seinem Schöpfer verbinden, egal, wie weit er durch den Lebensprozess davon abgekommen sein mag. An dem Punkt wahrhaftiger Einfachheit könnt ihr euch in vollkommene Kommunion mit dem Vater be-

geben. Und wann immer ihr das tut, wird sich euer Leben erneuern oder sogar transformieren.

Das Herz ist ein magnetischer Energiewirbel, durch den die Segnungen aller Essenzen und aller Potenziale empfangen, integriert und ins Sein gebracht werden können. Diese Kraft wird durch die Gesetze des Elektromagnetismus in Lebensenergie umgewandelt. Das grundsätzlich magnetische Herz funktioniert am besten durch anziehende und empfängliche unschuldige Wahrnehmung. Wertendes Handeln, das spaltet und abweist, schlägt die Tür des Herzens hinter euch zu. Um das Herz zu stärken, müsst ihr zuerst lernen, unschuldig wahrzunehmen, zu akzeptieren und zu vergeben. Mit zunehmender Stärkung wird es sich auch mehr öffnen. Diese Veränderung macht sich vielleicht zuerst als wachsende Begeisterung fürs Leben bemerkbar, als erholsamerer Schlaf oder bessere Verdauung. Das Herz ist der Mittelpunkt eurer Gesundheit und Lebensqualität, daher wird es sich hierum zuerst kümmern. Wenn ihr dann jedoch mit der Bestätigung des Herzens fortfahrt, wird euer Leben noch viel mehr Früchte tragen und ihr werdet die Energie haben, größere Veränderungen vorzunehmen. Diese Herzkontakte werden schließlich dazu führen, dass ihr eure kühnsten Träume übertrefft. Ihr werdet Energieebenen erfahren, die transformierend und transmutierend sind.«

Ist es nicht sehr erstaunlich, dass in einer Welt, die dermaßen mit Kraft und Stärke beschäftigt ist, das Herz so wenig verstanden wird? Denn wie Jesus sagt: »*Das Herz ist die wahre Quelle der menschlichen Kraft.*«

In dem Zusammenhang fragte ich ihn auch nach einem Thema, das jetzt große Bedeutung für mich gewonnen hatte. »Du hast sehr deutlich gemacht, dass Liebe die Macht im Universum ist und dass das Heilige Herz der Mittelpunkt der menschlichen Kraft ist. Wie kommt es, dass trotz dieser positiven Grundlage Kraft, Stärke und Macht hier auf der Erde so schwierige und korrumpierende Themen sind?«

»*Nicht Macht ist das Problem, sondern Ersatzmacht!*«

Ich ahnte sofort, was er meinte, doch ich wollte keine vorschnellen Vermutungen treffen und fragte nach, was er denn mit »Ersatzmacht« meine. Wie üblich begann er seine Unterweisung damit, die Grundlage für vollkommenes Verständnis herzustellen.

»Die wahre Macht ist Gott zu eigen. Durch andauernde Verbindung mit dem Schöpfer wird diese Macht an Individuen, an alle Lebewesen übertragen, um ihnen in ihrem jeweiligen Leben zu eigen zu sein. Diese Macht kann nur durch eine Verleugnung der Liebe und die Trennung von Gott verloren oder missbraucht werden, denn alle Macht Gottes ist grundsätzlich rein. **Die Menschen verleihen jedoch Strukturen, Autoritäten und äußeren Kräften ›Ersatzmacht‹.** *Durch Ersatzmächte kann der Mensch seinen Einflussbereich ausdehnen. Doch wenn eine Ersatzmacht vorgibt, ursprüngliche Macht zu sein, korrumpiert sie sehr schnell.*

Wenn zum Beispiel zwei Männer zusammen ein Geschäft gründen, erschaffen sie damit eine Ersatzmacht. Wenn sie als solche verstanden und von beiden gleichermaßen überwacht wird, dann kann die von ihnen erschaffene Struktur hilfreich sein. Wenn jedoch einer von beiden den anderen unterdrückt und die delegierte Macht für sich allein beansprucht, dann wird sie korrupt.

Das Schulsystem ist eine Ersatzmacht, die die Eltern delegiert haben. Solange sie den Werten und Wünschen der Eltern entspricht, wird diese Macht gut verwaltet. Wenn sie jedoch versucht, die ursprüngliche Macht zwischen Eltern und Kindern zu untergraben, entstehen Probleme.

Eine Regierung ist eine von den Regierten delegierte Ersatzmacht. Solange sie den Bedürfnissen der Regierten gerecht wird und die ursprüngliche Macht ehrt, aus der sie entstanden ist, kann die Ersatzmacht nützlich sein. **Die Korruption beginnt, sobald die Ersatzmacht sich die Rechte ursprünglicher Macht anmaßt.** *Dies geschieht in der Regel durch den Einsatz von Kraft, durch verordnete Konformität, Unterdrückung von Rechten und Unehrlichkeit. Die Ersatzmächte ziehen ihre Energie immer aus ursprünglicher Macht. Solange diese Regel offen anerkannt wird, kann eine Ersatzmacht eine* *effektive Erweiterung von Autorität sein. Doch wenn Gewalt und Unehrlichkeit die Prioritäten umgekehrt haben, um den falschen Eindruck zu erwecken, dass die Ersatzmacht echte Macht sei, dann versucht der Floh von dem Hund Besitz zu ergreifen, indem er seinen Anspruch mit Drohungen und Strafen untermauert.*

Unter derart unterdrückenden Bedingungen ist nichts wirksamer als eine Deklaration der souveränen Rechte ursprünglicher Macht, der Macht aller echten Befreier. Das ist es, was die amerikanischen Gründungsväter 1776 taten. Das ist es, was bei der Abschaffung der Sklaverei geschah. Es geschieht in Gemeinschaften, Familien, Karrieren und persönlichen Entwicklungen, wenn zum Beispiel ein Mensch zu seinem Herzen zurückkehrt und die dort von seinem Schöpfer angelegte ursprüngliche Macht aktiviert.

Manchmal wehrt sich die Ersatzmacht, doch sie gewinnt nie, weil sie keine eigene Autorität besitzt! Jeder Einzelne trägt die Verantwortung dafür, den Unterschied zwischen ursprünglicher Macht und Ersatzmacht zu kennen und zu ehren. Eure ursprüngliche Macht liegt darin, dass ihr Kinder Gottes seid, in der Liebe, die ihr seid, und in eurem ewigen Bund mit dem Vater durch das Heilige Herz. Im Verlauf eures Lebens delegiert ihr jedoch Autorität an viele selbst erschaffene Identitäten, vor allem an soziale, berufliche und leistungsbezogene Identitäten. Probleme entstehen, wann immer diese anfangen, euer Leben zu dominieren und die Rechte ursprünglicher Macht zu beanspruchen.

Der Begriff des Ego hat in eurer Sprache viele Bedeutungen. Doch die dysfunktionalen Probleme, die mit dem Ego einhergehen, lassen sich am besten damit erklären, dass Ersatzidentitäten das wahre Selbst der Seele verdrängt haben.

Tief in eurem Sein ist euer eigener heiliger Mittelpunkt, der stille Raum, in dem ihr eins seid mit dem Vater. Durch diese Verbindung existiert eure ursprüngliche Macht, weshalb die Bedeutung dieses Wissens für euer Leben überhaupt nicht hoch genug geschätzt werden kann. Hier müsst ihr allein sein, denn es ist euer Heiligtum. Dort zu sein ist die Essenz des Betens. Als ich meinen Jüngern riet, zum

Beten in eine Kammer zu gehen, meinte ich das daher in zweierlei Hinsicht ganz wörtlich. Jeder ruhige Rückzugsort ist zum Beten geeignet. Wählt einen Ort, der dem heiligen Raum in euch entspricht, in den ihr euch begeben wollt.

Das Heilige Herz befindet sich in eurem Körper an einer ganz konkreten Stelle, die von Person zu Person etwas variieren kann. Es sitzt zwischen eurer Wirbelsäule und eurem physischen Herzen, irgendwo in einem Bereich von gut zwei Zentimetern oberhalb des Herzens bis zu zehn Zentimetern unterhalb davon auf einer zentralen Achse, auch wenn das physische Herz etwas links davon ist. Bei Sportlern oder Menschen, die sich stark körperlich betätigen, sitzt der Herz-Wirbel meist etwas niedriger, da sie das körperliche Gleichgewicht mehr brauchen. Geistig arbeitende Menschen oder Musiker sollten etwas höher danach suchen.«

Wegen meiner Empfänglichkeit für Ästhetik schlug er mir vor, ihm eher etwas höher nachzuspüren.

»Wenn du dich dort hineinbegibst, musst du deine Aufmerksamkeit der Stille überlassen, bis sie zur Ruhe kommt. Dies ist der Weg der stillen Kontemplation, in welcher du der Einheit all dessen, was ist, gewahr werden kannst. Es ist dein heiliger Ort, weil es der Dreh- und Angelpunkt zwischen Körper und Seele ist, zwischen dem Körperlichen und dem Unsterblichen, zwischen dir selbst und Gott.

Wenn das Herz gesund und lebendig ist, ist es der natürlichste Aufenthaltsort. Doch wenn es vergessen und verlassen wurde, kann es Probleme beim Wiedereintritt geben. **Das Herz trägt einen Abdruck deines wahren Charakters und der Liebe, die du bist, in sich.** *Das ist die einzige Art, wie es dich erkennt. Wenn du dich ihm mit falschen Identitäten näherst, mit vorgetäuschten Absichten, unreinen Gedanken oder irgendwelchem anderen überflüssigen Gepäck, kommst du nicht mit dem richtigen Schlüssel.*

Du bist es unbedingt wert, in deinem Herzen zu sein, denn es ist dein Zuhause, der Mittelpunkt deines Seins. Doch da es deine unsterbliche Seele verteidigt, verfügt es über ein exzellentes Sicherheitssystem. Gemäß dem Willen Gottes wird nichts erkannt, was du nicht bist. Alle Illusionen, Trugbilder und Wertungen müssen am Tor abgelegt werden. Sollt ihr nicht genauso auch in das Himmelreich treten wie die Kinder?

Es gibt zwei Zugänge. Der leichtere Weg besteht darin, durch Hingabe und Loslösung deinen Verstand zur Ruhe zu bringen, deine Aufmerksamkeit wie einen Kieselstein in einen großen, stillen See sinken zu lassen. Lass dich durch die Stille und Schwerelosigkeit treiben, bis du zur Ruhe kommst.

Der andere Weg ist schwieriger, doch jeder Versuch wird dich näher ans Ziel bringen. Es ist ein reinigender, transformierender Prozess, bei dem du das Herz direkt öffnest und betrittst und es wieder als den heiligen Raum weihst, der es ist. Bei diesem Weg suchst du nach dem Zugang, durch welchen das Herz mit der Unendlichkeit, mit dem EINEN Geist und dem Vater in Verbindung steht. Du fängst damit an, dir des Kreises von Energie bewusst zu werden, der deinen Körper wie ein schützender Kokon umgibt. Mit deinem inneren Auge schau von der Rückseite dieses Kreises auf deine Wirbelsäule. Suche aus dieser Perspektive, also mit Blick auf deinen Rücken, entlang deiner Wirbelsäule nach so etwas wie dem Eingang einer Höhle. Die Öffnung mag zunächst sehr klein sein, doch wenn du dort hineingehst, wird sie sich weiten und du wirst die Unendlichkeit vor dir ausgebreitet sehen.

Bei manchen Menschen mag der Zugang versperrt sein, sodass sie ihn mehr spüren als sehen können, und sie müssen vielleicht erst einen großen Felsblock wegrollen, bevor die Öffnung sichtbar wird. Gebt nicht auf, die Öffnung ist da! Wer immer wieder danach schaut, wird sie finden, und wer anklopft, dem wird aufgetan.

Erschrecke nicht vor dem, was du vielleicht zuerst dort siehst. Vielleicht spürst du die kühle, dunkle Luft des Kosmos. Viele reagieren mit einem Frösteln, denn der Geist ist kühler als der Körper. Manche sehen einen brennenden Busch am Eingang, andere ein Flammentor oder einen mächtigen Engel mit einem Schwert, der den Zugang bewacht. Es kann auch sein, dass manche zögern, weil es sich so heilig anfühlt, und vielleicht wollen sie sich symbolisch die Schuhe ausziehen oder sich mit Weihwasser benetzen. Wer für diese Erfahrung nicht bereit ist, wird sie leugnen oder ihr ausweichen, denn was als heilig wahrgenommen wird, ist die Verbindung zu Gott.

Indem du so das Tor zum Herzen durchschreitest, erbst du die Weisheit, die dort von Anfang an für dich aufbewahrt wurde. Euer sich entfaltendes Bewusstsein des Heiligen Herzens wird dadurch viele Dimensionen der Intelligenz wiederbeleben, die euch verloren waren. Auf jeden Fall werdet ihr jedoch wahre Entspannung erfahren.«

Er erklärte, dass das Herz immer unser Leben leitet, ob wir uns seiner bewusst sind und uns darauf beziehen oder nicht. Es ist immer unsere heilige Verbindung zu unserem Vater und wirkt immer als unsere höhere Intelligenz.

»Durch dein Herz ist der Vater immer bei dir, doch jeder Besuch des inneren Heiligtums stärkt deine Beziehung mit ihm. Einfach dort zu sein, ist Gebet. Es ist unwichtig, was du sagst, denn der Vater kennt all deine Bedürfnisse und Sehnsüchte.

Das Gebet, das ich meine Jünger gelehrt habe, wurde extra so formuliert, dass es die Bindung zwischen Vater und Kind, zwischen Himmel und Erde stärkt. Es ist die Aufgabe des Herzens, diesen heiligen Bund zu würdigen.«

Das Vaterunser ist eines der bekanntesten Gebete in der Geschichte der Menschheit. Es wurde in praktisch alle menschlichen Sprachen übersetzt und ist vielfach interpretiert worden. Ursprünglich wurde es auf Aramäisch gebetet, und eine nähere Beschäftigung mit diesen alten Worten kann der bekannten Übersetzung viel Kraft und Klarheit geben (Matthäus 6,9–13). In meiner Kindheit lernte ich es so:

Vater unser im Himmel,
geheiligt werde dein Name.
Dein Reich komme.
Dein Wille geschehe
wie im Himmel so auf Erden.
Unser täglich Brot gib uns heute.
Und vergib uns unsere Schuld,
wie auch wir vergeben unseren Schuldigern.
Und führe uns nicht in Versuchung,
sondern erlöse uns von dem Bösen.
Denn dein ist das Reich und die Kraft
und die Herrlichkeit in Ewigkeit.
Amen.

»Wenn die Verbindung stark ist, sind Worte unwichtig. Die Worte eurer Gebete sind weniger wichtig, als im Heiligen Herzen zu sein. Das Gebet, das ich meinen Jüngern gab, war so gestaltet, dass es sie direkt ins Heilige Herz führte. Es wird das mit jedem tun, der hingebungsvoll dem Sinn dieser Worte nachspürt.

Die Worte sind richtig. Leider haben manche Übersetzungen statt ›Schuld‹ das Wort ›Sünde‹ gewählt. Das ist nicht richtig. Es kann noch nicht mal die Idee der Sünde zum Vater in den heiligen Raum gebracht werden, doch es ist würdig und recht, darum zu bitten, dass eure Schulden am Eingang getilgt werden. Euer Vater möchte, dass ihr in Vollständigkeit und Fülle lebt, vorausgesetzt, ihr wünscht das auch anderen. Euer Vater ruht in Einheit und Vollkommenheit. Er kennt keine Sünde. Um Vergebung müsst ihr einander bitten. Deswegen habe ich gesagt, wenn ein Mann seinen Bruder beleidigt hat, soll er zuerst zu seinem Bruder gehen und um Vergebung bitten. Dann wird sein Herz rein sein und er kann den Tempel betreten.

Wenn ihr auf diese Art ein reines Herz habt, seid ihr eins mit dem Vater. Das ist es, was ich mit den Worten meinte: ›Gesegnet sind, die reinen Herzens sind, denn sie werden Gott sehen.‹ Wenn ich vom Tempel sprach, meinte ich meist das Heilige Herz und kein architektonisches Bauwerk. Genauso meinte ich mit dem Himmelreich den Bereich der Vollkommenheit des Bundes zwischen Gott und den Menschen, der im Heiligen Herzen zu finden ist.

Gott ist der Erfinder der Vollkommenheit. **Wo immer diese Vollkommenheit herrscht, entfaltet sich der Himmel. Die Menschen haben im Heiligen Herzen Zugang zu dieser Vollkommenheit. Kümmert euch also zuerst darum, und alles andere wird euch gegeben.**

In der heiligen Stille könnt ihr Glückseligkeit und Ruhe erfahren, eine Heilung empfangen oder euch nähren lassen. Vielleicht schaut ihr auch die Unendlichkeit. Der Blick auf die Unendlichkeit ist die Quelle eurer erhöhten Wahrnehmung. Damit würdigt ihr euch selbst und die Liebe, die ihr seid, als eine Einheit in der ewigen Weite der Existenz.

Im Mittelpunkt dieser unbezahlbaren Weisheit werdet ihr neue Dimensionen spezifischer Intelligenz entdecken, die euer Leben immer zu rechtem Handeln führen werden. Die Resonanzen von sieben Dimensionen schwingen vom Zentrum eures Herzens aus. Sie mögen euch zunächst als Lebensprinzipien erscheinen, doch je mehr ihr sie meistert, desto mehr werdet ihr sie als Dimensionen größerer Erkenntnisse und Fähigkeiten erleben. Diese sind: Einheit, Liebe, Leben, Respekt, Aufrichtigkeit, Gerechtigkeit und Güte. Durch diese Dimensionen von Verständnis kann das Herz auf vielfältigste Weise Ganzheit wiederherstellen und von unendlich vielen Ausgangspunkten unendlich viele Ergebnisse erreichen. Das ist die Kapazität des Herzens.

Alle Wirklichkeit, inklusive der materiellen Existenz, entsteht aus der Unendlichkeit und nicht umgekehrt. Gemeinsam mit Gott ist die Unendlichkeit ursprüngliche Ursache. Diese Gemeinsamkeit umfasst auch dich als Kind Gottes. **Unendlichkeit ist das unbegrenzte Potenzial Gottes, das sich zuerst als Wahrnehmung manifestiert, dann als Liebe, dann als Geist und zuletzt als unendlicher Vorrat an Ur-Teilchen, die auf endlos vielfältige Weise angeordnet werden können.**

Erinnere dich daran, dass du als ein Aspekt Gottes auch Teil der Unendlichkeit bist und nicht ein Teil der daraus hervorgegangenen Strukturen. Innerhalb der Ordnung der Dinge erlaubt dir deine Position einen Blick auf die Unendlichkeit und auf die unermessliche Vielfalt der physischen Existenz, ohne davon überwältigt zu werden. So ist es möglich, dass du in diesem Universum, das durch Duplikation, Replikation und Ähnlichkeit gedeiht, ein absolut einzigartiges Individuum sein kannst. Du kannst dauerhaft du selbst bleiben, weil du ein Teil der Unendlichkeit und daher dem physischen Universum unbegreiflich bist. Du bist eine Art Außenstelle von Gottes Unendlichkeit und du kannst diese Unendlichkeit durch dein Herz wahrnehmen. Das Herz ist dein Gottesgeschenk. Es ist deine ewige Verbindung mit dem Vater.«

Ich dachte einen Moment lang nach und fragte dann: »Waren wir nicht ursprünglich eins? Gibt es die Unendlichkeit aus der Sicht des EINEN nicht bereits? Warum war sonst noch etwas nötig?«

Der Meister antwortete mir: »*Wenn du ein Radio mit einem Mono-Lautsprecher hättest, auch wenn er noch so perfekt wäre, würdest du nicht lieber Stereo hören? Sicher ist der Heilige Vater, die Quelle der Unendlichkeit, EINS und eine Unendlichkeit. Doch nichtsdestotrotz reicht seine Größe darüber hinaus, um etwas zu erzeugen, was du ›stereophone Unendlichkeit‹ nennen könntest!* **Dies geschieht durch seine Kinder!** *Siehst du, die singuläre Unendlichkeit des Vaters geht den Kindern voraus, doch zusammen mit seinen Kindern bildet er die lebendige Essenz eines stereophonen Universums. Ohne die Kinder gäbe es keine stereophone Existenz – ein Phänomen, das durch die Verbindung des Prinzips der Unendlichkeit mit unermesslich vielen Standpunktmöglichkeiten entsteht!* **Ihr seid der Reichtum des Universums, seine Tiefe und seine Vollendung.** *Es ist von entscheidender Bedeutung, dass ihr eure Individualität und eure Selbstwahrnehmung achtet. Aus der Selbstwahrnehmung entstehen die Fähigkeit des Denkens und die Vorstellungskraft. Und sie enthält euer Recht darauf, eine zusätzliche Quelle der Unendlichkeit und der Schöpfung zu sein. Ohne sie würdet ihr einfach nur unbewusst auf vorherbestimmte Umstände reagieren. Selbstwahrnehmung entzündet den Funken eurer Fähigkeit, eine sekundäre Quelle von Unendlichkeit zu sein. Die Verbindung mit der Unendlichkeit wird euch die Dimensionen einer erweiterten Existenz verschaffen. Das Universum ist eine Partnerschaft, in der der Schöpfer ruhen darf und die Geschöpfe ihre Freiheit erkunden dürfen! Ihr könnt diese Beziehung auch symphonisch mit anderen erfahren, indem ihr in den Augen eures Bruders die Augen des Vaters seht. Damit erweitert ihr den symphonischen Reichtum der Unendlichkeit.*«

Meiner Erfahrung nach halten uns Teilnahmslosigkeit und Geringschätzung häufig davon ab, diese symphonische Beziehung zu erkennen. Viel zu oft übersehen wir unseren Nächsten aus Abneigung, Neid oder einfacher Achtlosigkeit gegenüber seiner Bedeutung für das Leben.

Es gibt einen bäuerlichen Scherz, der das gut zum Ausdruck bringt: Ein Bauer hatte ein schönes Stück Land, auf dem er hart gearbeitet hatte und auf dem nun eine üppige Ernte heranreifte. Kurz vor der Mahd stand er vor dem Acker und freute sich an der Fülle, als der Pfarrer vorbeikam und anhielt. Er nickte dem Bauern freundlich zu und meinte mit ausholender Geste: »Gott hat dich wirklich mit einem herrlichen Acker gesegnet, mein Sohn«. Der Bauer antwortete: »Ja, Herr Pfarrer, das stimmt, und ich kann Ihnen gar nicht sagen, wie oft ich ihm dafür schon gedankt habe. Aber wissen Sie was? Sie hätten den Acker mal sehen sollen, als er sich noch selbst darum gekümmert hat!«

Jesus sagt: *»Ihr seid für die kontinuierliche Ausdehnung der Unendlichkeit unentbehrlich. Ihr seid die zusätzliche Dimension! Das Herz ist euer Zugang, um diese zusätzliche Dimension zu leben. Es ist der Anfang eurer höheren Intelligenz.«*

Er erklärte, dass im Verlauf des Lebens verschiedene Intelligenzstufen und -qualitäten zur Erschaffung des Bewusstseins und zur Manifestation von Problemlösungen beitragen. Die höchste Intelligenz ist die Liebe selbst, denn nur sie enthält die ultimativen Geheimnisse und Lösungen der Existenz.

Die niedrigste Intelligenzstufe des Menschen ist die biogenetische, die die Körperfunktionen aufrechterhält und die Überlebensimpulse gibt. Biogenetische Intelligenz ist jedoch aufgrund ihrer extremen Angst vor dem Tod und ihrer feindseligen Haltung ihrer Umgebung gegenüber nicht geeignet, um eine positive Lebenseinstellung zu entwickeln.

Wenn die biogenetische Intelligenz versucht, Philosophien zu entwickeln, erscheint ihr Moral nur im Zusammenhang von Schuld und Strafe möglich, während Macht und Stärke als territoriale Notwendigkeiten betrachtet werden. Politische, soziale und rassische Übereinstimmung wird zur Grundlage von Zugehörigkeit gemacht, und Gott wird als ein Verbündeter im Lebenskampf betrachtet, vorausgesetzt natürlich, dass man gehorsam war.

Glücklicherweise gibt es jedoch oberhalb dieser Intelligenzstufe einen Verstand, der sehr viel umfassendere Wahrnehmungen und Informationen über das Leben aufnehmen und verarbeiten kann. In dem Maße, wie der Mensch bewusster wird, ersetzt er die engen Ansichten der biogenetischen Intelligenz durch ein breiteres Spektrum mentaler Fähigkeiten. Jesus erklärte, dass der Verstand ein riesiger Speicher ist, der Informationen sammelt und Erfahrungen in logische Muster integriert, damit sie praktisch anwendbar sind. Sein bestes Produkt ist die Vernunft, seine größte Schwäche ist seine Abhängigkeit von strukturellen Denkmodellen.

»Der Verstand integriert alternierende Wirkungsweisen, die wie bei einem mechanischen Computer in binären mathematischen Funktionen elektrisch codiert sind. Die mentale Intelligenz ist ein Informationssystem, das von der Umgebung erschaffen wurde, der es dient. Diese Umgebung kann einfach nur den persönlichen Alltag umfassen oder den ganzen Kosmos. Der Anschein der Erweiterung des Verstandes rührt daher, dass auch die kleinsten Systeme Muster enthalten, die sich verbinden und letztlich zu größeren führen. Doch die Größe des Verstandes ist nicht entscheidend. Egal, wie groß – der Verstand bleibt doch ein Diener und verfügt daher nicht über die Intelligenz der Meisterschaft.«

Wenn der Verstand versucht, Philosophien zu entwickeln, bringt er Konzepte ideeller Formen hervor. Daher gehen seine Ideen oft an der Realität des Lebens vorbei. Angemessenheit, Korrektheit und Reformen sind die moralischen Konzepte des Verstandes. Die rechtmäßige Kontrolle von Wissen wird als Stärke betrachtet, und die Gesellschaft baut sich aus Verwaltungshierarchien auf. Für den Verstand ist das Gesetz mehr eine Sache der Korrektheit als der Fairness. Wenn sich die mentale Intelligenz überhaupt mit Gott befasst, dann mittels idealisierter Konzepte, die die Vollkommenheit von der Unvollkommenheit unterscheiden, um darüber zu urteilen.

Trotz seiner Begrenzungen ist der Verstand ein nützlicher Diener, der schließlich der Menschheit zu einer würdevollen

Position in ihrer Umgebung und zur Herrschaft über die Naturkräfte verholfen hat. Der Verstand hat der Menschheit eine Unmenge an Informationen über das Universum vermittelt und ihr die Freizeit verschafft, darüber nachzudenken. Aus Dankbarkeit dafür gebührt ihm viel Ehre. Doch angesichts der Unfähigkeit des Verstandes, das Leben **mitfühlend** zu erklären, halten große Teile der Menschheit widerstrebend an dem fest, was die biogenetische Intelligenz über das Leben zu sagen hat. Denn die biogenetische Intelligenz fördert und unterstützt das Leben zumindest im unmittelbaren »Familienkreis«. In unserem Gespräch hierüber sagte der Meister:

»Es ist für den Menschen unabdingbar, dass er die höhere Intelligenz des Herzens anerkennt, denn der Verstand allein kann ihm nicht vermitteln, wer er ist, und die genetische Intelligenz ist eine tödliche Waffe, wenn sie mit den technologischen Möglichkeiten der heutigen Zeit ausgerüstet ist. Im Vergleich zum Verstand ist das Herz eine auf höchster Einfachheit und Synchronizität beruhende Intelligenz. Seine Matrix ist ein synergistisches Bewusstseinszentrum, das in ALLEM die verbindende Beziehung sieht.

Die der Menschheit zur Verfügung stehenden Intelligenzstufen lassen sich unter den Begriffen Überleben, Logik, Synchronizität und Liebe zusammenfassen. Im Leben jedes Menschen sind alle vier vorhanden, doch der Mensch neigt dazu, sich auf diejenige zu konzentrieren, die ihm am meisten dienlich ist. Wenn ihm die Intelligenz des Herzens oder die höhere Intelligenz der Liebe fremd sind, wird er die anderen Stufen stärker nutzen. Die genetische Intelligenz ist gut dafür ausgerüstet, das physische Leben zu erhalten und sich emotional mit der Umgebung auszutauschen. Die mentale Intelligenz kann Berichte verfassen und Raketen konstruieren. Doch keine von beiden kann dem Leben einen Sinn geben oder eine Verbindung mit dem Göttlichen herstellen. Sie über ihre Möglichkeiten hinaus anzuwenden, hat schon zu fatalen Missverständnissen geführt.

Genau genommen gibt es eine unendliche und verbundene Intelligenz, nämlich den EINEN Geist. Vielleicht könnte man ihn als den großen kosmischen Verstand bezeichnen, obwohl der Begriff ›Intelligenz‹ seine Funktion und seine allgemeine Verfügbarkeit besser beschreibt. Denn ein Verstand besitzt immer zumindest eine minimale Struktur für seine Kreisläufe, Integrationsprozesse und angemessenen Anwendungen.

Nur die Einfachheit des Herzens kann die Unendlichkeit begreifen und den Himmel mit der Erde auf sinnvolle Weise verbinden. Aus seiner wie die Nabe eines Rades ruhenden Mitte heraus entfaltet das Herz seine Wahrnehmung in sieben konzentrischen Verständnisringen. Jede dieser Intelligenzdimensionen baut auf der vorherigen auf und vollendet sie.«

Die erste Dimension der Intelligenz des Herzens ist Einheit. Dies ist die primäre Erkenntnis, dass es nur **einen** Gott gibt, eine Macht, die die verbindende Kraft im Leben ist. Dieses wahrzunehmen, bestätigt die Einheitlichkeit des Geistes, enthüllt uralte Weisheiten und gewährt Einsicht in die größere Ordnung der Dinge. Eine Würdigung der Einheit führt zu einem Verständnis für die Muster von Ursache und Wirkung, die sich durch die gesamte Existenz ziehen. Die Intelligenz des Herzens entdeckt, dass es bei Ursache und Wirkung um viel mehr als lineare Konsequenzen geht. Eine dem Gesamtwohl dienende Handlung mag auf einem völlig anderen Weg zurückgezahlt werden, der aber dennoch zum Wohl des Empfängers ist.

»Wenn die Einheit Vorrang hat, ist das Gute unglaublich anpassungsfähig. Das Gute strebt nach Anwendung, so wie Wasser nach Ausgleich strebt. Sogar boshaft gemeinte Taten können von Gott in Gutes umgeleitet werden. Einheit ist auch Quelle für Intelligenz, weil sie die Fähigkeit verleiht, Wissen zu integrieren und Prioritäten angemessen zu definieren. Das ist der Anfang von Weisheit. Integration ist das Prinzip des erfolgreichen Denkens und Lebens, und ohne Prioritäten kann es keinen Fokus im Leben geben und keine Werte.

Zu höherer Intelligenz wird es, wenn ihr versteht, dass es in jedem Leben zentrale Probleme um Dominanz gibt. Dominanz führt zu Kon-

kurrenz, die sich oft in geschäftlichen oder militärischen Konflikten oder auf der persönlichen Ebene in endlosen Positionskämpfen äußert. Diese Aspekte sind leicht zu erkennen, doch leider äußert sich die Konkurrenz um Dominanz auch subtiler.

Unbezähmbare Gier nach bestimmten Nahrungsmitteln und andere suchterzeugende Zwanghaftigkeiten konkurrieren zum Beispiel mit den natürlichen Funktionen und streben nach Dominanz. Die Liste der Beispiele könnte endlos weitergehen. Und nichts kann das Chaos der konkurrierenden Kräfte beenden, als Gott die vereinigende Kraft im Leben sein zu lassen. Alle Süchte und Zwanghaftigkeiten sind das Ergebnis von falscher Dominanz und Ersatzmächten.

Die größte Dominanz von allen üben wahrscheinlich die künstlichen Identitäten aus, denen die jeweilige Person ihre Rechte überliefert hat. Solche Identitäten sind sehr suchterzeugend. Die falsche Dominanz hat euch in die Irre geleitet, eure Zeit, eure Hoffnungen, eure Träume und eure Liebe gestohlen.

Ohne falsche Dominanz würdet ihr nicht nur über unendliche Weisheit verfügen, sondern auch über die Zeit, um sie anzuwenden. In der Gegenwart der Einheit, die Gott ist, das EINE, das Höchste, habt ihr alle Macht, die ihr braucht, um ein erfülltes Leben zu haben.«

Wenn wir im Herzen sind, meinte er, sollten wir über das Prinzip der Einheit meditieren und Gott zur einzigen Macht erklären, die unser Leben bestimmen darf. Je mehr wir uns dieser Erkenntnis öffnen, desto weniger werden andere Dinge uns kontrollieren können. Die Macht Gottes wird sich uns dann durch unser Herz offenbaren, sodass wir das Kommando über unser Leben haben.

Die zweite Dimension der Intelligenz des Herzens ist Liebe.
»Liebe ist die Macht des Universums. Dein wirksamster Schutz im Leben liegt daher darin, die Liebe in ihren vielfältigen Formen zu ehren, zu schützen und zu achten. Wenn du mit Klarheit dieses Prinzip verfolgst, wird der Sinn deines Lebens erkennbar werden, denn der Sinn jedes eurer Leben ist in Liebe graviert.

Liebe ist mehr als ein Gefühl oder eine Orientierung. Sie ist eine Dimension der Intelligenz, sie ist sinnvolles Leben. Vor allem ist sie die **Essenz des Seins.**

Ein Mensch, der sich auf den Sinn seines Lebens einlässt, verfügt über eine höhere Intelligenz als jemand, der das nicht tut. Ein Mensch, der dem Sinn seines Lebens entsprechend lebt, kann dem Leben Werte verleihen. Die Intelligenz des Herzens sammelt, die Wahrnehmung der Einheit schafft Prioritäten, und die Liebe verleiht Sinn und Zweck. Darüber hinaus stärkt die Liebe den Instinkt eines Menschen, diesen Sinn und Zweck zu nähren, zu fördern und anzuwenden. Die Liebe ist sowohl ein Weg des Seins als auch des Werdens. Liebe entzündet den Lebensfunken. Liebe genießt das Leben und erhält Glauben und Hoffnung. Auch wenn die Lehren des Lebens oft hart erscheinen, entsteht Lernen doch nur, wenn Vergebung stattgefunden hat und die Liebe wiederhergestellt ist. Die Liebe entzündet auch das Lernen. Lernen kann nur mit Liebe geschehen. Durch sie kannst du etwas aus der harten Schule des Lebens zu einem dauerhaften Gewinn werden lassen. Dann kannst du sagen: ›Das brauche ich nicht noch mal zu tun. Diese Lektion habe ich abgeschlossen. Ich weiß um die Bedeutung dieser Erfahrung.‹ Liebe bringt Klarheit ins Leben, und wenn deine Liebe klar ist und frei von Reue oder falschem Verlangen, dann kannst du mit Selbstvertrauen ein leidenschaftliches Leben führen. Wenn du dir deiner Liebe sicher bist, hat die Leidenschaft Treibstoff, und die Leidenschaft gibt deinem Leben Treibstoff.

Meditiere auf die Liebe als die Macht dieses Seins und die Essenz dessen, was du wirklich bist. Wende ihre Prinzipien aufrichtig an, dann wird dein Leben und deine Liebe erfolgreich sein.«

Die dritte Dimension der Intelligenz des Herzens ist Leben.
»*Leben ist Liebe in Aktion. Das Leben hofft auf sinnvolle Erfahrung, Glücklichsein, Erfüllung und Kontinuität. Dem Leben wohnt Intelligenz inne. Folge dem Leben, diene den Lebenden und erfülle deine Liebe, indem du den Wegen folgst, die das Leben dir enthüllt. Dieser simple Rat enthält tiefe Weisheit. Deswegen habe ich meinen*

Jüngern geraten, dem Leben zu folgen und die Toten die Toten begraben zu lassen. Bei alten Fehlern zu verweilen, kommt teuer zu stehen. Das Leben und die Lebenden werden deinen Weg erleuchten und deine Zukunft entfalten. Anstatt dem Leben durch den Rückspiegel zuzuschauen, sieh nach vorne und betrachte die gegenwärtigen Möglichkeiten mit unschuldigem Blick.

Wenn du das übst, wirst du die Intelligenz kultivieren, die dir sagen kann, wie das Leben funktioniert und wie die Liebe, die du bist, dich darin unterstützen kann, dich tiefer darauf einzulassen. Vergib dir selbst und anderen, denn das Gestern wurde bereits gelebt. Das meinte ich mit den ›Toten‹. Sei jetzt hier und schau auf den Weg vor dir, denn da ist das Leben.

Betrachte den gegenwärtigen Augenblick als heilig, denn darin findest du die Antworten auf viele der Probleme, die dich verwirrt haben. Respektiere das Leben in all seinen Aspekten als die Entfaltung von Erfahrung.

Das Leben liegt nicht hinter dir – es liegt vor dir. Es ist nicht Geschichte oder Erinnerung. Leben ist das, was direkt vor deinen Augen geboren wird. Wenn du das weißt, wird deine Intelligenz keine stagnierende Ansammlung von Formeln für sterbliche Strukturen bleiben, sondern zu einer dynamischen Kraft werden.«

Die vierte Dimension der Intelligenz des Herzens ist Respekt. Dieses Wort hat heute viel an Bedeutung verloren, auch wenn Respekt im Orient immer noch eine wesentliche Dimension der Ehre ist. Ich persönlich hatte Respekt immer für eine Frage des Protokolls gehalten und war daher sehr neugierig auf seine Erläuterungen.

»Es fängt mit dem Respekt gegenüber Gott an, mit Respekt gegenüber dir selbst und mit Respekt gegenüber deinen Nächsten und allen Lebensformen. Etwas zu respektieren, ist mehr, als es zu würdigen.

Auch wenn wir im Geist eins sind, ist doch jedes Wesen einzigartig in seiner Liebe, seinem Lebenssinn und seinem Leben. Jeder

Mensch hat einzigartige Eigenschaften, die ihm Fähigkeiten, Freiheiten und Verantwortlichkeiten verleihen, die vielleicht jemand anderem nicht zur Verfügung stehen. Jede Person und jeder Aspekt des Lebens ist unersetzbar. Was du nicht zur Welt bringst, wird niemand anderes tun.

Respekt beginnt mit dem Wissen, dass du und dein Schöpfer einen Bund miteinander haben und dass in diesem Bund all die Antworten und Ressourcen liegen, die du brauchst, damit dein Leben funktioniert. Dieses Recht kannst du dann auf andere ausdehnen. Letztendlich führt das zu Respekt gegenüber der göttlichen Ordnung, die die höchste Intelligenz ist.

Diese Erkenntnis wird dir die Kraft geben, deine Sorgen loszulassen. Das meiste, worum du dich sorgst, geschieht ohnehin nicht. Einen gewissen Teil deiner Anfechtungen musst du akzeptieren, doch um das Übrige zu ändern, brauchst du Fokus und Entschlusskraft, die du nicht hast, wenn du dir die ganze Zeit Sorgen machst. Respekt für die göttliche Ordnung bringt Gelassenheit.

Beklage dich nicht, denn das ist respektlos. Suhle dich nicht im Selbstmitleid, denn das ist respektlos dir selbst gegenüber. Warum sollte ein Kind Gottes sich selbst leidtun? Das ist Verleugnung in ihrer essenziellsten Form. Kannst du erkennen, wie mit dieser Verleugnung die Ohnmacht in dein Leben schleicht?

Aus Respekt für die göttliche Ordnung entsteht Geduld und das Wissen um den richtigen Zeitpunkt. Das ist hochintelligent. Oft müssen andere Themen erledigt und andere Bedürfnisse befriedigt werden, bevor dein Platz am Tisch gedeckt werden kann. Durch Respekt gegenüber allen Dingen und der göttlichen Ordnung im Besonderen wirst du Geduld und Frieden finden. Dies wird dich zur effektivsten Verwendung deines Lebens führen, sodass du die ganze Fülle des Respekts vor dir selbst erfahren kannst.

Der größte Akt des Selbstrespekts ist es, das Heilige Herz als den Sitz deines Bundes mit Gott und als deinen Zugang zu höherer Intelligenz zu ehren.«

Die fünfte Dimension der Intelligenz des Herzens ist Aufrichtigkeit.

»Beim Üben von Aufrichtigkeit wird die Kraft der unschuldigen Wahrnehmung deutlich.«

Die unschuldige Wahrnehmung war der angenehmste Teil seiner Lehre, denn man braucht dazu nichts zu tun, als wachsam zu sein und die Augen aufzumachen, wie ein Kind, das eine Raupe beobachtet. Er sagte, dass die unschuldige Wahrnehmung für neue Entdeckungen entscheidend wichtig sei, weil wir unsere Filter beiseitelassen müssen, um das Unentdeckte zu erkennen. Die unschuldige Wahrnehmung lässt uns auch in die Gegenwart Gottes treten.

»Deswegen habe ich gesagt, dass ihr wie die Kinder werden müsst, um in das Himmelreich zu gelangen. Ohne Aufrichtigkeit gibt es keine höhere Intelligenz. Sie ist in vielfacher Hinsicht die Summe anderer Intelligenzstufen, denn wie könnte man ohne Aufrichtigkeit Zugang zu Intelligenz finden? Wie könnte Intelligenz auf das Leben angewendet werden, ohne eine Situation aufrichtig einzuschätzen?

*Es ist schade, dass Aufrichtigkeit eher als moralisches Prinzip betrachtet wird und nicht als ein Aspekt von Intelligenz. Aufrichtigkeit findet Lösungen für jedes Problem, nicht nur des Lebens, sondern auch der Wissenschaften, der Rechtsprechung und der sozialen Ordnung. Aufrichtigkeit beginnt mit der einfachen Frage: ›Was ist es?‹, auf welche die direkte, unzensierte Antwort von dem folgt, **was ist**.*

Von allen Menschen ist es am gefährlichsten, dich selbst zu betrügen, weil du damit deine Grundlage für Aufrichtigkeit zerstörst, und Aufrichtigkeit ist die Grundlage für Intelligenz, so wie Unaufrichtigkeit die Grundlage für Dummheit ist. Daher muss es der erste Schritt jeder Studie, jeder Untersuchung und jedes Projekts sein, eine Basis für Aufrichtigkeit und einen ehrlichen Verlauf zu legen. Die Theorien sind im Vergleich dazu sekundär. Wenn die Forscher genauso viel Zeit mit der Errichtung einer Basis für Ehrlichkeit verbracht hätten wie mit der Entwicklung von Theorien, wäre das Lernen schon sehr viel weiter gekommen.

Das Gleiche gilt für Gesellschaft und Management, denn Aufrichtigkeit ist zur Entwicklung praktikabler Budgetplanungen, Unternehmungen und Produktionen unabdingbar.

Einer unaufrichtigen Person sind viele Türen verschlossen. Und selbst wenn sie hereinkäme, würde sie sich doch im Irrgarten ihrer Selbsttäuschungen verlieren. Es geht hierbei auch um Aufrichtigkeit in Bezug auf Gewohnheiten, Beziehungen, Ideen, Karrieren und Pläne. Du wirst nie weiter kommen, als die Aufrichtigkeit dich trägt. Die Kontemplation der Aufrichtigkeit wird dir Räume deines Herzens und Gelegenheiten im Leben eröffnen, die dir bis dahin verborgen waren.«

Die sechste Dimension der Intelligenz des Herzens ist Gerechtigkeit.

Gerechtigkeit ist die Grundlage aller Zivilisation und kulturellen Intelligenz. Wenn die Gerechtigkeit nachlässt, bröckelt die Zivilisation. Es geht hierbei um sehr viel mehr als um Moral und Rechtsprechung. Es geht auch um Fairness, um die goldene Regel des gerechten Austausches.

»Austausch ist die Grundlage des Lebens im Universum, von den elementarsten Teilchen bis hin zu den komplexesten menschlichen Situationen. Gerechtigkeit ist die Intelligenz des Austauschs und des Gleichgewichts. Wo das Gleichgewicht gehalten wird, da herrscht Gesundheit. Dies gilt für alle Dinge, von einem gesunden Menschen bis hin zu einem gesunden Planeten.

Die Anwendung von Ausgleich und gerechtem Austausch wird in deine Auseinandersetzungen mit dem Leben und mit anderen Weisheit bringen. Deine Instinkte werden dich auf den Wert von Ideen, die Fruchtbarkeit eines Projekts oder die Angemessenheit einer Arbeit für dich hinweisen. Du wirst auch erkennen, welche Löhne und Preise fair sind. Alles wird letztendlich ausgeglichen. Gerechtigkeit zeichnet sich durch eine weise und effektive Ausübung dieses Ausgleichs aus. Dies geschieht durch eine besondere Dimension der Intelligenz des Herzens.«

Jesus erklärte, dass in der bei uns üblichen Praxis die konkurrierenden Preise, auch wenn sie durch die zahlenden Kunden bestätigt werden, nicht unbedingt den korrekten Preis widerspiegeln.

»Es gibt für alles einen fairen Preis, der in direkter Proportion zur Herstellung steht, das heißt dem entspricht, wie viel Zeit, Aufwand und Fertigkeit in die Produktion oder den Dienst eingeflossen sind. Zu wenig zu bezahlen ist genauso schädlich für den Austausch wie zu viel, beide behindern die Wiederherstellung des Gleichgewichts.«

Ich dachte an die vielen Länder, wo das Feilschen immer noch zum Leben gehört, und fragte zwinkernd: »Sollen wir denn alle Preise infrage stellen?«

Lächelnd und ebenso zwinkernd antwortete er: *»Nur wenn ihr bereit seid, die niedrigen genauso infrage zu stellen wie die hohen! Sie nur zu deinem eigenen Gewinn infrage zu stellen, ist keine wahre Gerechtigkeit und schwächt die Intelligenz eures Herzens. Gerechtigkeit ist das Prinzip der Fairness und wirkt in beide Richtungen!«*

Ein paar Jahre später las ich ein interessantes Buch, das eine logische Folge seiner Aussage zu beschreiben schien. Dieser Autor schrieb, dass »bargain« (engl. für *Handeln, Feilschen*) eigentlich »bar gain« (engl. für *Gewinn verhindern*) bedeute. In diesem Moment entschloss ich mich, meine Neigung zur Schnäppchenjagd aufzugeben und das Prinzip des Meisters ernsthaft anzuwenden. Bis dahin hatte ich mich damit rausgeredet, dass Sonderangebote, Schnäppchen, Flohmärkte und Straßenverkäufe Ausnahmen der Regel darstellten. Wenn jemand anderes es abwertete, schien es mir faire Beute zu sein.

Noch am gleichen Tag hatte ich jedoch Gelegenheit, wahre Fairness zu erleben. Ich wollte ein neues Bild anfangen und brauchte dafür Leinwand. Ich verwende feines belgisches Leinen, das ungefähr sechzig bis neunzig Dollar pro Meter kostet. Weil es so teuer ist, hat es auch mein Laden für Künstlerbedarf oft nicht vorrätig, und so freute ich mich, als ich an diesem Morgen anrief und noch etwas da war. Ich fuhr noch am gleichen

Tag hin. Als ich im Laden ankam, begrüßte ich den Besitzer, und er schnitt mir meine zwei Meter ab. Ich hatte nicht nach dem Preis gefragt, weil er mir ungefähr bekannt war und dies ohnehin meine einzige Möglichkeit war, dieses Material vor Ort zu bekommen. Doch als er mir die Rechnung reichte, sah ich, dass er für die zwei Meter nur dreißig Dollar berechnet hatte. Ohne zu zögern, sagte ich: »Das stimmt nicht.«

Er war verblüfft und fragte: »Habe ich zu viel berechnet?«

»Nein, nein, Sie haben mir zu wenig berechnet. Es ist viel zu wenig! Schauen Sie mal in Ihrem Katalog nach.«

Er blätterte in dem Katalog seines Großhändlers, und ich konnte sehen, dass meine Rechnung eigentlich hundertneunzig Dollar betragen müsste. Ich versicherte ihm, dass ich bereit sei, den vollen Betrag zu zahlen, damit es für ihn Sinn mache, so teure Leinwand zu führen! Ich weiß nicht, ob er schockiert war, ob ihm sein Fehler peinlich war oder ob er sich über diese Kundin wunderte, die sich Gedanken um seine Angelegenheiten machte, jedenfalls wies er mein Angebot zurück und meinte, ich könne die Leinwand für dreißig Dollar haben.

Ich lehnte weiter ab und forderte ihn auf, einen fairen Preis zu nennen. Er kritzelte eine Weile auf einem Blatt Papier herum und sagte schließlich: »Was soll's, sagen wir einfach, ich verkaufe den Rest der Rolle zum Sonderpreis von fünfzehn Dollar pro Meter!«

Die freundschaftliche Geste war uns beiden wichtiger als der Preis der Leinwand. Ich versuchte, den vollen Betrag zu zahlen, und er weigerte sich, ihn anzunehmen. Also machte ich einen Einkaufsbummel durch seinen Laden, um ihm zumindest zu den Einnahmen zu verhelfen, die ihm zustanden. Diese Ebene der Entgegnung war für ihn akzeptabel. Nach diesem Ereignis war unser Umgang viel liebevoller und es machte ihm immer Freude, mich auf Sonderangebote oder Mengenrabatte aufmerksam zu machen.

Es war eine so erfreuliche Erfahrung, dass ich begann, das Prinzip auch anderweitig anzuwenden. Wenn ich jetzt ein Sonderangebot sehe, frage ich zuerst: »Sind Sie sicher, dass Sie es sich leisten können, es zu diesem Preis zu verkaufen?«, und drücke damit das Bedürfnis nach Fairness aus. Die Reaktion ist meist erstaunlich. Und auch dieses Verhalten hat seine Konsequenzen, denn indem wir Gerechtigkeit ausüben, erfahren wir sie auch.

Diese Erfahrung bestätigte, was mich der Meister über Liebe und Austausch gelehrt hatte.

*»Liebe ist das Element, die Energie und die Bereitschaft, die jeglichen Austausch stattfinden lässt. Diebstahl, Invasion und Übergriffe können mit Kraft oder Täuschung durchgeführt werden. Doch **ohne Liebe gibt es keinen echten Austausch.** Auch wenn du meinst, dass du Geld gegen Waren tauschst, tauschst du doch in Wahrheit Liebe. Du tauschst Freundschaft, Einvernehmen, Vertrauen und Werte, die zu Gerechtigkeit führen. Ohne Gerechtigkeit gibt es kein Vertrauen. Ohne Vertrauen gibt es keine Zivilisation. Es gereicht dir nicht zum Nachteil, wenn du Gerechtigkeit übst. Jeder hat seinem Bund mit dem Vater entsprechende spezielle Vorzüge im Leben. Indem du nicht ungerechten Vorteilen hinterherläufst, erfährst du größere Klarheit über deine eigenen Möglichkeiten und Vorteile. Um diese zu finden, musst du alles sein lassen, was unfair ist.*

Mancher mag aus Selbstmitleid sagen: ›Ich habe aber keine Vorzüge.‹ Wer hätte der blinden und tauben Helen Keller gesagt, dass sie Vorzüge hat? Sie schien alle Nachteile der Welt zu haben.

Siehst du, das ist das Gesetz, dass die Sanftmütigen die Erde besitzen werden. Wenn du allen ungerechten Vorteilen entsagst, wirst du dich auf einer Goldmine von Vorteilen wiederfinden, die dir gegeben wurden. Diese Goldmine kann nur durch die Unschuld des Herzens entdeckt werden.«

Dies erinnerte mich an ein Beispiel. Ich hörte einst von einem Mann, der ein verbrecherisches Leben geführt hatte und dafür verurteilt und eingesperrt wurde. Er war ein Wiederholungstäter, sodass die Richter ihm schließlich alle Bewährung verweigerten, bis er ein paar wesentliche Dinge in seinem Leben geändert hätte. Vom Gefängnis aus begann er, Jura und andere Fächer zu studieren, die er schließlich auch seinen Mithäftlingen lehrte. In relativ kurzer Zeit wurde er eines der prominentesten Mitglieder der New Yorker Anwaltschaft und verfasste mehrere Bücher über den Abstieg des Menschen in die Kriminalität und über Bewährungshilfe. Er wurde zu einem respektierten Mann. Das konnte jedoch erst geschehen, nachdem er sozusagen die Talsohle durchschritten und den ungerechten Vorteilen entsagt hatte.

»Wenn wir von Gerechtigkeit sprechen«, fragte ich den Meister, »meinen wir damit meist eine Art Vergeltung oder die Durchsetzung von Gesetz und Ordnung. Doch jetzt scheint mir das Thema sehr viel umfassender.«

»Wenn es bei der Gerechtigkeit nur um die Eingrenzung von Kriminalität ginge, könnte man sie kaum als höhere Form von Intelligenz betrachten. Der wahre Sinn der Gerechtigkeit besteht überhaupt nicht darin, irgendetwas einzugrenzen! Es geht vielmehr um Angleichungen und Lösungen. Gerechtigkeit ist eine Lebensführung, die das Gute nährt und den endlosen Fluss des Austausches fördert! Doch wo die Ungerechtigkeit sich ausbreitet, da blüht auch die Kriminalität. Du kannst das mit deiner persönlichen Gesundheit vergleichen. Der Krankheit der Kriminalität liegen ernste Herzprobleme zugrunde, die durch jahrelangen Stress und ungesundes Leben entstanden sind. Gerechtigkeit ist wie Wasser. Wenn es genügend Fairness und Austausch gibt, um den Fluss in Gang zu halten, dann findet sie ihr Gleichgewicht von selbst. Wem keine Angleichungen möglich sind, der greift oft zu verzweifelten Maßnahmen. Kriminelle Handlungen können vielerlei Gründe haben. Doch wenn eine Gesellschaft Gerechtigkeit ausübt, wird die Kriminalität keinen fruchtbaren Boden finden, um sich auszubreiten.«

»Die meisten Menschen, die ich kenne, halten sich an die Regeln, ohne über Gerechtigkeit nachzudenken. Sie suchen einfach nach Möglichkeiten, vorwärtszukommen. Wie kann der gewöhnliche Mensch seine Vorzüge im Leben finden?«, fragte ich.

»Anstatt einander zu imitieren oder abzulehnen, seid lieber wie euer Vater. Ihr seid Kinder Gottes. Stellt die Verbindung wieder her, denn für die Erschaffung jedes einzelnen Menschen gab es einen besonderen Grund. In dieser Wahrheit werdet ihr eure Vorzüge und eure Gerechtigkeit finden.«

Die Intelligenz der Gerechtigkeit lässt uns das natürliche Gleichgewicht der Dinge verstehen und schätzen.

Wie können wir angesichts der unendlichen Weite des Universums und der komplexen Verflechtung unserer Beiträge die größeren, nach Ausgleich strebenden Kräfte erkennen? Hierbei werden Geben und Vergeben zu wesentlichen Bestandteilen eines intelligenten Lebens. Damit kommen wir zu Güte, die nicht nur ein Ausdruck der Gnade ist, sondern auch der Intelligenz, vielleicht sogar ihr höchster.

Die siebte Dimension der Intelligenz des Herzens ist Güte.

»Sie ist nicht nur ein Ausdruck der Wohltätigkeit gegenüber den Kleinen, den Verwundbaren oder den Bedürftigen. Sie soll nach dem Willen Gottes jedem zugutekommen. Güte stärkt das Gute in euch. Der Vater will, dass ihr diese Kraft kennen und verwenden sollt, als weise Hüter dessen, was euch anvertraut wurde. Durch gütiges Handeln mehrt ihr eure eigene Fülle, denn es vermehrt die Wege, wie das von euch Gegebene zu euch zurückkehren kann.

*In der heutigen Welt wird nicht viel über Güte geredet, und nur wenige wissen, worum es dabei wirklich geht. Manche betrachten sie sogar abfällig als eine milde Geste, mit der die Starken ihre Dominanz über die Schwachen ausgleichen. Daher schämen sich viele, Güte anzunehmen. Doch wenn du Güte in deinem Herzen kontemplierst, dann wirst du entdecken, dass sie ein interessantes Thema ist. Die Welt betrachtet Güte als eine Kompensation für Leben, einen sanften Schutz gegen die raue Wirklichkeit. Doch Güte ist eigentlich **das Herz des Lebens**. Sie macht das Leben erträglich, sinnvoll und köstlich. Du kannst damit anfangen, dich zu fragen: ›Was wäre das Gütigste, was ich für jemand anderen tun könnte? Und was* *wäre das Gütigste, was ich für mich tun könnte?‹ Sei dabei konkret, damit entschlüsselst du die Intelligenz der Güte. Allgemeine Aussagen darüber führen lediglich zu netten, aber nicht anwendbaren Gefühlen. Wenn du direkte und eindringliche Fragen stellst, wirst du überraschende Antworten erhalten.«*

Ich dachte einen Moment lang über die vielen falschen Vorstellungen nach, die wir von Güte haben. Wir machen es uns bequem, indem wir Güte auf Höflichkeit und Rücksichtnahme beschränken. Wir zeigen uns leicht betroffen und vermeiden dabei, uns einzulassen. Wie viele Kinder werden »verwöhnt«, obwohl eine herzliche Umarmung und ein klares Nein gütiger wären! Wie leicht »verwöhnen« wir uns selbst, obwohl Zurückhaltung gütiger wäre. Wie oft haben wir uns eine ganze Nacht lang Sorgen gemacht, obwohl es gütiger gewesen wäre, schlafen zu gehen. Wie oft haben wir Rachegedanken gehegt, obwohl Vergeben und Loslassen gütiger gewesen wäre.

»Um die Intelligenz der Güte zu entwickeln, müsst ihr die Freude des echten Gebens und Vergebens finden, das nicht darauf abzielt, etwas erreichen zu wollen, auch keine Anerkennung. Ein Mensch, der seine Gaben nur im Austausch oder zur Kontrolle anwendet, wird seine Intelligenz der Güte schnell verlieren. Als Nächstes müsst ihr lernen, gütig mit euch selbst umzugehen. Manche Menschen fürchten sich davor, gütig zu sich zu sein, weil es als Schwäche betrachtet wird oder zu übermäßigem Genuss führen könnte. Manche essen den ganzen Tag Schokolade und sehen fern. Das ist nicht Güte, das ist Lebensvermeidung. Derart behindernde Gewohnheiten existieren, weil diese Menschen keine wahre Güte kennen. Wenn du gütig bist, verbindest du dich direkt mit der Intelligenz Gottes. Wenn du Güte in Bezug auf dich selbst verstehst, dann verstehst du sie auch in Bezug auf andere. Gütig gegenüber dir selbst und anderen zu sein, entspricht dem Willen Gottes.«

Bis zu jenem Augenblick hatte ich Güte einfach als Freundlichkeit betrachtet und fragte daher staunend: »Was ist Güte eigentlich?«

»Güte ist der rechte Gebrauch des Willens. Güte ist Gutwilligkeit, die sich in Fürsorge, Hilfeleistung, Rücksichtnahme und der Vermeidung verletzenden Verhaltens äußert. Güte ist aktive Stärke. Das aus gütigem Handeln erwachsende Selbstbewusstsein hat auf jede Situation einen starken Einfluss. Bedenke nur, wie viel mehr Stärke darin liegt, dein wahres Potenzial zu ehren, statt es gering zu schätzen. Bedenke nur, wie viel Stärke sich darin zeigt, gutwillig mit jemandem umzugehen, der dich verletzt! Aus Güte entwickelt sich Stärke, und aus Stärke entwickelt sich größere Güte.«

Ich hatte einmal beobachtet, wie ein Auto einen kleinen Hund anfuhr. Mir war gesagt worden, niemals ein verwundetes Tier anzufassen, weil der Schmerz zu aggressivem Verhalten führen könnte. Doch in jenem Moment lagen derartige Überlegungen meinem Herzen fern, als ich den Hund aufhob und zum nächsten Tierarzt brachte. Er knurrte und schnappte ein bisschen, doch ich war voller Vertrauen, diesem Tier helfen zu können. So rettete gütiges Handeln sein Leben und bereicherte meines.

Aus der größeren Perspektive könnte und sollte Güte als das wegweisende Licht für alle Bereiche unseres Lebens betrachtet werden. Das kann auch bedeuten, etwas zu entfernen, was dem Ganzen nicht dienlich ist.

Ein solcher Akt der Güte wurde von mir gefordert, als ich 1978 ein Bild malte. Es zeigte ein Mädchen, das barfüßig in einem knallgrünen Kleid an einer Mauer entlangrannte und ein Bündel Luftballons in der Hand hielt. Im Hintergrund war ein Karneval zu sehen. Es war ein komplexes Bild und stellte mich vor eine Reihe von Problemen, die ich nicht zu lösen vermochte. In jenen Jahren malte ich manchmal ganze Nächte durch. An jenem Abend ging jedoch nichts mehr. Alles, was ich tat, schien die Situation eher zu verschlimmern. Ich trat einen Schritt zurück und stellte nach einer gründlichen Musterung fest, dass der obere Teil des Bildes nicht mehr zu retten war. Ich grübelte stundenlang darüber nach, wie es dazu hatte kommen können, doch dann fing ich mich wieder und erkannte, dass es keine Rolle spielte, warum es so war. Ich ergriff das Teppichmesser, ging zur Leinwand hinüber und schnitt die obere Hälfte ab. Ich gab ihm den Gnadentod. Übrig blieben nur der Rock und die rennenden Beine. Merkwürdigerweise wirkte es interessant und frisch, und meine Qual war vorbei. Es war das Gütigste, was ich in jener Nacht tun konnte, für das Gemälde und für mich. Ich hatte jedoch noch keine Ahnung, dass es auch das Gütigste war, was ich für meine Zukunft tun konnte. Das verkleinerte Bild mit dem Titel »Der Flug des Frühlings« wurde zu dem erfolgreichsten Bild meiner Karriere, bevor ich »Das Lamm und der Löwe« malte. Es verhalf mir zu einem Kontakt mit einem der führenden Verleger der Welt, wurde als Kunstplakat 1980 ein Bestseller und brachte meinen Namen sechs Monate lang in die Schaufenster! Güte kann oft überraschende Wege gehen, sowohl für den Geber als auch für den Empfänger.

Wenn ich mich in unserer Kultur umsehe, scheint eine Güte aufzutauchen, die noch vor zehn Jahren so nicht da war. Begriffe wie »verbraucherfreundlich« und »anwenderfreundlich« weisen darauf hin, dass die Geschäftswelt anfängt, auf die Macht der Freundlichkeit zu setzen. Ganz realistisch betrachtet würde doch jeder eher in einem freundlichen Geschäft einkaufen als in einem unfreundlichen und lieber in einem Betrieb arbeiten, von dem er sich unterstützt fühlt, als in einem, der ihn ausbeutet. Würden Sie ein Auto von einer Firma kaufen wollen, die mit ihren Mitarbeitern aggressiv umgeht?

Jesus verglich das Universum mit einem hochwertigen Gerät, das wunderbar funktioniert, wenn man damit intelligent und feinfühlig umgeht. Güte ist nicht nur für die Hilflosen und Verwundbaren.

»Güte ist die zusammenfassende Dimension der Intelligenz des Herzens, sie ist der Wille Gottes für das Leben! Wenn ich ›Intelligenz‹ sage, dann meine ich keine trockenen, distanzierten

*Verstandesübungen. Wahre Intelligenz besteht einfach aus Gewissheit und Verständnis, die zu Klarheit und Leidenschaft fürs Leben führen. Ich könnte auch sagen: Im Heiligen Herzen gibt es sieben Leidenschaften: Einheit, Liebe, Leben, Respekt, Aufrichtigkeit, Gerechtigkeit und Güte. Sie bringen Verständnis und Fokus ins Leben. Gemeinsam erzeugen sie **Mitgefühl**, das wahre Wissen der Seele.«*

8
Brücken

»Ihr seid nicht allein, ihr braucht nur eine ganz kurze Brücke zu überqueren, um die Liebe eures Vaters und die Liebe eurer Nächsten wiederzuentdecken.«

Eine Brücke ist ein Stück Ingenieurskunst, ein Gedanke oder eine Kraft, die eine Verbindung herstellt oder einen Übergang von einem Raum in einen anderen. Im Verlauf unseres Lebens überqueren wir viele Brücken, seien es Bauwerke, die einen Fluss überspannen, Gedanken, die eine Bedeutung vermitteln, oder Gesten des Verständnisses. Jesus sagt, dass es keine bessere Brücke als die Liebe gibt, um Verbindungen im Leben herzustellen.

Diese Erkenntnis wurde mir auf wunderschöne Weise zuteil. Als ich mit »Das Lamm und der Löwe« fast fertig war, machte ich eines Tages eine Bemerkung darüber, wie friedlich die Schafe auf den grünen Weiden grasten. Das Bild hatte eine Ausstrahlung, die mein Herz berührte und mich an Psalm 23 denken ließ.

Ich hatte den Gedanken kaum ausgesprochen, da begann Jesus auch schon, den Wortlaut zu rezitieren, doch mit einem Unterschied: Er setzte die Liebe an den Anfang jedes Satzes.

»Die *Liebe* ist mein Hirte,
mir wird nichts mangeln.
Sie weidet mich auf einer grünen Aue
und führet mich zum frischen Wasser.
Liebe erquicket meine Seele.
Und ob ich schon wanderte im finstern Tal,
fürchte ich kein Unglück,
denn die *Liebe* ist bei mir,
ihr Stock und Stab trösten mich.
Die *Liebe* bereitet mir einen Tisch
im Angesicht meiner Feinde.
Sie salbt mein Haupt mit Öl
und schenkt mir voll ein.
Gutes und Barmherzigkeit
werden mir folgen mein Leben lang,
und ich werde bleiben
im Hause der *Liebe* immerdar.«

Er wurde nicht müde, mich immer wieder daran zu erinnern, dass Gott Liebe ist und dass die Gesamtheit unserer Erfahrung in ihrer Essenz Liebe ist, in welcher Form auch immer.

Eines Tages fügte er dem einen neuen Aspekt hinzu: »*Dein Leben wird zunächst durch die Liebe bestimmt und dann durch deine Gedanken und Taten gesteuert. Es hängt von der Art deiner Gedanken und Taten ab, ob deine Liebe erstarkt oder reduziert, verändert, missverstanden oder gar in etwas anderes verkehrt wird.*«

Jesus hielt sich sehr damit zurück, über Konzepte, Ideen oder Denkprozesse zu sprechen, bevor er sich meiner Wertschätzung der Macht der Liebe und der höheren Intelligenz des Heiligen Herzens sicher war. Diese Reihenfolge habe ich daher auch in dieser Darstellung berücksichtigt. Er sagte: »*Der Verstand ist kein guter Ausgangspunkt, denn er ist ganz und gar nachgeordnet, ohne jede Ursprungsenergie. Von der Suche nach der Ur-Essenz hat der Verstand keine Ahnung.*«

Doch als er das Gefühl hatte, dass ich zwischen mentaler Aktivität und höherer Intelligenz zu unterscheiden vermochte, erläuterte er auch das Denken.

In meiner Zeit als Universitätsdozentin hatte ich es als höchste Herausforderung und Befriedigung betrachtet, meinen Studenten zu klarerem und effektiverem Denken zu verhelfen. Das Denken ist ganz sicher ein wesentlicher Aspekt unseres Seins, eines konzentrierten und intelligenten Lebens. Ich war also sehr neugierig darauf, wie es in das Spektrum von Intelligenz und Befähigung hineinpasste.

»*Du fängst mit einfacher Wahrnehmung an*«, sagte er. »*Wahrnehmung ist etwas Ursprüngliches, sie ist eine Qualität des Vaters, des EINEN Geistes und jedes Teilchens der Unendlichkeit. Alles, was existiert, nimmt wahr. Denk doch nur mal an die Partikel und Subpartikel in einem Atom und ihre exakten, vorhersehbaren Austauschmuster. Welches Wissen steht dahinter? Woher weiß die Rose, wann es Zeit ist, zu blühen? Woher wissen die Vögel, wohin sie ziehen? Woher wissen die wilden Tiere, wo sie Wasser finden? Alles, was existiert, nimmt wahr. Intelligenz beginnt mit Wahrnehmung, doch bedeutet Wahrnehmung noch nicht, dass ein Gedanke vorhanden ist oder dass Bewusstsein in eurem Sinne erzeugt wird.* **Konzepte, Ideen und Gedanken sind Kristallisationen der Wahrnehmung,** *durch die sie stabilisiert und eingebunden wird oder zumindest die Möglichkeit dazu erhält. Gedanken entwickeln sich aus einer Sequenz brauchbarer Möglichkeiten.*

Stell dir zum Beispiel eine steinzeitliche Jagdgemeinschaft vor, deren Heimweg von einer erfolgreichen Jagd wegen schlechten Wetters länger dauert als vorgesehen. Ihr Leben folgt ihren Instinkten, Erfahrungen und Bedürfnissen. Ihr Lager ist noch weit entfernt, daher halten sie Ausschau nach einem Platz, wo sie das Fleisch und die Häute haltbar machen können. Sie finden einen großen, flachen Stein, der eine gute Arbeitsfläche bietet. Der Stein ist in jenem Augenblick einfach hilfreich, und so erinnert sich jemand im nächsten Jahr daran, als sie wieder dort vorbeikommen, und sie versuchen, ihn wieder zu finden. Über die Jahre wird die Stelle zu einem festen Rastplatz. Doch nach vielen Jahren mussten die Jäger in andere Jagdgründe ziehen, vielleicht weil sich das Wetter geändert hatte oder die Tiere woanders hingewandert waren, und dort gab es keine derartigen Steine.

Als sie eines Tages dort im Wald rasteten, entdeckte einer der Männer einen gespaltenen Baum, und in Erinnerung an den flachen Stein hat er **eine Idee.** *Er spaltet noch einige andere Bäume und legt sie so zusammen, dass sie eine ebene Oberfläche bilden, wie sie der Stein gehabt hatte.* **Das war ein Gedanke!** *Es gab eine direkte Entwicklung von der Nützlichkeit des flachen Steins zu einer gedanklichen Verbindung, die zur Erschaffung eines Tisches führte. Nachdem es den Tisch erst einmal gab, konnten weitere Gedanken seine Verwendbarkeit erweitern und ihm Bedeutung verleihen. Der Tisch wurde durch konzentrierte Wahrnehmung und assoziative Verbindungen ›erschaffen‹. Der Gedanke war die Brücke zur Schöpfung! Was in dem Moment geeignet gewesen war, kristallisierte sich zu einem Punkt bewusster Funktionalität und wurde damit sowohl* *zu einem Bestandteil des Denkens als auch zu einem praktischen Möbelstück des täglichen Lebens.«*

Er erklärte, dass Symbole sich auf ähnliche Weise durch bewusste Verbindungen entwickelt hätten. *»Die Menschen der Urzeit waren zum Beispiel Sterngucker. Aufgrund ihrer Beobachtungen zeichneten sie primitive Karten, die Orte und Richtungen darstellten. Das waren zunächst nur Piktogramme von Stern- oder Landformationen, die zu einer Art assoziativer Sprache zusammengestellt wurden. Durch einfache Beobachtungen und Assoziationen von Bergen, Sternen, Flüssen, Jagdgründen, Lagern und Zeremonialstätten entwickelten sie eine Bildsprache. Was motivierte sie dazu?*

*Das Verlangen nach Verbindung ist stark im Menschen. Es hat ihn im Laufe seiner Entwicklung zu seinen größten Leistungen getrieben. Dazu gehört auch das grundlegende Bedürfnis nach der Verbindung von Erfahrungen, Gefühlen, Reflexionen und Bestrebungen auf eine Weise, die der ursprünglichen Wahrnehmung den Faktor der Verantwortlichkeit hinzufügt und sie damit zu integriertem Bewusstsein macht. Bewusstsein entwickelt sich sowohl im Einzelnen als auch in der Gemeinschaft, denn **Bewusstsein ist das direkte Ergebnis der Einrichtung brauchbarer Verbindungen. Liebe entzündet das Verlangen nach Einheit, und das Denken manifestiert dieses Verlangen, indem es die Verbindung herstellt.***

*Die Geschichte ist voll von derartigen Erkenntnissen. Stell dir vor, wie schwere Gegenstände vielleicht zuerst mit Hilfe rollender Stämme bewegt wurden, bis eines Tages jemand eine Verbindung machte und das Rad und die Achse ›erfand‹. Die Stämme durch die Gegend zu manövrieren, war eine unnötige Belastung im Vergleich zu einem dünneren Stamm, der auf zwei Scheiben rollte. Wenn die Wahrnehmung konzentriert wird, entsteht Bewusstsein, und dann werden Gedanken, Konzepte und Ideen entwickelt. **Wahrnehmung ist der ursprüngliche Zustand. Der Gedanke ist das Bindeglied.**«*

Jesus erklärte, dass die Menschheit durch lange Zeiten einfacher Wahrnehmung geht, in denen Bewusstsein entsteht, bevor plötzliche konzeptionelle, klare Erkenntnisse auftauchen, wie zum Beispiel, dass die Oberfläche eines Steins durch gespaltene Stämme imitiert werden kann oder dass rollende Stämme durch größere, mit Achsen verbundene Scheiben effektiv ersetzt werden können.

»Gedanken sind das Bindeglied im Bewusstsein, in Erfahrungen und in allen Arten von Beziehungen, von sozialen bis zu spirituellen. Ohne ›Nachdenklichkeit‹ hätten menschliche Beziehungen wenig Qualität oder Bedeutung. **So wie du denkst, verbindest du, und so wie du verbindest, so denkst du!**

Wenn es eine Verbindung gibt, dann gibt es auch eine Richtung, eine Reihenfolge. Das ist es, was dem Gedanken Bedeutung verleiht, denn in seiner Anwendung auf das Leben erhält er eine Richtung, einen Daseinszweck. Ein Gedanke ist wie ein Pfeil, der auf den Bogen des Lebens aufgelegt und von der Liebe vorwärtsgetrieben wird. Der Gedanke enthält einen Vektor.«

»Was meinst du mit einem Vektor?«

»Ein Vektor ist eine Richtung, die sich aus der Anordnung von zwei oder mehreren Elementen ergibt. Wenn du zum Beispiel jemandem erzählen würdest, dass du sechzig Kilometer von deinem jetzigen Wohnort entfernt geboren wurdest, würde deine Beschreibung auf eine ganze Reihe von Orten zutreffen. Doch wenn du sagen würdest, dass dein Geburtsort sechzig Kilometer westlich von hier an der Schnellstraße Nr. 20 liegt, dann wäre der Ort zu finden.«

»Ich verstehe, wie Vektoren auf der physischen Ebene eine richtungsbezogene Orientierung ermöglichen. Aber ich verstehe nicht, wie unsere Gedanken Vektoren enthalten.«

»Angenommen, du hättest einen Blumenstrauß gekauft. Vielleicht hast du die Blumen einfach spontan mitgenommen, ohne darüber nachzudenken. Vielleicht hast du sie aber auch gekauft, weil du vorhast, damit dein Esszimmer zu schmücken oder sie einer Freundin zu schenken oder sie zu malen. Eine Vorstellung ist für sich genommen nur konzentrierte Wahrnehmung. Denken bedeutet, der Wahrnehmung durch eine Absicht Richtung zu geben. **Ein Gedanke erhält Kraft durch die Richtung, die du ihm gibst.** *Ideen sind nur*

wertvoll, wenn du sie anwendest und ihrer Wirkung erlaubst, weitere Verbindungen einzugehen und damit Leben aufzubauen.«

Er fuhr damit fort, dass ein Vektor aus zwei oder mehr Punkten besteht, die eine Richtung oder Absicht bilden.

»Durch die Tatsache, dass der erste Punkt zur Erschaffung eines Vektors immer Liebe ist, gewinnt dieses Konzept großen Einfluss auf das Leben. Liebe ist der Anfang aller Dinge und die grundlegende Kraft hinter all deinen Gedanken.

*Der zweite Punkt ist die Art, wie deine Gedanken deiner Liebe Richtung geben. Wie wendest du deine Liebe auf das Leben an, was tust du damit? Der Stoff deines Lebens wird aus deiner Liebe gewebt und aus den Vektoren, mit denen du sie ausgesendet hast. Doch wenn dein Verstand die Gedanken dazu verwendet, deine Liebe zu kontrollieren, zu reduzieren oder abzulenken, anstatt die Gedanken sich nach außen dem Leben zuwenden zu lassen, dann gibt es Schwierigkeiten. Der Verstand versucht die Gedanken zu kontrollieren, um sie dann gegen dich zu wenden und dein Verhalten zu beeinflussen. Pfeil und Bogen sind die geeignetste Metapher, um die Macht der Gedanken zu veranschaulichen: **Das Denken funktioniert am besten, wenn die Gedanken auf den Bogen der Liebe gespannt werden und vom Urheber wegzielen!***

Ich will dir ein Beispiel dafür geben, wie Gedanken die Macht der Liebe unterwandern und das Leben behindern können.

Es gab einmal einen Postboten, der Hunde hasste, die daher natürlich feindselig auf ihn reagierten und ihn oft anfielen. Obwohl er mit allerlei Abwehrmitteln ausgerüstet war, stellte das Problem eine ständige Belastung für ihn dar. Schließlich ging er sogar zu einem Seminar über Gedankenkontrolle, in der Hoffnung, eine bessere Einstellung zu entwickeln, mit der vorhandene Muster sich verändern könnten. Es fand eine gewisse Verbesserung statt, doch sie beruhte nur auf einer dickeren Schutzschicht gegenüber dem Problem. Nichts hatte sich wahrhaft verändert, weil der Verstand nicht die Macht besitzt, das Leben zu verändern! Über dieses Privileg verfügt nur das Herz.

Diese Wahrheit erfuhr unser Postbote, als ein enger Freund ihm vorschlug, den Hunden, die ihn angegriffen hatten, zu vergeben. Plötzlich und unerwartet löste sich der ganze Hass des Mannes unter einer Welle von Kummer und Schmerz auf und er erinnerte sich an die Wurzel des Problems. Als Kind hatte er sich nichts so sehr gewünscht wie einen Hund, doch seine Eltern lebten leider in einer winzigen Wohnung, die kaum für die Familie reichte. Jahr um Jahr schrieb er an den Weihnachtsmann, dass er sich einen Hund wünsche, doch umsonst.

Als er zehn Jahre alt war, sah er auf der Straße einen herrenlosen Hund und wollte ihn streicheln. Der Hund sprang ihn an und biss ihn ins Gesicht. Während der Arzt seine Wange wieder zusammennähte, machte sich der Junge, um seine Sehnsucht nach einem Hund umzukehren, Gedanken, die erklärten, warum er besser keinen haben sollte. Seine Sehnsucht nach einem Hund war dann zwar verschwunden, doch die ursprüngliche Liebe nicht. Sie war nur unter einer gedanklichen Veränderung begraben. Von diesem Zeitpunkt an gab es ein Problem, denn jetzt wendeten sich seine Gedanken gegen seine eigentliche Liebe, statt sie in die Welt hinauszuschicken.

Heilung und Erleichterung konnte es erst geben, als er dem ersten Hund vergeben konnte, der ihn gebissen hatte, und vor allem, als er seinen Eltern vergeben konnte, dass sie ihm keinen Hund erlaubt hatten!

Die einzige Macht im Leben ist die Liebe. Sie ist der Ausgangspunkt, mit dem alle Vektoren verbunden sind. Wenn es widersprüchliche Gedanken gibt, dann gibt es Schwierigkeiten. Und daran wird sich grundsätzlich nichts ändern, bis sich das Verhältnis zur Liebe im Herzen geändert hat. Was als negative Emotion empfunden wird, ist nicht Abwesenheit von Liebe, sondern die Umkehrung von Gedanken, die die Kraft und Güte der Liebe unterwandern. Die durch negative Gedanken behinderte Liebe kann gefährlich werden, denn es gibt keine größere Macht als die Liebe und nichts, was der Seele näher wäre.«

Unsere Gespräche handelten auch von der Verbindung zwischen der Liebe und unserem Daseinszweck, denn auch diese Beziehung beruht auf Vektoren.

»*Diese lebenswichtige Beziehung beginnt mit der Liebe, die du bist, und reicht durch deinen Bund mit dem Vater und mit deinen Nächsten ins äußere Leben hinein. Dein wahrer Daseinszweck besteht also einfach aus einer praktischen Ausdehnung der Liebe, die du bist und die dir vom Vater innerhalb der göttlichen Ordnungsmuster verliehen wurde. Es ist deine Pflicht, du selbst zu sein, den Vater von ganzem Herzen zu lieben und die Fähigkeiten zu nutzen, die sich aus dieser Verbindung ergeben.*

Die Welt meint jedoch, dass du deine Prioritäten und Verpflichtungen anders sehen solltest. Seit deiner Kindheit wurde dir beigebracht, etwas zu leisten, und zwar nicht deinen eigenen Impulsen entsprechend, sondern nach Anweisung. Natürlich muss jedes Kind lernen, die Bedürfnisse und Wünsche der anderen zu berücksichtigen. Doch das ist es nicht, worauf diese Konditionierungen hinauswollen. **Die Welt will, dass du dich beweisen sollst! Über deine Bereitschaft, dir eine Identität zu verdienen, kann sie Macht über dich gewinnen!** *Die Welt ist voll von solchen qualifizierenden Konditionen, zum Beispiel: Du musst etwas haben, bevor du etwas tun kannst! Um Bildung, Ausrüstung oder Produktionsmaterialien zu bekommen, braucht man Geld. Natürlich können die einzelnen Berufszweige bestimmte Leistungsstandards formulieren, doch es wäre weise, wenn die damit Betrauten sich daran erinnern würden, dass alle Gedanken- und Handlungsvektoren von der ursprünglichen Kraft der Liebe und des Seins ausgehen. Materielle Vorteile und ein Ausstechen der Konkurrenz führen nicht notwendigerweise zu einer hochwertigen Leistung. Die Liebe und ihr Ausdruck bestimmen alle Qualität. Wenn diese Realität sich nicht in den Prioritäten des praktischen Lebens widerspiegelt, führt das zu Schwierigkeiten. Wenn strukturelle Erwägungen das Leben dominieren und kontrollieren, wird das zu vielen dysfunktionalen Beziehungen führen, deren Bedürfnisse den natürlichen Lebensmustern widersprechen.*

In jeder Seele gibt es ein großes Potenzial, das durch die Bereitschaft zum Sein aktiviert wird. Die Erkenntnis dieser Wahrheit kann helfen, sich der Last der falschen Konditionierungen zu entledigen. Ab und zu ist es wichtig, auf den Berg zu gehen, mit sich allein zu sein, die Einheit mit dem Vater zu spüren und zu entdecken, wie viel dir gegeben wurde. Wenn du dein wahres Potenzial finden willst, dann musst du zur Quelle gehen. Die Wiederentdeckung deiner eigenen Liebe wird alles andere, was dir der Vater gegeben hat, hell erleuchten und dein Leben wird anfangen, Sinn zu machen.«

Ich sah, dass der Meister sich aufgerichtet hatte und sein Blick mit großer Intensität und Kraft auf mir ruhte. Ich atmete tief durch. Mit einer Stimme, die fast ein Flüstern war und doch in meinem Herzen wie Donner klang, sprach er:

»Der Wille ist die Brücke des Vaters zu dir. Es ist sein Wille, dass du in Liebe und Bereitwilligkeit immer bei ihm sein sollst. **Wenn du den Willen des Vaters annimmst, wirst du zu einer Brücke des Vaters, die den Himmel zur Erde und die Erde zum Himmel bringt.***«*

Nachdem ich eine Weile nur still die herrliche Präsenz vor mir genossen hatte, fragte ich nach: »Du hast oft gesagt, dass uns der freie Wille gegeben wurde, um unserer eigenen Liebe und unserem Bedürfnis nach Erfahrungen nachzugehen. Deine Ausführungen haben mich sehr beeindruckt, doch ich wundere mich, wie der freie Wille erhalten bleiben kann, wenn wir uns erst dem größeren Willen des Vaters untergeordnet haben.«

»Wille ist nicht einfach ein starker Gedanke oder die Projektion von Absicht und Durchsetzungsvermögen«, erklärte er. *»Viele missverstehen Willen als eine resolute Absicht, mit der man dem Leben bestimmte Bedingungen aufzwängt. Doch alles kann beabsichtigt werden. Auf allen Ebenen des Lebens und der Existenz herrscht Absicht.* **Wille ist die Kraft, die eine Absicht mit Integration und Ganzheit umgibt.** *Wille ist die Einheit und der Fokus, der einen individuellen Impuls auslöst und fördert und seine Ausführung dann in den Kontext des aktuellen Lebens bringt. Natürlich kann der Wil-*

*le, der negative Intentionen umgibt, leichter gebrochen werden als der höhere Intentionen umgebende Wille. Vor diesem Hintergrund ist klar, dass letztendlich die Macht und das Privileg des Willens nur dem Vater gehört. Nichtsdestotrotz ist es dein Recht und deine Pflicht, die Wirkung des Willens in dir und im Leben selbst zu entdecken. Dabei steht es dir **frei**, wie du vorgehst. Du wirst die Harmonie deines eigenen Willens mit dem des Vaters entdecken, indem du deinen höheren Lebenssinn erkennst und stärkst.*

*Lausche doch einmal in Ruhe den Worten des Gebets, das ich euch gegeben habe. ›Dein Reich komme. Dein Wille geschehe **wie im Himmel so auf Erden**.‹ Himmel und Erde sind dem Willen des Vaters entsprechend **in Harmonie** miteinander. Indem du das bestätigst, bringst du dich in Übereinstimmung mit dem Willen des Vaters. Ich lehrte euch nicht, zu beten: ›Vater, dein Wille geschehe, und meinen kannst du vergessen.‹ Auch nicht: ›Vater, kann ich alles haben, was ich will?‹ Wahrer Wille, des Vaters Wille, ist die aktivierende Kraft in einem synergistischen Ganzen. Deswegen versichere ich dir, dass es einen Punkt gibt, an dem dein Wille und der des Vaters eins sind.*

Als einem Kind Gottes ist es deine Aufgabe, nach diesem Punkt eifrig zu suchen, es ist ein Teil deines Bundes. Der Anfang liegt in dem Wissen, dass du die lebendige Brücke bist. Das Gebet, das ich meinen Jüngern gab, ist eine zeitlose Bestätigung der Brücken zwischen Himmel und Erde, zwischen dir und deinem Nächsten, zwischen dem Menschen und Gott. Wenn du deinen Bund dahingehend erfüllst, dass du Verbindungen ins Leben bringst, dann kann deine Wahrnehmung deines Willens mit dem göttlichen Willen in harmonische Übereinstimmung kommen.«

»Hast du das gemeint, als du sagtest: ›Ich und der Vater sind eins‹ [Johannes 10,30]?«

»Im Prinzip ja. Unser Vater ist die Quelle aller Liebe. Ich bin Liebe und du auch. In diesem Sinne tragen wir den gleichen Namen. Jeder, der vollständig zu der Liebe wird, die er ist, ist eins mit dem Vater. Mein Vater und ich sind eins, weil ich die Brücke bin. Die Menschheit ist genauso die Brücke zwischen Himmel und Erde. Jeder hat

einen besonderen Bund und Daseinszweck, und wenn du ihn nicht erfüllst, wird es niemand sonst tun. Das ist die größere Wahrheit der Ganzheit.

Du kannst das Universum mit einem riesigen Puzzle vergleichen, das erst vollständig ist, wenn jedes Teil auf seinem Platz liegt, und es gibt keine Ersatzteile. Jeder Mensch ist ein Teil dieses wunderbaren Puzzles, und jeder Daseinszweck muss erfüllt werden. Als ich sagte: ›Ich und der Vater sind eins‹, meinte ich, dass niemand um mich herumkommt und niemand mich ersetzen wird. Ich habe mich dem Willen des Vaters vollkommen hingegeben. Auch ihr habt dieses Recht in Bezug auf euren Bund mit eurem Vater.«

Als wir ein paar Tage später über leichtere Themen plauderten, erhielt diese Einsicht einen zusätzlichen Aspekt. Sosehr seine Gegenwart mein Leben bereicherte und auf eine höhere Ebene hob, so erleichternd war auch seine Fähigkeit, sich immer wieder auf meine Wirklichkeitsebene einzulassen. Er amüsierte sich oft, wenn ich meinen kleinen schöpferischen Freiheiten nachging, und gesellte sich auch für ganz alltägliche Dinge zu mir, denn er verstand mein Bedürfnis, mich ab und zu von der überwältigenden Kraft seiner strahlenden Wahrheit abzulenken.

So kam es, dass ich eines Tages den Fernseher ins Atelier rollte und wir zusammen »Bonanza« schauten! Wie immer in seiner Gegenwart waren die Ereignisse voller Synchronizität. Er ließ mich selbst in den gewöhnlichsten Begebenheiten die Lektionen erkennen und verdeutlichte sie mit kreativen Parabeln. So wurde auch »Bonanza« zum Anlass, auf einige höhere Wahrheiten hinzuweisen. Es ging darum, dass Adam Cartwright für seinen Vater Vieh zu einem weiter entfernten Markt bringen sollte. Er trug einen Brief seines Vaters bei sich, der ihn autorisierte, das Vieh zu einem bestimmten Preis zu verkaufen. Doch bei seiner Ankunft wollte der Käufer neu verhandeln und verlangte, mit seinem Vater zu sprechen. Adam blieb fest. Er versicherte dem Käufer, dass er durch den Sohn mit dem Vater spreche.

Jesus sagte: *»Das meinte ich mit dem Bund. Ihr besitzt einen Brief, der euch autorisiert, das zu tun, wofür ihr hierher gekommen seid, und niemand hat das Recht, diesen Brief zu missachten, wenn er in gutem Glauben und in Übereinstimmung mit dem Willen des Vaters vorgelegt wird. Niemand hat das Recht, dich zurückzuweisen oder die Herrlichkeit des Vaters zur Herabsetzung deines Lichts, deiner Tugenden oder deines Wertes zu verwenden. Dein Vater hat dieses Maß an Respekt für dich vorgesehen, und dein Mut, es anzunehmen, wird geehrt werden. Niemand wird dich in Bezug auf deinen Bund mit dem Vater ersetzen oder sich an dir vorbeidrängeln können. Nur der Vater hat das Recht der Autorisation, und niemand kann es an sich reißen, weil er etwas anderes anstrebt oder meint, der andere habe versagt.«*

Während ich diese Sätze auf mich wirken ließ, konnte ich mich mehr und mehr damit anfreunden, dass der Wille nur dem gebührt, der die ganze Existenz überblickt, und dass die Menschheit diese Macht lediglich entdecken und ausüben kann. Innerhalb unserer Beziehung zum göttlichen Willen gibt es Freiheit, Achtung und Erfüllung. Seine schlichte, ganzheitliche Versicherung, dass der große Plan erst erfüllt sei, wenn jedes Teil an seinem Platz sei, ergänzte er mit den Worten: *»Das meinte ich, als ich sagte, jeder Buchstabe des Gesetzes wird erfüllt werden, denn du und ich und alles Existierende sind das Gesetz. Das Gesetz ist Wirklichkeit. Es wird vollständig erfüllt werden und nichts wird ungetan bleiben.«*

Seine Augen leuchteten, als er diese Worte sprach, und ich konnte seine Liebe selbst für den winzigsten Schmetterling darin erkennen. Nichts war ihm unbedeutend. *»Wo Liebe ist, da ist auch in der geringsten Kreatur Kraft. Es gibt dabei keine Rangordnung, denn die Existenz ist nahtlos.«*

Unter den vielen Brücken, über die wir sprachen, nahm das Thema des Glaubens im Sinne von Überzeugungen einen wichtigen Platz ein. Mir war zuvor nicht klar gewesen, dass Glaubenshaltungen nur Brücken zu dem sind, was wir für jenseits unseres Begriffsvermögens halten. Natürlich sind diese Glaubenshaltungen für unser Vertrauen ins Leben und unser spirituelles Wohlbefinden unerlässlich, doch das ändert nichts an der Tatsache, dass sie Brücken sind und kein eigentliches Ziel.

Eines Tages fragte ich Jesus daher nach der Bedeutung dessen, **woran** man glaubt, im Vergleich zu der einfachen Kraft des Glaubens, und ob es bei dem, woran man glaubt, eine Rangfolge gebe.

»Es gibt eine, doch sie hat nichts mit Glaubenssystemen zu tun. Die wahren Überzeugungen eines Menschen stammen aus seinem tiefsten Innern, und die zähesten sind diejenigen, die mit ›Ich bin ...‹ anfangen. Alle anderen sind das Ergebnis von Konditionierungen oder Spekulationen.

Um herauszufinden, was du wirklich glaubst, kannst du in das Heilige Herz gehen und dich in Stille in deine ewige Verbindung mit der Quelle versenken, denn deine wahren Überzeugungen liegen auf dem Altar deines Herzens. Ich könnte dich auffordern, zu glauben. Ich könnte dir sogar sagen, wie du glauben kannst. Doch was du glaubst, hängt davon ab, wer du wirklich bist, wer du glaubst, dass du seiest, wie du dich der Welt anpasst oder was du meinst, zum Überleben zu brauchen. Diese Wahl steht jedem Menschen frei. Deine Überzeugungen sind eine durch deine Erwartungen, Ziele und Erfahrungen verstärkte äußere Manifestation deines Seinszustands.

Es steht niemandem zu, die Überzeugungen eines anderen zu bewerten, lieber solltet ihr einander helfen, das zu ehren, woran ihr im Allerheiligsten eures Herzens glaubt. Der reinste Glaube betrifft deinen Bund mit Gott. Kein Glaubenssystem sollte das überschatten. Glaubenssysteme sind ein Produkt der Konformität von Menschen mit gemeinsamen Bestrebungen. Der Unterschied zwischen Glaubenssystemen und der Kraft reinen Glaubens ist sehr wichtig. Je klarer du dir über dich selbst, das Leben und den Rest der Existenz wirst, desto mehr kannst du deine Überzeugungen stärken und aus ihnen die Brücken deines Lebens bauen.«

»Sind wir nicht durch unseren Glauben mit dem EINEN Geist verbunden?«, fragte ich.

»Du bist überall mit dem EINEN Geist verbunden, doch deine Überzeugungen sind wie ein Gedanke, den du in diese Einheit wirfst. Alle Überzeugungen haben eine Richtung und eine Absicht. Du kannst dir deine Überzeugungen mal mit der Frage anschauen: ›Welchen Vektor errichte ich mit dieser Überzeugung? Wie ist sie mit meinem wahren Selbst verbunden und wohin zielt sie?‹ Die Pfeile der Überzeugungen sind genauso schnell und präzise wie die der Gedanken und werden genauso auch ihr Ziel finden. Es gibt nichts Verletzlicheres und Formbareres als den Geist. Du verwebst deine Liebe, deine Gedanken und deine Überzeugungen mit dem Geist und bildest damit dein Leben. Du tätest klug daran, diese Wahrheit in jeder Hinsicht zu berücksichtigen.«

Ein paar Tage später erklärte er mehr dazu, als er über Konsequenzen sprach.

»Sowohl dein Sein als auch dein Tun hat Konsequenzen«, sagte er, *»denn sie erschaffen die Bedingungen dafür, wie sich dein Leben entfaltet. Aus deinen Absichten entstehen der Impuls, die Kraft und die Leidenschaft, die etwas bewirken können.«*

»Wie passen die Gedanken in dieses Konzept?«, fragte ich.

»Das Denken ist in der Lage, einen Zusammenhang zwischen Ursache und Wirkung zu erkennen und ein größeres Konzept zu formulieren, durch das sich ein Zusammenhang erklären lässt. Wenn das Leben ein Schauspiel wäre, dann wären die Menschen natürlich die Schauspieler, das Handeln treibt das Stück vorwärts, die Absicht entspricht der Bedeutung, die den Darsteller mit seinem Tun verbindet, und die Gedanken liefern das Manuskript. Jeder Dramaturg weiß, dass die Charaktere das Stück zentrieren, die Geschichte sich durch die Handlung entwickelt und die Absicht den Beweggrund, die Leidenschaft und den Höhepunkt liefert. In diesem Zusammenhang ist das Manuskript der freieste, flexibelste Aspekt, der am leichtesten verändert werden kann!«

»Aber wenn wahr ist, was so oft gesagt wird, nämlich dass wir zu dem werden, was wir denken, dann müsste das Denken doch eine ursprünglichere Rolle spielen, als du es jetzt erklärt hast.«

*»Es ist sogar so: Wenn ein Mensch etwas denkt, ist er bereits im Begriff, dazu zu werden. Die Schönheit des Denkens liegt jedoch in seiner Fähigkeit, ein Spiegel des Seins zu sein, der verstärkt oder geändert werden kann. Deine Entscheidung hängt von deiner **Absicht** ab. Das Denken bietet große Freiheiten und Gelegenheiten zur Erkundung und Korrektur. Du kannst es mit einer Skizze für ein Gemälde vergleichen. Die Skizze wird dem Gemälde immer vorausgehen, doch es kann viele Skizzen geben, bevor eine Entscheidung für das Gemälde fällt. Und so ähnlich wie das Manuskript das Stück begleitet und Texte, Szenen und Stichworte liefert, so begleiten auch die Gedanken das Leben und liefern Rat, vernünftige Erklärungen, Überlegungen und zusätzliche Möglichkeiten.*

*Um ihren wahren Wert zu erkennen, musst du zunächst verstehen, dass **die Gedanken in ihrer Art parallel zum Leben** sind. Wie oft hast du dir in unklaren Augenblicken gesagt, ich muss da erst noch mal drüber nachdenken. Dabei berätst du dich dann mit einer parallelen Dimension des Denkens, die es dir erlaubt, den möglichen Ausgang einer Situation zu erkunden, ohne sie durchleben zu müssen. Diese Parallelität gewährt Freiheiten, Ausdrucksmöglichkeiten, Erkundungen und Entdeckungen außerhalb des Lebensdramas.«*

»Im Neuen Testament steht, dass du gesagt hast, was immer ein Mensch denkt, habe er bereits getan. Auch jetzt sagst du, dass die Gedanken das Handeln reflektieren und leiten. Ich habe deine Lehre bislang immer so verstanden, dass das Denken zum Handeln führt. Dadurch fühlte ich mich immer ein bisschen schuldig, wenn ich über »Worst Case Scenarios« und schlimme Möglichkeiten nachgedacht habe. Ich hatte die Vorstellung, dass wir mit unseren Gedanken sehr vorsichtig und zurückhaltend umgehen und möglichst nur positiv denken sollten! Kannst du dazu etwas sagen?«

»Es gibt eine weit verbreitete Verwechslung von Gedanken und Absicht. Die Absicht ist die verursachende Kraft hinter einer Handlung. In der Tat wird alles, was dein Herz beabsichtigt, auch irgendwie geschehen. Meine damalige Lehre bezog sich auf die Macht der

Absicht und wurde dann falsch interpretiert, sodass es mit ›Gedanken‹ übersetzt wurde. Die eigentliche Bedeutung dieser Lehre gilt immer: Der Ursprung jedes Fehlverhaltens und jeder Untat liegt in der Absicht und entsteht daher lange vor der eigentlichen Tat. Wenn jemand etwas in seinem Leben berichtigen will, sollte er hinter sein Verhalten auf den Augenblick schauen, als er zum ersten Mal die Absicht hatte. Ich habe es schon so oft gesagt: Wenn du dein Leben ändern willst, musst du dein Herz ändern, denn hier liegt das Reich der Absichten. Doch die Gedanken bieten dir die Freiheit, deine Absichten und deine Taten zu überdenken und dich zu entscheiden, sie zu ändern oder zu bestätigen.

Viele Katastrophen hätten vermieden werden können, wenn man erst die ganze Bandbreite der Möglichkeiten durchdacht hätte. Viel Elend hätte gemildert werden können, wenn sorgfältiges Nachdenken zu den entsprechenden Vorbereitungen geführt hätte. Und viele destruktive Triebe hätten etwas von ihrem Dampf auf der mentalen Ebene ablassen können. Gedanken sind der Skizzenblock der Seele, ihr Spielplatz und ihr Spiegel. Gedanken geben dir die Möglichkeit, jegliche Situation, die du erschaffst, zu überprüfen, zu bekräftigen oder zu korrigieren. Doch die schöpferische Kraft hinter jeder Situation ist nicht der Gedanke. Diese Kraft kommt aus der Liebe, die du bist, und den Absichten, die die Liebe in die Tat umsetzen.«

Beim Nachdenken über dieses Thema fragte ich mich auch, welche Bedeutung die Schönheit wohl in alldem hat. Obwohl wir in einem künstlerischen Prozess vereint waren, war dieses Thema noch nicht aufgetaucht. In meiner Malerei hatte ich Schönheit als eine Art Bestätigung rechten Schaffens erfahren. Wenn Schönheit auftauchte, war der Erfolg meist nicht weit. Ich ahnte, dass auch Schönheit mehr Bedeutung besaß, als ich bisher angenommen hatte, und fragte, ob sie auch eine Brücke sei.

»Schönheit ist eigentlich das Ergebnis mehrerer Brücken, die von vielen Ausgangspunkten aus besonders harmonische Muster bilden. Schönheit ist ein Chor von Sängern, ein Choral von Träumern,

ein Konzert von Sehnsüchten und Bestrebungen, ein Orchester von Zielen, eine Symphonie der Ambitionen und ein Tanz des Hervorbringens. Wenn Vektoren koordiniert werden und voller Freude und Vollkommenheit entstehen, dann rufen sie Schönheit hervor. Das gilt für die Schönheit einer Blume genauso wie für die Schönheit eines Liedes, eines Sonnenuntergangs oder eines Gemäldes. Schönheit ist eine Bestätigung einer positiven, erhebenden Umgebung. Sie ist häufig auch ein Zeichen der Richtigkeit auf deinem Weg. Leider können die Strukturen auf vielfältigste Weise Schönheit vortäuschen. Deswegen ist ein Misstrauen in die Schönheit entstanden. Wer jedoch zwischen attraktiven Strukturen und dem Licht innerer Schönheit zu unterscheiden vermag, dem wird die Schönheit den Weg weisen. Angesichts wahrer Schönheit verspürst du die Gegenwart Gottes und deine Einheit mit seinem Willen. Schönheit bestätigt die Harmonie und das Wohlbefinden, deswegen sehnen sich so viele nach ihr.«

Er sprach dann noch ausführlicher über die Anwendung der Brücken im Leben, und ich begriff, dass der voraussehbare Zusammenhang zwischen Ursache und Wirkung eine unserer besten Brücken ist. Wir wollen alle wissen, was auf uns zukommt, und hoffen, einen gewissen Einfluss darauf nehmen zu können. Ein genaueres Beobachten der vorhersehbaren Muster von Ursache und Wirkung könnte eine Menge Unsicherheit und Stress aus dem Leben nehmen.

Er erklärte immer wieder: Was immer wir tun, werde auch uns angetan werden. Was auch immer wir geben, wird uns auf ähnliche Weise zurückgegeben werden.

»Wenn Ursache und Wirkung eine zuverlässige Brücke zwischen Gegenwart und Zukunft darstellen, wie kommt es dann, dass die Tugendhaften oft leer ausgehen und die Bösewichter reich werden?«, wollte ich wissen.

»Das ist weniger wahr, als du meinst. Was oberflächlich als Ungerechtigkeit erscheint, beruht einfach auf einer unzureichenden Wahrnehmung dessen, wie im Universum ausgeglichen wird. Ursache und Wirkung funktionieren auf zwei etwas unterschiedlichen

Ebenen. Das eine ist die lineare, voraussehbare Ebene, auf der der Hunger verschwindet, wenn man isst. Dieser Aspekt funktioniert ungeachtet der Person oder ihrer Beweggründe mit der gleichen Zuverlässigkeit bei den Gewissenlosen wie bei den Sanftmütigen. Die Tugendhaften sind nur deswegen etwas im Hintertreffen, weil die Opportunisten danach streben, diese voraussehbaren Faktoren zu ihrem Gewinn auszunutzen, während die demütigeren Seelen häufig das Einbeziehen voraussehbarer Effekte für Schummelei halten. Derartige Vorstellungen führen tragischerweise dazu, dass empfindsamere Seelen von Gottes Gesetzen getrennt werden, obwohl die Gesetze Gottes doch dazu gemacht wurden, die Tugendhaften zu stärken und zu schützen, aber sie müssen anerkannt und bewusst bestätigt werden. Das Gesetz von Ursache und Wirkung funktioniert, ob man damit einverstanden ist oder nicht, doch die Bereitschaft zur bewussten Teilnahme verstärkt den vorgesehenen Lohn um ein Vielfaches.

*Die zweite, größere Dimension von Ursache und Wirkung bezieht sich auf ganzheitliche Vervollständigung und Ausgleich. In der Einheit des Geistes gibt es ein gemeinsames Herz, das um die Richtigkeit aller Dinge weiß und auf eine Weise heilt und ausgleicht, die das normale Verständnis weit übersteigt. Dieser heilige Mittelpunkt der Existenz reagiert auf **die Ursache und Wirkung der Liebe** statt auf die Ursache und Wirkung von Bemühung. So kann ein Mensch einem Menschen geben und von einem anderen empfangen. Er mag sich in einer Fabrik abmühen und durch die Liebe seiner Kinder belohnt werden. Er mag seine Zeit selbstlos für den Erhalt der Natur einsetzen und durch die Lehren des Lebens belohnt werden. Er mag die Kranken besuchen und von seinem Selbstmitleid geheilt werden. Er mag einer Person vergeben, und andere werden ihm vergeben.*

Diese Ebene von Ursache und Wirkung kann nicht selbstsüchtig ausgenutzt werden, weil sie nur durch die Art der Liebe der jeweiligen Person aktiviert wird. Wenn du die Liebe ausdrückst, die du bist, sind die Segnungen, die dir zuteil werden können, grenzenlos.«

Das erinnerte mich wieder an seine wunderbare Wiedergabe des 23. Psalms, in dem er von der Macht der Liebe sprach, die uns in unserem Leben auch durch die Schatten und Dunkelheit führt. Für eine Weile war ich so bewegt, dass ich nicht sprechen konnte. Doch irgendwann kehrten meine Gedanken zum praktischen Leben zurück.

»Es gibt heutzutage viele Menschen, die Vorhersagen treffen. Lesen sie einfach die Muster von Ursache und Wirkung und projizieren sie in die Zukunft, oder gibt es ein größeres Wissen?«

»Es sind die Strukturen, die am meisten an Prophezeiungen interessiert sind. Strukturen brauchen ein vorhersehbares Momentum. Sie investieren in Prophezeiungen, um sich selbst zu erhalten und Veränderungen zu vermeiden. Dabei kann es sich auch um Wahrscheinlichkeitsstudien, Jahresplanungen oder langfristige Investitionsplanungen handeln, Prophezeiungen sind schließlich kein esoterisches Refugium. Sie sind Brücken zu einem vorhersehbaren Leben, die auf der Beobachtung der Realität beruhen. Die Kunst und Wissenschaft der Prophezeiungen kann jedoch missbraucht werden, wenn sie emotional anrührende oder spirituell inspirierende Inhalte verwendet, um das Herz zur Unterstützung von Vergänglichem zu bewegen. **Die Strukturen investieren viel, um alle Veränderungstendenzen in den Herzen der Menschen zu unterbinden und damit ihre Prophezeiungen aufrechtzuerhalten.**

Das Herz ist die wahre Quelle der Prophezeiungen, denn ihm untersteht der Punkt, an dem das Innere und das Äußere eins sind. Es liefert eine viel exaktere Diagnose, als jedes äußere Instrument es könnte. Du brauchst nur in dein Herz zu gehen, um deine Zukunft zu erfahren. Das Heilige Herz und seine sieben höheren Intelligenzebenen erzählen dir alles, was du über den Verlauf deines Lebens wissen musst.

Durch ein Studium der Muster von Ursache und Wirkung kann jeder viel über eine mögliche Zukunft erfahren. Eine intelligente, gut informierte Person kann diese Muster beobachten und die langfristigen Konsequenzen und Tendenzen logisch vorhersagen. Doch wenn du wirklich wissen willst, wo dein Leben hingeht, dann schau in dein Herz, denn jede Vorhersage ist nur so lange gültig, wie sie von dei-

nem Herzen unterstützt wird. Sowie sich das Herz verändert, ist alles anders. Erinnere dich an das Beispiel von dem Postboten, der endlich den bissigen Hunden vergab. Danach fielen ihn die Hunde nicht mehr an. Jedes Mal, wenn sich das Herz wirklich ändert, ändert sich auch die Zukunft.

Den äußeren Veränderungen wurde immer viel zu viel Bedeutung beigemessen. Missversteh mich nicht: Äußere Verbesserungen sind durchaus der Mühe wert. Das Haus zu putzen, ist eine konstruktive Tätigkeit. Doch ein sauberes Haus ist noch kein Heim. Heutzutage sind viele Menschen total erschöpft und ausgebrannt, weil sie verzweifelt versuchen, ihr Leben durch Tun, Denken und Arbeiten zu ändern. Eine einfache Veränderung im Herzen würde das Problem beheben!

Eine große Veränderung im Herzen kann – vor allem, wenn sie von vielen erfahren wird – alle vorherigen Prophezeiungen verändern. Vor zweitausend Jahren, als ich auf der Erde wandelte, waren die Bedingungen so, dass es innerhalb der nächsten fünfhundert Jahre eine riesige Umwälzung hätte geben können. Doch es geschah nicht.«

Er lächelte ein paar Minuten lang erfreut vor sich hin, bevor er sagte: »*Was meinst du, warum es nicht geschah?*«

Sein Lächeln spiegelte sich auf meinem Gesicht wider, und ich antwortete mit großer Sicherheit: »Weil sich so viele Herzen änderten, nachdem du da warst!«

»*Und zwei- bis fünfhundert Jahre später hätte es eine weitere erdgeschichtliche Katastrophe geben können, und sie geschah wieder nicht. Solange die Herzen sich ändern, müssen auch die äußeren Vorhersagen ständig angepasst werden.*«

Ich zögerte etwas vor meiner nächsten Frage, doch der Blick seiner Augen ermutigte mich. »Wenn Prophezeiungen einfach eine Spiegelung vorübergehender Möglichkeiten sind, die vor der größeren Macht des Herzens verblassen können, wie erklärt sich dann die kontinuierliche Gültigkeit der Offenbarung des Johannes?«

»*Die Offenbarung ist weit mehr als eine Prophezeiung, sie ist eine zeitlose Offenbarung der Erfüllung der Seele bei ihrer Rückkehr zum Vater und des bedrohlichen Zerfalls aller Falschheit im Licht der*

Wahrheit. Die Schwächen normaler Prophezeiungen treffen für sie nicht zu, weil ihre Bedeutung nicht die vergänglichen Wahrscheinlichkeiten des Lebens zum Inhalt hat und ihre Botschaft sich dazu gar nicht äußern will.

Dieses heilige Dokument ist oft als eine Darstellung eines äußerlichen Dramas missverstanden worden. Natürlich muss sich eine tiefgreifende Veränderung der menschlichen Seele in den äußeren Formen der Realität abbilden, das ist gar nicht anders möglich. Es wird daher einige physische Phänomene geben, die das Drama begleiten, vor allem, wenn die Strukturen der weltlichen Dominanz zu Staub zerfallen.

Dieses Buch prophezeit den Punkt der kritischen Masse, an dem die Menschheit sich ihrem Schicksal stellen muss. Der Mensch kann sich nicht als Sohn oder Tochter des Vaters erkennen, bevor er alles losgelassen hat, was durch Unbewusstheit und Getrenntheit erschaffen wurde. Erfundene Identitäten, falsche Bedeutungen und wertlose Strukturen werden wegfallen, wenn sich die Seele dazu aufschwingt, ihren wahren Bund zu manifestieren. Diesem herrlichen Ereignis solltet ihr euch lieber in Liebe nähern als in Angst. Wenn das Herz sich hierauf vorbereitet, wird das auch äußere Konsequenzen haben. Das Schicksal des Menschen kann den kommenden Ereignissen nicht ausweichen. Niemand ist davon ausgenommen. Doch ihr könnt euch entscheiden, wie ihr dem begegnet. Wer es mit Liebe tut, wird darin die ultimative Brücke zur Erfüllung finden.«

In diesen Zeiten bereiten die von den Prophezeiungen erwarteten Umwälzungen vielen Menschen Sorge. Merkwürdigerweise gingen meine Gedanken in seiner Gegenwart nie in Richtung möglicher Katastrophen, obwohl ich doch alles hätte fragen können. In der hier beschriebenen Unterhaltung wurde das Thema das einzige Mal angeschnitten.

»Die Strukturen, die das Leben der Menschen heutzutage beherrschen, sind alle in einem Zustand der Getrenntheit und Unbewusstheit erschaffen worden. Ihr kraftvolles Momentum trägt kontinuier-

*liche Unterdrückung in sich. Das so Erschaffene muss die Seele des Menschen unterdrücken und versklaven, um zu überleben. Wenn die Zeit der Erfüllung des Menschen kommt, wird alles zusammenstürzen, was **entgegen dem Wohl der Menschen** überleben will. Und doch wird all das der Erhebung des menschlichen Bewusstseins dienen und ein neues Zeitalter der Nächstenliebe auf der Erde anbrechen lassen, in dem die Strukturen aus einem bewussten und verbundenen Zustand heraus in göttlicher Ordnung erschaffen werden.«*

»Wird es viel Leid mit sich bringen?«, wollte ich wissen.

*»Leiden entspricht nie dem Willen des Vaters, doch niemand wird von dieser Erfahrung ausgenommen sein. Viele werden nur so viel Leiden erfahren, wie aus ihrem Mitgefühl mit denen entsteht, die Kummer und Schmerz durchleben. Doch es gibt viele andere, die hängen so an dem, was da fallen wird, dass ihnen keine Erleichterung ihrer Pein möglich ist. Und auch das ist ein Segen, denn so kann ein qualvolles Leben das Gift ausbluten und eine Chance zur Heilung finden. Es hängt zum großen Teil von der individuellen Entscheidung ab, wie die Ereignisse erfahren werden, und es entsteht auch aus der Erfüllung von Entscheidungen, die schon vor langer Zeit getroffen wurden. Wie auch immer der Einzelne mit den Auswirkungen der Veränderungen umgeht, **die Wahrheit bleibt unerschütterlich, dass die Ergebnisse dieser Verwandlung der Menschheit ein Segen für sie sein werden.**«*

Bis zu jenem Tage gibt es eine Menge Brücken, die unser Leben mit höheren Bewusstseinsebenen und Fähigkeiten verbinden. Der Meister sagt, dass es für uns unabdingbar notwendig sei, immer nach der nächsthöheren Ebene Ausschau zu halten, weil ein Problem nie auf der Ebene gelöst werden könne, auf der es entstanden ist.

»Jedes Problem ist eine Frage, und ihre Antwort liegt mindestens eine Bewusstseinstufe oder Fähigkeitsstufe darüber. Das Problem wäre nicht entstanden, wenn es nicht zunächst einen Wahrnehmungsverlust gegeben hätte, der die Antwort dem Blick entzog. Es ist einer der größten Fehler der Menschheit, die Probleme des Lebens

auf der Ebene ihrer Entstehung anzugehen, als wenn da die Ursache zu finden wäre. Das führt nur zu Schwierigkeiten, Kämpfen und ständiger Frustration.

Zur Lösung eines Problems ist es zuerst notwendig, es von einer höheren Ebene aus zu betrachten, um eine größere Perspektive zu gewinnen. Im Bereich des körperlichen Heilens ist das sehr offensichtlich. Ein Arzt kann die Krankheit nur eingrenzen, ihr Fortschreiten hemmen, die Infektion mindern und Bedingungen herstellen, die eine Heilung ermöglichen. Doch die eigentliche Heilung ist immer ein Wunder, das auf einer höheren Ebene geschieht, indem Ganzheit wiederhergestellt wird. Was auch immer das Problem ist, die Heilung kommt von der höheren Ebene.«

Ich dachte an die vielen Menschen, die heutzutage in Amerika Gewichtsprobleme haben und ständig auf der Suche nach dem ultimativen Heilmittel sind, von Schlankheitspillen über Gymnastik bis zu Hypnose, in der Hoffnung, irgendwann das **eine** Wundermittel zu finden, das das Problem auf einen Schlag löst. Der Meister meinte dazu, dass wir lieber nach einer höheren Perspektive suchen sollten, die das ganze Problem einbezieht, statt es isoliert zu konfrontieren.

»Lerne, deinen wahren Hunger zu erkennen und zu unterscheiden, was du wirklich loswerden musst. Welcher Kummer bringt dich dazu, dein Leben unter so viel Elend zu begraben? Bringe dein Leben mit Hilfe dieser Antworten in Ordnung und strebe nach mehr Ganzheit. Um Wege zur Lösung irgendeines physischen Problems zu finden, ist es immer weise, nach höherem Rat zu suchen, sei er menschlicher oder göttlicher Natur. Du wirst die Lösung daran erkennen, dass sie mehr Ganzheit in dein Leben bringt.«

In Bezug auf die Verbesserung unserer Lebensqualität verwendete er die Analogie eines Schiffes, das durch einen Kanal fährt, der so wie in Panama zwei verschiedene Wasserstände verbindet.

»Wenn du in die erste Schleuse einfährst, siehst du dich nur von hohen Wänden umgeben. Es ist notwendig, dass du dies akzeptierst, um die Begrenzungen anzugehen, die du zurzeit erfährst. Das Gefühl

des Mangels und der begrenzten Sicht zu konfrontieren, ist eine Frage des Glaubens, dass sich mit steigendem Wasserpegel die Umstände auf wunderbare Weise ändern werden. Wenn sich dann die Tore öffnen und dein Schiff in die nächste Schleuse einfährt, werden die umfassenderen Kräfte der Ganzheit offenbar. Und dann findest du dich von neuen Wänden umschlossen, die dein Blickfeld auf deine derzeitige Ebene beschränken. Wieder brauchst du Glauben und Bewusstsein, um den Wasserstand auf die jetzt erwünschte Höhe zu bringen. In jeder Schleuse passiert das Gleiche. Und eines Tages wird sich plötzlich das letzte Tor öffnen und den Blick über den herrlichen Horizont des Ozeans freigeben. Da ist dann die neue Erde, der Traum ist wahr geworden.

Bis dahin tut ihr gut daran, euch unabhängig von der Ebene, auf der ihr euch befindet, immer wieder daran zu erinnern, euer Leben voller Vertrauen zu überprüfen und zu fragen: ›Wie kann ich aus dem, was ich habe, das meiste machen?‹ Fangt mit dem Einfachen an, zum Beispiel freundlich auf einen neuen Nachbarn zuzugehen, deinem Bruder zu vergeben oder Schulden zu bezahlen. Zieh die Dornen aus deinem Leben, vielleicht findet sich auch jemand anderes zum Rasenmähen. Vielleicht braucht ein Kind in deiner Nähe dringend Nachhilfestunden. Manchmal ist zusätzliche Arbeit hilfreich, manchmal sind ein paar Tage Urlaub wichtiger. Ganzheit entsteht nicht durch Sofortlösungen. Die Suche nach isolierten Lösungen für komplexe Situationen bringt dabei nicht viel. Du erklimmst die Stufen deines Lebens durch ständiges Streben nach größerer Ganzheit.«

Er betonte den Wert allmählicher Fortschritte, dass selbst kleine Veränderungen schnell zu neuen Aussichten, tieferen Einsichten und einer Verbesserung der Lebensqualität führen.

Ein uns allen bekanntes Beispiel ist die Frustration, die entsteht, wenn wir bis spät in die Nacht über unlösbaren Problemen sitzen. Irgendwann ergeben wir uns dem Schlaf, der Frieden und Erholung bringt, und was am Abend unlösbar erschien, ist am Morgen eindeutig klar, denn in dieser Ruhephase wurden die Energie, die Wahrnehmung und die Ganzheit **über** das Problem erhoben. Wenn wir uns auf die Wände beschränken lassen, die unser Problem definieren und erschaffen, versagen wir uns selbst die Perspektive einer höheren Intelligenz.

»Wenn du nach Lösungen suchst, schau auf die Ganzheit. Die Brücke zur Ganzheit ist eine sich ständig erweiternde Perspektive und eine zunehmende Einbeziehung des Lebens. Die Welt der Strukturen will euch weismachen, dass nur das Permanente Wirklichkeit ist und das Veränderliche die Illusion. Sie wollen, dass ihr glaubt, alles sich Verändernde sei Illusion. Doch alles ist real, was aus Liebe, Geist und Ur-Teilchen besteht. Diese drei Aspekte der Realität können endlos gestaltet und umgestaltet werden und aus einer unendlichen Anzahl von Perspektiven wahrgenommen werden, ohne ihre Wirklichkeit zu mindern. Das Leben ist tatsächlich ein Fluss, voll fließender Möglichkeiten.«

Dieses Bild der fließenden Wirklichkeit machte es mir möglich, die schwierige Rolle des freien Willens im Leben jedes Einzelnen zu schätzen. Wenn unendliche Potenziale in der Wirklichkeit gleichzeitig existieren können, dann müssen wir wichtige Entscheidungen darüber fällen, wie die Wirklichkeit unser Leben beeinflusst.

So verstehe ich jetzt auch mehr von dem Wunder des geheilten Bildes. Wenn ich mich an den Tag erinnere, an dem das Bild beschädigt wurde, weiß ich noch, wie meine Finger das Loch vorsichtig betasteten. Und ich erinnere mich an den nächsten Tag, als ich das Bild vollständig heil sah, als wäre nichts geschehen. In seiner Unversehrtheit glühte es vor undurchdringbarer Kraft und Integrität. Wenn ich jetzt diesen zwei unterschiedlichen Wahrnehmungen nachspüre, erscheint mir das visuelle Bild wie ein endloser Vorhang durch die Unendlichkeit. Auf der einen Seite des Vorhangs war der scheinbare Schaden, während auf der anderen Seite ein Zustand von Ganzheit herrschte, der sich nie geändert hatte. Diese zwiefache Wahrnehmung zeigt mir, wie viele Möglichkeiten so koexistieren können, dass **beide** wirklich sind. Jede davon hätte dauerhaft sein können, je nach den Entscheidungen, die in Bezug auf sie gefällt wurden. Doch »Das Lamm und der Löwe« war in so viel Wahrheit und Liebe gemalt worden, dass die Wirklichkeit der Beschädigung keinen Raum zum Überleben darin fand.

Dies weist auf einen wesentlichen Punkt im Leben hin. Wenn für jede Situation so viele Möglichkeiten koexistieren, erschaffen wir dann nicht Dauerhaftigkeit durch das, was wir wählen? Das Wissen, dass wir tatsächlich die Richtung und Qualität unseres Lebens wählen, bringt viel Verantwortung mit sich. Es hängt auch mit der Lehre des Meisters über das Herz und seine lebensverändernde Kraft zusammen. Denn wenn sich unser Herz verändert, wandeln sich wahrscheinlich auch unsere Vorlieben. Vielleicht ist das die eigentliche Brücke: die Entscheidungen und Verantwortungen, die auf Glauben und Bewusstsein beruhen.

9
Leben in Seligkeit

Gibt es den Himmel auf Erden? Wenn sich der Himmel durch permanente Glückseligkeit auszeichnet, wenn er frei von allen Mühen dieser sterblichen Existenz ist, dann muss diese Frage mit einem ausdrücklichen Nein beantwortet werden. In unserem Überlebenskampf träumen wir gerne von freundlicheren Gefilden und wünschen uns, dorthin zu flüchten. In meiner Zeit mit dem Meister erlebte ich jedoch ein Gefühl des Friedens und der Freiheit von Konflikten, wie ich es bis dahin nicht gekannt hatte. Vielleicht ist der Himmel ja dort, wo der Friede Gottes herrscht.

Eine der spürbarsten praktischen Veränderungen bemerkte ich in meiner Art, mit Problemen umzugehen. Als Künstlerin habe ich Herausforderungen immer geliebt und ihre erfolgreiche Bewältigung hat mir so manchen angenehmen Adrenalinstoß verschafft. Ich bin davon überzeugt, dass ich viele, wenn nicht sogar die meisten Probleme in meinem Leben um dieser Erfahrung willen angezogen habe. Faszinierenderweise konnte ich in der Gegenwart des Meisters jedoch lernen, zu wachsen und etwas zu erreichen, ohne dabei Hindernisse zu benötigen. Im Rückblick muss ich zugeben, dass Problemlösungen mein Ego oft mit einem illusorischen Siegesgefühl erfüllt haben! Jetzt habe ich gelernt, dass die wahre »Bewältigung« darin liegt, zu der Seligkeit meines eigentlichen Seins zurückzukehren, in dem Wissen, dass meine Gemütsruhe von den äußeren Umständen unabhängig ist. So habe ich erkannt, dass viele schwierige Umstände unnötig sind.

Es scheint, als hätten wir uns irgendwann in unserer persönlichen und kollektiven Geschichte dazu entschieden, den Schwierigkeiten und Härten einen Wert beizumessen. Da Probleme notwendig zu sein schienen, vielleicht sogar unvermeidbar, wollten wir sie vielleicht lieber als Abenteuer und Lernaufgabe betrachten. Vielleicht haben wir sie aber auch als Strafe und Vergeltung empfunden. Im Sinne der Lehren des Meisters könnten wir die Möglichkeit in Betracht ziehen, dass die Liebe nur deswegen auch Probleme umfasst, um die ihnen innewohnende Illusion zu verdeutlichen.

Ich habe Jesus oft gefragt, wie wir statt Schwierigkeiten Segnungen anziehen können. »Wie können wir ein wahrhaft gesegnetes Leben empfangen, und gibt es das überhaupt? Kannst du mir dafür eine Formel geben?«

Mit einem sanften Lächeln antwortete er: »*Das habe ich bereits.*«
»Wo?«, fragte ich schnell.
»*Alles, was ich dich gelehrt habe, läuft auf ein gutes Leben hinaus, doch du könntest dich besonders an die Seligpreisungen [Matthäus 5,3–10] halten.*«
»Oh«, erwiderte ich niedergeschlagen, denn trotz ihrer inspirierenden Schönheit hatte ich Schwierigkeiten, die Seligpreisungen zu verstehen. Sie schienen mir mehr eine Anweisung für Heilige zu sein. Es handelt sich dabei um eine Reihe von Segenssprüchen in der Bergpredigt (Matthäus 5–7), die im Neuen Testament zu seinen bedeutendsten Reden gehört.

Ich vermochte nichts zu sagen, außer, wie gerne ich als Vögelchen auf einem Zweig dabei gewesen wäre, um die aufgeregte Erwartung der Menge zu spüren, die dort auf den Hügeln über dem See Genezareth versammelt war! Wie wunderbar wäre es gewesen, ihn die Brote vermehren zu sehen! Welch ein Segen wäre es gewesen, die Botschaft in seinen eigenen Worten zu hören!

Die Bergpredigt hat mich immer tief bewegt und große Sehnsucht sowohl nach ihrer Erfüllung als auch nach einem besseren Verständnis ihrer Bedeutung in mir hervorgerufen. Seine Metaphern sind zwar reich an Bedeutungsebenen, doch bei einigen der Worte und Sätze war mir nicht sehr wohl.

Jesus erklärte mir, dass die Übersetzung in andere, strukturiertere und formalere Sprachen ein schier unlösbares Problem darstelle. Aramäisch sei eine sehr erdige, anwendungsbezogene und bildreiche Alltagssprache jener Zeit gewesen, in der genau wie bei Alltagssprachen aller Zeiten jeder Ausdruck je nach Kontext und Betonung verschiedene Bedeutungen haben kann. Jesus verglich den Bedeutungsspielraum des Aramäischen mit unserem unstrukturierten Alltagsjargon. Wenn wir zum Beispiel heutzutage sagen: »Das ist stark«, dann kann es bedeuten, dass es sehr haltbar ist oder dass sich jemand etwas herausnimmt, oder dass es sich um etwas besonders Gutes handelt. Alle diese Möglichkeiten sind in demselben Satz enthalten. Bei der Übersetzung seiner Worte ging es also um sehr viel mehr, als nur den passenden Begriff im Lateinischen, Griechischen oder in einer modernen Sprache zu finden. Die größte Schwierigkeit lag in der Wiederherstellung des Zusammenhangs, der bestimmte, wie seine Aussagen zu verstehen waren.

In den Seligpreisungen verhieß Jesus nicht nur Segen und Seligkeit, sondern er bezog sich auch auf Begrenzungen, Kummer und Leid als einen unüberwindbaren Teil der menschlichen Erfahrung. Das wollte ich vor allem verstehen. Ich hatte diesen Wunsch kaum geäußert, als er begann, den Text zu rezitieren, damit ich mir seine Worte noch einmal recht zu Gemüte führen könnte.

»Selig sind, die da geistlich arm sind, denn ihrer ist das Himmelreich«, tönte seine wunderbare Baritonstimme. Dann wartete er auf meine Reaktion.

»Da bin ich schon als Kind drüber gestolpert«, antwortete ich. »Ich verstehe unter dem Himmelreich unendliche Fülle. Was hat Armut damit zu tun, den Reichtum des Himmels zu besitzen? Was hast du damit gemeint?«

*»Wenn du mit dem Herzen zugehört hättest, dann hättest du die Wahrheit vernommen, trotz der Übersetzung. Doch da du dich gerade auf deine Missverständnisse konzentrierst, will ich dir auf die Sprünge helfen. Du stolperst über das Wort ›arm‹. Im Aramäischen hat es verschiedene Bedeutungsmöglichkeiten, die vom Kontext abhängen. ›Arm‹ kann armselig oder verarmt bedeuten, wie bei einem ausgelaugten Boden. Es kann auch eine mangelnde Fähigkeit bedeuten, mangelnde Qualität, niedriges Potenzial oder Unzulänglichkeit. Darüber hinaus kann es jedoch auch ›**einfach**‹ bedeuten, und genau darauf habe ich mich bezogen! Hör dir mal die korrekte Fassung an und sage mir, wie sich das für dich anfühlt: Selig sind, die einfachen Geistes sind, denn ihrer ist das Himmelreich.«*

»Perfekt, einfach perfekt!« Ich konnte spüren, wie sein Segen mich tief erfüllte. Nach einer Weile sagte er mehr darüber.

»Es geht eigentlich darum, dass du aufpassen musst, Komplexität und Hierarchien nicht mit Spiritualität zu vermengen. Strukturen sind für die physische Existenz notwendig, doch wenn ihnen im spirituellen Bereich Macht zugebilligt wird, dann führt das nur zu Einsamkeit, Frustration, Bewertungen und Arroganz.

Unterstütze keine Glaubenssysteme, die deinen Zugang zu Gott begrenzen oder kontrollieren wollen. Ordne dich keinen Hierarchien unter, die deinen spirituellen Fortschritt von menschlicher Genehmigung oder einem bestimmten Protokoll abhängig machen. Das war das Problem beim Turm von Babel. Die Religion des alten Babylon wurde von einer gestaffelten autoritären Priesterschaft kontrolliert, die sich das Recht anmaßte, über den Zugang eines Menschen in den Himmel zu bestimmen. Dieses Problem hat es in den organisierten Religionen immer wieder gegeben, und viele spirituelle Imperien sind daran gescheitert, dass sie auf Strukturen des Verstandes und menschlicher Autorität beruhten.

Das Himmelreich weiß nichts von Strukturen und Hierarchien. Wenn du deine heiligen Erfahrungen mit endlosen, von Menschen abgesegneten Bedingungen umgibst, dann verschließt du in gewisser Weise die Tore des Himmels.

Halte es schlicht und einfach. Es gibt nur EINEN Geist. Du brauchst keine tausend Stufen zu erklimmen, um mit deinem Schöpfer im Geist vereint zu sein. **Der Geist ist in dir, der Geist ist von dir, der Geist ist um dich herum, der Geist umfasst dich und ist bei dir für alle Zeit.** *Du brauchst keine Erlaubnis der Strukturen, um all das zu empfangen, was der Geist Gottes für dich bereithält. Alle großen Imperien der Geschichte sind zu Staub zerfallen, weil Hierarchien ihr spirituelles Leben bestimmt haben. Deswegen habe ich gesagt: ›Selig sind, die einfachen Geistes sind, denn ihrer ist das Himmelreich.‹ Wenn du geistlich schlicht bist, wird dir alles gegeben, einfach weil du bittest. Du brauchst keine neue Dimensionalität zu entwickeln, um zu einer noch elitäreren Stufe aufzusteigen. Liebe und Einfachheit sind die einzigen Bedingungen für ein erfülltes spirituelles Leben.*

*Jedes Königreich, das sich entzweit, geht dem Untergang entgegen. Jede Stadt und jedes Haus, das sich entzweit, hat keinen Bestand. Du kannst nicht sagen, ein Ding sei im Geiste und ein anderes nicht. Du kannst nicht sagen, diese Person gehört zum Geist und jene nicht. Du kannst nichts vom Geist ausnehmen. Er ist in allen Dingen, von allen Dingen und mit allen Dingen. Es gibt in Bezug auf den Geist keine Voraussetzungen oder Hierarchien. Der Geist ist eins. Wenn du versuchst, ihn zu brechen, wird sich das geteilte Haus gegen dich, den Störenfried, wenden. Wann immer du versuchst, den Geist zu teilen, hat er damit deine Erlaubnis, die Scherben einzusammeln, und zwar die Scherben **von dir**. Der Schlüssel zum Himmel liegt darin, den **EINEN Geist** aus der Schlichtheit deines eigenen Platzes im Leben heraus anzunehmen und zu ehren. Du brauchst nicht wie jemand anderes zu sein oder woanders zu sein. Ein Floh, der im Frieden mit sich selbst ist und andächtig die Ewigkeit bestaunt, hat größere Chancen, das Antlitz Gottes zu schauen als ein Riese, dessen ungeheurer Appetit alles nur für sich selbst will.*

Nicht Größe und Bedeutung sind wichtig, sondern Akzeptanz und Schlichtheit. In der Einfachheit liegt eine Erfüllung, die dich sehr glücklich machen wird.«

Er sagte nie: »Selig sind, die komplizierte, rationale oder weltliche Strukturen errichten, um ihre privilegierten Positionen hervorzuheben.« Stattdessen betonte er, dass wir vom Geist gesegnet sind, wenn wir die Liebe bestätigen, die wir sind, und sie mit der Liebe des Vaters in einem Reich jenseits menschlicher Positionen vereinen.

*»Hierarchien sind ein Teil der elitären Welt. Strukturen gehören zur Erde. Wenn ihr euch zu höheren, liebevolleren Beziehungen mit euren Mitmenschen und eurem Schöpfer aufschwingt, wird die Dominanz der Strukturen fallen. Wer behauptet, durch Schichten strukturierter Wahrnehmung aufzusteigen, **steigt nur in seiner Vorstellung auf** und wird nicht das Himmelreich schauen. Wenn ihr jedoch im Geist aufsteigt, dann wird die strukturierte Realität wegfallen und nur noch wenig Bedeutung für euer Bewusstsein haben. In der*

Liebe und im Geist gibt es weder Hierarchien noch Strukturen. ***Liebe ist die Quelle deines Lebens.***

Halte auch deine Gedanken schlicht und einfach. Gedanken haben eine Wirkung auf dein Leben. Deswegen ist es wichtig, dass du auf deine Gedanken achtest und sie angemessen steuerst. Du kannst die Liebe dabei mit einem Oberbefehlshaber vergleichen, während deine Gedanken die Offiziere sind, die den Truppen im Felde ihre Order geben. Es ist wichtig, dass die Truppen ihre Anweisungen erhalten, und das ist die Aufgabe der Gedanken. Achte also auf deine Gedanken und instruiere sie gut. Wenn du sie jedoch mit der Quelle deines Lebens verwechselst, wirst du deine wahre Kraft vergessen.«

Seine Worte erinnerten mich an eine Erfahrung, die ich mit positivem Denken während meiner Lehrzeit an der Universität von Oklahoma hatte. Ich hatte mehrere Seminare zum Thema positives Denken besucht, von denen ich hoffte, dass sie mir helfen würden, mich besser auf meine Arbeit zu konzentrieren und meine Absichten klarer umzusetzen. Jede der gelehrten Techniken schien zunächst zu wirken, doch nach einer Weile ließ ihre Effektivität stark nach. Ich besuchte mehrere Seminare immer in der Hoffnung, eine Technik zu finden, die dauerhafte Wirkung zeigte. Ich erkannte, dass der Meister mir hierauf eine Antwort gab, und bat ihn, mir mehr zu erzählen.

»Diese Techniken funktionierten für dich eine Weile lang, weil deine aufgestaute Liebe nach Richtung und Fokus drängte. Nachdem du diesen Liebesvorrat angewendet hast und abfließen ließest, war alles erledigt. **Du musst deine Gedanken mit Liebe denken, um sie wirksam zu machen.** *Viele gute Kurse zum Thema Gedankenmanagement wären effektiver, wenn sie die Kraft hinter den Gedanken besser verstünden.*

Du kannst deine Liebe und deine Gedanken mit einem Bogenschützen vergleichen. Deine Liebe ist der Schütze, dein Verstand ist der Bogen, und deine Gedanken sind die Pfeile. Ohne sorgfältige Ausrichtung werden sie ihr Ziel verfehlen. Ohne dass die Liebe die Sehne spannt, wird deine Motivation schwach oder fehlgeleitet sein. All diese Dinge sind Teile deiner Gesamtheit, doch die Liebe ist schlicht und einfach deine Kraft. Es ist wichtig, auf deine Gedanken zu achten und sie zu steuern, doch gib ihnen keine eigenständige Macht. Glaube nicht, dass dein Verstand die Schlüssel zum Himmel finden könnte. Er kann diese Tür nicht öffnen. Mentale Aktivität führt unweigerlich zu Komplexität, die von Strukturen umgesetzt werden muss. Ideen steigen innerhalb der mentalen Hierarchien durch zunehmende Intellektualität auf. Derart komplizierte Standards lassen unweigerlich einige Personen oder Situationen überlegen erscheinen. Dagegen ist Liebe einfach, genauso wie der Geist. Halte dich an die Einfachheit und vermeide die Fallen des komplizierten Lebens.«

Im Laufe der Jahrhunderte wurde viel über heilige Strukturen, heilige Gebäude und heilige Geometrie geforscht. Während ich über die Essenz der Schlichtheit nachsann, ging mir dieses Thema in zweierlei Hinsicht durch den Kopf. Zum einen dachte ich an den Widerspruch zwischen Struktur und Einfachheit und an die Vergeblichkeit der Suche nach Vollkommenheit in der Struktur. Gleichzeitig verspürte ich jedoch eine gewisse Bewunderung für diejenigen, die mit unschuldigem Blick selbst im Bereich der Strukturen große Schlichtheit herausgearbeitet hatten. Als Künstlerin erlebte ich tief bewegende Augenblicke, wenn die Komplexität sich in Einfachheit auflöste und aus einfachen Farben und Leinwand eine Komposition entstand, die vor Stimmigkeit zu leuchten schien. Auch große Musik, in der aus einfachen Rhythmen in herrlichen, komplexen Anordnungen Melodien und Harmonien werden, berührt mich tief. Und während ich voller Dankbarkeit und Bewunderung für die erstaunliche Einfachheit der Liebe war, fragte ich den Meister: »Sind irgendwelche der wunderbaren Symmetrien, Muster und Harmonien, die es gibt, heilig?«

»Nur der Vater ist heilig«, antwortete er, *»doch die Schönheit und Einfachheit, die du in der Natur, in Gedanken und in künstlerischem Ausdruck finden kannst, können natürlich seine Gegenwart **ver-***

mitteln. Es ist gut, sich von diesen Wahrnehmungen der Vollkommenheit anrühren, inspirieren oder gar heilen zu lassen. Doch wenn solche Muster und Harmonien zu fixen Ideen werden, denen eine eigenständige Macht zugesprochen wird, löst sich jedes vielleicht vorhandene Potenzial auf. Vollkommene Momente und Manifestationen entsteigen den normalen Harmonien der Existenz. Doch es gibt keine Struktur, die nicht durch die Liebe ersetzt oder verändert werden könnte. Wie könnte es sonst Wunder geben? Wie könnte es sonst Freiheit für die Seele geben?

Erst wenn du verstehst, dass jede Struktur durch die Liebe neu geordnet werden kann, wirst du verstehen, wie ich die Fische und das Brot vermehrt habe. Du brauchst nur einen Teil oder ein Muster von etwas zu nehmen und es ausreichend zu lieben. Damit kannst du alles vervielfältigen, was du willst. Deshalb ist es so wichtig, mit Liebe zu geben, wenn du gibst, denn so vervielfältigst du deine Gabe. Durch genug Liebe kannst du alles vermehren.«

Bei seinen Worten wurde mir klar, wie fragil und defensiv Strukturen sind.

»Wenn die Strukturen die Existenz beherrschen, dann würde ein Fisch immer ein Fisch bleiben, denn dieser eine Fisch repräsentiert die Grenzen und Moleküle einer separaten Einheit. **Strukturen definieren das Getrennte! In der Getrenntheit setzen sich die Strukturen durch, daher sind sie die Herrscher des Mangels!** *Doch angesichts all der Ur-Teilchen, all des Geistes und all der Liebe in diesem einen Fisch ist das Potenzial unvorstellbar groß! Es kann unmöglich begrenzt werden und bedarf nur einer treibenden Kraft, um zu Vielem zu werden.«*

Es gibt zahllose Geschichten über Engel, die in gefährlichen Situationen für einen Menschen eingetreten sind, unglaubliche Rettungen, die die Möglichkeit zu bestätigen scheinen, dass die strukturierte Wirklichkeit unterbrochen werden kann. Vielleicht geschehen diese Ereignisse, um uns daran zu erinnern: Auch angesichts der Tatsache, dass wir hier auf Erden eine gewisse Ordnung brauchen, wäre es ein Fehler, irgendeine Struktur als heilig zu betrachten. Die Einfachheit der Liebe, des Geistes und der Ur-Teilchen übersteigt alle Struktur. Diese Elemente sind allen Formen gemeinsam und enthalten unendlich transformatives Potenzial.

Während ich der Dauerhaftigkeit der Einfachheit nachspürte und mich wie auf Meereswellen darin wiegte, begann Jesus, die zweite Seligpreisung zu rezitieren. Sie schien mir wie eine neue Melodie, die auf die erste folgte, und in der Tat gibt es eine natürliche Entwicklung von dem ersten Segen zum zweiten, denn mit dem Verständnis, dass es nur EINEN Geist, nur EINE Existenz und nur EINE Ewigkeit gibt, wird es leichter, zu akzeptieren, dass nichts wirklich je verloren geht.

»Selig sind, die da Leid tragen, denn sie sollen getröstet werden.«
Mein Gesicht muss bedrückt ausgesehen haben, denn er fragte mitfühlend nach meiner Sorge. Ich erinnerte mich des Leids, das ich in meinem eigenen Leben erfahren hatte, und es fühlte sich nicht gerade nach Segnungen an.

»Auch hier geht es um Worte und Bedeutungen, die durch die Übersetzung gelitten haben«, fuhr er sanft fort. »Das aramäische Wort für ›Leiden‹ kann ›Trauer‹, ›Kummer‹, ›Schmerz‹ oder ›Bedauern‹ ausdrücken. Die meisten dieser Bedeutungen haben einen negativen Beigeschmack und klingen nach dem Klammern an etwas Verlorenes. Doch eine wichtige Bedeutung ergibt sich aus dem Wert des Trauerns. Ich bezog mich damals auf einen Prozess der Läuterung und des Loslassens, was etwas ganz anderes ist als die Verinnerlichung von Kummer und Verlust. Das Leid bricht meist wie eine Heimsuchung über den Menschen herein und er reagiert zuerst mit Schock, dann mit Depression und wendet sich dann nach innen, um an seinen emotionalen und spirituellen Wunden zu leiden. Das ist Kummer. In einem späteren Stadium des Prozesses der Hingabe entsteht dann Trauer, der freie Fluss der Tränen, der mit Akzeptanz und einer gewissen Erleichterung einhergeht. In diesem Zustand kann das Herz die Kontinuität des Lebens wahrnehmen, auch wenn bestimmte Verbindungen verloren gegangen sind. **In der Lösung von**

dem, was nicht zurückgehalten werden kann, entsteht Heilung. In der Erleichterung wird der Segen erfahren. Wer sich grämt, hängt an dem, was verloren ging – wer trauert, lässt los. Niemand fühlt sich gesegnet, wenn ihn der Kummer übermannt. So etwas würde ich niemals sagen. Doch im Loslassen, Läutern und im freien Fluss der Tränen kann endlich Heilung erfahren werden.

Dies bezieht sich auf jede Art von Verlust, nicht nur den Verlust eines geliebten Wesens. Es kann auch ein Traum oder eine Hoffnung sein. Sogar das Gefühl, wie die Kindheit dir entschwindet, kann eine Phase der Trauer auslösen, die die Liebe ehrt, die damit freigesetzt wird. Solch eine Läuterung öffnet einen Raum, in dem eine neu hervortretende Lebensstufe gefeiert werden kann. Es gibt auch Zeiten, zu denen das Ende einer bestimmten Rolle im Leben oder einer Karriere anerkannt werden will. Die Anerkennung und Lösung von dem, was war, kann Tränen hervorbringen, doch sie öffnet auch Türen zu neuen Möglichkeiten.

Diesen Prozess zu akzeptieren, ist von hohem therapeutischen Wert und kann sich segensreich auswirken. Deswegen gibt es in der Liebe zwei Aspekte: Verbinden und Loslassen. Ein Wesen wird nur vollständig, indem es beide Phasen der Liebe lebt und versteht. Das Aufeinanderzugehen, Sich-Verbinden und Annehmen in der Liebe ist einfach und macht Freude. Loslassen und Abschiednehmen sind sehr viel schwerer. Für alles gibt es eine Zeit, es loszulassen, und im Loslassen löst du dich aus der Umklammerung und wirst wieder ganz. Das ist der Segen.«

Mit tiefer, wohltönender Stimme fuhr er fort: *»Selig sind die Sanftmütigen, denn sie werden das Erdreich besitzen.«*

Es war mir etwas peinlich, zuzugeben, dass ich mit diesem Segen haderte, weil Sanftmut für mich etwas Unterwürfiges hatte. »Soll das heißen, ich soll in dienender Haltung durchs Leben gehen, oder handelt es sich wieder um ein Übersetzungsproblem?«

Er lächelte und sagte: *»Eine klarere Übersetzung wäre wirklich hilfreich. Was mit ›sanftmütig‹ übersetzt wurde, hat im Aramäischen* *wieder verschiedene Bedeutungen – zum Beispiel: bescheiden, arm, unterwürfig oder selbstlos. Doch ich meinte keine von diesen. In eurer Sprache liegt der Begriff der **Mäßigung** dem am nächsten, was ich sagen wollte. Es sollte also heißen: ›****Selig sind, die gemäßigt leben, denn sie werden die Erde besitzen.****‹ Mäßigung ist die Ökonomie Gottes und die Ökonomie des Segnens! Bist du nicht im Gleichgewicht, wenn du gemäßigt lebst? Wenn du im Gleichgewicht lebst, bist du dann nicht ganz? Wenn du ganz bist, besitzt du dann nicht die Erde?*

Mäßigung ist ein relatives Konzept, das seine Kraft aus dem Gleichgewicht bezieht. Es gibt dafür keine allgemein gültigen Maßstäbe, denn ein Mensch mit vielen Verpflichtungen braucht unter Umständen mehr, um ein gemäßigtes Leben zu führen, als ein Mensch mit wenig Verpflichtungen. Es geht bei der Mäßigung nicht um Grenzen oder Konformität, sondern um die vernünftige Einsicht, dass ein Mensch vollständiger ist, wenn er im Gleichgewicht lebt. ***Was ein Mensch benötigt, wird bestimmt durch das, was er lieben kann!*** *Unter dem Kommando der Liebe wird durch Mäßigung für alles gesorgt.*

Mäßige dich in allen Dingen, nicht nur in deiner Ernährung oder den Annehmlichkeiten deines Lebens, sondern auch in deinen intellektuellen Vorhaben, deinen Gewohnheiten und deiner Arbeit. Im Himmel auf Erden wird Mäßigung der ökonomische Standard sein. Kein Mensch braucht zu horten, und keiner braucht zu hungern. Das Miteinander-Teilen wird euch glücklich machen, wenn ihr erkennt, dass alles, was ihr miteinander teilt, die Grundlage dessen darstellt, was ihr erhaltet.«

Diese Segnungen folgen einer wunderbaren Logik, jede entsteht in natürlicher Konsequenz aus der vorherigen. Wenn wir wissen, wie für unsere Bedürfnisse im Leben gesorgt wird, dann entsteht eine natürliche Bereitschaft dazu, das loszulassen, was nicht gehalten werden kann. Wenn ein Mensch bereit ist, loszulassen, braucht er sich nicht mehr mit Horten abzugeben. Wenn nicht mehr gehortet wird, gibt es genug für alle.

Ich wollte gerne anwenden, was er mich gelehrt hatte. Am nächsten Tag ging ich daher meinen Kleiderschrank durch und fand einige ungetragene schöne Stücke darin, die entweder meinen Bedürfnissen oder meinem Typ nicht entsprachen. Mit einem neuen Verantwortungsgefühl gegenüber dem Eigentum überlegte ich, welcher meiner Freundinnen das jeweilige Kleidungsstück wohl wirklich gehörte. Ich rief sie an, und das Geben war leicht, ohne irgendein Gefühl der Herablassung oder Wohltätigkeit. Ich sagte einfach: »Da hängt ein Kleid in meinem Schrank, von dem ich glaube, dass es eigentlich dir gehören sollte. Ich muss wohl an dich gedacht haben, als ich es kaufte.« Das Gleiche tat ich mit meinen Büchern und anderen schönen Dingen und verstärkte dabei meine Sensibilität für das Geben, indem ich das Prinzip des rechten Eigentums anwandte.

Und dann geschah das Erstaunliche. Die Freunde erwiderten das Geben und Schenken mit Dingen, die wirklich mir zu gehören schienen.

»Geld kann dir Besitz verschaffen«, erklärte er weiter, »doch es kann dich nicht zur wahren Eigentümerin machen. Was dir wirklich gehört, das bestimmen die Anziehungskraft deines Herzens und das Kommando deiner Liebe. Nur das Eigentum deines Herzens kann Erfüllung bringen und dein Leben bereichern. Wenn du Mäßigung übst, wirst du das erfahren. Du wirst beim Einkaufen deiner Lebensmittel wissen, welche Nahrungsmittel du brauchst. Du wirst keine Nahrung zwanghaft in dich hineinstopfen müssen, um unbewusste Bedürfnisse zu kompensieren. Die Menschheit hat ihre Sensibilität für wahre Bedürfnisse und rechtes Eigentum größtenteils durch ihren Hang zum Übermaß verloren. Dabei geht es nicht nur um ein Übermaß an Dingen oder körperlichem Genuss. Es gibt auch übermäßiges Arbeiten, übermäßiges Verdrängen, übermäßiges Leiden, übermäßiges Strafen, übermäßiges Sorgen und übermäßige Kontrolle. Manche Menschen leben in Armut und Entsagung – in der irrigen Annahme, dass sie sich durch Opfer von der Zwanghaftigkeit

befreien könnten. Doch sie leben in übermäßiger Verleugnung. Alles kann ins Extrem getrieben werden. In jedem Vorhaben und jedem Zyklus gibt es einen Punkt, an dem die Rückkehr zum Gleichgewicht notwendig wird. Im Gleichgewicht ist Ganzheit, Erfüllung und Segen.

*Und es geht weiter: **Selig sind, die da hungert und dürstet nach Gerechtigkeit, denn sie sollen satt werden.** Dieser Segen bezieht sich direkt auf das Heilige Herz, denn wenn ein Mensch nach Gerechtigkeit hungert und dürstet, dann wird die Reinheit und Unschuld seines Herzens erweckt.«*

Jesus erinnerte mich viele Male daran, dass das Herz den innersten Kern unserer Unschuld und Güte enthält. Kraft unseres Herzens können wir die Liebe sein, die wir sind. In der Gegenwart des Meisters erfuhr ich das in Vollkommenheit. Jeden Tag floss mein Kelch über. Schon ein Wort von ihm war genug. In seiner Gegenwart war ich erfüllt, denn ich spürte seine Gerechtigkeit und Richtigkeit. Gerechtigkeit ist in dieser Welt ein schwieriges Konzept, denn es gibt so wenig Reines und so vieles, was für irreführende Auseinandersetzungen über Gerechtigkeit vereinnahmt wird. Ich hatte das Gefühl, erst mal ein besseres Verständnis von Gerechtigkeit zu brauchen.

»*Gerechtigkeit ist, dass du die Liebe bist, die du bist«*, kam er meinem Wunsch entgegen. »*Es bedeutet, dass du mit dir selbst, mit deinem Vater und mit dem EINEN Geist im Rechten bist. Sei einfach die Liebe, die du bist. Du erreichst das durch die rechte Beziehung zu deinem Herzen.*

Das Herz ist ein mächtiges, magnetisches Zentrum, das Lebensenergie für Körper und Seele erzeugt und alles zu dir zieht, was du im Leben brauchst. In dem heiligen Raum deines Herzens spürst du die Gegenwart deines Schöpfers und wirst durch seine Gerechtigkeit geweiht. Aus diesen heiligen Kommunionen enthüllen sich dir höhere Intelligenzprinzipien, die deinem Leben Richtigkeit geben werden.«

Die höheren Prinzipien der Intelligenz wurden im sechsten Kapitel vertieft dargestellt, doch auch in Bezug auf das rechte

Leben spielen sie eine Rolle. Es sind: Einheit, Liebe, Leben, Respekt, Aufrichtigkeit, Gerechtigkeit und Güte. Einheit ist die Grundlage alles Rechten, durch das sich Liebe entfaltet. Durch die Liebe sind wir mit einem höheren Wissen um das Leben erfüllt. Leben ist das dritte Intelligenzprinzip. Leben erzeugt Leben und wirkt anziehend auf Leben. Wenn wir uns dem Leben aussetzen, erkennen wir die ihm innewohnende Wahrheit. Wir lernen nur durch Respekt. Durch Respekt würdigen wir die Schönheit und Angemessenheit des Lebens sowie die Liebe, das Gute und das Angemessene in anderen. Unschuldige Wahrnehmung sieht die Welt, wie sie ist, und sieht, dass es genug ist. Alle Antworten sind direkt vor unseren Augen. Dies anerkennend, stärken wir das Prinzip der Aufrichtigkeit. In der darauf folgenden Gerechtigkeit erkennen wir das Gleichgewicht in allen Dingen und die Notwendigkeit für Ausgleich. Und zuletzt folgt Güte, die der Wille Gottes ist und deren Richtigkeit durch nichts übertroffen wird.

»Selig sind die Barmherzigen, denn sie werden Barmherzigkeit erlangen«, fuhr er fort.

Wer Barmherzigkeit übt, dem wird Barmherzigkeit widerfahren. Im Vergeben wird uns vergeben. Jesus erklärte mir, dass das so sei, weil nur das Herz Vergebung verstünde. Im täglichen Üben von Vergebung gibst du dem Herzen Vorrang in deinem Leben.

»Übe täglich Vergebung, das befreit die Seele aus ihren Verstrickungen und ist darüber hinaus eine Tätigkeit, die dein Verstand niemals begreifen wird. Dein Verstand beabsichtigt nur, die Bilanz auszugleichen. Was die Moral betrifft, will er nur quitt sein. Übe daher jeden Tag Vergebung, selbst in den banalsten Kleinigkeiten. Es ist ein guter Weg, um den Verstand zu bezähmen und das Herz zu stärken. Barmherzigkeit dient nicht dem Ausgleich von Ursache und Wirkung, auch wenn das ein guter Grund zu ihrer Ausübung sein kann. Viel wichtiger ist, dass du wächst, wann immer du barmherzig bist. Im Wachsen wirst du gesegneter, und die Dinge, die dir scha-

den oder sich dir widersetzen könnten, erhalten keine Macht. **Barmherzigkeit ist die Blume des Wachstums.** *Wer seine Barmherzigkeit zurückhält, wird nur begrenzten Einfluss auf das Leben haben.*

Selig sind, die reinen Herzens sind, denn sie werden Gott schauen.«
Das war der sechste Segen.

»*In dem heiligen Mittelpunkt deines Herzens weiß der Vater, dass du nichts weniger als vollkommen bist. Der Vater weiß nichts von Sünde, weshalb das Sündigen dich vom Vater trennt. In der Reinheit deines Herzens bist du eins mit dem Vater.*«

»Warum begeben wir uns dann nicht viel leichter ins Herz?«, wollte ich wissen.

»*Weil ihr euch nicht als rein, vollkommen und unschuldig seht*«, antwortete er. »*Solange ihr euch nicht so seht, werdet ihr nicht in den heiligen Raum des Herzens kommen. Solange ihr versucht, all eure Minderwertigkeit und Fehler mit euch zu schleppen, werdet ihr über die Schwelle nicht hinauskommen. Meine Apostel haben mich ständig gefragt, wie sie beten sollten, und wollten Worte und Techniken haben. Meine Antwort war immer: Im Herzen zu sein – das ist das Gebet. Schließlich gab ich ihnen ein Gebet, das die Tür des Herzens öffnet. Mit meinem Gebet kann jeder seine Reinheit und Unschuld wiederherstellen. Es ist eine Anrufung des Herzens. Wenn du die Worte sprichst, stell also sicher, dass du eine Weile in Stille, Frieden und Unschuld verbringen kannst. In diesem heiligen Raum bist du eins mit dem Vater, und in dieser Einheit kennt deine Quelle alle deine Bedürfnisse und sieht keine Unvollkommenheit. Wenn du in dein Heiliges Herz gehst, dann bist du wieder in dein Leben gestellt und geheilt im Sinne von ›ganz gemacht‹. Wie könnte dir das widerfahren, ohne dass du das Antlitz Gottes schaust?*

Durch unschuldige Wahrnehmung kannst du die Gegenwart Gottes auch in der gesamten Existenz schauen. Das ist reine Wahrnehmung. Das zu üben, bringt Frieden in dein Leben und lässt dich die Schönheit vor deinen Augen erkennen. Alles wurde in Unschuld erschaffen. Sei dessen eingedenk, wenn du das Antlitz Gottes schau-

*en willst. Der Verstand erschafft keine Wirklichkeit, sondern beobachtet, integriert, versteht und implementiert Wirklichkeit. Dem Herzen obliegt es, die Wirklichkeit anzunehmen. Das reine Herz tut das bedingungslos. Der Verstand strebt nach Verständnis und wird ein Verständnis für das, was er nicht versteht, erfinden, oder er wird es beurteilen, was noch schlimmer ist. Dieses Phänomen ist gefährlich, weil er Realitäten erfinden kann, die dich von deinem wahren Sein und dem Sinn deines Lebens fortlocken. Wenn du dich der Tatsache hingibst, dass die Existenz keiner Erfindung bedarf, dass sie einfach **ist**, dann stehst du kurz davor, Gott wahrhaftig zu schauen.*

Bewertungen und Verurteilungen werden dich von diesem heiligen Raum trennen. Verurteilung ist die einzige Sünde, zu der ein Kind Gottes wirklich fähig ist. Verurteilung war die Ursünde, und ständiges Verurteilen wird dir die Gegenwart des Vaters nehmen.«

Ich bemerkte seinen Ernst bei diesem Thema und fragte: »Wenn Verurteilung ein Verbrechen wider die Unschuld ist und der Vater die Quelle aller Unschuld ist, warum steht in der Bibel dann so viel über Gottes Urteil?«

»Das hebräische Wort für ›Urteil‹ ist ›misphat‹ und bezieht sich eher auf Erlösung und Rechtfertigung im Sinne von Verteidigung, nicht auf eine Meinung oder Verurteilung. Der Mensch in seinem wahren Potenzial ist unschuldig und gut. Keiner weiß das sicherer und steht zuverlässiger dahinter als der Vater. Wann immer du einen Menschen verurteilst, stellst du dich gegen den Vater. In jeder Situation ist es der Vater, der seine Kinder sieht und verteidigt, ungeachtet der Vergehen eines falschen Selbst oder einer ungerechten Welt. Dein Vater kennt den Unterschied und stellt deine grundlegende Richtigkeit wieder her. Dieses alte hebräische Verständnis von Gerechtigkeit ist eine der Grundsäulen eures Rechtssystems, dass nämlich ein Mensch so lange als unschuldig gilt, bis seine Schuld bewiesen wurde. Es ist Aufgabe des Richters, dieses Recht des Angeklagten zu schützen, bis alle Anschuldigungen erwogen wurden. Das ist auch die Haltung des Vaters, nur mit viel mehr Klarheit, Reinheit und Vergebung.

Die Welt fördert Schuld und Minderwertigkeit und benutzt die Kraft der Verdammung und Bestrafung zur Durchsetzung ihrer zerstörerischen Ziele. Wenn die Kinder Gottes nur die Vergeblichkeit derartiger Anschuldigungen begreifen würden, dann brächte die Brüderlichkeit unter den Menschen mehr unschuldige Wahrnehmung hervor.

Damit will ich nicht sagen, dass zerstörerisches Handeln nicht verhindert werden sollte und die Täter nicht in Schranken zu halten sind, denn wie könnte die Brüderlichkeit sonst aufrechterhalten werden? Doch solche Ausübung von Gerechtigkeit sollte mit der Absicht erfolgen, die Brüderlichkeit wiederherzustellen, nicht sie zu spalten oder zu mindern.

Ich habe oft die Metapher der Schafe oder Fische verwendet, wenn ich zu meinen Jüngern über kollektive, urteilsfreie Akzeptanz sprach. Fische leben in Schwärmen, Schafe in Herden. Bei beiden werden neue Mitglieder ohne Eignungstest oder Vorbehalte in die Gruppe aufgenommen. Diese Kreaturen leben die schlichte Unschuld des EINEN Geistes. Ich habe gesehen, wie eine Herde von sechs Schafen auf zehntausend anschwoll, indem immer neue Herden dazukamen, während die Tiere zum Markt oder zu neuen Weidegründen getrieben wurden. Kein Schaf wurde zurückgewiesen, alle wurden bedingungslos einbezogen.«

Ich war ziemlich froh, dass er die Metaphern von den Fischen und Schafen erläutert hatte, denn die Assoziationen von Konformität, Kleingeistigkeit und Mitläuferschaft hatten mich nie begeistert.

Als Jesus meine Erleichterung bemerkte, fügte er hinzu: »*Ich meinte, dass die Menschen in gegenseitiger Unterstützung und Harmonie miteinander leben sollten, doch natürlich nicht auf Kosten der Individualität und bestimmt nicht in blinder Konformität.«*

Er zeigte mir täglich, wie die unschuldige Wahrnehmung unserer Neigung entgegensteht, das Leben unseren Urteilen anpassen zu wollen. In seiner Gegenwart konnte ich das Leben so akzeptieren, wie es war. Das bedeutet nicht, dass ich keine Schwierigkeiten wahrnahm oder keinen Widerspruch einlegte, wenn mir danach war. Diese Freiheiten des Ausdrucks sind ebenfalls ein Aspekt der unschuldigen Wahrnehmung. Doch mir wurde klar, wie wir unsere Lebenskraft auslaugen, indem wir ständig versuchen, sie unseren mentalen Projektionen und Urteilen anzupassen.

Jesus sagte: »*Die meisten Konflikte sind selbst erzeugt, nämlich durch eine Zurückweisung des Lebens und durch Verleugnung der wahren Natur der Existenz.*«

Das leitete nahtlos und mühelos zur nächsten Seligpreisung über.

»Selig sind die Friedfertigen, denn sie werden Kinder Gottes heißen. Es gibt viele Wege, im Leben Frieden zu bewirken, du brauchst dazu kein Diplomat, kein Moderator, Berater oder Minister zu sein. Dieser Segen bezieht sich auch nicht nur auf das Beilegen von Streitigkeiten. Seine Macht liegt vielmehr in der gnadenreichen Beendigung der Dualität. Wenn du die Dualität beendigst, wirst du mit Ganzheit gesegnet werden und über die Konzepte hinauswachsen, die das Leben als einen Konflikt zwischen polaren Gegensätzen sehen. Die wesentliche Erkenntnis, die die Menschheit in dieser Zeit am nötigsten hat, ist, dass ein dualistischer Lebensansatz nicht mehr brauchbar ist. Die Einheit mit dem Geist muss erkannt und durch Akzeptanz ins Leben gebracht werden.

Der Kern der Dualität des Menschen liegt darin, dass er sich selbst Probleme erschafft, um dann erfreut festzustellen, dass er sie gelöst hat! Wenn er sie selbst erschaffen hat, sollte man doch annehmen, dass er sie auch lösen kann! Eine sinnvolle Frage wäre, ob er das Problem wirklich brauchte.«

Während Jesus sprach, dachte ich daran, wie wir von den vielen scheinbaren Gegensätzen unserer Welt konditioniert sind – oben/unten, innen/außen, vorwärts/rückwärts, glücklich/traurig sind nur ein paar Beispiele dafür. »Wir leben auf einem Planeten, auf dem es Tag und Nacht gibt. Beeinflusst das unser Denken?«

Amüsiert antwortete er: *»Kann schon sein. Doch du hast die Wahl, dich entweder auf diese beschränkte Beobachtung zu konzen-*

trieren oder darüber hinaus auf ein umfassenderes Verständnis zu schauen. Ich will dir zeigen, wie das aussehen könnte. Stell dir vor, du würdest auf einem der Satelliten durch eure Stratosphäre fliegen. Wenn du von dort aus auf die Erde schaust, was siehst du dann?«

»Aus dieser Perspektive sehe ich fast auf der ganzen Erde Sonnenschein, ganz am Rand ist ein bisschen Schatten, doch das Licht und die Dunkelheit sind nicht gleich stark. Fast überall ist zumindest ein bisschen Licht.«

»Genau. Dunkelheit und Licht sind überhaupt keine Gegensätze, sondern beschreiben unterschiedliche Positionen gegenüber einer Lichtquelle. Das ist keine Dualität. Das konzeptionelle Modell der Dualität wurde vom Verstand erschaffen, um seine Abhängigkeit von den Strukturen und der Symmetrie zu rechtfertigen. Der Verstand sucht meist mehr nach Erklärungen als nach Verständnis.

Tag und Nacht werden nicht aufhören, wenn du aufhörst, sie als Gegensätze zu betrachten. Du brauchst nicht mehr der Nacht genauso viel Macht zuzusprechen wie dem Tag. Es gibt nur die Macht des Lichtes, das in unterschiedlicher Intensität strahlt. Wenn das volle Verständnis erreicht wird, verschwindet die Dualität. Höhere Intelligenz manifestiert sich durch integrierte Wahrnehmung, die dein Erkennen des EINEN Geistes wiederherstellt. Die Kinder Gottes versuchen nicht, das Leben zu erklären oder mit dualistischen Konzepten zu verwalten. Die Kinder Gottes suchen in allen Dingen die Wahrnehmung der Ganzheit.«

»Wie sind wir nur derart kurzsichtigem Denken verfallen?«, wunderte ich mich.

»Die Menschheit wuchs und lebte auf einer Erde, die selbst wuchs und sich zunehmend ordnete. Eine beschränkte Einstellung dem Leben gegenüber erzeugt ein beschränktes Verständnis davon. Doch die schwerwiegendsten Konditionierungen sind aus der Art und Weise entstanden, wie die Menschen Energie wahrnahmen, erzeugten und kontrollierten. Energie ist überlebensnotwendig, daher hat der Umgang damit große Auswirkungen auf das Bewusstsein. Seit dem Augenblick, da die Menschen entdeckten, dass Feuer durch die Rei-

bung zweier Stöcke erzeugt werden kann, haben sie ihre Kulturen auf reibungserzeugten Energien aufgebaut bis hin zu Atommeilern. Die ›Stöcke‹ sind jetzt etwas raffinierter, doch die erzeugte Energie ist immer noch das Produkt eines auf polarem Widerstand beruhenden Reibungsprozesses.«

»Wird sich das je ändern?«

»Ja. Die Wissenschaft steht kurz davor, sich in ein Zeitalter eines neuen Verständnisses zu begeben, das Energie durch Anziehungsmuster statt durch Widerstandsmuster erzeugt. Was man im Moment über Elektromagnetismus weiß, wurzelt in einem primären Anziehungsfeld, in dem es keine Polaritäten und keinen Mangel gibt. Magnetismus kann als primär oder als nachgeordnet betrachtet werden, je nach Verständnisebene. In seinem primären Aspekt gibt es keine Polaritäten und keinen Mangel. Jetzt stell dir einmal eine Zivilisation vor, in der Energie keine Ware ist, die es zu sichern oder zu horten gilt. Kannst du erkennen, wie das alles verändern würde?«

In tiefem Frieden überdachte ich seine Worte. Dann unterbrach er die Stille mit der letzten Seligpreisung.

»Selig sind, die um der Gerechtigkeit willen verfolgt werden, denn ihrer ist das Himmelreich. *In diesem Segen liegt eine große Lektion, nicht nur für den Himmel, sondern auch für die Erde. Es ist die schwierigste Lektion, die man meistern kann, doch durch sie kann ein Mensch über die Tyrannei des Leidens hinauswachsen und wahre Befreiung erfahren. Deswegen ist es die letzte Seligpreisung.«*

Ich war über diese tröstlichen Worte froh, denn dieser Segen hatte mich immer etwas geängstigt. Demütig vertraute ich mich Jesu Kraft an, ohne dass ich meine Verunsicherung und mein mangelndes Verständnis zu verbergen suchte. Gleichzeitig war ich neugierig, was er zu sagen hatte.

»Die Kraft dieses Segens liegt in der Tatsache, dass unser Vater der Schöpfer aller Dinge ist und seine Gegenwart mit allen Dingen und in allen Dingen ist. Es gibt keinen Ort, an dem Gott nicht ist. Es gibt keine Erfahrung, in der Gott nicht ist. Es gibt keine Dimension

des Verständnisses oder der Wahrnehmung, in der Gott nicht ist. Wer Gott nur in einem Zustand des Wohlbefindens kennt, nimmt nur den kleinsten Teil des Schöpfers wahr. Wer Gott Bedingungen stellen muss, um ihn zu empfangen, kann ihn nicht empfangen. Wer Gott nur in seligen Momenten der Fülle erkennt, hat keine Macht über den Rest des Lebens. Wie könnte das Himmelreich etwas anderes sein als die Ganzheit von allem? Wie könntest du alles haben, wenn du nur einen Teil von Gott erfahren willst? Das war Hiobs Lektion, doch nicht viele haben ihren wahren Sinn verstanden.«

»Da gehöre ich wohl dazu. Und ich habe sie nicht nur nicht verstanden, ich habe die ganze Geschichte auch nie gemocht!« Ich hatte das Buch Hiob seit meiner College-Zeit nicht mehr gelesen und sah darin, ehrlich gesagt, ein ziemlich übles, albtraumartiges Erdenleben einer schwer geplagten Seele. Es schien mir überhaupt nicht die Liebe Gottes widerzuspiegeln, von der Jesus im Neuen Testament sprach, und es war mir nicht möglich, Hiobs schmerzliche Erfahrung mit meinen bevorzugten Glaubensvorstellungen zu vereinen.

In tröstlichem Ton fragte der Meister: *»Würdest du es gerne noch einmal mit mir zusammen lesen?«*

Ich nahm gerne an. Er setzte sich neben mich, und während ich seiner Stimme lauschte, staunte ich darüber, wie viel Schönheit mir zuvor entgangen war.

In diesem Buch des Alten Testaments stehen einige der zauberhaftesten Passagen, die je über das Wunder des Kosmos, die Herrlichkeit Gottes, die Unbegreiflichkeit der Unendlichkeit und die Allmacht all dessen, was ist, geschrieben wurden. Kurz zusammengefasst geht es in der Geschichte um einen wohlhabenden Mann namens Hiob, der mit Gesundheit, Familie, Land und Einfluss in seiner Gemeinde gesegnet war. Er ehrte den Sabbat und betete zu Gott. Dann, aus Gründen, die nur Gott kennt, wurde Hiobs Treue zu Gott geprüft. Hiob war dankbar für den materiellen Wohlstand, mit dem er gesegnet war, doch würde er auch in der Bedrängnis seinem Schöpfer treu bleiben? Dies hatte zu meiner ursprünglichen Reaktion geführt. Was für ein unsicherer und grausamer Gott würde einem Mann alles geben, um es ihm dann wegzunehmen?

Ich war einfach noch nicht in der Lage gewesen, die mächtige Botschaft ganz zu erfassen. Die Geschichte geht viel tiefer, als es zunächst scheinen mag. Ich hatte nicht verstanden, dass Gott Hiobs beschränkte Anhaftungen und Abhängigkeiten entfernte, um ihn darauf vorzubereiten, **alles** zu haben. In seinem Wohlstand hatte Hiob nur einen Teil Gottes. Hiob war mit seiner Seifenblase zufrieden und suchte nicht nach einer tieferen Beziehung zu seinem Schöpfer, daher ahnte er auch nichts von dem Knoten in seinem Schicksal. Es traf ihn ganz unvorbereitet. Am Anfang versuchte er es mit Gebeten und beichtete Sünden in der Hoffnung, dass Gott ihm vergeben würde, was auch immer sein Vergehen war. Doch die Probleme verschlimmerten sich nur. Dann versuchte er, zu verstehen, ob es eine Lektion in all der Qual gäbe. Doch es wurde immer noch schlimmer. Er holte sich Rat bei seinen Freunden, doch nichts änderte sich. Völlig niedergeschlagen gab er sich schließlich der Allmacht, der Schönheit und der Unendlichkeit des Universums hin und schaute voll Ehrfurcht und Erstaunen die Majestät des Seins. In dieser geläuterten Erkenntnis konnte er die Liebe Gottes in allen Dingen annehmen. Als er aufhörte, zu verurteilen, endeten auch seine Beschwerden. Und wundersamerweise wurde ihm in dem Augenblick, als er alles annahm, **alles gegeben!**

»In eurer Sprache versteht ihr unter Verfolgung eine absichtliche Belästigung oder Bedrohung. Auf Aramäisch bedeutete es in der Regel ›Leiden‹. Unser Vater quält seine Kinder niemals, doch es ist sein größter Wunsch, dass sie ihn in der ganzen Fülle des Seins erkennen. In Herausforderungen und durch das Durchleben von Leid wächst ein Mensch über seine schützende Seifenblase hinaus in eine größere Erfahrung der Liebe Gottes. Das Leben funktioniert so, dass derjenige, der die Bedingungen schafft, in einer Beziehung das Sagen hat. Solange also ein Mensch seiner Heiligen Quelle nicht erlaubt,

die Bedingungen seines Lebens zu erweitern, wird er keine wahrhaft heilige Beziehung zu ihr haben.

Diese Seligpreisung hat noch eine zweite Bedeutung, die sich auf das Verschwinden von Illusionen bezieht. Um diesen Segen zu empfangen, musst du erkennen, dass ›um der Gerechtigkeit willen‹ bedeutet: ›um der Liebe willen‹. Wann immer du mitten in Schwierigkeiten stehst und festbleibst in der Liebe, die du bist, wirst du merken, wie die Illusionen schwinden. Indem du die Liebe bist, die du bist, hast du die Macht, dein Leiden zu transzendieren.«

Jesus sagte zu mir mehr als einmal: »*Liebe deine Feinde, wenn du dich davon überzeugen willst, dass Liebe eine Kraft ist, die von innen kommt.*«

Vielleicht gibt es keine dauerhaften Feinde, doch es gibt sicherlich widrige Umstände. Das Leben hat seine Schwierigkeiten, und wenn wir sie durchleben, ist es von höchster Bedeutung, die Liebe zu sein, die wir sind. In diesem speziellen Zustand können wir uns sicher sein, nicht von außen kontrolliert oder durch die Welt dominiert zu werden.

»Diese Wahrheit kannst du nur angesichts deiner Feinde wirklich entdecken. Nur wenn du all die äußeren Umstände liebst, die du, wenn du den Gesetzen der Logik folgst, nicht lieben solltest, kannst du die tiefe Quelle der Liebe in dir spüren. In Psalm 23 heißt König David den Herrn willkommen, ihm den Tisch im Angesicht seiner Feinde zu decken, wissend, dass sein Kelch überfließen wird. Sein Kelch war mit Liebe gefüllt. David wusste, dass der Sieg nur durch die Kraft der Liebe errungen werden konnte.

Die Liebe gibt dir Macht über jede Situation. Doch du wirst das nie wirklich wissen, bis du Widrigkeiten überwunden hast. Die letzte der Seligpreisungen ist der größte Segen. Denn wenn du das lernst, bist du für immer frei von den Illusionen, die dich erobern und dein Leben in die Irre leiten könnten.«

10
Die zehn Gebote der Liebe

Als Jesus vor zweitausend Jahren nach seiner Sicht des Gesetzes und der Gebote gefragt wurde, antwortete er:

»Du sollst den Herrn, deinen Gott lieben von ganzem Herzen, von ganzer Seele und von ganzem Gemüt. Das ist das höchste und größte Gebot. Das andere aber ist dem gleich: Du sollst deinen Nächsten

lieben wie dich selbst. An diesen beiden Geboten hängt das ganze Gesetz und die Propheten.« (Matthäus 22,37-40)

Mit dieser Vereinfachung der vorhandenen Gebote setzte Jesus eine grundlegende Veränderung auf der Erde in Gang, die sich immer noch entfaltet. In diesen Sätzen offenbarte er, dass der Sinn des Gesetzes in der Verbesserung von Eigenschaften und Handlungen und in der Erfüllung des Lebens liegt. Gleichzeitig verwarf er die Vorstellung, dass das Gesetz irgendwelche Kräfte ermächtigt, kontrollierende Instanzen zu schaffen.

In unseren Gesprächen über die Gesetze der Gesellschaft und des Universums erinnerte er mich immer wieder daran, dass Liebe die einzige Macht ist und daher alle gültigen Gesetze in Liebe wurzeln müssten.

»Darüber hinaus brauchst du in Bezug auf die Gesetze des Lebens nur eine weitere Sache zu berücksichtigen, und das ist die Vorrangstellung der Wahrheit in allen Dingen. Wahrheit ist das konstante Element im Leben. Nur durch die Wahrheit findet ihr euren Weg zur Erfüllung und könnt die Illusion transzendieren.

Die Unerschütterlichkeit der Wahrheit und der Liebe findet ihr im Heiligen Herzen, denn das Herz nimmt alle Emotionen, Gefühle und Wahrnehmungen in sich auf, um sie zu vervollkommnen und zu läutern. Durch diesen Prozess kehren alle deine Lebenserfahrungen zu Gott zurück, um deinen Bund mit ihm und dem Sinn deines Lebens zu stärken und zu festigen.

Im Mittelpunkt deiner Seele ist das Heilige Herz, nicht zu deiner Linken oder zu deiner Rechten, wie es der Verstand gerne sähe, denn er spaltet alles in zwei Teile, um es zu vergleichen und zu prüfen. Doch dein Herz ist das flammende, leidenschaftliche, koordinierte Zentrum deines Lebens, das nach Einheit strebt, mit Liebe vorangeht und das Leben mit Aufrichtigkeit, Respekt, Gerechtigkeit und Güte bereichert. Dieses Potenzial stärkt das Gute und macht es dauerhaft. Das Heilige Herz ist wahrlich deine höhere Intelligenz und die Quelle eines inspirierten Lebens. Wenn die Menschheit zu ihrer vollen Selbsterkenntnis findet, wird die Intelligenz des Herzens sich durch-

setzen. Als gespaltenes oder geschwächtes Selbst kannst du dein Glück nicht finden.

Die Intelligenz des Verstandes hingegen ist nur an der Festlegung von Kriterien für Vergleiche und Kontrollen interessiert. Ein moralisches Leben dient in seinen Augen vor allem der Kontrolle des Lebens und nicht seiner Verbesserung. Moralische Richtlinien können zur Entwicklung einer brüderlichen, einander wohlgesonnenen Gemeinschaft hilfreich sein, doch starre Regeln dienen meist der Unterdrückung und nicht der Erleichterung. Das ist dann das Werk des Verstandes, der sich die Macht des Herzens anmaßt, um Bewertungsgrundlagen statt Lebensgrundlagen zu schaffen.

Ein echtes Verständnis von Ethik und Moral übersteigt den Horizont des Verstandes, doch es gibt ein paar Aspekte der Ethik, die ihn betreffen.

Das wichtigste ethische Prinzip, das du deinem Verstand beibringen solltest, bezieht sich auf die korrekte Priorität: Der Verstand ist der Diener und nicht der Herr.

Der zweitwichtigste Aspekt betrifft die Unterstützung der unschuldigen Wahrnehmung. Es steht dem Verstand nicht zu, die Realität zu erfinden oder zu verändern, um sie seinen Zielen anzupassen.

Außerdem müssen alle ihn betreffenden ethischen Richtlinien letztendlich praktikabel sein, denn das integriert den Verstand mit dem universellen Gesetz. Auch Gehorsam spielt dabei eine wichtige Rolle, denn die Anwendung des Lebens und das Streben nach Praktikabilität brauchen Gehorsam.

Ein Bauingenieur zum Beispiel, der den pragmatischen Prinzipien der Ingenieurskunst gehorcht, wird eine Brücke bauen, die den Elementen trotzen und Reisende sicher auf die andere Seite bringen kann. Alles hat seine Muster der Anwendbarkeit und es obliegt dem Verstand, diese Muster ausfindig zu machen und sorgfältig anzuwenden.

Für viele Menschen hat Gehorsam einen unterwürfigen Beigeschmack, weil es oft im Sinne blinden Gehorsams interpretiert wird. Das ist sehr schade, denn Gehorsam gegenüber den Gesetzen Gottes *führt immer zu persönlicher Erfüllung und Stärkung. Falsch verstandener Gehorsam wird meist durch Gewaltandrohungen aufrechterhalten und führt in der Regel zu einem niedrigen Selbstwertgefühl bei denen, die sich ihm unterwerfen.«*

»Wie können wir mit solchen falschen Autoritäten umgehen?«, wollte ich wissen.

»Macht eure Hingabe an die Praktikabilität deutlich und fordert die Autoritäten heraus, das Gleiche zu tun«, meinte er schlicht.

Er schien die Begriffe Ethik und Moral sowohl zu unterscheiden als auch einander gleichzusetzen, daher fragte ich ihn nach dem Unterschied.

»Ethik ist die ständige Anwendung höherer Prinzipien auf die Probleme der kollektiven Intelligenz. Ethik gibt dem Leben Werte, die dem Allgemeinwohl dienen. Wenn wir bedenken, welche Auswirkungen unser Handeln auf andere haben könnte, was uns in Beziehungen wichtig ist, wie wir das Gleichgewicht von Ursache und Wirkung zum Wohle aller berücksichtigen können, das ist Ethik.

Moral ist eigentlich die Hingabe, mit der wir etwas zum Besseren verändern wollen. Sie erfordert, Verantwortung zu übernehmen für das, was an Lebenssituationen entsteht, und die Bereitschaft, ehrlich und direkt mit ihnen umzugehen, um eine Verbesserung zu bewirken. Das erfordert auch eine gewisse Reinheit des Körpers, des Verstands, der Gefühle, der Gedanken und des Geistes. Reinheit ist der Göttlichkeit nahe verwandt. Moral ist eine persönliche Errungenschaft. Sie kann nicht von außen erzwungen werden, ohne die ›ICH-BIN‹-Gegenwart der Person zu schwächen.

Ethik ist für soziale Anständigkeit und für eine funktionsfähige Zivilisation unentbehrlich. Moral ist für persönliche Klarheit, Kraft und Tugend notwendig. Doch es ist eigentlich ganz einfach, weil sie beide in Liebe wurzeln.«

»Alles, was du sagst, stärkt so sehr das Bewusstsein und die Verantwortung für eine Verbesserung des Lebens. Wie verträgt sich das mit dem Gesetz Moses und anderen Verhaltensregeln, die sich letztlich gegen Fehlverhalten wenden?«

»Dazu wäre es gut, zuerst die Geschichte und die Umstände von Moses Erdenreise zu verstehen. Auch wenn das menschliche Herz auf ewig gleich bleibt, war doch die äußere Realität jener Zeit von der heutigen sehr verschieden. Besonders gilt das für das damalige Schicksal des hebräischen Volkes. Durch göttliche Führung und Moses Bemühungen waren die Hebräer ihrer langen ägyptischen Sklaverei entronnen. Doch erst einmal hatten sie sich nur von den auferzwungenen Fesseln befreit. Wie frei ist schon jemand, der keinen Ort hat, an den er gehen kann? Mose war verantwortungsbewusst und erfahren genug, um zu wissen, dass ein Mensch erst frei ist, wenn er einen Platz für sich hat und einen Daseinszweck. Er hielt die Hebräer vierzig Jahre lang in der Wüste, damit im Verlauf von zwei Generationen ein Ältestenrat entstehen konnte, der keine Sklaverei kannte. Nur ein freies Volk kann eine neue Nation aufbauen. Wenn sie direkt aus der Sklaverei in ihre alte Heimat gegangen wären, hätten sie nichts gewonnen. Jahrhundertelanges Sklaventum löscht alle Ethik und jegliches Gefühl persönlicher Verantwortung und Selbstbestimmung aus. Sklaven erhalten keine Bildung und dürfen nicht entscheiden, unterscheiden oder bestimmen. Denken ist verboten, denn ein Sklave soll nur Befehle ausführen. Die Weisheit der Ahnen zählt nichts mehr, weil das Gefühl der Kontinuität verloren gegangen ist. Mose stand vor einem riesigen kulturellen Problem, und die Wiederherstellung der Integrität seines Volkes war eine enorme Verantwortung.«

Es war offensichtlich, dass Jesus für Mose tiefe Liebe und Verehrung empfand. Im Verlauf seiner Worte wurde sehr deutlich, dass jeder, der die Vorzüge der abendländischen Kultur genießt, diesem Mann zu großer Dankbarkeit verpflichtet ist. Jesus sprach darüber, wie Mose den Hebräern eine neue Ethik vermittelte, einen neuen Stolz, die Fähigkeit zur Selbstbestimmung und ein Verständnis für individuelle und kollektive Rechte. Wie könnte eine Zivilisation ohne ein derartiges Fundament wiederaufgebaut werden? Daher enthielt das Gesetz Moses sowohl strukturelle Aspekte als auch universelle Wahrheiten. Es gab auch restriktive Elemente, denn ein selbstverwalteter Staat brauchte Disziplin und Verantwortungsgefühl. Doch alle Gebote wurzelten in Liebe, denn sie kamen durch göttliche Eingebung, und Moses tiefes Verständnis der Liebe beruhte auf inniger Kommunion mit seinem Herzen.

Als Jesus den Eingang zum Heiligen Herzen beschrieb und den brennenden Busch als eine mögliche Metapher erwähnte, war mir klar, dass Mose auf dem Berg durch das Portal des Heiligen Herzens gegangen war, bevor er mit Gott sprach. Die zehn Gebote (Exodus 20,1–18) sind das Ergebnis mehrerer Weisheitsquellen. Zum einen bildete die gesammelte menschliche Weisheit der sozialen und ethischen Erfahrung jener Zeit die Grundlage für eine Neuentwicklung. Die tiefgreifende Erleuchtung von Moses eigenem Herzen und sein Verständnis der höheren Intelligenz bildeten einen weiteren Beitrag. Und dazu kam natürlich die göttliche Führung, die die fundamentalen Gesetze des Universums beisteuerte. Doch ein wahres Verständnis dieser Gebote kann nur durch die Anerkennung der Rolle der Liebe in ihnen erreicht werden. Einsicht und Freiheit entstehen aus einer Betrachtung der Gesetze an der Quelle ihrer Kraft.

Jesus sagte: *»Die Gott dienenden Gesetze transformieren immer aufwärts. Das Gesetz soll das Leben unterstützen und, wenn nötig, korrigieren. Eine Gesellschaft, die das Gesetz nur zum Verurteilen verwendet, ist in Gefahr. Das Gesetz erhält seine Gültigkeit nur durch die Liebe, in der es wurzelt. Die Macht der Liebe ersetzt jedoch nicht die funktionierenden Verhaltensregeln, vielmehr erhellt sie deren Notwendigkeit durch Erleuchtung statt durch Gewaltandrohung.«*

Ich konnte nicht widerstehen, den Meister um eine Erläuterung der Wurzel der Liebe in jedem der zehn Gebote zu bitten.

Ohne zu zögern, begann er: *»Das erste Gebot Moses lautet:* **Du sollst keine anderen Götter haben neben mir.** *Dieses Gesetz hebt unsere EINE Quelle hervor und erschafft Einheit für alle. Es gibt nur EINEN Gott, und die erkennbare Gegenwart unserer EINEN Quelle* *ist Liebe. Göttliche Liebe ist ursprüngliche Ursache, ihr ging nichts voraus. Alles wurde aus Liebe erschaffen.*

Als Kind, oder als Aspekt Gottes, hast du keine vordringlichere Ursache als deinen Vater. Deswegen lautet dein Name Liebe, und die Liebe ist die primäre Ursache für alles, was du in deinem Leben anstrebst. Du stärkst die Liebe in dir als wahre Ursache deines Handelns, indem du den Vater als Liebe und primäre Ursache ehrst. Jede Handlung, die nicht durch Liebe hervorgerufen wird, entfernt dich von der Quelle deiner Kraft. Du weißt ja, die Liebe kommandiert die Ur-Teilchen, und der EINE Geist nimmt die Schwingung der Liebe auf. Wo Liebe ist, da ist Potenzial, da ist Hoffnung, da ist Gott. Dies ist die ursprüngliche Wirklichkeit, die in jedem schöpferischen Prozess berücksichtigt werden will. Nichts ist wichtiger, kraftvoller oder wahrer. Unsere EINE Quelle ist die Grundlage aller Einheit.

Einheit ist das Instrument alles Guten, so wie Spaltung das Instrument alles Bösen ist. Du wärest gut beraten, diese Wahrheit immer zu beachten. Im Verlauf eines Lebens mit all seinem Wachstum und seinen Veränderungen gibt es chaotische Zeiten, in denen du gefordert bist, alte Muster loszulassen und neue Konzepte der Einheit zu entwickeln. Neue Elemente tauchen auf und alte verschwinden. In solchen Zeiten tätest du gut daran, dich zu erinnern, dass die Einheit göttlich ist und nicht weltlich. Einheit ist dynamisch und entfaltet sich ständig zu größerem Potenzial. Dabei brechen viele Strukturen zusammen und verfallen. Das ist etwas anderes als die destruktive Spaltung der Harmonien des Lebens. Spaltung kann daran erkannt werden, dass sie sich dem Wachstum widersetzt und dass sie Verurteilungen und Konflikte gegen die Kraft der Einheit ins Feld führt.

Die Verfechter der Spaltung sehen Veränderung als eine Bedrohung an und versuchen daher, die Elemente der Veränderung nach Möglichkeit zu verteufeln. In Kriegen und Verbrechen wird die Spaltung offensichtlich, doch oft sind ihre Einflüsse viel subtiler.

Für dich ist nur wichtig, zu wissen, dass der Grund für die Stagnation der Welt, in der du lebst, nicht in ihrer Komplexität und noch nicht einmal in ihrem Chaos liegt – diese Zustände beinhalten so-

gar dynamisches Potenzial. Die Schwerfälligkeit dieser Welt entsteht dadurch, dass viele Aspekte der Spaltung sich in einem passiven Gleichgewicht befinden. Das ist vorgetäuschte Einheit.«

Das zweite Gebot Moses lautet: **Du sollst dir kein Bildnis noch irgendein Gleichnis machen von dem, was oben im Himmel noch von dem, was unten auf Erden noch von dem, was im Wasser unter der Erde ist.** Ich muss zugeben, dass dieses Gebot mir Unbehagen machte, denn als Künstlerin schien ich genau das zu tun. »Ist künstlerische Wiedergabe verkehrt?«, fragte ich Jesus daher.

»Nicht im Geringsten, denn sie ist ein Ausdruck der Bewunderung für die Essenz der Realität. Kunst versucht die Realität zu steigern, nicht zu ersetzen.«

»Kannst du mir dann erklären, wie dieses Gebot sich auf die Liebe bezieht?«

»Gott ist Liebe, das bedeutet, die Liebe in all ihren Formen als die wahre Kraft des Universums zu ehren. Schwäche diese Kraft nicht, indem du sie falsch darstellst, verbiegst, verleugnest oder durch Strukturen ersetzt, die die Gegenwart der Liebe vortäuschen. Mose lehrte sein Volk, Gott durch keinerlei Gestalt, Konzept, Substanz oder Struktur vorzutäuschen. Keine Dimension irgendeiner Struktur kann Gott repräsentieren. Mit jedem Versuch in diese Richtung täuschst du nur dich selbst bezüglich deiner Kraftquelle. Strukturen sind für eine gewisse Ordnung notwendig und können als Richtschnur dienen, doch sie sind kein Aspekt der Göttlichkeit. Struktur ist nur ein Diener, ein Baustein der Existenz, mehr nicht. Versuche nicht, die Präsenz Gottes auf irgendeine vergängliche Art zu symbolisieren oder zu konzeptionalisieren. Gib keiner Illusion die Macht Gottes und erwarte nicht, dass irgendetwas Göttliches so zerbrechlich ist wie die Illusion. Positiv ausgedrückt könnte man sagen: Wisse immer um die Kraft der Liebe, ehre sie und erkenne gleichzeitig die flüchtige Natur der Illusionen. Die Erkenntnis dieses Unterschieds ist der Anfang von Weisheit.«

»Du scheinst die Begriffe der Täuschung und der Illusion synonym zu verwenden. Gibt es da einen Unterschied?«

»Ja, es gibt einen deutlichen Unterschied zwischen einer Illusion und einer vorgetäuschten Realität. Du projizierst zum Beispiel verschiedene Illusionen deiner selbst, indem du dich für verschiedene Gelegenheiten unterschiedlich kleidest. Wenn du dir die Details eines Projekts vorstellst, bevor du damit beginnst, könntest du das als eine vorbereitende Illusion bezeichnen. Oder wenn du dich in ein gutes Buch flüchtest, um eine andere Dimension der Empfindung in dir zu erleben, dann schmückst du deine innere Reise mit glaubhaften Illusionen aus.

Doch wenn du dich wie jemand anderes kleiden würdest, um dich für diese Person auszugeben und ihre Rechte zu beanspruchen, dann hättest du eine Täuschung erschaffen. Wenn du eine Illusion lebst, statt ein Leben zu leben, dann ist das eine vorgetäuschte Präsenz.

Illusionen sind weder gut noch schlecht, es kommt auf ihre Verwendung an. Wenn Illusionen für Wirklichkeit gehalten werden und damit Autorität erhalten, dann ist das eine vorgetäuschte Existenz. Die Welt ist voll trügerischer Möglichkeiten. Wenn du ihnen dein Leben und deine Leidenschaft vermachst, wirst du erschöpft zurückbleiben. Doch nichts davon braucht zu geschehen, solange du Liebe nie vortäuschst oder für eine Illusion hältst. Liebe ist die Grundlage aller Realität. Wenn du diese Wahrheit in jeder Hinsicht ehrst und dich auch vorsiehst, deine Beziehung zu Gott nicht durch hohle Konzepte und sinnentleerte Rituale vorzutäuschen, wirst du Illusion und Realität nie verwechseln. Ein Mensch, der sich seiner Realität sicher ist, kann sich gefahrlos der Illusionen zum schöpferischen Ausdruck bedienen.«

Die Macht der Liebe über allem, was sie zu ersetzen oder zu verbiegen sucht, zu erkennen und zu ehren, ist die Essenz dieses Gebots. Das erinnerte mich an die unsterblichen, wunderbaren Worte des heiligen Paulus: »Wenn ich mit Menschen- und mit Engelszungen redete und hätte die Liebe nicht, so wäre ich ein tönendes Erz oder eine klingende Schelle. Und wenn ich prophetisch reden könnte und wüsste alle Geheimnisse und alle

Erkenntnis und hätte allen Glauben, sodass ich Berge versetzen könnte, und hätte die Liebe nicht, so wäre ich nichts. Und wenn ich all meine Habe den Armen gäbe und ließe meinen Leib verbrennen und hätte die Liebe nicht, so wäre mir's nichts nütze.« (1. Korintherbrief 13,1–3)

»Das dritte Gebot lautet: **Du sollst den Namen deines Gottes nicht missbrauchen.** *Liebe ist der Name Gottes. Wenn Liebe in der Existenz aktiv wird, bringt sie Leben hervor. Ohne Liebe gäbe es kein Leben, denn Leben ist Liebe in Aktion. Schätze die Liebe nicht gering und missbrauche sie nicht. Wenn du die Macht oder die Wirksamkeit der Liebe leugnest, sie durch falsche Darstellung, Ungläubigkeit oder Unehrlichkeit entehrst, wird dein Leben Schaden davontragen. Die Macht Gottes wirkt durch die Liebe, merke dir das! Wenn du Liebe vortäuschst, um das Leben zu manipulieren, oder wenn du den Segen Gottes für irgendetwas anderes als zur Unterstützung des Lebens anrufst, wird deine Wirkung auf das Leben darunter leiden. Dieses Gebot lehrt dich, deine Verbindung mit dem Leben und dem Lebendigen zu stärken.*

Das vierte Gebot lautet: **Gedenke des Sabbattages, dass du ihn heiligst.** *Der Sabbat folgt als ein Tag der Gnade auf sechs Tage Arbeit oder Schöpfung. Er stellt eine Erholung von den Mühen der Strukturen dar und eine Rückkehr zu der Liebe, die du bist. Durch diesen Feiertag der Göttlichkeit, aus der deine Liebe stammt, kannst du die dir innewohnende Wahrheit besser anerkennen. Heilige diesen Tag, indem du in dein Herz und in die heilige Verbindung zwischen Vater und Kind gehst. Erfahre die Liebe des Friedens und die Freude, die Ganzheit mit sich bringt. Nutze diese heilige Zeit, um auch den EINEN Geist zu lieben und seine Ganzheit zu feiern.*

Der Schlüssel zum Sabbat und seiner höheren Intelligenz ist Respekt, angefangen mit Respekt für den Vater bis hin zu Respekt für die Gesamtheit des Lebens und die Muster der Schöpfung und des Universums. Es gibt einen universellen Rhythmus in der Melodie der göttlichen Ordnung, der aus sechs Schlägen und einer Pause besteht, sechs Punkten und einem Zentrum, sechs Ebenen und einer Oberfläche, sechs Menschen und einem Anführer, sechs Faktoren und einem Zweck, sechs Taten und einem Innehalten. Diese Rhythmen zu berücksichtigen, gehört zum Respekt für die göttliche Ordnung dazu.

Es ist kein Zufall, dass der Mensch als das sechste große Ereignis der Schöpfung auftaucht. Die wahre Essenz des Menschen – Liebe, Glaube und Bewusstsein – bildet den Höhepunkt der Herrlichkeit des Universums. Ihr seid die Kinder des Vaters, mitten ins Leben gestellt und gleichzeitig mit dem Kommando über das Leben versehen. Ihr könnt das, was euch gegeben wurde, nur wirklich genießen, und das, was ihr nicht mehr braucht, nur wirklich loslassen, wenn ihr diese Ruhepausen einhaltet. In den Pausen kann die Macht der Ganzheit ihre Wunder bewirken und die Göttlichkeit ihre größeren Segnungen ausschütten. Mit eurem Respekt für diese Pausen demonstriert ihr eure Ehrfurcht gegenüber dem Größeren, gegenüber einem höheren Willen, der alles übersteigt, was ihr erdenken oder manipulieren könnt. Das Beachten des Sabbats lehrt euch die wahre Bedeutung der Hingabe, die nichts Geringeres ist als der Glaube an die göttliche Vorsehung, die Prinzipien der höheren Intelligenz und die Macht des Nichtstuns. Ohne diese Ruhepunkte wird das Leben zu einer endlosen Kette linearer Prozesse, obligatorischen Tuns und ewiger Plackerei, dann folgt Sechserzyklus auf Sechserzyklus auf Sechserzyklus, ohne Pause, Ruhe oder Erholung.

Eine Gesellschaft, die die wahren Prinzipien verleugnet, die der Sabbat repräsentiert, wird in Not und Bedrängnis geraten, so sicher, wie die Nacht auf den Tag folgt. Unser Vater hat zwischen die Zyklen der Tätigkeit Pausen gesetzt, damit das Erschaffene gezählt und genossen werden kann. Wie kann eine Seele wirklich empfangen, wenn sie für die Segnung nicht innehält? Wie kann diese Seele Frieden finden?«

Ich fragte ihn an dieser Stelle, ob es eine Rolle spiele, welcher Tag als der siebte betrachtet wird.

»Das ist nicht so wichtig«, antwortete er, *»solange genug Menschen sich darüber einig sind, sodass er zu einer gemeinschaftlichen Arbeitsruhe wird. Der Sabbat ist eine umfassende Feier des EINEN Geistes.«*

Er erinnerte mich nochmals an die Worte Moses, dass der Sabbat auch Knechte und Mägde und selbst das Vieh einbeziehen sollte. Es ist ein Tag der Ruhe und Innenschau, an dem jedem Mitglied der Gemeinschaft mit Liebe und im Geist der Ganzheit begegnet wird. Ein Mensch mag diesen Tag für sich ehren, doch seine volle Kraft wird er erst erfahren, wenn er den Segen auch auf andere ausdehnt. Dies ist ein Tag der Gnade, an dem jeder bedingungslos geliebt wird und an dem jedem seine Verpflichtungen den Strukturen gegenüber vergeben werden. Der Sabbat ist der Tag des Herzens, ein Tag des Gebets, der Kontemplation, der spontanen Geschenke, freundlichen Worte und der Anerkennung des Heiligen. Damit kultivieren wir dauerhafte Achtung für den EINEN Geist und die von ihm hervorgerufene göttliche Ordnung.

»Das fünfte Gebot besagt: **Du sollst deinen Vater und deine Mutter ehren, auf dass du lange lebest.***«*

Ich dachte sofort an all die Probleme, die Eltern und Kinder heute miteinander haben. Viele Kinder werden durch äußere Einflüsse abgelenkt und gestört, was für ihre Eltern eine Herausforderung darstellen kann. Gleichzeitig gibt es viele Kinder, die von ihren Eltern vernachlässigt oder missbraucht werden, weil die Eltern vielleicht in kaputten Beziehungen oder anderen Schwierigkeiten stecken. Hier sind es eigentlich die Kinder, die dringend Hilfe brauchen, um ihr Selbstwertgefühl wiederzufinden.

»In diesem Gebot geht es um sehr viel mehr als um Verhaltensregeln zwischen irdischen Eltern und Kindern. Zur Zeit von Mose war die Familie völlig autokratisch, die Bevölkerungsdichte war gering, und die Stammesordnung orientierte sich am Funktionen der Fa-

milie. Dieses Gebot könnte also auch im engeren Sinne ausgelegt bedeutungsvoll sein. Heutzutage spielen im Leben von Kindern viel mehr Faktoren eine Rolle. Die Gesellschaft und die Familie ist komplexer und vielschichtiger geworden. Um die Bedeutung dieses Gebots ganz zu erfassen, muss daher die volle Bandbreite seiner Anwendung betrachtet werden.

Hinter diesem Gebot steht die Liebe für alle, die vor dir kamen. Indem du die Überbringer dessen, was vor dir war, achtest, kannst du dich von dem dir Angebotenen nähren lassen. Du kannst nicht auf den Schultern von jemandem stehen, den du nicht achtest. Die Geschichte ist ein Teil des kollektiven Vorteils jedes Menschen. In der Geschichte jedes Menschen gibt es irgendetwas, das es wert ist, liebevoll angenommen zu werden.

Als ich dir vorschlug, das Essen zu segnen, das du in dich aufnimmst, wollte ich dir klarmachen, dass die Liebe dich mehr nährt als die Nahrungsmittel. Für das persönliche und kulturelle Erbe gilt das Gleiche. Du wirst in deinem Leben keine Fortschritte machen, wenn du nicht liebst und ehrst, was dir vorausging. Ein Mensch, der die Vergangenheit leugnet, wird sein Leben damit verbringen, das Rad neu zu erfinden. Unter der irrigen Annahme, dass es erfüllender sei, ganz von vorne anzufangen, wird er die Kontinuität unterbrechen. Oder er wird zerstören, was ihm übergeben wurde, nur um zu beweisen, dass er es besser wieder zusammenbauen kann.

Wie kannst du lange leben und es dir wohlergehen lassen, wenn du nicht ehrst, worauf du aufbaust? Zusammen zu leben und zu arbeiten, ist ein Schlüssel zu Brüderlichkeit und Wohlstand. Die Würdigung deiner Grundlagen bildet das Fundament deines Fortkommens. Dann kannst du dich ganz auf dein Vorwärtskommen konzentrieren, statt deine Zeit in dem Versuch zu verbringen, das zu ersetzen, was du nicht achten willst.«

Ich konnte diese Wahrheit in meiner künstlerischen Laufbahn bestätigt finden. Schon im Alter von drei Jahren wusste ich, dass ich mein Leben als Malerin verbringen wollte. Meine Mutter besaß ein Buch mit wunderbaren Abbildungen der Werke alter Meister, das meine ganze Wonne war. Als sie bemerkte, wie sehr ich die Bilder liebte, schenkte sie es mir. Natürlich sah das Buch nach kurzer Zeit etwas mitgenommen aus, doch die Bilder waren meine Inspiration, und jene Künstler wurden zu meinen Helden. Ich wusste damals schon, auf wessen Schultern ich stehen wollte. Diese Erkenntnis bewirkte, dass ich von allen Seiten großzügige Unterstützung erfuhr und mein beruflicher Anfang leicht war. Ich fühlte mich immer dadurch gestärkt, dass ich auf einen Fundus früherer künstlerischer Leistungen zurückgreifen konnte.

Als ich Jesus von dem Selbstvertrauen erzählte, das dieses Prinzip mir vermittelt hatte, antwortete er: *»Alles hat seinen Kontext, und die Anerkennung des Kontextes nährt und richtet auf. Aufrichtigkeit hat nur teilweise etwas mit der korrekten Wiedergabe von Tatsachen und mit guter Absicht zu tun. Aufrichtigkeit zieht ihre Kraft aus einer ehrerbietigen Haltung, und dazu gehört auch die Anerkennung des Kontextes. Du kannst von jedem Sachverhalt und jedem Menschen einen falschen Eindruck vermitteln, wenn du den Kontext veränderst, verschleierst oder verzerrst. Ein aufrichtiges Leben beginnt mit der Anerkennung der Bedeutung des Kontextes aller Dinge. Der erste Kontext eines Menschen ist seine Familie. Da mag es Nöte und Probleme geben, die geheilt oder zurückgelassen werden müssen, doch kein Kontext kann zurückgelassen werden, der nicht verstanden und mit dem nicht umgegangen wurde.*

Leider beginnen viele Kinder ihr Leben mit der Zurückweisung ihres Kontextes und entscheiden sich, nicht auf ihrem unschuldigen Anfang aufzubauen. Stattdessen machen sie Sprüche wie: ›Wenn ich hier raus bin, fange ich an, richtig zu leben!‹ Oder sie lehnen das Leben ihrer Eltern ab und schwören, niemals so zu werden. Mit großem Aufwand werden Widerstände formuliert, und heftige Ausbrüche sollen deutlich machen, dass man niemals die Fehler der anderen wiederholen wird.

Das Leben ist ein Strom von Energie, Erfahrungen und Liebe. Aus den Fehlern und Schwierigkeiten anderer zu lernen, ist ein Zei-

chen der Weisheit, doch wenn ein Mensch den Fluss des Lebens zurückweist, der seine Erfahrungen zu ihm brachte, zerstört er damit den Kontext für künftiges Verständnis und für Lösungen.

Wer den Kontext leugnet, versucht, ein Vakuum zu erschaffen. Das Universum toleriert zwar viele Illusionen, doch kein Vakuum, denn das wäre ein Verbrechen wider den EINEN Geist und seine ungebrochene Integrität. Sobald ein Vakuum erschaffen ist, wird es mit genau dem gefüllt, was es hervorgerufen hat. Genau der Gedanke, dessentwegen du ein Vakuum erschaffen wolltest, wird sich dadurch manifestieren. Dich von dem, was du abwertest, zu trennen und eine Leere zu erschaffen, ist einer der sichersten Wege, genau dazu zu werden. Verurteilungen und Verleugnungen unterbrechen den Fluss des Lebens und führen dazu, dass sich die Geschichte immer wiederholt, denn das Universum füllt die Unterbrechungen sofort mit dem, was du abwenden wolltest. So tauchen unerwünschte Elemente wieder und wieder auf, um angeschaut zu werden.

Es wäre ein großer Gewinn für die Menschheit, wenn sie die akzeptierende, verarbeitende und läuternde Kraft des Herzens besser verstünde. Was nicht ganz so vollkommen ist, könnte seinem Zweck dienen und weiterziehen. Das Leben ist ein sich ständig weiterentwickelnder Strom der Liebe, der Schöpfung, des Bewusstseins und der Tätigkeit, dem du deine eigenen Bemühungen und deine eigene Liebe hinzufügst und aus dem du die Erfahrungen ziehst, die du für dein Wachstum brauchst. Wann immer wir versuchen, den Fluss aufzuhalten, wird er eine Schleife drehen und sich wiederholen.

Die guten Dinge durch dich hindurchfließen zu lassen, ist relativ einfach. Bewunderung bringt Harmonie und Lösungen. Weniger angenehme Dinge brauchen Vergebung und Toleranz, damit der Fluss anmutig dorthin fließen kann, wo er besser passt. Das Leben verfeinert und läutert sich in seinem Verlauf, indem es selbst seinen Kontext ändert.

Du hast sicher schon bemerkt, wie dasselbe Verhalten in dem einen Kontext falsch erscheinen kann und in dem anderen richtig. Das Feuer des Lebens wird in seinem Fluss durch dein Leben vom Heiligen

Herzen vervollkommnet und angepasst. Das Leben kann nicht aufgehalten werden, es will leben, teilnehmen, erfahren und genießen.

Als Kind Gottes bist du Teil der fortwährenden Schöpfung. Um in deinem Wachstum und deinem Wohlergehen vorwärtszuschreiten, musst du die Generationsmuster, die dir dein Leben überbracht haben, achten und lieben. Dies ist ein Teil der göttlichen Ordnung.«

Das sechste Gebot lautet: **Du sollst nicht töten.** Lebensbedrohliche Gewalt ist in vielen Teilen der Welt immer noch alltägliche Realität und auch in manchen Bereichen unserer Gesellschaft zu finden. Trotzdem habe ich über dieses Gebot nie viel nachgedacht, weil ich, wie wohl die meisten von uns, lieber mein eigenes Leben riskieren würde, als das Leben eines anderen zu zerstören. In unserer Welt zunehmender globaler Gemeinschaft und schützender Institutionen geben wir uns leicht der Vorstellung hin, dass der Schutz des Lebens selbstverständlich sei und Mord nur noch ein barbarisches Relikt. Doch mit sinkender Gefahr, ermordet zu werden, haben wir auch die anderen Aspekte von Moses Forderung versinken lassen. Über die Heiligkeit des Lebens nachzusinnen, lohnt sich jedoch immer.

Der Meister machte auf brillante Weise deutlich, dass es bei diesem Gebot um sehr viel mehr als die Vermeidung von Mord und Totschlag geht.

»Die grundlegende Kraft der Gerechtigkeit liegt in einer universellen Fülle, die jedes Problem oder Ungleichgewicht auszugleichen vermag. Denke nur daran, wie viele Körner in einer Weizenähre sind oder wie viele Eier ein Floh legt. In dem sich ständig ausdehnenden Phänomen Leben vermehrt sich die Natur reichlich, und wenn sich irgendwo jemand gegen das Leben vergeht, vervielfacht es seine Produktion.

Die zweite Kraft der Gerechtigkeit ist Austausch. Da die Ur-Essenz in allen Dingen die gleiche ist, bestehen unendlich viele Möglichkeiten zum Austausch zwischen Elementen und Umständen, um Gegebenheiten auszugleichen oder anzupassen.

Die dritte Kraft der Gerechtigkeit ist die Anpassungsfähigkeit des Lebens selbst, das ungeachtet aller widrigen Umstände weitergeht. Widerstand ist zwecklos. Jeder Versuch, es zu vernichten, bleibt vergeblich. Das Leben wird trotz aller Verurteilungen, aller Widerstände und aller Versuche, ihm ein Ende zu setzen, weitergehen. Wenn ein Mensch eine lebensvernichtende Haltung einnimmt, wird er daher zum tödlichen Virus für alles, inklusive seiner selbst.

Wenn du Erweiterung und Ausbreitung mit Liebe betrachtest, werden sie dein Leben bereichern, wenn du im Leben jedoch Konflikte, Mangel und Zerstörung siehst, dann leugnest du deine höhere Kraft. Das Leben will sich erweitern, doch für einen Menschen, der sich vom großen Ganzen getrennt fühlt, kann sich das bedrohlich anfühlen. Für solche Menschen bedeutet die Ausbreitung eines anderen, dass er selbst etwas entbehren wird, und deswegen greift er an.

Für die meisten Menschen ist es unvorstellbar, einen anderen Menschen umzubringen, doch einen Sinn, ein Talent, einen Traum, eine Idee oder eine Liebe töten sie, ohne mit der Wimper zu zucken. Wer mit der Absicht, den Lebensfluss eines anderen aufzuhalten, diese Person herabsetzt, tötet! Das mag lediglich aus der Absicht geschehen, den eigenen Standpunkt zu verteidigen oder einen persönlichen Vorteil zu erlangen, und aus Angst entsteht der Drang, das zu töten, was die persönlichen Interessen schmälert.

Es wäre sinnvoller, zu schauen, wie eine Erweiterung allen Beteiligten dienen könnte. Zwei Geschäfte konkurrieren um dieselbe Kundschaft, obwohl eine Kooperation beiden einen größeren Einfluss auf unterschiedliche Märkte bieten könnte. Die Hightech-Industrie behindert oft den allgemeinen Fortschritt, indem sie den Konkurrenten Informationen vorenthält, obwohl eine vereinte Forschung größere Schritte ermöglicht, als sie jedem Team für sich möglich sind.

Auf der höheren Ebene des Herzens ist der Sinn des Lebens seine Erweiterung. Wenn wir die Liebe dieser Erweiterung annehmen, gibt es keine Grenzen mehr für unseren Einfluss und unsere Wahrnehmung.

Religionen und Philosophien, die Grundlagen für Konflikte bieten, unterliegen einem Irrtum. Die meisten Kriege sind aus philoso-

phischen oder religiösen Gründen angezettelt worden. Die amerikanischen Gründerväter erkannten dies und trafen durch schützende Regeln und Freiheiten entsprechende Vorsorge gegen interne Konflikte. Das gab euch das Recht der freien Kommunikation, der freien Lebensgestaltung, und das Recht, euer Glück in einer Umgebung zu versuchen, die allen das gleiche Recht zugesteht. Diese und andere Rechte stützen auch das Universum unseres Vaters.«

In der Hingabe an die göttliche Ordnung und durch die Akzeptanz der vielen Möglichkeiten des Lebens fangen wir an, die tiefere Bedeutung des Gebots »Du sollst nicht töten« zu verstehen. Es wird deutlich, dass dieses in Liebe verwurzelte Gesetz die Achtung vor dem sich ständig erweiternden Leben gebietet. Wenn wir uns von Wachstumsmustern bedroht fühlen, die unseren persönlichen Interessen zuwiderlaufen, dann greifen wir zu Zerstörung in dem verzweifelten und vergeblichen Versuch, diese Erweiterung aufzuhalten.

Auf meine Frage nach den offensichtlichen Ungleichheiten des Wachstums antwortete Jesus: *»Alles, was lebt, durchläuft Zyklen. Die Flut kann nicht gleichzeitig ein- und auslaufen. Ein Baum bringt nicht gleichzeitig neue Blätter und neue Zweige hervor. Achtung vor der göttlichen Ordnung führt oft zu Abgeben und Warten. Das kann Toleranz und Vergebung erfordern, und es kann auch nötig sein, sich den herrschenden Kräften unterzuordnen, während sie ihren Wachstumszyklus vollenden.*

Länder erklären einander den Krieg, weil sie nicht wissen, wie sie sich anders ausdehnen könnten. Doch die Zerstörung von Leben ist keine Antwort auf die Probleme des Miteinander. Das Leben wird weitergehen, wie auch immer, und die frustrierenden Konflikte werden erst aufhören, wenn das Leben als eine Offenbarung des väterlichen Willens erkannt wird. Die Fülle und das Gute im Leben sind die Grundlage aller Gerechtigkeit. Mit dieser Erkenntnis wirst du dem Leben gerecht. Einem Menschen, der über dieses Verständnis verfügt, stehen viele andere Möglichkeiten als Gewalt und Feind-

seligkeit offen. Bei den Pionieren konnten zwei Brüder, die sich uneins waren, zum Beispiel beschließen, dass der eine nach Westen und der andere nach Osten ging, und die Weite des Landes nahm sich ihrer Unterschiedlichkeit an. Arbeitet zusammen, um die Möglichkeiten für alle zu erweitern, und die Vernichtung von Leben wird der Vergangenheit angehören.

Das siebte Gebot lautet: **Du sollst nicht ehebrechen.** *Es ist der Wille des Vaters, dass die Ehe ein heiliger Bund sei, der nicht leichtfertig einzugehen oder zu brechen ist. Die Heiligkeit der Ehe bezieht ihre Kraft nicht von der irdischen Ebene. Das Zusammenkommen eines Mannes und einer Frau, die einander ihr Leben widmen wollen, ist ein Symbol der heiligen Hochzeit zwischen dem Vater und seiner Treue zu den Menschen, zwischen der unsterblichen Seele und ihrem geliebten Herzen, zwischen allen Aspekten der Schöpfung, die in Liebe einander verbunden sind.*

Die Hochzeit zwischen einem Mann und einer Frau ehrt und versinnbildlicht die Hochzeit aller anderen Dinge. Wenn eine Ehe liebevoll und rein ist, dann ist sie der großartigste Ausdruck von Güte und Zärtlichkeit, der auf Erden zu finden ist.

Der Vater will Mitgefühl für alles Leben. Wo die Güte ein liebevolles Zuhause hat, da gibt es Hoffnung und eine Grundlage für ihre Verbreitung im gesamten Sein.

Wenn zwei oder mehr Menschen in Liebe zusammenkommen, in welcher Beziehung auch immer, da entsteht eine Vereinigung in dem EINEN Geist. Unter der Herrschaft der Liebe wird ein enger Austausch der Ur-Teilchen erfolgen. Ein so tiefer und bedeutsamer Bund wie die Ehe sollte frei von unwichtigen, niedrigen oder unehrenhaften Beweggründen sein.

Jedes später auftauchende Problem kann auf einen grundlegenden Verrat der Liebe zurückgeführt werden. Wenn die Bindungswilligkeit schwach war und die Beweggründe unehrenhaft, dann mag es an Kraft und Ernsthaftigkeit mangeln, die für eine dauerhafte Ehe notwendig sind. Wenn der Bund nicht rein ist, wird die Bezie-

hung zerbrechen. Wenn das geschieht, war der Ehebruch bereits Bestandteil der Beziehung. Die Verbindung wurde vielleicht aus irgendwelchen äußerlichen oder oberflächlichen Gründen eingegangen oder auf unangemessene Weise. In einer Ehe, die wegen Geld, Ansehen, Bequemlichkeit oder aus sozialen Gründen entstanden ist, ist der Ehebruch vorprogrammiert. Spätere Untreue ist dann nicht erstaunlich.«

»Eheprobleme und Scheidungen sind heutzutage weit verbreitet. Gibt es Umstände, unter denen eine Ehe bewusst beendet werden sollte?«

*»Der wahre Kern der Einheit ist die Liebe zweier Menschen, die ihren gemeinsamen Bund ehren, achten und ihre gegenseitige Verpflichtung ernst nehmen. Wenn dieses nicht in ausreichendem Umfang gegeben ist, sodass etwas daraus gemacht werden kann, oder wenn der Verrat an der Liebe größer ist als die Fähigkeit des Paares, Lösungen zu finden, dann ist es besser, die Ehe zu beenden, als die Liebe zu entehren. Doch die Auflösung einer Ehe sollte nicht auf die leichte Schulter genommen werden, genauso wenig sollte man sich von momentanen Belastungen dazu hinreißen lassen, denn sie ist eine von Gott eingesetzte Vereinigung. **Alle Ehen sind des Vaters**, und ihre Festigung oder Auflösung unterliegt seinem Willen. Damit wird sichergestellt, dass Menschen nie einander besitzen können, noch nicht einmal durch den Ehebund.*

Es kann dem Willen des Vaters entsprechen, dass die Partner einen größeren Bund eingehen und auf getrennten Wegen dienen, selbst wenn die Ehe gut war. Die Strukturen verfügen daher nicht über das Recht, die Liebe einzufangen, nur um die Stabilität eigennütziger Interessen zu gewährleisten, auch nicht als ein äußerliches Zeichen der Solidarität.

Die Vereinigung von Mann und Frau ist das reine und vollkommene Sinnbild jeglicher Vereinigung zweier Dinge. Sie erlangt ihre ganze Bedeutung daher, wenn sie auch den Sinn anderer Beziehungen vertieft. Die Prinzipien der Ehe gelten symbolisch für alle Arten von Beziehungen. Ist nicht die vertrauensvolle Hingabe an einen

Beruf oder eine Berufung auch eine Art Ehe? Und sind nicht deine Beziehungen zu deinen Freunden, deiner Familie und zu dem EINEN Geist auch Ehen?«

»Welches ist die wichtigste Ehe?«

»Die Vereinigung von Gott und Mensch. Das ist die Kraft hinter allen Ehen. Wenn die Menschheit dem Willen Gottes so entgegenkommt wie eine Braut ihrem Bräutigam, dann erlebt ihr den Himmel auf Erden.«

Nach diesem bedeutsamen Satz herrschte Stille im Raum. Ich erwartete, dass er weitersprechen würde, doch er schwieg fast eine Stunde lang, während ich malte und seinen Worten nachsann.

Als ich noch einmal durch meine Notizen blätterte, überkam mich plötzlich eine überwältigende Einsicht. In den ersten sieben Geboten spiegelten sich die sieben höheren Intelligenzprinzipien des Herzens wider und entwickelten sich. Die jeweiligen Begründungen könnte man auch als Einheit, Liebe, Leben, Respekt, Aufrichtigkeit, Gerechtigkeit und Güte zusammenfassen.

In dem Moment, als ich das erkannte, trafen unsere Blicke sich wieder, und er fing an zu sprechen: *»Jetzt hast du die größere Wahrheit hinter diesen Gesetzen erkannt. Sie dienen dem Kommando des Herzens als Werkzeuge!«*

»Was ist mit den drei übrigen Geboten?«, fragte ich neugierig, denn ich wusste, dass die göttliche Ordnung nichts übrig lässt.

»Die letzten drei Gebote betreffen die drei Verpflichtungen des Herzens. Durch seine magnetische Kraft ist das Herz zunächst verpflichtet, dein Leben als eine Erweiterung der Liebe, die du bist, zu entwickeln. Was du tun und haben wirst, steht in direktem Zusammenhang mit dem Gleichgewicht des Herzens zwischen den inneren und äußeren Potenzialen des Lebens. Die zweite Verpflichtung des Herzens liegt in dem unschuldigen Blick auf das Leben. Es ist dein Recht, eine Zeugin der Schöpfung zu sein und die Wahrheit in allen Dingen wahrzunehmen. Die dritte Verpflichtung des Herzens ist die Aufrechterhaltung des Sinns deines Lebens, so wie er zwischen dir und deiner Heiligen Quelle vereinbart ist.«

Das achte Gebot lautet: **Du sollst nicht stehlen.** Diebstahl ist in allen Bereichen der Gesellschaft zu einer Quelle materieller Not und sozialer Gefahr geworden. Viele Menschen meinen, dass dies ein Zeichen des moralischen Niedergangs sei, und nur wenige großherzige Seelen sehen darin den verzweifelten Versuch, in einer Welt der immer unbeweglicheren ökonomischen Verhältnisse einen gewissen Ausgleich zu schaffen. Doch meist wird Diebstahl als eine Sache der Justiz betrachtet. Die Menschen haben sich derart darauf konzentriert, Gesetze zur Vermeidung und Bestrafung von Diebstahl zu entwickeln, dass keiner sich mehr darüber Gedanken macht, warum Eigentum eigentlich respektiert werden sollte. Ich bin in der Überzeugung erzogen worden, dass jeder Mensch für sich entscheiden muss, ob Diebstahl mit seiner Moral zu vereinbaren sei oder nicht. War diese Entscheidung einmal gefallen, gab es eigentlich nichts mehr zu überlegen, sondern nur noch entsprechendes Verhalten. Eine derart enge Auffassung dieses Gebots ließ keinen Raum für intellektuelle Erwägungen oder geistiges Verständnis. Daher versuchte ich das Thema von einer anderen Ecke aus anzugehen, indem ich fragte, was eigentlich rechtmäßiges Eigentum sei.

»Es gibt eine rechtmäßige Beziehung zwischen der Liebe eines Menschen und dem, was ihm wahrhaft zu eigen ist«, antwortete mir der Meister. *»Respekt vor Eigentum ist eine Frage der Ehre gegenüber den Rechten und gegenüber dem Einzelnen. Bei diesem Gebot geht es mehr um den Respekt für den Einzelnen und sein Recht auf den vorgesehenen Platz und Zeitraum und auf das, was ihm zusteht.*

Eigentum, ob materiell oder immateriell, wird von der Liebe durch die Kraft des Herzens angezogen. Von Anfang bis Ende gehören alle Dinge dem Vater, doch um ihrer Lebensgrundlagen, ihrer Verantwortung und ihrem Vergnügen willen wurde das Verfügungsrecht auf die Kinder ausgedehnt. Es gibt viele Wege, zu Eigentum zu kommen, vom Verdienen bis zum Schenkenlassen, doch der wichtigste Faktor dabei ist die Liebe in deinem Herzen, die dir das Empfangen und Ver-

wenden ermöglicht. Der Respekt vor Eigentum ist nur ein Ausdruck des Respekts vor der Liebe füreinander.«

Das erinnerte mich an eine Begebenheit, die mir vor einigen Jahren mit einer jungen Frau widerfuhr, die ich angestellt hatte. Ich hegte keinerlei Argwohn bezüglich ihrer Aufrichtigkeit, doch eines Tages fehlten ein paar Papiere aus meinem Aktenregal, nachdem ich den ganzen Tag außer Haus gewesen war. Es waren Notizen über meine Farbtheorie, die für mich unersetzlich waren, doch für niemand anderes besonders wertvoll sein konnten. Der Verlust irritierte mich, doch ich wollte sie ungern beschuldigen. So wartete ich einige Tage ab, ob sich mehr Hinweise ergaben.

Nach zwei Tagen tauchten die vollständigen Notizen an ihrem ursprünglichen Platz wieder auf. Ich wollte kein Misstrauen nähren, also brachte ich die Sache auf den Tisch. Sie gestand freimütig, die Papiere aus reiner Neugierde an sich genommen zu haben, und fügte schnell hinzu, dass sie aber nichts gestohlen hätte. Ich schaute sie ruhig an und sagte: »Doch, du hast mir meine Intimsphäre gestohlen und meine Rechte an diesen Informationen.« Diese Perspektive war uns beiden neu, und wir mussten beide lernen, was sie bedeutete. Sie entschuldigte sich und ich verzieh ihr. Danach herrschte mehr Respekt zwischen uns und merkwürdigerweise kamen wir uns dadurch auch näher.

»Sich einander mitzuteilen, ist ein natürliches Bedürfnis, wenn man sich gegenseitig das Recht auf all das zugesteht, was man braucht, um dem Leben zu dienen und es zu erfüllen. Materieller Besitz ist aus mangelndem Respekt zu einer Barrikade geworden, die das Leben der Menschen voneinander trennt. Ein Mensch hat zu viel, und ein anderer hat zu wenig, doch beiden fehlt das Vertrauen, um das Eis zu brechen, oder die Erkenntnis, wann und warum sie das tun sollten.«

»Ist es falsch, wenn ein Hungriger sich etwas zu essen nimmt, wenn er niemanden um Arbeit oder Almosen bitten kann?«

Mit einem Blick tiefsten Mitgefühls sagte Jesus: »*Es ist nicht richtig, doch es ist eine gegenseitige Überschreitung, die nur aus der größeren Perspektive des Vaters aufgelöst werden kann. Das Verbrechen muss richtiggestellt werden, und in dem Leben des Verzweifelten müssen Dinge richtiggestellt werden, sonst kann derartiges Handeln zu einem festen Bestandteil seines Charakters werden. Gleichzeitig muss man sich auch die Entbehrungen anschauen, die zu diesem Handeln führten. Die Habgier und das Horten, die zu seinem Mangel beitrugen, müssen auch zur Rechenschaft gezogen werden. Habgier ist nur eine andere Form von Diebstahl. Sowohl Mangel als auch Überfluss entstehen, wenn das Gefühl für wahres Eigentum verloren geht. Kein Geld der Welt kann dir im Herzen Gewissheit darüber verschaffen, was dir rechtmäßig zu eigen ist. Ohne diese innere Gewissheit muss Eigentum durch Grenzen und restriktive Maßnahmen gesichert werden.*«

Je mehr ich ihm zuhörte, desto mehr wurde mir klar, dass alle Besitzrechte Verantwortung mit sich bringen, doch nicht unbedingt wahres Eigentum. Es gibt auch kollektives Eigentum, das der Stolz einer Gemeinde, Schule oder Berufsgruppe sein kann, Dinge, die sie gemeinsam lieben und miteinander teilen.

Ich habe zum Beispiel meine Vorträge oft im Botanischen Garten vorbereitet, den ich gerne »mein zweites Büro« nenne. Ich besitze keine Anteile an diesem Garten, doch scheint er mir genau dafür erschaffen zu sein, dass ich mich dort sammeln und auf den EINEN Geist ausrichten kann.

In einem erweiterten Verständnis von Eigentum hat mehr Platz als das, was gekauft und privatisiert werden kann. Es gibt Stadtmenschen, deren Seelen diesen Raum miteinander teilen, es gibt »Meeresliebhaber«, und es gibt Menschen, denen die Berge über alles gehen. Wenn ich John Denver über die Rocky Mountains singen höre, stelle ich mir immer vor, dass es seine Berge sind.

»*Im gesamten Sein kannst du schöpferische Gezeiten beobachten, Ebbe und Flut. Alle Dinge kommen von Gott und kehren zu dieser Quelle zurück. Doch während dieser Existenz könnte man sagen, dass jedes Ding sich selbst gehört. Es ist ein Ausdruck der Überlegenheit des Seins, das die Schöpfung erhält.* **Das tiefstmögliche Verständnis des Eigentumsrechts kannst du ausdrücken, indem du allem und jedem das gibst, was ihm zu eigen ist und somit gehört.** *Gib Gott, was Gottes ist, und der Erde, was der Erde ist, und deinem Nächsten, was seines ist, und dir selbst, was deines ist. Darin liegt sowohl tiefe Wahrheit als auch eine sehr praktische Alltagsregel.*

Der verbreitetste Diebstahl ist, von einem Bereich deines Lebens etwas zu nehmen, um einen anderen zu unterstützen. Das ist nicht sehr produktiv. Du kommst zum Beispiel mit deinem Haushaltsgeld durcheinander, wenn du das Geld für die Miete für etwas anderes verwendest. Im Universum gibt es eine Art Buchhaltung, die für ein Gleichgewicht sorgt zwischen dem, was Energie anzieht, und dem, was sie empfängt. Wenn alles an seinem angemessenen Platz ist, dann verstärkt sich die Energie, wenn dieses jedoch nicht berücksichtigt wird, dann findet sich auch keine Unterstützung. Die Liebe kommandiert und zieht an. Wo die Liebe geehrt wird, kennt der Wohlstand keine Grenzen. Liebe ist wahre Eigentümerschaft. Wenn du das wirklich verstehst, dann kann kein Dieb mehr bei dir einbrechen, denn niemand kann etwas stehlen, was dir wirklich gehört.«

Das neunte Gebot Moses lautet: **Du sollst nicht falsch Zeugnis reden.** Dieses Gebot meint offensichtlich, dass wir nicht lügen sollen, und besonders nicht über unseren Nächsten oder über das, was wir gesehen haben und bezeugen. Der Meister bezog einen positiveren Standpunkt.

»Liebe die Wirklichkeit mit so viel Klarheit und Tiefe, dass du kein Bedürfnis danach hast, sie zu verfälschen. Die Liebe zur Wirklichkeit ist der Kern der Aufrichtigkeit und die Essenz der unschuldigen Wahrnehmung. Fortgesetzte Täuschung ist gefährlich, weil sie dich von dir selbst und von Gott entfernt. Doch vor allem geht es bei der Aufrichtigkeit um die Liebe zur Realität, es geht darum, aufmerksam das

wahrzunehmen, was vor deiner Nase ist. Viele würden niemals lügen, und trotzdem laufen sie mit einer rosaroten Brille durchs Leben.«

Wir setzen uns oft Scheuklappen auf und leugnen, was direkt vor uns ist. Mit unschuldiger Wahrnehmung meinte Jesus die Fähigkeit, das Leben so zu sehen, wie es ist, und es als solches zu akzeptieren. Die leidenschaftliche Begeisterung des Herzens für Entdeckungen, Erleuchtungen und mitfühlendes Leben kommen in der unschuldigen Wahrnehmung zum Ausdruck.

»Aufrichtigkeit hat nicht nur etwas mit Moral zu tun. Sie ist die Grundlage von Weisheit und Intelligenz.«

»Viele Menschen meinen, die Wahrheit sei schmerzhaft, und vermeiden sie daher nach Kräften. Woher kommt das?«

»Das entsteht, wenn Freimütigkeit mit Aufrichtigkeit verwechselt wird. Manche Menschen sind so freimütig, dass jedes ihrer Worte sticht, und doch sehen sie den Wald vor lauter Bäumen nicht. Sie nehmen jede Unbill auf sich, um das auszudrücken, was ihnen durch den Sinn geht, obwohl ihr Denken alles andere als klar ist. Freimütigkeit ist oft verletzend, Aufrichtigkeit jedoch bezieht sich immer auf die Realität und enthält daher etwas Tröstliches, Unterstützendes, was einen Lösungsansatz bietet.

Die Wahrheit ist eine universelle Konstante. Um Wahrheit zu vermitteln, brauchst du nur Respekt vor der Wirklichkeit. Wenn sie mit Toleranz und Mitgefühl für die Perspektive des anderen offenbart wird, kann es durchaus sanft und freundlich geschehen. Ich verwende oft Gleichnisse, um die Wahrheit zu vermitteln. Das Gute an Gleichnissen und Metaphern ist, dass sie sich an die Herzen, den Intellekt und die Erwartungen der Zuhörer anpassen können. So kann dieselbe Wahrheit von vielen Menschen vernommen und auf ihren jeweiligen Verständnisebenen je nach persönlicher Bereitschaft aufgenommen werden. Die Wahrheit liegt in dem, was gesagt wurde und was vernommen wurde, nicht so sehr in der Darstellung.«

Das letzte Gebot lautet: **Du sollst nicht begehren.** Begehren ist ein großes Problem in unserer heutigen Welt mit all ihrer Konkurrenz, dem Gruppendruck und der Angst, irgendwelchen äußeren Standards nicht zu entsprechen. Die Werbung bedient sich dieser Mechanismen ganz besonders.

Jesus sagte: *»Suche nicht in den äußeren Dingen nach deiner Erfüllung. Der Vater hat jedes seiner Kinder mit einer Aussteuer von Liebe und Befähigung versehen, die du nicht dadurch entdeckst, dass du äußere Vorteile sammelst oder deine Stärken und Schwächen mit anderen vergleichst. Die hinter diesem Gebot stehende Liebe will, dass du eins bist mit deinem Daseinszweck, was dazu führt, dass du deine inneren Errungenschaften liebst und den Sinn deines Lebens ganz erfahren kannst. Wenn du wahrhaft du selbst bist, dann weißt du, dass du ein Kind Gottes bist. Es gibt nichts Großartigeres, was du sein könntest. Du bist hier, um seine Schöpfung hervorzubringen, und es gibt nicht Großartigeres, was du tun könntest. Daher hat dein Dasein einen Sinn, und der Prozess des Lebens wird ihn dir darlegen. Im Begehren ersetzt du diesen heiligen Sinn mit rein äußerlichen Motiven.*

Äußere Motive zerstören irgendwann die Fähigkeit eines Menschen, seinen eigenen Daseinssinn zu erkennen oder anzuerkennen. Daraus entsteht dann Neid auf die Errungenschaften anderer und das Gefühl der Niederlage angesichts eines triumphierenden Bruders. Ein von Neid geprägtes Leben täuscht seinen Sinn nur vor. Wahre Sinnhaftigkeit entsteht jedoch durch Respekt für die Schönheit des Errungenen und den Weg, der dahin geführt hat. Wahre Leistung ist mit dem Bau eines Hauses vergleichbar, das Stein um Stein entsteht. Es beginnt mit dem ersten Stein, der in den Mörtel gesetzt wird und dem der zweite folgt. Jeder Stein erhält Zuwendung und Aufmerksamkeit, dass er auch gerade sitzt und passt. Ein guter Maurer weiß, dass jede Steinreihe zum Charakter des Hauses beiträgt. Irgendwann tritt er zurück und überschaut die ganze Wand und irgendwann das ganze Gebäude. Bis dahin braucht er Vertrauen und Hingabe. Ohne dieses innere Selbstvertrauen verliert er das größere Bild aus den Augen, und die Freude an der hingebungsvollen Arbeit wird durch ein Gefühl persönlicher Minderwertigkeit verdrängt.

Es ist eine wunderbare Sache, das Leben mit Liebe anzugehen. Wenn du nur auf die äußere Errungenschaft schaust und den Prozess aus den Augen verlierst, dann ergeht es dir wie Ikarus in der griechischen Sage. Ikarus wollte zur Sonne fliegen und baute sich mit Hilfe von Wachs riesige, wunderschöne Flügel, die er sich an die Arme band. Er segelte wie ein moderner Drachenflieger von einer Klippe und nutzte geschickt die Aufwinde, um der Sonne näher und näher zu kommen. Doch er hatte in seinen Vorbereitungen nicht bedacht, dass die Sonne das Wachs zum Schmelzen bringen würde, und so stürzte er ins Meer. Ikarus hatte vergessen, dass wir nur Schritt für Schritt in einem dem Ziel gemäßen Tempo der Sonne oder irgendeinem Ziel näher kommen. Ikarus war so damit beschäftigt, die anderen mit dem Ergebnis seiner Mühen beeindrucken zu wollen, dass er darüber den Prozess vernachlässigte.

Wenn du den Prozess selbst liebst, wirst du weniger versucht sein, dein Endergebnis mit anderen zu vergleichen.

Jeder Mensch arbeitet nach einem anderen Zeitplan, so wie es in jeder Gesellschaft Junge und Alte gibt. Manche beenden gerade etwas, während andere erst beginnen. Du fängst mit einem Projekt oder einer Aufgabe an und bleibst bis zu ihrer Vollendung dabei. Dann beginnst du das nächste. Es gehört einfach zum Kreislauf des Lebens, dass manche Menschen vor dir ihre Erfüllung finden.

Ein Mensch, der bei der Vollendung eines Meisterwerks den letzten Stein einfügt, empfindet sicherlich Stolz und wird von anderen bewundert, und ganz in der Nähe legt vielleicht jemand den ersten Stein seines zukünftigen Gebäudes und versucht unsicher, diese mageren Anfänge vor neugierigen Blicken zu verbergen. Und doch haben beide nichts weiter getan, als dem sich ständig fortentwickelnden Prozess des Lebens einen Stein hinzuzufügen.

Durch das Begehren veräußert ein Mensch seine Motivation und entfernt sich von diesem tieferen Verständnis. Die wahre Grundlage des letzten Gebots ist die Anerkennung des eigenen Daseinszwecks und die Liebe zum Schaffensprozess, denn die Liebe und das Leben sind niemals endende Prozesse.

Unendliche Liebe

11
Unsere Rechte und Freiheiten

Die in diesem Kapitel dargestellten Informationen erfuhr ich zum ersten Mal an einem späten Vormittag im Februar 1992, als ich etwas niedergeschlagen und durcheinander ins Atelier kam. Ich hatte gerade erfahren, dass meine Mutter krank war, und es schien, als ob ich für ein paar Tage nicht weitermalen könnte. Ich fühlte mit ihr und wollte ihr wirklich gerne helfen, doch ich war unglücklich über die Vorstellung, diese herrliche Erfahrung mit Jesus unterbrechen zu müssen.

Er beobachtete mich eine Weile dabei, wie ich versuchte, mit dem Problem klarzukommen, doch schließlich unterbrach er mein nervöses Schweigen. *»Du hast das Recht, mit dieser Arbeit etwas zu pausieren, wenn es anderes gibt, was dringend deiner Aufmerksamkeit bedarf.«*

Sein unvoreingenommenes Mitgefühl und seine Fähigkeit, auch ohne Worte zu spüren, was in mir vor sich ging, trösteten mich und gaben mir Sicherheit. Doch am meisten erstaunte mich der Ausdruck: »Du hast das Recht ...« Das bedeutete, dass ich das Recht hatte, zu wählen, wo ich sein wollte. Selbst mit dem Meister zu sein, war also nicht zwingend! In dem Augenblick, als er mich auf mein Entscheidungsrecht hinwies, schien sich mein Dilemma aufzulösen, und eine Stunde später erfuhr ich von meiner Tante, dass es meiner Mutter besser ging. Ich konnte also hier bleiben und weitermalen.

Nach einer Weile begann er unser Gespräch über die Menschenrechte.

»Aus dem Wissen um deine Rechte entsteht die Erkenntnis, dass du dein Leben verändern kannst. Im Laufe der Jahrhunderte sind viele Ideen und Konzepte über den freien Willen entwickelt worden. Doch erst die neueren Bewusstseinsentwicklungen und -erfahrungen machten deutlich, dass der freie Wille nur existiert, weil die Menschheit auch über ein paar andere wesentliche Rechte verfügt. Der freie Wille macht nur im Zusammenhang Sinn, denn er berechtigt nicht zu rücksichtslosem oder irrationalem Verhalten. Er repräsentiert vielmehr die Macht und das Privileg, dein Leben in Bezug auf all deine anderen Rechte einzurichten. Rechte hätten ohne Freiheit keine Grundlage, und Freiheit wäre sinnlos ohne Rechte.«

Ich erkannte, dass dies die grundlegende Überzeugung war, die die Vereinigten Staaten von Amerika zur Zeit ihrer Gründung von allen anderen Staaten unterschied. Die Menschen kamen ausdrücklich hierher, um ihre Rechte zu beanspruchen und zu verteidigen, und sie waren überzeugt, dass sie dadurch frei würden. Zum ersten Mal erkannte ich die Kraft dieser Logik. Es begann natürlich nicht 1776; die Entwicklung der Menschenrechte zieht sich durch die ganze menschliche Geschichte. Das Bewusstsein für politische, spirituelle und persönliche Rechte wächst heutzutage immer stärker.

Als Jesus mich an jenem Morgen mit ernster Stimme aufforderte, mir meiner Rechte bewusst zu sein, wollte ich gerne mehr darüber erfahren. Er kam meiner Bitte ausführlich nach, doch bevor es um Rechte und Freiheiten ging, sprach er über das wichtige Thema des freien Willens. Aus einem klaren Verständnis des freien Willens verstehen sich die persönlichen Rechte fast von selbst. Ohne den freien Willen bräuchte man über Rechte gar nicht zu sprechen. In den gleichen Themenkreis gehört auch die menschliche Gleichberechtigung. Alle anderen Freiheiten lassen sich diesen beiden Prinzipien zuordnen.

*»**Der freie Wille ist das Grundrecht**, das der Heilige Vater all seinen Kindern gegeben hat. Er gibt ihnen das Recht, zu sein, wer sie wirklich sind, und in ihrem Leben Entscheidungen zu treffen, die diese Wahrheit bestätigen. Das Leben ist voller Bewegung, voller Variationen und Veränderungsmöglichkeiten. Durch deine Entscheidungen unterstützt du dein Leben, deine Liebe und deine Wahrheit. Ein Kontext oder eine Umgebung mag für sich genommen der Essenz deines Seins förderlich sein oder auch nicht. Du bist ein Kind Gottes und kein Kind der Umstände. Allein die Tatsache, dass du einen freien Willen besitzt, befreit dich aus der Knechtschaft der Umstände. Du kannst Veränderungen initiieren, um eine Situation deiner Liebe anzupassen, und du kannst dich entscheiden, eine Situation nicht zu fördern, die deine Liebe leugnet. Selbst wenn dir keine ideale Entscheidungsmöglichkeit zur Verfügung steht, gibt allein **das Entscheiden selbst** dir eine gewisse Macht über die äußeren Bedingungen und eine Möglichkeit, einen Weg durch sie hindurch zu finden.*

Der freie Wille berechtigt nicht zu destruktivem oder irrationalem Verhalten und macht auch nicht unabhängig von Charakter, Bedürfnissen oder den Gesetzen Gottes. Der freie Wille ist kein Freifahrschein, sondern das Recht, du selbst zu sein, dich selbst zu erkennen und dir die Elemente und Begleiter deines Lebens danach auszusuchen, wie sie zu deinem Sein passen und ihm dienlich sind. Der freie Wille wurde allen gleichermaßen verliehen, auf dass jeder Mensch das Recht habe, seine Liebe wahrhaft auszudrücken und sich gegen die Rauheit der Umstände zu schützen.

In ihrer Beziehung zu ihrem Heiligen Vater sind alle Kinder Gottes gleich, keines von ihnen wird vorgezogen oder besitzt irgendwelche Vorzüge zur Erfüllung dieser Beziehung. Keines von ihnen steht über den vorübergehenden Schwierigkeiten der sterblichen Existenz, und keines von ihnen ist zu gering für die ewige Liebe und Vergebung des Vaters. Jeder Mensch wurde nach dem liebevollen Bilde Gottes erschaffen, und diese liebevolle Essenz bleibt auch von den verzweifeltsten Umständen unbefleckt. In jedem Individuum gibt es einen heiligen Kern, um seinen Bund mit dem Vater aufrechtzuerhalten. Jedes Individuum ist eine unsterbliche Seele, die in der Existenz einen sinnvollen Platz einnimmt. Diese heiligen Gleichheiten haben direkten Einfluss auf eure Rechte und Freiheiten.

*Es gibt auch Ungleichheiten, die eine direkte Wirkung auf deine Rechte und Freiheiten haben, denn **ein Individuum hat das Recht, in seiner Ungleichheit genauso anerkannt zu werden wie in seiner Gleichheit.***

Bei der Erfüllung seines Potenzials macht nicht jeder gleichermaßen Fortschritte. Nicht jeder wurde in die gleichen Umstände hineingeboren, in den gleichen Wohlstand, die gleiche Gesundheit oder die gleiche Intelligenz. Dies und mehr ist Teil der individuellen Lebensumstände. Auch wenn diese Bedingungen durch eine Veränderung des Herzens und mit etwas Bemühen geändert werden können, sind sie doch sehr real. Wie auch immer die Umstände zustande kamen, jeder Mensch hat das Recht, in seiner Realität Selbstachtung zu erfahren. Der Versuch, gleiche Rechte mit gleichen Bedingungen gleichzusetzen, untergräbt die Gleichberechtigung mehr als alles andere. Die Rechte beziehen sich auf den Menschen, nicht auf die Bedingung!

Wenn du wohltätig bist, dann tue es, um den anderen aufzumuntern, nicht um ihn zu beschämen. Was nützt es, dass du deinem Bruder oder deiner Schwester hilfst, wenn du dich damit über sie stellst? Ungleichheit der Umstände ist ein Bestandteil der Realität, und es liegt in der Macht der Nächstenliebe, diese Unterschiede anzuerkennen und mit Liebe zu überwinden. Die höchste Einheit achtet Unterschiede und Ähnlichkeiten mit gleichem Respekt. Sonst würde der Anspruch auf Gleichheit zu einem konformen Hohn, der die Bevorzugten unterdrückt und die Benachteiligten überfordert. Jeder Mensch sollte das Recht haben, seinen Wert zu erfahren, in welchen Umständen er sich auch immer befinden mag. Und er sollte das Recht haben, von denen emotionale und praktische Unterstützung zu erfahren, die die gleichen Bedingungen erfahren wie er. Der Genuss eines Gruppengefühls stellt eine Erweiterung des Selbstwertgefühls dar und stärkt das kollektive Wohlbefinden.

Das Einzige, was von dir im Gegenzug zu diesen Rechten erwartet wird, ist, dass du nicht verurteilst. Du kannst nicht wissen, was im Herzen eines anderen Menschen vor sich geht, und der äußere Schein trügt oft. Wenn du die ersten beiden deiner Grundrechte beanspruchst und verteidigst, dann musst du auch dein drittes Recht verstehen: **das Recht, den Geist der Unschuld zu erkennen, zu erfahren und zu ehren,** *und vor allem, zu wissen, wo du Unschuld finden kannst. Nichts schadet dieser Fähigkeit mehr als das Verurteilen.*

Unschuld gehört zum Vater, zu dem heiligen Mittelpunkt im Herzen jedes Menschen und zu einer bestimmten Qualität von unvoreingenommener Wahrnehmung. Unschuldige Wahrnehmung wird alle Missverständnisse aufdecken und aus dem persönlichen Leben entfernen. Das unschuldige Herz kann eine Sinnhaftigkeit mit Gott ins Leben zurückbringen. Dies sind die einzigen drei Aspekte der Unschuld, die im Bereich des Tuns und des Lebens zu finden sind. Die Suche nach weiteren Aspekten wird dich nur dazu bringen, immer wieder frustriert und enttäuscht zu verurteilen und dir selbst die Freuden eines toleranten Lebens zu versagen.

Ein sicheres Zeichen dafür, dass ein Mensch Weisheit erlangt hat, ist sein Sinn für Humor!

Das Leben ist ein Fluss, und dieser Fluss unterliegt Zyklen. Es gibt Winter und Frühling, Sonnenschein und Regen, Krankheit und Gesundheit. All diese Variationen sind Erfahrungen, die für unser Bewusstsein wertvoll sind. Manche davon erfordern Geduld, und manchmal wird deine Hingabe belohnt. Unter all den möglichen Entscheidungen fördern manche dein Leben mehr als andere, doch keine werden äußerlich makellos sein. Ein Mensch kann sich zum Beispiel keine Möhre zum Abendessen aus der Erde ziehen, ohne dabei die Möhre ihres Lebens zu berauben. Eltern mögen ihrem Sohn mit den besten Absichten Gesangsunterricht bezahlen, obwohl sein sportliches Talent eigentlich unterstützenswerter wäre.

Andererseits hat es auch bösartige Handlungen gegeben, bei denen Gutes herauskam, wie zum Beispiel in dem Fall, wo ein Mann ungerechterweise aus seinem Job flog. Es erschien ihm als finanzielle Katastrophe, doch es brachte ihn dazu, eine Arbeit zu finden, die seiner wahren Berufung entsprach.

Ich habe dir schon oft gesagt: Wer verurteilt, läuft Gefahr, seinen Weg im Leben zu verlieren. Das Verurteilen löscht allen Respekt vor der Unschuld aus und alles Verständnis davon, wo sie gefunden werden kann.

Unschuld hat nichts mit der äußeren Welt zu tun. *Wenn dieses Verständnis verloren geht, dann verliert sich die betreffende Person in der Welt und wird oft intolerant und unnachsichtig anderen gegenüber. Sie treibt wie ein Schiff ohne Ruder durch ihr Leben, gefangen in ihren lebensfeindlichen Vorstellungen. Deswegen habe ich damals jeden, der ohne Sünde ist, aufgefordert, den ersten Stein zu werfen! Jeder Bezug zwischen Unschuld und äußerlichem Handeln stellt eine Geringschätzung der Unschuld selbst dar. Ist der Berglöwe, der den Hasen verspeist, weniger unschuldig, als wenn er sich die Nahrung versagt und verhungert wäre?*

Das bedeutet natürlich nicht, dass alles menschliche Tun gleichermaßen konstruktiv wäre, denn ein Mensch kann tatsächlich sein Leben durch seine Entscheidungen gewinnen oder verwirken. Die tiefere Bedeutung liegt darin, dass das Gute nicht von außen zu erkennen und schon gar nicht von einem anderen zu beurteilen ist. Das Gute eines Menschen liegt in der Unschuld seines Herzens, auch wenn sein Tun vielleicht hinter dem zurückbleibt, was von ihm erwartet wird. Während der vielen Entscheidungen, die im Leben zu treffen sind, tut die Erinnerung gut, dass die Vollkommenheit darin liegt, dein Handeln mit dem Willen Gottes abzustimmen und mit der Liebe, die du bist, und nicht mit flüchtiger äußerer Anerkennung und Bewunderung. Wer das aus den Augen verliert, verliert auch bald sein eigenes Heil aus den Augen, und er wird genau die Rechte und Freiheiten entbehren, die ihm Erfüllung bringen könnten.«

Er zählte die anderen Rechte nicht auf und deutete auch nicht an, dass sich unsere Rechte auf die zwölf beschränken, über die er an diesem Tag gesprochen hatte. Es scheint, dass der freie Wille, die Gleichberechtigung und die ewige Unschuld im Heiligen Herzen die Grundlage für alle anderen Rechte bilden und unseren Freiheiten Dauerhaftigkeit, Bedeutung und Richtung verleihen. Ich verstehe es so, dass diese primären Rechte Bestandteil des uns anvertrauten Lebens selbst sind, während die anderen zwölf Rechte uns bei unserer Lebensführung helfen. Das wichtigste von den verbleibenden Rechten ist **unser Recht auf eine Beziehung mit unserem Schöpfer.**

»Die Verbindung zu deinem Vater wird nie unterbrochen, egal, wie weit du dich in deinem Leben von dem Heiligen entfernt hast. Deine zentrale Verbindung wird immer aufrechterhalten, ungeachtet deiner Ermächtigung der Getrenntheit. Wenn du dein Leben von Gott getrennt führst, dann wird sich das damit erschaffene Vakuum mit Vorstellungen, Strukturen, Institutionen und Beziehungen füllen, die gnadenlos über dich bestimmen. Vielleicht fühlst du dich von all den Dingen, die sich zwischen dich und Gott gestellt haben, wie

gefangen, denn diese Dinge maßen sich tatsächlich göttliche Macht über dich an. Das verleitet dich dann unglücklicherweise zu dem Schluss, dass du alles, was dazwischengetreten ist und deine Getrenntheit ausgenutzt hat, erst um Erlaubnis bitten musst, bevor du zu deiner Quelle zurückkehren kannst. Doch das ist unwahr, denn deine Beziehung mit deinem Schöpfer ist unmittelbar und immerwährend. Sie braucht niemandes Zustimmung und keine Glaubenssysteme zur Kontrolle.

Du brauchst dich nur deinem unsterblichen Recht entsprechend zu verhalten, um deine Beziehung mit dem Heiligen Vater wiederherzustellen. Egal, in welchem Zustand du dich befindest, dieses Band ging nie verloren.

Du hast das Recht, dich selbst als Liebe zu erkennen und diese persönliche Wahrheit auf deine einzigartige und sinnvolle Weise zu manifestieren. *Du bist Liebe. Die Welt will dir weismachen, dass du nur aus der Liebe kommst und dein Leben durch die Liebe rechtfertigen kannst, die du ausübst. Die Welt bringt dir alles Mögliche über die Liebe bei, außer dem, dass du Liebe bist. Die Essenz deines Wertes, deiner Sinnhaftigkeit, deiner Unsterblichkeit und deiner Freiheit liegt jedoch in der Gewissheit, dass du Liebe bist.*

Du strahlst die Energie deines Lebens aus, indem du die Liebe bist, die du bist. Aus dem Mittelpunkt deines Seins heraus ziehst du das an, was dein Leben benötigt, und kommst mit dem zusammen, was dein Leben braucht, um sich zu vervollständigen. In deinem Liebe-Sein hast du das Recht, all die Gefährten, Aktivitäten, Aufgaben und Dinge zu schätzen, die du liebst. Es ist dein Recht, zu lieben und das auszuwählen, was du liebst.

Vorurteile, Bewertungen und Konformitätsdruck haben in dieser Welt viel Macht und können das Selbstvertrauen eines Menschen schwächen, der eine unpopuläre Liebe ausdrücken möchte. Doch nichts Äußeres kann die Macht deiner Liebe mindern. Es ist eine Frage der Integrität, dass du dein wahres Sein ehrst und nach Möglichkeiten suchst, dein Leben so zu nähren, dass deine Liebe wirklich zum Ausdruck kommt. Liebe ist dein ewiges Recht.

Du hast auch das Recht, mit dem, was du liebst, verbunden zu sein. Deine Liebe ist dein einziger Schatz, der von Dauer ist. Von all den Dingen, die du besitzt, erfährst, erzeugst oder kultivierst, bleibt einzig die Liebe über dieses Leben hinaus bei dir. All die Liebe, die du hast und kennst, ist auf immer dein. Eine Trennung davon kommt einer Trennung von deinem Wohlstand gleich. Es ist nicht besonders erstaunlich, dass so viele Menschen Schwierigkeiten mit Reichtum haben, wenn sie das, was sie lieben, unterdrücken, vergessen oder verleugnen. Du wurdest als Liebe erschaffen, um dich mit dem zu verbinden, was deine Liebe erweitert und vervollständigt. Du hast ein Recht auf diese Freude, diese Erfüllung und diesen Reichtum.

Deine Liebe und die Erhaltung dessen, was du liebst, ist eine ungebrochene Realität, weil es nur EINEN Geist gibt, der Teil von ›ALLEM‹ ist. ***Das Ganze ist ungeteilt, und du hast das Recht, zu wissen, dass du ein wesentlicher Bestandteil davon bist.*** *Jedermanns Leben ist in diesen Stoff eingewoben. Niemand kann dich dort hinauswerfen oder abweisen, denn der Geist ist einfach und durchgängig. Die Vorstellung, dass der Geist gespalten und zerrissen sei, wurde von Lügen und Täuschungen aufgebracht, weil du es erst glauben musst, bevor du damit isoliert und kontrolliert werden kannst. Isolation ist als Lebensbedingung inakzeptabel! Du bist ein Teil der Familie, egal, welche Urteile sich andere über dich angemaßt haben. Lass das deren Problem sein!«*

Wieder einmal wurde deutlich, dass er sehr viel mehr Geduld mit menschlichen Irrungen und Wirrungen hatte als wir normalerweise.

»Du hast das Recht, deine Verbindung zum Ganzen zu kennen, davon zu profitieren und durch deine Hingabe an das Ganze geheilt zu werden. *Da es nur EINEN Geist gibt, können dir Inspirationen aus dem ganzen Universum zuteil werden, vorausgesetzt, sie sind für dein Leben relevant. Die Botschaften, die für dich nicht wichtig sind, wirst du einfach nicht hören. Der EINE Geist ist eine lebendige Intelligenz, die über alles Begriffsvermögen hinausgeht, die sich an alles erinnert und das gesamte Potenzial enthält. Durch*

Gebete und Meditationen, in denen du die Einheit des Geistes anerkennst, kannst du wunderbare Botschaften für dein Leben und deine Zukunft empfangen. Du brauchst nur zu fragen.«

»Mir scheint, dass viele Menschen sich wegen möglicher negativer Kontakte davor fürchten, sich in den Geist zu begeben. Du hast ja auch gesagt, dass der Geist alles umfasst und enthält ...«

*»In der Verbindung mit dem EINEN Geist sind **Hingabe und Zuhören** von entscheidender Bedeutung. Wenn du auf diese Weise empfänglich bist, dann wird die Heiligkeit des Geistes auf dich herniederkommen und dich nähren und leiten. Diejenigen, die sich in spirituelle Schwierigkeiten gebracht haben, drängten sich meist gewaltsam in den EINEN Geist, um ihn ihren persönlichen Wünschen entsprechend zu manipulieren. Wie ich dir schon gesagt habe: Jeder, der die schlichte Einheit des Geistes verletzt, unterbricht oder spaltet, wird das Gleiche am eigenen Leib erfahren, vor allem, wenn es aus selbstsüchtigen Motiven heraus geschieht!*

Die meisten Menschen beschäftigen sich mit Spiritualität, weil sie glauben, vom Reich des Spirituellen getrennt zu sein. Ich aber sage dir: Das Reich des Spirituellen ist nirgendwo anders, du kannst da nicht von außen rein. Es ist in dir, und du hast das Recht, zu wissen, dass du ein Teil davon bist. Diese Erkenntnis kann dir viel Weisheit und Einsicht vermitteln und dein Leben vollständiger machen.

Du hast das Recht, bewusst in dein Herz zu gehen und die höhere Intelligenz zu erkennen, die es für dein Leben bereithält. *Dafür musst du deine grundsätzliche Unschuld verstehen und akzeptieren. Du brauchst niemandes Erlaubnis, um in dein Herz zu gehen. Es ist dein Recht, doch es gibt eine Voraussetzung: Du musst als dein wahres Selbst dort hineingehen, als die Liebe, die du bist. Im Kern deines Seins wird deine Unschuld nichts anderes anerkennen. Dies erscheint dir vielleicht angesichts all der Schwierigkeiten deines Lebens unmöglich, wo du doch schon im Äußeren kaum das Wahre vom Gefälschten unterscheiden kannst. Du fragst dich vielleicht, wie du im Kern deines Seins unschuldig und vollkommen sein sollst, wenn du in all diesen irdischen Misslichkeiten steckst. Dieses Recht* *leitet sich nicht logisch aus der Welt der Bedingtheit ab.* **Es muss keinen logischen Sinn ergeben,** *dich deinem wahren Selbst und deiner ewigen Verbindung zum Leben hinzugeben. Es ist ein Recht, das du unter allen Umständen beanspruchen kannst. In deiner Rückkehr zur Intelligenz des Herzens wirst du die Antworten finden, die du wirklich brauchst.*

Du hast ein Recht darauf, die Unendlichkeit aus deiner eigenen Perspektive zu betrachten und dich in ihrem riesigen Potenzial an dem zu erfreuen, was dem Sinn deines Lebens förderlich ist. *Dazu gehört auch das Recht, über alle Strukturen hinauszuschauen und allgemeine Annahmen genauso abzulehnen wie irgendwelche Vorschläge, die nicht mit deinem Leben und deinen Werten harmonieren. Du hast das Recht, über alle Strukturen hinauszuwachsen, die dich begrenzen wollen. Du hast das Recht, Kontakt mit dem Unbekannten aufzunehmen und zu träumen. Du hast ein Recht auf deine Vorstellungskraft und auf die Früchte, die aus ihr hervorgehen. Dabei ist es dein Recht, die Ewigkeit zu erfahren und deinen Hoffnungen und Träumen gegenüber einen Standpunkt zu entwickeln.* **Du hast auch das Recht, zu wissen, dass du unsterblich bist.**«

Vielen von Ihnen mag es erstaunlich erscheinen, dass etwas derart Offensichtliches als ein Recht dargestellt werden muss. Doch erschreckenderweise besitzen viele Menschen in der westlichen Welt keine Vorstellung von sich selbst, die über ihre biologischen Ursprünge und ihren sozialen Kontext hinausgeht. Und eine noch größere Anzahl von Menschen glaubt, dass sie sich ihre Unsterblichkeit verdienen müssten.

»*Manche Menschen wollen dich auf deine Sterblichkeit reduzieren, weil dein Leben dann besser begrenzt und strukturiert werden kann, so nach dem Motto:* ›*Lebe jetzt oder gar nicht, lass dich auf das Programm ein. Was du jetzt nicht kriegst, wirst du nie bekommen.*‹ *Wenn du um deine Unsterblichkeit weißt, dann bist du zu frei, um auf irgendeine Weise kontrolliert werden zu können. Deswegen wurde das wahre Verständnis des unsterblichen Lebens stark unterdrückt, manchmal sogar komplett verleugnet. In anderen Fäl-*

len, zum Beispiel in der östlichen Welt, wurde das Verständnis in dem Sinne verzerrt, dass die Menschheit an ein sich ewig drehendes Rad gebunden ist. Die Wahrheit ist jedoch, dass du nur ein Leben besitzt, und das ist ewig.

Dein äußeres Leben entwickelt sich entsprechend deiner Liebe. **Wo deine Liebe ist, da bist auch du.** Ich sage das nicht nur so hin. Es ist Gesetz. **Wie deine Liebe ist, so bist auch du.** Wenn deine Liebe sich so verfeinert hat, dass sie die himmlischen Freuden vorzieht, dann wirst du dort sein, und auch für diejenigen, die mehr zur dunklen Seite des Lebens neigen, ist ein Platz vorgesehen, wo sie die Liebe erfahren können. Wo deine Liebe ist, da bist auch du. Deine Liebe kann nicht aufgehalten werden, und du bist, wo sie ist. Liebe versorgt dich mit Lektionen, Freunden, Segnungen und Gelegenheiten. All deine Wachstumsmuster und all deine Veränderungen im Leben entstehen, weil sich im Muster deiner Liebe etwas geändert hat. Dein Leben verändert sich durch die Entwicklung von Liebesmustern. Deine Liebe kann nicht an einem Ort sein, während du woanders bist!

Deine Liebe geht Hand in Hand mit deiner Unsterblichkeit. Dieses Wissen wird dich darauf vertrauen lassen, dass Erfüllung wirklich möglich ist. Es fängt mit der Erkenntnis an, dass dein Leben über alle bindenden Strukturen hinausgeht, bis hin zur Unsterblichkeit. Das ist dein Recht. **Du hast ein Recht auf ein Leben in Fülle, und du hast das Recht, alle Segnungen des Lebens anzustreben.**

Leiden kann ab und zu ein Teil des Lebens sein, vielleicht sogar ein notwendiger Bestandteil einer Lektion, doch Leid gehört zu niemandes Bund. Wenn Schwierigkeiten auftauchen, bedenke den größeren Zusammenhang, zu dem sie gehören. Dein Vater will dich mit Fülle und Freude segnen. Jeder Bund wurde mit Freude geschlossen, daher entspricht es nicht dem Willen des Vaters, wenn jemand leidet. Wie bei einer Geburt ist Leid häufig ein Bestandteil des Lebens, der letztendlich zu Freude führt. Manchmal wird Leid auch durch kollektives Fehlverhalten und Ignoranz hervorgerufen, oder von einem Menschen bereitwillig angenommen.

Manche sind der irrigen Ansicht, dass Leid eine Strafe Gottes sei. Auch wenn das vor dem Hintergrund von Ursache und Wirkung nicht ganz verkehrt ist, beabsichtigt unser Vater niemanden zu strafen. Tragischerweise leiden viele Menschen, weil sie dem Leid mehr vertrauen als der Seligkeit. Wer ein Leben lang gelitten hat, weiß, dass er sich zumindest darauf verlassen kann. Das erscheint diesen Menschen immer noch besser als gar keine Sicherheit. Wenn dein Vater gelitten hat und dein Großvater vor ihm, dann erscheint das Leiden irgendwie liebenswert. Manche Menschen haben es wirklich dazu gebracht, ihr Leiden zu lieben, weil es ihre stärkste Verbindung zu den ihnen Nahestehenden darstellt. Für andere wurde das Überleben eines widrigen Schicksals zur Grundlage ihres Selbstverständnisses. Es geht hierbei darum, dass jede liebevolle Bindung an das Leiden es fortsetzt. **Du bist, was du liebst!**

Im Gegensatz dazu gibt es auch Menschen, die zu einer Situation beigetragen haben, in der die Androhung von Leid ein Kontrollinstrument ist. Sie haben Situationen erschaffen, die mögliches Leiden verwenden, um Einfluss zu gewinnen. Irgendwann werden diese Menschen ihren eigenen Absichten zum Opfer fallen und ihr eigenes Maß an Leid erhalten.

Der größte Teil des Leides wird dadurch verursacht, dass die Menschheit ihr Recht auf die Segnungen des Lebens nicht kennt. *Du brauchst dich nicht mit Verletzungen, Enttäuschungen, Schmerz, Verwirrung und Depressionen zufriedenzugeben. Im Gegenteil, wenn du dich segnen lässt, wird sich auch der Rest deines Bundes mit dem Vater entfalten. Wie gesagt, der Vater hat euren Bund in Freude geschlossen. Wer nur mit Leiden beschäftigt ist, wird seinen Bund nicht so schnell finden. Wenn du nach Segnungen suchst, wirst du deinen Bund finden. Suche Segnungen, rechne mit ihnen; sei dankbar und wisse, dass sie nur darauf warten, dass du bittest.*

Du hast das Recht, im Leben deine eigenen Entscheidungen zu treffen. *Eine Entscheidung bezieht sich nicht nur auf das, was du gerne hättest, sondern auch auf das, was du bewusst ablehnst. Niemand kann das für dich tun.«*

Dieses Recht ermöglicht uns in vielfacher Hinsicht, unsere anderen Rechte auszuüben. In dieser Welt der vorprogrammierten Konformität sind wir ständig sozialen und ökonomischen Zwängen ausgesetzt. Da gilt es, unser Recht nicht zu vergessen, das Richtige zu tun, auch wenn das vielleicht bedeutet, »Nein« zu sagen. Es erscheint uns manchmal gefährlich, gegen den Strom zu schwimmen. Jesus half mir jedoch, zu erkennen, dass es viel gefährlicher ist, unsere Rechte zu vernachlässigen, denn wenn wir sie nicht nutzen, tut es vielleicht jemand anderes.

Das Recht auf persönliche Entscheidung ist weit mehr als eine moralische Angelegenheit. Es betrifft das gesamte Leben. Wenn ich male, treffe ich vielleicht im Verlauf eines einzigen Gemäldes zehntausend Entscheidungen. Jeden Tag, jede Stunde entscheiden wir uns unzählige Male. Die meisten Entscheidungen betreffen unsere Vorgehensweise, und viele drehen sich um Prioritäten. Man könnte sagen, dass Erfolg nur aus einer Reihe richtiger Entscheidungen besteht. Und falls es so etwas wie Versagen gibt, dann wäre es das Resultat vieler falscher Entscheidungen.

Leider haben es viele Menschen aufgegeben, ihre eigenen Entscheidungen zu treffen, und sind somit von einer Wolke der Unbestimmtheit und Verwirrung umgeben. So schwer es manchmal auch sein mag, sich zu entscheiden: Es nicht zu tun, führt zu noch größeren Schwierigkeiten. Es kann hilfreich sein, sich von anderen Rat zu holen, doch am Ende muss jeder von uns mit den Entscheidungen leben, die er getroffen hat oder denen er ausgewichen ist.

Jesus sagt: *»Dein Leben ist das Ergebnis all der Entscheidungen, die du über all deine Erfahrungen, Ursprünge, Bünde und Fähigkeiten getroffen hast. Durch das Entscheiden übernimmst du die zentrale Verantwortung für dein Sein und für die äußerliche Manifestation deiner Liebe. Entscheidungen sind eine Möglichkeit, die Richtung deines Lebens zu beeinflussen. Oft ist es die richtige Entscheidung, ›Nein‹ zu sagen. Du hast das Recht, dir alles zu verbitten und dich* *gegen alles zu verwahren, was verkehrt für dich ist oder dir schadet. ›Nein‹ ist ein unbeliebtes Wort, doch es geht beim Entscheiden nicht um das, was allgemein beliebt ist.«*

Seine Lehre ließ mich an die heutzutage weit verbreitete Überzeugung denken, dass unser Verständnis erst vollständig ist, wenn wir alles erfahren haben. Manche gehen sogar so weit, zu behaupten, dass unsere ewige Existenz erst dann erfüllt sei, wenn wir alles erfahren haben. Ich wollte wissen, was an dieser Vorstellung wahr sei.

»Du brauchst nur das zu erfahren, was dein Herz erfüllt«, erklärte Jesus. *»Du brauchst nicht alles mitzunehmen, alles auszuprobieren, alles zu sehen, zu hören, zu denken, zu glauben und zu spüren. Jeder Mensch ist ein einzigartiges Individuum, das niemandem gleicht. Du bist vollständig, wenn deine Liebe vollständig ist, nicht wenn du so bist wie alle anderen auf der Welt. Konformität gehört nicht zu dem Sinn deines Lebens.«*

Ich fühlte mich aus tiefstem Herzensgrunde zu einer Anmerkung veranlasst. »Ich glaube, dass derartige Vorstellungen denen Hoffnung vermitteln wollen, die auf der Schattenseite des Lebens stehen. Sie bieten die Möglichkeit an, dass sich einfach die Umstände ändern werden, und dann wird der König Bettler sein und der Bettler König.«

Er stimmte mir teilweise zu. *»Was die Motivation betrifft, hast du recht. Doch die so erzeugten Hoffnungen werden meist von der Realität nicht unterstützt. Ähnliche Erfahrungen führen nicht immer zu Toleranz und Mitgefühl. Wenn deine Liebe vollständig ist, dann wirst du **natürlicherweise** mitfühlend sein. Wenn deine Liebe vollständig ist, dann wirst du erkennen, dass der Bettler bereits jetzt so großartig ist wie der König!*

Du hast ein Recht auf ein ehrliches und korrektes Verständnis des Lebens, soweit es dich betrifft. *Du hast das Recht, das Leben mit unschuldigem Blick zu betrachten und eine ehrliche Antwort auf das zu suchen, was immer dich umtreibt. Du brauchst dich nicht mit oberflächlichen, abergläubischen, politisch korrekten oder konven-*

tionellen Erklärungen des Lebens zufriedenzugeben. Du kannst so lange fragen, bis du eine Antwort bekommst. Und du kannst noch weiter fragen, bis die Antwort ehrlich ist.

Als die Pest durch Europa zog, empfanden viele Menschen sie als einen bösen Fluch. Andere sahen sie als Strafe Gottes, der man sich nicht widersetzen darf. Doch Wissenschaftler wie Louis Pasteur suchten nach Antworten, und eines Tages, nach langem Forschen, rief er aus: ›Ich glaube, da ist was in der Milch!‹

Du brauchst konventionelle Erklärungen, die durch Unwissenheit und kontrollbesessene Institutionen gefördert werden, nicht zu akzeptieren. Du kannst die Augen aufmachen und hinschauen, du kannst die Ohren aufsperren und hinhören. Du hast ein Recht auf eine tiefschürfende, logische und wissenschaftliche Herangehensweise an das Leben und brauchst dich nicht mit Erklärungen zufriedenzugeben, die nicht funktionieren.

In der Geschichte der Menschheit wurden viel zu häufig heilige Mysterien zur Absegnung von Unwissenheit über praktische Dinge verwendet. Natürlich gibt es Bewusstseinsebenen, die über das menschliche Verständnis hinausgehen. Doch das Wachstum des menschlichen Bewusstseins mit Hilfe der Göttlichkeit zu unterdrücken, entweiht die Ehrlichkeit. Mystik und Achtung vor dem Geheimnis sind in Bezug auf Gott angemessene Haltungen, denn sie entsprechen einer korrekten Einschätzung deines Begriffsvermögens. Doch in allen anderen Bereichen sollte das Geheimnisvolle mit allen Mitteln ersetzt werden, die dem Bewusstsein zur Verfügung stehen. Es war nie die Absicht mystischer Wahrheiten, dir den ehrlichen Zugang zu praktischem Wissen und Verantwortung zu versperren.

Ein entscheidender Aspekt der Aufrichtigkeit ist, dass du dir die Wahrheit über deine subjektiven Gefühle und Wahrnehmungen eingestehst. Deine subjektiven Wahrnehmungen müssen nicht mit der äußeren Realität übereinstimmen, um für dich gültig zu sein. Das ist ein Teil des Wunders, das du bist, und das Wunderbare an deinem Platz im Leben. Du bist eine erstaunliche Vielfalt an inneren Realitäten, und du hast das Recht, sie dir aufrichtig anzuschauen.

Nur weil du außen etwas siehst, was mit deinem Empfinden nicht übereinstimmt, brauchst du nicht deinen Empfindungen abzuschwören und dich unaufrichtig anzupassen.«

Seine Worte riefen mir Situationen in Erinnerung, in denen ich fröhlich vor mich hin pfiff, während andere sie wahrscheinlich als äußerst unangenehm einordneten. Zum Beispiel war ich in meiner Jugend eine passionierte Reiterin. Ich ritt jeden Tag und freute mich auf den Wintereinbruch und die erste richtige Kältefront. Alle anderen sahen dem plötzlichen Temperaturabfall schaudernd und klagend entgegen, doch ich liebte die Aufregung, in die es mein Pferd versetzte, und während andere sich an den Ofen verkrochen, hatten wir beide auf den Hügeln von Texas einen Riesenspaß!

Alle hatten mich auf dem College vor New York gewarnt, es sei dort gefährlich, die Leute würden sich nicht in die Augen schauen und seien allgemein unfreundlich.

Ich bin so froh, dass ich nicht die Meinung der anderen übernommen habe, denn ich erlebte bei meinen Besuchen die New Yorker als ungemein freundlich. Andere mögen andere Erfahrungen gemacht haben, doch tatsächlich haben mich zweimal, als ich allein in ein Lokal ging, fremde Paare aufgefordert, mich doch zu ihnen zu setzen.

Einmal stand ich für Theaterkarten an, und die Schlange ging den ganzen Block entlang. Als wir endlich drankamen, kannten sich zwölf Leute in meinem Umfeld bereits beim Vornamen.

Ich ging fast täglich ins Metropolitan Museum und freundete mich mit anderen »Regelmäßigen« an. Wir saßen gemeinsam auf den Bänken und unterhielten uns über die großen Werke.

Wenn ich mit anderer Leute Meinung und Vorurteil nach New York gefahren wäre, hätte ich vielleicht keine so erfreulichen Erfahrungen gemacht. Ich war mir selbst gegenüber in Bezug auf meine positiven Gefühle aufrichtig, und das erlaubte mir, mit entsprechenden Erfahrungen gesegnet zu werden.

Zu anderen Zeiten hat mich meine Aufrichtigkeit gegenüber meinen Gefühlen vor Schwierigkeiten bewahrt oder mich günstige Gelegenheiten ergreifen lassen. Wann immer ich auf meine Gefühle gehört habe, tat ich das Richtige.

Nach einer Weile tauchte ich aus meinen Träumen wieder auf, als der Meister sagte: *»Du hast das Recht, deine Gefühle dir selbst gegenüber aufrichtig wahrzunehmen. Was auch immer dir andere Menschen beigebracht haben, du hast das Recht, zu dir selbst zu stehen.*

__Du hast das Recht, persönliches Wachstum zu erfahren und dein Leben anständig zu verbringen.__ Wer sich zum Besseren hin verändert, hat mehr Anstand und Moral als der, der nichts verändert, unabhängig vom Ausgangspunkt. __Moral ist die Veränderung zum Besseren.__ Dadurch werden die Ersten die Letzten sein und die Letzten die Ersten.

In diesem Universum ist Liebe die Konstante, und alles andere verändert sich, entweder durch Wachstum oder durch Verfall. Wer seine angestammten Interessen und seinen Status quo verteidigt, vertuscht damit häufig nur ein Leben, das sich dem Verfall zuneigt. Dies habe ich oft als eine schädliche Tendenz in den Pharisäern ans Licht gebracht. Sie mussten sich verändern, doch sie klammerten sich an ihren Status quo und verherrlichten ihn mit ihren Bewertungen. Es ist immer besser, einen Verfallsprozess offenzulegen, als ihn sich fortsetzen zu lassen. Solange der Verfall nicht offengelegt ist, kann sich nichts zum Guten wenden. Viele Menschen verbringen ihr Leben, ihre Ressourcen und ihre Energie damit, ein Bild des Wohlbefindens aufrechtzuerhalten, dessen tönerne Füße immer mehr verrotten. Solche Menschen lassen Bewertungen ihr Leben bestimmen, und nicht Anständigkeit. Wer sein Leben von Bewertungen bestimmen lässt, der wird unehrlich sich selbst gegenüber werden und sich in seinen eigenen Grenzen verfangen.

Liebe sucht immer nach Besserung, nach Wegen, das Leben praktikabler, fröhlicher, heiler und schöner zu machen. Liebe prüft jede

Möglichkeit zur Verbesserung des Lebens. Das ist eine Frage der Anständigkeit, nicht der Bewertung.

Starre Bewertungsmaßstäbe versuchen, Anständigsein durch Strukturen zu ersetzen, Vertrauen durch Kontrolle und höheres Bewusstsein durch Denken. Wer ein Leben der Bewertungen führt, der lebt meist mit dualistischen Formeln, die alles in ›gut‹ und ›schlecht‹ einteilen – meistens in ›schlecht‹. Bewertungen verhöhnen das Gute und die Anständigkeit, denn sie streben nur nach Kontrolle. Das Schlimmste an den Bewertungen ist die tödliche Seuche der Verantwortungslosigkeit. Das Hinterhältige an den Bewertungen ist, dass sie den dominanten Positionen die Kontrolle überlassen, doch den Unterdrückten die Verantwortung. Dieses unbeständige Arrangement beruht auf Unehrlichkeit. Irgendwann werden diejenigen, die die Kontrolle haben, behaupten, dass es kein Richtig oder Falsch gäbe, es sei denn, man zwingt sie zur Verantwortung.«

Das erinnerte mich an gewisse Philosophien, die zurzeit modern sind. Sie schlagen vor, die schädliche Wirkung des Verurteilens einfach durch den Satz: »Kein Richtig, kein Falsch« aufzulösen. Ich wollte wissen, ob das einfach eine radikale Reaktion sei oder ob eine derartige Umkehrung des Denkens zum Bewusstwerdungsprozess dazugehöre.

»Die Motivation dahinter war schon aufrichtig, doch leider ist es oft schädlicher, die Bewertungen zu entkräften, als sie ihren Kurs zu Ende fahren und sich selbst verschlingen zu lassen. Du kannst solche naiven ›Lösungen‹ mit der Schließung eines bleiverseuchten Bergwerkes vergleichen, in dem die Schächte nicht gesichert sind, sodass spielende Kinder sich zu Tode stürzen können. Wahre Umkehrung setzt ein wahres Verständnis des Problems voraus. Das Problem ist entstanden, als der Mensch sein unschuldiges Herz verließ und seine höhere Intelligenz dem mechanischen Verstand überantwortete.

Als die Menschheit ihr Zuhause verließ, erwartete sie eine Welt voller Urteile und Schwierigkeiten. Der Verstand interessiert sich nur für Kontrolle und hat kein Interesse daran, Anständigkeit ins Leben zu bringen. Nur das Herz interessiert sich dafür, nur das Herz sieht

Anständigkeit als erstrebenswertes Ergebnis menschlicher Unternehmungen an. Nur eine Rückkehr zum Herzen wird dich die Richtung wahren Wachstums, wahrer Schöpfung, wahrer Produktivität und wahrer Unschuld finden lassen.

Darum ging es bei Adam und Eva und dem Baum der Erkenntnis von Gut und Böse. Um mehr Kontrolle über das Leben zu gewinnen, entschieden sie sich für die Welt des vernunftorientierten Urteilens und verließen damit den Garten der herzenszentrierten Unschuld. Adam und Eva sind einfach Repräsentanten all deiner Vorfahren, die diese Entscheidung getroffen haben. Indem sie die Kräfte des Urteilens angenommen und weitergegeben haben, ließen sie sich auf die Sünde ein. Jetzt müssen die Konsequenzen des Bewertens und Urteilens ihren Lebenszyklus vollenden, bis sie sich selbst vernichten und der Irrweg des Bewertens universell offenbar wird.

Wenn du erst in dir selbst die Tendenz überwunden hast, zu trennen und getrennt zu sein, dann wirst du endlich mit Weisheit in den Prozess des Unterscheidens einsteigen. Liebevolles Zulassen und liebevolles Unterbinden sind nicht dasselbe wie eine Aufteilung in Gut und Böse.

Denk nur einmal an eine Klapperschlange. Kannst du sie in der Wüste leben lassen, wo sie ihren natürlichen Platz einnimmt, und es unterbinden, dass sie es sich in deinem Garten gemütlich macht? Für alles gibt es einen Platz und eine Zeit. Die Unterscheidung äußert sich in liebevollem Zulassen oder liebevollem Unterbinden.

Das Zeitalter des Verurteilens war das dunkelste Kapitel in der Geschichte der Menschheit, doch die letzte Verurteilung wird es bald beenden. Das letzte Urteil wird gegen das Verurteilen selbst ergehen. *Dann wird sich das menschliche Bewusstsein endlich in seiner Herrlichkeit erheben, so wie sich ein Bräutigam erhebt, um zu seiner Braut zu gehen, zum Heiligen Herzen. Das ist die heilige Hochzeit, von der die Propheten geträumt haben. Nach dieser Hochzeit wird auf Erden Frieden herrschen. Bis dahin ist es dein Recht, auf jede erdenkliche Weise nach Verbesserungen zu streben. Mach das Beste aus jedem Tag.*

Zu guter Letzt hast du auch das Recht auf deine eigenen Überzeugungen. Dein innigstes Gebet ist das, was du glaubst.«

Alles wurde ruhig, und eine Weile herrschte Stille. In diese Stille tönten sanft seine Worte: *»Ein Mensch ist, wie er liebt. Ein Mensch wird, was er glaubt.«*

12
Gott und die Wirklichkeit

»Die Liebe unseres Vaters zeigt sich in seiner unendlichen Sehnsucht danach, von uns erkannt zu werden. Durch alles, was ist, stellt er seine Gegenwart liebevoll dem Herzen, der Seele und allen Sinnen des Menschen zur Verfügung.«

Mit großer Ehrfurcht wiederholte der Meister viele Male: **»Gott und die Wirklichkeit sind eins.«**

Er bestätigte zwar Gottes Überlegenheit, doch er versicherte mir auch immer wieder, dass es zwischen dem Schöpfer und den Erschaffenen keine Trennung gebe, da die Liebe allem gebietet.

Das erinnert mich an die Stelle im Markus-Evangelium, wo Jesus den Vorwurf der Pharisäer, dass seine Jünger am Sabbat Ähren gesammelt hätten, mit den Worten zurückweist: *»Der Sabbat wurde für den Menschen gemacht und nicht der Mensch für den Sabbat.«* Das ist typisch für die Art, wie er auch in meiner Erfahrung mit ihm die Prioritäten setzte. Eine Regel, die Gott nicht in der Realität seiner Schöpfung achtet, ist für ihn nicht besonders heilig.

Alles, worüber er mit mir sprach, wurzelte tief in der Wirklichkeit. Das meiste davon verstand ich leicht und konnte es gut auf mein Leben anwenden. Vieles davon brachte mich zum Nachdenken und ließ mich wachsen, und ein geringerer Teil seiner Lehren war jenseits meines derzeitigen Begriffsvermögens. Doch es sagte viel über sein Verständnis der Wirklichkeit und ihres Erschaffers aus, dass er mir Perlen der Weisheit anbot, die meine Sehnsucht stimulierten, auch wenn ich höchstens ahnen kann, wonach ich mich sehne.

Die Botschaften in diesem und im nächsten Kapitel wurden mit großer Akribie notiert, da mir manch tiefere Bedeutung oder praktische Anwendbarkeit entgangen sein mag. In manchen Fällen ist das bis zum heutigen Tage so. Die gesamte Realität kann nie von einem Menschen erfasst werden, noch nicht mal ein größerer Teil davon. Ich biete den Inhalt dieser zwei Kapitel daher aus Achtung vor der Vielfalt menschlicher Interessen an, in der Hoffnung, dass Menschen mit speziellen Vorkenntnissen oder Begabungen vielleicht bessere Voraussetzungen für ihr Verständnis besitzen als ich.

Der Wert jeder Botschaft beruht letztlich auf ihrer Anwendbarkeit. Im Laufe eines Lebens haben wir viele Ideen, von denen manche großartig und andere schlicht unbrauchbar sind.

Jesus sagte: »*Jede Idee, die mit der Realität zu tun hat, ist näherer Betrachtung wert, die anderen sind nutzlos. Die Realitätsbezogenheit ist die Faustregel bei der Unterscheidung. Ist etwas real und erweitert es die Bedeutung der Realität zu höheren Bewusstseins- und Anwendungsebenen hin? Gottes Ideen sind alle eins mit der Wirklichkeit.*«

Was Jesu Worte unter anderem so lebendig machte, war seine Überzeugung von der Bedeutung der Wirklichkeit. Für ihn ist Gott nicht nur real, sondern die Quelle der Realität und ihr höchster Ausdruck.

Die westliche Philosophie hat uns beigebracht, dass Gott woanders ist, auf einer Art passivem Beobachterposten, und dass Himmel und Erde zwei verschiedene Ebenen sind. Als ein Nebenprodukt dieser Denkweise ist der philosophische Dualismus entstanden, der in Kategorien wie Unten/Oben und Dunkel/Hell arbeitet. Die Annahme, dass die Wissenschaften die Summe alles praktischen und wirkungsvollen Wissens sind, ist dabei genauso ein Verlust wie die Vorstellung, dass Religion sich nur mit einem unendlichen und unbegreiflichen Gott befasst. Die beiden wichtigsten Bereiche menschlichen Bewusstseins wurden damit in entgegengesetzte Ecken gedrängt, aus denen heraus ihre Verfechter sich gegenseitig die Augen aushacken. Allzu häufig betrachten wir die Wirklichkeit als etwas Harsches und Mühseliges, aus dem uns die Allmacht Gottes erretten soll. Wir verurteilen die Wirklichkeit als peinvoll und widrig und beten um ein Wunder, in der Annahme, dass Gott in irgendeiner glückseligen Ferne unter Engeln und himmlischen Sphärenklängen weilt.

»*Auch heute ist Gott nicht von seiner Schöpfung getrennt. Die Wirklichkeit erscheint dir hart, weil du Gott außen vor lässt. Die Menschen haben Schwierigkeiten, mit ihren Problemen umzugehen, weil sie sich nur innerhalb der vorherrschenden Strukturen bewegen und dann meinen, Gott hätte sie mit ihren Sorgen allein gelassen. Die Ignoranz, das Urteilen und die Verwirrung nehmen in dem Maße zu, wie du Gott woanders vermutest. Wenn du Gott außen vor lässt, dann bleibt von der Wirklichkeit nicht mehr übrig als Strukturen, Meinungen, Illusionen und Chaos.* **Die Wirklichkeit ist ein lebendiges Wunder, wenn ihr es nur erkennen würdet!«**

Seine Eindringlichkeit veranlasste mich dazu, meine inneren Gefühle und Vorbehalte zu äußern. »Wenn dieses Universum voller Wunder ist, wozu brauchen wir dann überhaupt Schwierigkeiten? Warum müssen wir Not und Elend erfahren?«

Seine Augen weiteten sich vor Mitgefühl. *»Ihr seid hier, um Bewusstsein und Vertrauen zu entwickeln. Jedes Kind Gottes muss diese beiden Charaktereigenschaften in sich tragen, und sie müssen gleichzeitig auf einer Realitätsebene erschaffen werden, die vielerlei unterschiedliche und widerstrebende Erfahrungen liefert. Bewusstsein entsteht aus der Kompression und der Integration von Äonen unterschiedlichster Erfahrungen und Wahrnehmungen. Dein Bewusstsein entwickelt sich im Verhältnis zu dem Reichtum, der Tiefe und der Vollständigkeit deiner Erfahrungen. So ist das heutige Bewusstsein größer, als es vor zweitausend Jahren war, und es sind Einsichten möglich, die zu jener Zeit unerreichbar waren. Vertrauen ist die Gewissheit einer Seele, dass rechtes Handeln Früchte tragen wird, und hängt daher mit der Bewusstseinsentwicklung zusammen. Doch damit dieses Vertrauen entsteht, muss die persönliche Gewissheit erst einmal durch intensiven Druck in Form von Konflikten heftig infrage gestellt werden. Wo bliebe das Vertrauen, wenn du wüsstest, wohin deine Reise geht? Wenn alles ohne Mühen und Risiko zur Verfügung stünde, wärst du dann motiviert, dein Bewusstsein zu erweitern?*

Interessanterweise sind es genau die widrigen Umstände, die Bewusstsein und Vertrauen hervorbringen, so wie edelster Stahl in der Esse gekocht wird. Wenn eine Seele erst zu Bewusstsein und Vertrauen gekommen ist, dann braucht sie die Verwirrung widerstrebender Realitäten nicht mehr. Bis dahin ist es jedoch für dich notwendig, auf der Ebene vielfältiger Erfahrungen, Gefühle und Herausforderungen zu leben, um dein Bewusstsein und dein Vertrauen aufzuwecken und zu erfüllen. In diesem Bemühen wirst du die Kraft der Wahrheit entdecken.

In der gesamten Wirklichkeit kann Gott als reine und unschuldige Manifestation erfahren werden. In deiner Wahrnehmung der Realität wirst du viele Harmonien, universelle Konstanten und Vollkommenheiten finden. Diese Wahrheiten ermöglichen es dir, das Leben einfacher, besser und sinnvoller zu integrieren. Sie erheben dich über die Mühsal des unbewussten Lebens, sodass du dein Leben mit mehr Klarheit, Sinnhaftigkeit und Effektivität genießen kannst. Deine erhabenere und vollkommenere Wahrnehmung der Wahrheit wird dir die Wirklichkeit Gottes bestätigen, die dein Vertrauen dann bezeugen kann.«

Jesus meinte, dass es keine archetypische Formel für die Wahrheit gebe, von der die Wirklichkeit ein Abbild sei, so wie einem Gebäude ein Bauplan zugrunde liegt. Solche Vorstellungen beschränken die Wahrheit auf eine historische Perspektive und auf Ideale. Außerdem könnten derartige Ideologien leicht im Sinne menschlicher Autoritäten manipuliert werden.

»Die primären Konstanten des Universums sind frei von Zeit und Raum und offenbaren damit die Höhen und Tiefen des Bewusstseins. Die Wahrheit transzendiert die Wirklichkeit und destilliert sie zu reinem Verständnis! Sie ist es, die dich von den einschränkenden Abhängigkeiten und Bedingungen befreit.

In der Wahrheit wird die Macht der Beständigkeit deutlich.
Ohne Beständigkeit gäbe es zwischen dem Bauplan und dem Gebäude keinen Bezug, genauso wenig wie zwischen Bewusstsein und Realität. Die Wahrheit ist weder der Bauplan noch das Gebäude, sondern die Beständigkeit, welche die Hochzeit und das Wunder von Ursache und Wirkung ermöglicht. Ohne Beständigkeit gäbe es keine Wahrheit, ohne Wahrheit gäbe es kein Bewusstsein, und Vertrauen wäre sinnlos.

Ehrlichkeit ist ein sehr wichtiger Charakterzug, denn wer ehrlich ist, ehrt die Wahrheit. Doch Wahrheit bedeutet mehr als die vertrauenswürdige Wiedergabe von Tatsachen. Hast du nicht selbst oft gutgläubig Tatsachen wiedergegeben und dann festgestellt, dass sie sich längst verändert hatten oder dass sie niemand begriff?

Die Offenbarung von Beständigkeit befreit die Menschen von dem Bedürfnis, die Wirklichkeit zu verändern, und vereint sie wieder mit sich selbst. In jedem Menschen und in jeder Situation gibt es ein beständiges Element, das aller Veränderung äußerer Formen trotzt. Wo immer sich eine Beständigkeit offenbart, da geschieht Heilung. Selbst in der Unvernunft kann man erfreuliche Beständigkeit finden. Das ist die Macht des Humors und seine heilende Wirkung auf den menschlichen Geist!

Durch die Wahrheit wird das Gleichgewicht wiederhergestellt. Damit geht die vertikale Ausdehnung Gottes und des Bewusstseins einher, die einen unendlichen Horizont existenzieller Wirklichkeit kreuzt und stabilisiert. Die Realität dehnt sich in Gestalt der Existenz in unendlich vielfältiger Weise horizontal aus, ob du dir dessen bewusst bist oder nicht. Die unendliche Wirklichkeit ist weder auf deine Zustimmung noch auf deine Kenntnis angewiesen, um ihre Bestimmung zu erfüllen und das Leben zu fördern. Erkenne, so viel du kannst, und ehre den Rest als deine sich entwickelnde Zukunft. Durch dein tägliches Leben erweiterst du deine Wahrnehmung von dem, was Gott dir vorgesetzt hat.«

Jesus wies immer wieder darauf hin, dass wir gemeinsam unser Bewusstsein der Realität erschaffen. Wir sind in Bezug auf die Wirklichkeit wie jene »Blinden«, die alle einen Teil des Elefanten betasten und aus der Summe ihrer Erfahrungen versuchen, ein Verständnis des Ganzen zu gewinnen. Barmherzigerweise gewährt uns die Wirklichkeit die von uns gesuchte Erkenntnis durch unsere aufrichtig miteinander ausgetauschten Erfahrungen. Gott sei Dank ist die Wirklichkeit nicht auf unsere Wahrnehmung beschränkt. Jeder Mensch bringt seine eigene Perspektive der Realität ein, doch die Realität selbst bleibt in der Art, wie sie unermüdlich und unbeeindruckt ihren Aufgaben nachgeht, konsistent, messbar, unvoreingenommen und voraussehbar.

Ganz einfach gesagt, ist die Wirklichkeit die kontinuierlich existierende Gegenwart Gottes. Die Wahrheit offenbart die Beständigkeit, durch welche diese Gegenwart erkannt werden kann.

»Wahrheit sorgt bei deinem Verständnis der Wirklichkeit für Klarheit und Gewissheit und macht sie damit vorhersehbar und umgänglich. Die Beständigkeit der Wahrheit ist wunderbarerweise sowohl unter fließenden als auch unter stabilen Bedingungen gegeben. Die Wahrheit braucht sich nicht an fixen Vorstellungen oder Formulierungen festzuhalten. Es ist sogar eher so, dass die Wahrheit eine feste Vorstellung genauso in sich zusammenfallen lässt wie irgendeine andere Struktur.«

Er erklärte oft, dass wir uns gegen die potenziellen Wunder in der Wirklichkeit abschotten, weil wir nicht bereit sind, die Strukturen, denen wir unser Vertrauen geschenkt haben, als illusionär zu erkennen. Wenn unsere »zuverlässige« Ordnung plötzlich entzaubert wird, ist das zunächst ein großer Schock, auch wenn es ein großer Segen ist! Wenn die illusionäre Natur der Strukturen bloßgestellt ist, sind wir bis aufs Mark erschüttert, vor allem, wenn wir mehr Vertrauen in die Strukturen haben als in Gott.

*»Wunder widerfahren denjenigen, die das Wunderbare des Lebens erkennen und sich seiner Erfahrung hingeben. Ab und zu wird der Schöpfer dich verblüffen, aber nur, um deine Aufmerksamkeit zu erringen, niemals um dich von den potenziellen Wundern der Wirklichkeit abzulenken, denn **Wunder verhelfen der Wirklichkeit zur Erfüllung.**«*

Doch das Wundersame kann nicht verstanden werden, weil unsere Logik in sich selbst strukturiert und durch unzählige Ursache-Wirkung-Muster konditioniert ist. Diese Art des Denkens kann nie ein Wunder begreifen und schon gar nicht erklären.

*»Gott ist bereit, dich mit einem Wunder zu begrüßen, wenn du nur die in dir und vor dir weilende Präsenz empfangen würdest. **Zwei Obsessionen sind es, mit denen sich der Mensch vom Weg der Wunder abhält: erstens durch die Abhängigkeit von den Struk-***

turen und zweitens durch den Versuch, die Wirklichkeit seinen Illusionen anzupassen. Alle Kinder Gottes sind selbstverständlich Mitschöpfer der gemeinsamen Realität, und ihr manifestiert euer Leben tatsächlich in Schöpfungsmustern. Doch es gibt eine Matrix einer gemeinsamen Realität, die über alles, was du alleine erschaffen könntest, hinausgeht. Es muss einen Punkt geben, an dem dein Vertrauen in die Grundlagen der Existenz größer ist als deine Ängstlichkeit, damit deine Abhängigkeit von begrenzten Quellen aufgehoben werden kann.

Ohne dieses Vertrauen, verspreche ich dir, wirst du mehr an die Strukturen glauben als an Gott. Nichts ist hinderlicher für ein Wunder als die Angst, das Vorhersehbare und die begrenzte Kontrolle über die Strukturen loszulassen.«

Immer wieder erinnerte er mich daran, dass die Liebe dem Universum gebietet. *»Gott ist Liebe, und du bist es auch. Für alles, was du brauchst, ist der Same bereits in dir angelegt. Wenn du ein Wunder erlebst, dann sei still und empfange die Manifestationen der Liebe. Tatsächlich nimmst du die meisten Wunder als selbstverständlich hin. Das Leben ist voll von ihnen, sie fehlen nie.* **Die Liebe ist die Quelle aller Wunder, sie ruft sie hervor.«**

Irgendwann begriff ich, dass Wunder einfach die Wachstumskräfte der Liebe und des Lebens sind, die durch den Schleier der Illusionen brechen. Wenn wir uns auf die Wirkung der Liebe konzentrieren und ihre wunderwirkende Kraft, dann werden Wunder zu einem regelmäßigen Bestandteil des Lebens. Wenn wir uns auf die lebens- und liebesfeindlichen Kräfte der Strukturen konzentrieren, dann kommt ein Wunder völlig überraschend und kann sogar schockierend wirken.

»Wenn du Wunder bemerkst, dann musst du auch das Wunder der Realität bemerken – ihre ungebrochene Ganzheit, dass sie jedem eine eigene Erfahrung vermittelt und doch für alle konsistent bleibt. Es gibt nur EINE Wirklichkeit, und sie ist die eigentliche Essenz und Präsenz der Existenz, in die ihr eure eigenen Wahrnehmungen, Erfahrungen, Beiträge, Hoffnungen und Träume einbringt.«

Bei seinen Worten schien die Wirklichkeit derart fließend und empfänglich zu sein, dass das ganze Ursache-Wirkung-Spiel einen Moment lang zur Ruhe kam. In dieser friedvollen Stimmung tauchte eine meiner frühesten wissenschaftlichen Fragen auf, wie sich nämlich Ursache und Wirkung in ein dynamisches, ganzheitliches Existenzmuster einfügen.

»Das heilige Jetzt ist die Gegenwart Gottes, aus der alle Gestalt hervorgeht«, erklärte Jesus. »Es ist ein Zustand vollkommener Synchronizität. Das gesamte Potenzial befindet sich in vollkommener Kommunion. Das ist das ewige ›Anfang und Ende‹ der Existenz. Doch um der Schöpfung willen muss sich die Kommunion von hier aus zum Dialog erweitern. Der Dialog kommt durch das gegenseitige Erkennen und die Interaktion einzelner Teile des Ganzen zustande. Die Kommunikation geht weiter, wenn die Teile des Ganzen anfangen, unterstützend und fördernd miteinander umzugehen.

Im Verlauf der Interaktion werden irgendwann Unvereinbarkeiten und Disharmonien auftauchen. Verhärtungen entstehen in Bereichen zunehmender Dichte, und für die Grenzbereiche der Harmonie wird mehr Zeit und Raum erforderlich. In dem Maße, wie für eine positive Kommunikation Abstand gebraucht wird, werden Ursache und Wirkung die Grundlage der Kommunikation. Was als vollkommene Synchronizität begann, wird im Laufe des Prozesses zum harmonischen Dialog und führt letztlich zu der Funktion von Ursache und Wirkung.

In menschlichen Beziehungen kannst du etwas Ähnliches erkennen. Stammesgesellschaften leben in schlichter Kommunion. Wenn die Bevölkerung wächst und Städte gegründet werden, dann ergeben sich aus der zunehmenden Dichte und den Konflikten viele Probleme. Dann flüchten die Menschen aufs Land, um mehr Abstand zu ihren Nachbarn zu haben. Wenn die Umstände sie jedoch zwingen, in den übervölkerten Städten zu bleiben, dann liegt ihre einzige Hoffnung im gegenseitigen Einvernehmen.«

Durch die Analogie erkannte ich, dass das Gesetz von Ursache und Wirkung zu Trennung und separatistischem Denken führt.

Der Meister ging sofort darauf ein. »*Alle drei Kommunikationsebenen existieren im Universum gleichzeitig.* In vollkommener Synchronizität ist vollständige Kommunion. Das andere Extrem ist die Getrenntheit, wo das Gesetz von Ursache und Wirkung herrscht. Ursache und Wirkung sind über Raum und Zeit hinweg die universellen Kommunikations- und Ausgleichsmittel, vor allem in Konfliktzuständen. Ein Mensch – oder auch nur ein Teilchen – kann in einem Zustand der Getrenntheit nur durch einen grundlegenden Respekt für **das Gesetz von Ursache und Wirkung** Frieden und Sinnhaftigkeit finden. Doch zwischen diesen beiden Extremen ist die **Gegenseitigkeit** das Gesetz der Kommunikation. Das Gesetz der Gnade lautet: Harmonische Existenz, gegenseitige Nächstenliebe und Synchronizität mit Gott.

Der größte Teil des Universums, mit dem sich die Wissenschaften bis jetzt befasst haben, liegt im Bereich der einzelnen Teilchen und Massen. Dieser Bereich wird von dem Gesetz von Ursache und Wirkung beherrscht. Doch der Weg von diesem Bereich zu den anderen Bereichen des vollkommenen Gleichgewichts und der Gegenseitigkeit ist nicht lang. Diese Entfernungen werden zurzeit überbrückt. Die bevorstehende Beschleunigung des Verständnisses wird enorm sein! Das wissenschaftliche Denken enthält bereits einige Wahrnehmungen der Gegenseitigkeit. Bald werden sie in den Bereich der vollkommenen Synchronizität kommen, in dem ein unendlich großes, reines und unbestimmtes Potenzial liegt, das alle anderen Interaktions- und Kommunikationsebenen mit Lebensenergie versorgt.

Das gesamte Universum ist implizit und explizit aus einem Stück, und aus dieser vollkommenen Synchronizität entsteht ein endloser Rhythmus von Kompression und Expansion. Kompression und Expansion sind der große Atem des Universums! Die vollkommenen Kompressionen, die die universelle Ordnung geboren haben, führten irgendwann zur Expansion. Dieser pulsierende Rhythmus wechselt zwischen Stille und Impuls.

Dies war der Ursprung des Klangs. Die ständigen Intervalle von Stille und Impuls existieren in allen Dingen als der einzigartige Ton ihrer jeweiligen Lebenskraft. So hat alles sein eigenes Lied, sein eigenes Klangbild.«

Dies war in unseren Gesprächen seine einzige Bemerkung über die Bedeutung des Klangs für unser Wohlbefinden. Ich schloss aus seinen Worten, dass sich die Kraft der Musik aus diesen wundersamen pulsierenden Rhythmen des universellen Gesangs herleitet.

Das Thema der Kompression war ihm sehr wichtig. Er verbrachte mehrere Tage damit, ihre vielfältigen Einflüsse auf unser Leben zu erklären. Er sagte: *»Gleichzeitigkeit ist der ultimative Ausdruck der Kompression.«*

Gleichzeitigkeit ist der »Nullpunkt« eines perfekten Gleichgewichts, wenn sich das gesamte Potenzial in vollständiger Koexistenz befindet.

Auch wenn wir von den historischen Ursprüngen des Universums weit entfernt sind, können wir jenen Zustand doch jedes Mal erfahren, wenn wir Gleichzeitigkeit erleben – jedes Mal, wenn wir uns in der Lage fühlen, an zwei Orten gleichzeitig zu sein; jedes Mal, wenn wir wirklich mit jemandem mitempfinden; jedes Mal, wenn das Wunder der Gleichzeitigkeit Zeit und Raum für einen Augenblick außer Kraft setzt. Durch die Gleichzeitigkeit ist Gott genauso sehr Vogel wie Wind, genauso Fisch wie Meer und genauso du wie ich.

Es ist offensichtlich, dass Gleichzeitigkeit und Synchronizität nicht die niederschmetternde Kompressionserfahrung einer Schrottpresse vermitteln. Jesus betonte, dass vollkommene Kompression niemals zu Konflikten, Schmerz oder Zerstörung führt, sondern zu einem unendlich machtvollen Zustand transparenter Koexistenz. Kompression findet auf allen Ebenen des Seins statt, daher kann es sein, dass uns das Leben tatsächlich in die Zange nimmt, wenn wir nicht nach Harmonie mit Gott streben und die Konsequenzen von Ursache und Wirkung missachten. Der Meister sagte, dass in jedem von uns und in allen Dingen ein magnetisches Zentrum ist, das Kompression hervorruft. Wie wir damit umgehen, ist für unser Wohlergehen von entscheidender Bedeutung.

Das Wunder der Schöpfung im Universum steht offenbar in Verbindung mit den Kompressionsmustern. Mir scheint, dass die Kompression im Mikrokosmos des Atoms magnetischer Art ist. Diese Anziehung und Bindung grundlegenden Potenzials zieht dann in der Folge eine Menge zusätzlicher Kompression an und hält sie in Form molekularer Dichte. Kompression zieht Kompression an. So kann sich eine große Dichte aufbauen, ohne dass die Koordination verloren geht. Wenn Koordination doch verloren geht, dann entstehen Reibung und thermische Energie. Die Dichte nimmt durch Kompression zu. Zufällige und unzusammenhängende Elemente werden miteinbezogen und in spezielle Strukturen eingebaut. Auf dieser Kompressionsstufe wird die Synchronizität durch Organisation ersetzt und die Energie wird zu Kraft. Diese Ebene materieller Dichte kennen wir nur allzu gut. Der natürliche Prozessverlauf von Synchronizität zu Harmonie erlaubt eine graduelle Organisation und mit zunehmender Dichte komplexer werdende Strukturen. Das entspricht dem dreistufigen Prozess der Kommunikation.

Jesus sagte, dass das gesamte Universum auf Kompression aufgebaut ist, das sei das Gesetz der Energie. **Kompression erzeugt Energie. Expansion setzt sie frei.** Er sagte auch, dass jede Kompression neue Energie erzeugt.

»Was ist dann mit dem Energieerhaltungssatz?«, fragte ich ihn. »In der Schule haben wir gelernt, dass es eine bestimmte Menge Energie im Universum gibt, und du hast gerade gesagt, dass ständig Energie erzeugt wird.«

Er bemühte sich, nicht zu lachen, und wiederholte, dass er genau das gemeint hätte, was er gesagt hatte. Das bedeute jedoch nicht, dass der Energieerhaltungssatz nicht auf gewissen Ebenen zuträfe. »*Er ist eine zutreffende Erklärung für das Feld der auseinanderstrebenden und interagierenden Teilchen. Doch dieses Gesetz hat wirklich seine Grenzen und wird umformuliert werden, sobald mehr Erkenntnisse über die größere Macht der Anziehung und der ultimativen Kraft der Liebe zur Verfügung stehen, die das Universum ständig mit Energie versorgen.*

In ihrem Potenzial ist die Liebe konstant, auch wenn ihre Netto-Produktion unbegrenzt ist, da jede neue Anziehung und jede Kompression neue Energie erzeugt. Diese Kraft ermöglicht es dem Universum, sich immer weiter auszudehnen, auch wenn die thermonuklearen Kräfte sich unentwegt Strukturen einverleiben.« Er machte sehr deutlich, dass die thermonuklearen Kräfte sich nur Strukturen einverleiben, keine primäre Essenz!

Sein Hinweis ließ mich nach den thermodynamischen Gesetzen fragen.

»Die thermodynamischen Kräfte beziehen sich genauso wie die Erhaltungssätze auf Dichtefelder, die thermische Energie erzeugen und darauf reagieren können. In Bezug auf diese Felder sind diese Gesetze korrekt und praktikabel. Doch die Thermodynamik hat eine fatale Schwäche, die es ihr unmöglich macht, die gesamte Existenz logisch zu integrieren. Sie definiert Energie als eine Funktion der Materie innerhalb eines makroskopischen Systems, das isoliert vor dem Hintergrund eines unendlichen und undurchdringbaren ›Unbekannten‹ steht. Anders ausgedrückt: Die Unendlichkeit wird zum Überbleibsel! Das ist ein Zeichen für eine besitzergreifende Motivation – was man nicht kontrollieren kann, das wird ignoriert.«

»Was erzeugt dann Kompression?«

»Liebe, zuallererst und vor allem Liebe! Liebe erzeugt Kompression, weil sich durch die Liebe alles versammelt. Liebe löst Vereinigung aus. Liebe vereinigt Teilchen und bildet Beziehungen. Auf der physischen Ebene ist sie Magnetismus. Wenn diese Kraft auf die physische Existenz gerichtet wird, dann entsteht Kompression.«

Die Art, wie Jesus von Magnetismus sprach, wies auf ursprüngliche magnetische Kräfte im Universum hin, die er meist als »Anziehungsfelder« bezeichnete. Dieser elementare Zustand schöpferischen Potenzials reagiert offensichtlich auf bewusste

Impulse in direkter und synchroner Weise und scheint auch die nachgeordneten magnetischen Vorgänge zu bestimmen, die wir in der Welt der Massen und Strukturen wahrnehmen. Es interessierte mich, wie in einer primär ungebrochenen Essenz »Felder« entstehen können.

»Eine auf ein Potenzial gerichtete Absicht erzeugt eine ›Spin‹-Reaktion, deren Ausmaß von der Intensität der Absicht abhängt«, war seine Antwort. Deswegen verwendete er manchmal auch den Begriff des magnetischen Wirbels in Bezug auf diese schöpferische Aktivität.

Seine ganze Ausdrucksweise wies auf einen Anfang hin, der früher zu liegen schien, als ich bisher angenommen hatte. So fragte ich: »Stimmt dieses umfassendere Verständnis der Schöpfung mit unseren wissenschaftlichen Beobachtungen dahin überein, dass das Universum sich immer noch in einer Bewegung befindet, die durch den sogenannten Urknall ausgelöst wurde?«

»Bevor etwas explodieren kann, muss erst einmal Kompression stattfinden! Die für ein derartiges Ereignis notwendige Kompression ist schier unvorstellbar. Die Wissenschaftler beobachten die Auswirkungen dieser Kompression, denn eine derart intensive Kompression muss genauso intensiv expandieren. Du könntest sagen, dass die große Explosion eine Art Feuerwand war, die den Übergang von unendlichem Versorgungsnachschub zu endlichem Versorgungsnachschub markierte. Bislang können weder Logik noch Messinstrumente diese Wand durchdringen, doch das wird nicht immer so bleiben.«

Ich wollte mehr wissen. Die Schöpfung wird auf vielerlei Art erklärt. Im ersten Buch der Bibel (Genesis 1,1–3) lesen wir: »Am Anfang schuf Gott Himmel und Erde. Und die Erde war wüst und leer, und es war finster auf der Tiefe; und der Geist Gottes schwebte über dem Wasser. Da sprach Gott: Es werde Licht! Und es ward Licht.«

Dieser Abschnitt war mir jetzt noch unklarer als zuvor. Wenn es nur einen Geist gibt, der alles durchdringt und ist, dann ist ein Vakuum unmöglich. »Was war die Leere, und was wurde komprimiert? Und wie konnte etwas so Komplexes wie Wasser vor dem Licht vorhanden sein?«, fragte ich.

»*Die Leere war ein magnetischer Wirbel innerhalb des EINEN Geistes, durch den die Ur-Teilchen zusammenkamen.*« Er erklärte weiter, dass Wasser ein altes Symbol für Magnetismus sei und nicht unbedingt die Flüssigkeit bezeichne, die wir darunter verstehen. »*In der biblischen Symbolik steht Wasser oft als Symbol für Magnetismus.*«

Endlich erschienen mir die ersten Worte der Genesis sinnvoll!

»*Die Ur-Teilchen sind der lebendige Körper Gottes. Als sie zusammenkamen und komprimiert wurden, erschuf das spezielle Elemente. Die erste und primäre Kompression der Ur-Teilchen brachte die Erschaffung des Lichtes hervor. Das war jedoch **erstes Licht**. Die bewusste Seele kann es wahrnehmen, und es ist auf den höheren Ebenen, die oft ›Himmel‹ genannt werden, immer gegenwärtig. Dieses Licht ist weit von der Kompression entfernt, die zur Erschaffung von Sonnenlicht nötig ist. Was ihr von der Sonne empfangt, ist ein komplexes Ergebnis vieler Arten von Kompression. Als die große Explosion die Kompression umkehrte, entstanden die **Photonen, die Licht zweiter Dichte sind.***

Vor der großen Explosion befand sich alle Materie und alle Energie in einer Kompression erster Dichte und es gab nur kontinuierliches Licht. Aus dieser Explosion kam eine unbändige Kraft expandierender Teilchen hervor, die die euch bekannten Phänomene der Energie und des Raums manifestierten. So konnten verschiedene Elemente unterschiedliche Bestimmungen haben und es entstanden Tag und Nacht. Damit war der zweite Tag abgeschlossen.«

Jesus beschrieb jeden Tag als einen in sich vollständigen Schöpfungsakt.

»*Nach der großen Explosion setzte sich die Kompression fort, was schließlich zur Erschaffung der Sonnen führte. Bevor jedoch die Sonnen entstehen konnten, musste der dritte Schöpfungsakt vollzogen werden, bei dem die Wasser voneinander geschieden wurden, das Land hervorkam und das Pflanzenreich entstand.*«

Wieder steht geschrieben, dass das Wasser sogar der Sonne vorausging, und wieder erinnerte Jesus mich daran, dass die Trennung der Wasser sich auf die Expansion der Magnetfelder und die Aktivierung separater Wirbel bezog.

»Der dritte Schöpfungsakt bestand aus der Vervielfältigung der Magnetwirbel. *Es musste mehr als einen Wirbel geben, damit die Kompression weitergehen konnte, denn das Universum dehnte sich jetzt aus. So gab es dann Wirbel in fester Materie, Wirbel in den Himmeln, und Wirbel, die organisches Leben hervorbringen würden. Am dritten Tag entstand innerhalb der sich rapide vervielfachenden Magnetwirbel differenziertes Potenzial. So konnte sich die Kompression in die spezialisierten Bereiche der Manifestation hinein ausdehnen.«*

Wenn Sie sich vielleicht schon genau wie ich darüber gewundert haben, wie die Pflanzenwelt am dritten Tag denn ohne Sonne auskam, hier ist die Antwort: An diesem Tag wurde lediglich die Grundlage für ihre Existenz erschaffen.

»Jede Pflanze und jedes Tier hat in sich ein magnetisches Zentrum. Das ist das Merkmal der Sinnhaftigkeit, welches das Leben bis zum heutigen Tag trägt.«

In diesem Augenblick wurde mir auch ein weiterer Aspekt dieser Informationen bewusst. Ich hatte immer angenommen, dass die Sonne aus geschmolzenem, brennendem, explodierendem Eisen bestünde. Er hatte jedoch gerade gesagt, dass unsere Sonne ein riesiger Magnet sei! Auf mein Nachfragen hin erklärte er, dass sie so angefangen habe und dass sie es bei fortschreitenden Halbwertzeiten immer zu einem gewissen Anteil bleiben würde.

»Eure Sonne begann als ein Magnetwirbel, der ungeheure Mengen Wasserstoff zu sich zog. Immer mehr Wasserstoffmoleküle wurden angezogen, sodass Kompression entstand. Die Kompression von Wasserstoff erzeugte große Hitze. Diese thermische Energie setzte eine Umwandlung in Gang, durch die aus dem Wasserstoff Helium wurde. Das geschah bei etwa fünf bis zehn Millionen Grad Kelvin.

Jede neue Kompressionsstufe erzeugte mehr Hitze und mehr Umwandlung. So wurde Helium zu Kohlenstoff, dann zu Sauerstoff, Neon, Magnesium, Silizium, Schwefel, Argon und Kalzium. Jede Umwandlung brachte mehr Dichte mit sich, sodass ein fester Ring um das magnetische Zentrum herum entstand. Zu diesem Zeitpunkt war die Sonne noch hohl und der Magnet wurde immer stärker. Das Endergebnis der energetischen Aufheizung betrug mehr als fünfzig Millionen Grad Kelvin und bewirkte die Bildung von Eisen. Eisen ist aus einer Umwandlung der vorhergehenden Elemente entstanden. Die Sonne hat also nicht als feste Substanz angefangen. Die Elemente ergaben sich aus der Kompression von Wasserstoff, die letztlich zu Eisen führte.

Im Leben eines jungen Sterns gibt es eine kritische Phase. Die Umwandlung in Eisen kann nämlich in Sekunden geschehen, und wenn das passiert und der Stern ein Riese ist, dann kann sich der ganze Kern mit Eisen füllen, was zu einer riesigen Implosion führt, die den Stern explodieren lässt. Das ist eine Supernova. So etwas widerfährt jedoch nur jungen Riesen und ist recht selten.«

Ich sorgte mich etwas um die Zukunft unserer Sonne und fragte ihn danach.

»Es gibt noch zwei andere Möglichkeiten. Die Umwandlung in Eisen kann relativ langsam vor sich gehen und den ganzen Hohlraum ausfüllen, dann ist die Sonne kein lebendiger Magnet mehr. Von da an ist ihre Lebensdauer begrenzt. Ihr nennt das einen sterbenden weißen Zwerg.

Doch es gibt auch lebendige weiße Zwerge. Das sind Sonnen, bei denen die Umwandlung zu Eisen stattfindet und deren Kern magnetisch aktiv ist. Eure Sonne gehört dazu. Eure Sonne ist eine lebendige Magnetkraft, und das ist für die Entwicklung organischen Lebens auch notwendig.«

Ich dachte plötzlich an Jesu Aufforderung, jeden Morgen und jeden Abend Kontakt mit der Sonne aufzunehmen. Vielleicht lag ihr Sinn darin, dass unser körperliches Wohlbefinden in Resonanz mit dem magnetischen Kern der Sonne steht.

So wie er sagte: »*In allen Lebensformen gibt es ein magnetisches Zentrum, und zwar nicht nur in Planeten, Bäumen, Tieren und Menschen, sondern auch in deinen Gedanken, Gefühlen und in deinem Bewusstsein. All das ist aus Kompression hervorgegangen und entwickelt sich hoffentlich unter der Anleitung der Liebe weiter.*«

Während er sprach, erkannte ich, dass Kompression nicht nur ein Teil der Schöpfung ist, sondern eine ihrer zentralen Aktivitäten. Ich glaube, dass wir um dieses Thema nicht mehr länger herumkommen, wenn wir verstehen wollen, wie die Einheit des Geistes die Zufälligkeiten unserer physischen Manifestationen verbindet. Vielleicht ist die ganze Zufälligkeit ohnehin nur eine Illusion!

»*Das Heilige Herz ist sowohl dein magnetisches Zentrum als auch deine Quelle höherer Intelligenz und Lebenskraft. Der Mittelpunkt deines Lebens ist ein großartiger und mächtiger Magnet.*

Wie kannst du nach Sinnhaftigkeit außerhalb von dir suchen? Das ist einer der großen Trugschlüsse in dieser Welt. Die Menschen reisen von Ort zu Ort, um einen Sinn zu finden. Sie vertiefen sich in jede alte Schrift und laufen jedem Lehrer nach, den sie finden können, um außerhalb von sich einen Sinn zu finden.

Wenn du die Schöpfung des Vaters weiterführen willst, dann musst du es in Harmonie mit denselben Prinzipien tun, mit denen auch das Universum erschaffen wurde, und natürlich ist das erste Schöpfungsprinzip Liebe. Du bist Liebe, und als Liebe verfügst du über die Macht, alles zu dir zu ziehen, was du brauchst. Als Liebe verfügst du über die Macht, jegliche Form von Energie und jegliche Form von Versorgung zu komprimieren, die du für dein Leben brauchst.«

Als ich darüber nachsann, wie Gott überall gleichzeitig sein kann, sagte Jesus zu mir: »**Aus Gottes Perspektive ist der ultimative Ausdruck von Kompression die Gleichzeitigkeit.** *Die Heilige Quelle komprimiert alle Zeit, allen Raum, alle Energie und alle Manifestationen. Reine und perfekte Gleichzeitigkeit der Präsenz, der Wahrnehmung und der Manifestation machen Gottes Allmacht aus.*«

So hat also alles angefangen, mit dem »Nullpunkt«, dem perfekten Gleichgewicht, in dem alles »unisono« existiert, in gleichzeitiger Kommunikation und in gleichzeitigem Verständnis. So konnte Gott hier bei mir sein und gleichzeitig bei jemandem in China, überall im Universum! Er kann auf ein Teilchen genauso gut wie auf den Kosmos achten. Seiner Aufmerksamkeit entgehen die Vögel genauso wenig wie die Luft, durch die sie fliegen. Es ist vollkommene und vollständige Gleichzeitigkeit – es ist die einzigartige Allmacht Gottes.

Mir wurde auch klar, dass es in diesem idealen Kompressionszustand keinen Schmerz gibt. Im Gegenteil: Alles Leid, alle Zwänge und alle Unterdrückung durch die Dichte fallen ab. Als Kinder der Liebe, die wir wahrhaft sind, sind wir auch in der Lage, gleichzeitige Leistung durch Ausdehnung zu vollbringen. Wir leben und funktionieren auf vielen Ebenen gleichzeitig. Ein offensichtliches Beispiel ist, dass wir gleichzeitig atmen und unser Herz schlägt, während wir tief in Gedanken versunken sein können. Unsere Seele berührt den Himmel, während unser Körper auf der Erde steht. Ist das nicht reinste Gleichzeitigkeit? Jeder, der schon mal gleichzeitig traurig und froh war oder gleichzeitig verloren und gewonnen hat, kennt die Gnade, die darin wohnt.

Der Meister fasste es so zusammen: *»Du bist gleichzeitig alles, was du je warst, und der Same von allem, was du je sein wirst. Ist das ein Problem? Es kostet dich nur eine winzige Verschiebung deiner Aufmerksamkeit, von gestern auf morgen zu wechseln. Bist du im Schlaf jemand anderes? Das bist immer noch ganz und gar du.«*

Das ist leicht zu verstehen, wenn man erst einmal darüber nachdenkt.

»Das Modell von Ursache und Wirkung genügt nicht jedem als Erklärung. Die Konsequenzen von Ursache und Wirkung zu verstehen, ist wichtig, doch genauso wichtig ist es, Gegenseitigkeit und Synchronizität zu verstehen. Alle drei Verständnisebenen sind der Mühe wert und sollten auf das Leben angewandt werden, wo immer sie relevant sind.«

Es erschien mir als bittere Ironie, dass der Mensch die Gesetze von Ursache und Wirkung dort ignoriert, wo es ihm in den Kram passt, und doch nicht über den engen Rahmen der linearen Konsequenzen hinaus auf die größere Perspektive schaut, die ihm wahre Antworten geben könnte. Mir war zum ersten Mal klar, wie viel besser unser Leben sein könnte, wenn wir alle drei Arten der Interaktion mit einbezögen.

»*Dass dem nicht so ist, hängt zum einen mit der Spezialisierung zusammen, zum anderen treibt die Suche nach Wissen den Menschen dazu, nach einem physischen Faktor als primärer Ursache zu forschen.* **Seit urdenklichen Zeiten sucht der Mensch nach der primären Ursache innerhalb des physischen Universums, doch die gibt es nicht.** *Das ganze Ursache-Wirkung-Phänomen ist zweitrangig, nachgeordnet. Es gibt die primäre Quelle, und das ist Gott. Im Herzen des göttlichen Bewusstseins gibt es nur reine Absicht in Harmonie mit vollkommener Manifestation. Du könntest das als Ursache-Ursache betrachten.*

Die Suche nach der primären physischen Ursache könnte endlos weitergehen und nie zu einem befriedigenden Ergebnis führen. Das Verlangen, die Ursache als Herrn der Wirkung zu vergöttlichen, hat unendlich viel Not und Pein über die Menschheit gebracht. Außerdem hat es den wissenschaftlichen Fortschritt behindert. Ursache und Wirkung sind Teil eines viel größeren Ganzen. In einer Lebensphase kommt erst das Huhn und dann das Ei, in einer anderen kommt erst das Ei und dann das Huhn. Keine davon kann wirklich verstanden werden, ohne den größeren Kontext der Gegenseitigkeit des Lebens.«

»Warum verschließen sich dann die Menschen so hartnäckig dagegen, diese Vergeblichkeit zu erkennen?«

»*Die Motivation war stark, denn wenn es dem Menschen gelingen sollte, Ursache und Wirkung als primär abzusegnen, dann hätte er eine über jeden Zweifel erhabene Rechtfertigung für seine ›Kontrolle durch Strafe‹-Strategie. Deswegen bitte ich euch, zu vergeben, loszulassen, die größere Macht der Gnade anzuerkennen und damit eure lange Getrenntheit von Gott zu beenden, die euch auf den niedrigsten Ebenen der Realität gefangen hielt.*

Das gesamte Spektrum an Möglichkeiten enthält für jede Situation Ursache-Wirkung-Muster, Rhythmen gegenseitiger Einbeziehung und vollkommene Synchronizität. Ihr könnt euch entscheiden, worauf ihr euch konzentrieren wollt, und eure Entscheidung ist in der Regel ein Spiegel eurer Weisheit. Es ist nicht besonders weise, die Konsequenzen von Ursache und Wirkung dort zu vermeiden, wo sie am relevantesten sind. Doch genauso wenig ist es weise, in Bereichen gegenseitiger Unterstützung keine Gnade und Toleranz walten zu lassen. Und am allerwenigsten weise ist es, die Macht Gottes nicht anzuerkennen.

Dieses Universum ist unendlich praktisch, alle Schöpfungsmöglichkeiten wirken gleichzeitig. Was immer für dich funktioniert, ist ein Hinweis auf deinen Lebenssinn und den Weg, auf dem du dienen und Erfüllung finden kannst.

Wenn du an die Grenzen deiner Fähigkeiten stößt, dann schau dich nach Unterstützung durch andere um. Ich hoffe, dass das mit gegenseitiger Achtung geschehen kann.«

So viele Spezialisierungen haben uns von dem größeren Ganzen, das wir sind, abgeschnitten. Das hat zu einer beschränkten Wahrnehmung unserer multidimensionalen Existenz geführt.

Die Kompression ist ein unerlässlicher Teil der gesamten Existenz, auch wenn sie sich in unterschiedlichster Weise manifestiert, entsprechend dem jeweiligen Grad an Harmonie oder Konflikt. Jesus empfahl uns, die verschiedenen Kompressionsstufen in unserem eigenen Leben zu betrachten.

»Du kannst dein Leben wieder in die Hand nehmen, wenn du dir die Kompressionszustände anschaust, in denen du dich befindest. Wo auch immer du dunkle und schwere Dichte findest, hast du unvereinbare Elemente komprimiert.

Verändere einfach etwas, löse etwas oder setze etwas in Bewegung. *Perfekte Kompression führt nie zu Konflikten, sondern zu einem Zustand transparenter Überlagerung«*, betonte er, *»der mit* *dem magnetischen Kern vollkommen vereinbar ist, der alle Kompressionen aufrechterhält.«*

Aus diesem Zustand vollkommener Kompression heraus können wir alle anderen Manifestationen betrachten.

»Beachte auch, wo sich besonders viele transparente Überlagerungen gleichzeitiger Wahrnehmung befinden. In diesem Bereich des Lebens bist du in großer Übereinstimmung mit dem Sinn deines Lebens und mit Gott. Du wirst feststellen, dass dir diese Bereiche besonders viel bedeuten. Stärke diese Bereiche, sodass die vielschichtige Einfachheit sich auf dein gesamtes Leben ausdehnen kann.«

Die nächste Kompressionsstufe ist Koordination und Interaktion. Auch wenn sie ordnend wirkt, gibt es hier doch mehr Widerstand, was zur Erzeugung von thermischer Energie führt. Solche belebenden und produktiven Kompressionen können mit athletischen Höchstleistungen verglichen werden. Wenn ein olympischer Läufer den Weltrekord bricht, was hat er dann getan? Er hat das Gleiche in weniger Zeit geleistet. Ist das nicht Kompression? Derartige Kompressionen sind stimulierend und begeisternd.

Wir alle haben in unserer Arbeit schon solche anregenden Stunden erlebt, in denen wir plötzlich in weniger Zeit viel mehr leisten konnten. Wir streben nach Außergewöhnlichem und genießen die Herausforderung. Es ist ungemein erfrischend, mehr herauszubekommen, als man an Energie hineingesteckt hat!

Der Meister warnte jedoch davor, zu viel Zeit in diesem Zustand zu verbringen.

»Wo viel Feuer und Energie sind, da wirken viele Kräfte koordiniert zusammen. Vielleicht genießt du die dynamische Aktivität darin. Doch finde deinen Platz und entdecke die Bedeutung, die das Feuer für dich hat, bevor es dich verzehrt, sodass du irgendwann fortschreiten kannst. Dies ist kein Zustand, der für längere Zeiträume angemessen ist.«

Die dritte Ebene der Kompression konzentriert sich auf die verstärkte Organisation der zufälligen und unzusammenhängenden Elemente zu speziellen Strukturaggregaten. Dies ist die Ebene der materiellen Dichte und der bekannten Organisations-, Konflikt- und Kraftformen. Das ist auch die Ebene, die uns so viele Frustrationen bereitet. Wenn das unsere einzige Erfahrung der Kompression wäre, dann würden wir diesen Prozess wahrscheinlich nie als göttlich erkennen.

Ich stelle mir gerne vor, dass die Erschaffung von »Das Lamm und der Löwe« auf mehreren Ebenen ein Ausdruck höchster Kompressionsstufen war. Jeden Tag trocknete die Farbe innerhalb weniger Stunden, statt in Tagen, wie es normalerweise der Fall ist. Zumindest die Zeit wurde komprimiert. Auch wurde mir alles, was ich benötigte, völlig mühelos zur Verfügung gestellt. Ich bewegte mich offensichtlich in der Gegenwart von jemandem, der über die höchsten Kompressionsstufen gebot. Ich bin davon überzeugt, dass es der Zustand perfekter Kompression ist, der es dem Meister erlaubt, bei vielen gleichzeitig zu sein, der es ihm möglich macht, so transparent zu sein, dass er mitten unter uns sein kann und doch nur im gegenseitigen Einverständnis wahrnehmbar ist. Ich glaube, das ist auch die Transparenz Gottes.

Die Wunder, die im Zusammenhang mit dem Bild geschahen, wurden vielleicht teilweise auch durch den hohen Kompressionsgrad ermöglicht, unter dem es entstand. Vielleicht ist genau das die Anatomie eines Wunders: Alle Konflikte der Strukturen auszulöschen und eine Hingabe an die vollkommene Kompression des einfachen Seins zu ermöglichen.

In der letzten Woche von Jesu Leben ging höchste Kompression mit höchster Leidenschaft einher. In nur wenigen Tagen veränderten sich die Geschichte der Menschheit und die Welt.
Das ist Kompression!

Dieses Thema ist auch für den Bereich des Heilens von großer Bedeutung. Zu den Zeiten in meinem Leben, zu denen ich mich sehr »heil« fühlte und mit hohen Kompressionsstufen befasst war, da war auch mein Immunsystem sehr stark. Ich fühlte mich zum Beispiel in der Gegenwart von vergrippten oder erkälteten Menschen überhaupt nicht angreifbar. Ich nehme an, dass man in einem Zustand der Ganzheit sogar durch eine Schlangengrube schreiten könnte, weil einfach kein Raum für Übergriffe vorhanden ist. Vielleicht ist das eines der größten Geheimnisse der Gesundheit.

Es gibt mehrere gute Gründe, Kompression praktisch anzuwenden. Es ist sowieso unvermeidbar, dass wir uns damit befassen, und außerdem enthüllt eine objektive Betrachtung viel über das Leben eines Menschen.

Jesus sagte: *»Wann immer du Elemente kombinierst, die nicht zusammengehören, entstehen Schmerz und Leid. Bekannte Beispiele dafür sind Alkoholkonsum, Drogen oder Essstörungen. Einige Kombinationen von Elementen, Vorstellungen, Taten oder menschlichen Beziehungen passen einfach in der Realität nicht zusammen. Wer darauf besteht, eine nicht funktionierende Ansammlung von Elementen aufrechtzuerhalten, oder sie zu manipulieren versucht, wird nur Schmerz, Elend, Unglück, Energieverlust und Verarmung erfahren.*

Gleichzeitig führt ein Mangel an Integration und Kompression zu Zerstreutheit und Energiemangel. Jeder muss sich fragen: Was kann ich komprimieren? Was kann ich zusammenbringen, sodass es funktioniert? Es ist interessant, wie Kompression zu Sinnhaftigkeit, klaren Prioritäten und Wertschätzung führt.«

»Wie können wir anfangen?«

»Ganz einfach. **Die größte Kompression von Zeit ist jetzt! Sei einfach im Jetzt. Tu es. Die größte Kompression der Wahrnehmung ist Unschuld. Füge dem Leben nichts hinzu, du brauchst es nicht zu verändern. Lass die Finger von unnötigen Bedingungen. Erfinde keine Realitäten. Repariere nichts, was nicht kaputt ist. Komm auf den Punkt. Nutze, was du hast, inklusive all deiner Werkzeuge, deines Bewusstseins und deiner Talente. Zögere nicht.**

Lebe! Das ist Kompression, hier und jetzt. Das wird dich zu deinem Mittelpunkt zurückführen, zu deinem eigenen ›Nullpunkt‹.«

Diese Vorstellung von Kompression erschien mir auf merkwürdige Art neu und vertraut. Warum fühlte ich mich darin so schlecht unterrichtet? Ich hatte neunzehn Jahre lang eine ausgezeichnete Ausbildung genossen, doch von Kompression war da keine Rede gewesen.

»Eines der größten Hindernisse für ein praktisches Verständnis von Kompression ist die heutzutage so verbreitete berufliche und mentale Spezialisierung«, antwortete er. *»Die Dominanz der Strukturen spielt auch eine wesentliche Rolle. Strukturen zu komprimieren, ist eine diffizile Aufgabe, die große Kraftanstrengungen erfordert und leicht danebengeht – was zu Schmerz und Unglück führt. Darüber hinaus haben wir es mit Illusionen zu tun. Die Welt wird von vielen Illusionen getrieben, und diese reagieren auf Kompression ganz anders als die Realität. Die Wirklichkeit kann immer wieder komprimiert und dekomprimiert werden, sie gewinnt dadurch eher an Kraft, doch die Illusionen brechen zusammen, wenn sie komprimiert werden. Du weißt so wenig über Kompression, weil eine Welt, die so sehr von Strukturen, Spezialisierung und Illusionen abhängt, jedes Gespräch darüber unterdrückt.*

Die Stärke der Menschheit liegt in der Wirklichkeit ihrer Brüderlichkeit. Diese Wahrheit tritt noch deutlicher hervor, wenn die Wirklichkeit in Zeiten von Not oder Katastrophen komprimiert wird. In Zeiten des Fortschritts wird die Freude von allen geteilt. Die Illusionen und Strukturen menschlicher Zielvorstellungen erweisen sich daneben als nutzlos und fallen ab. Vergiss nie, dass die Brüderlichkeit wirklich existiert – die Wirklichkeit eurer gegenseitigen Unterstützung. Es ist nicht so wichtig, welche Art von Verwaltung ihr euch aussucht, solange sie zu allen fair ist und die menschlichen Bedürfnisse unterstützt.

Die Wirklichkeit ist die beste Ökonomie überhaupt – eigentlich kann man sogar sagen, dass die Wirklichkeit die Seele der Wirtschaft ist. Denke nur, wie reich du wärst, wenn du keine Illusionen finanzie-

auf bedrohte oder zerbrochene Illusionen beziehen. Sie sind der große Dieb und Herzensbrecher, denn sie täuschen den Menschen vor, dass ihre Lebensumstände Gott gleichgültig seien.

Gott und Wirklichkeit sind eins, und der Mensch wurde als Erbe und Erweiterer dieser Wirklichkeit auserkoren. Meinst du nicht, dass es Gott kümmert, ob ihr in diese Erfüllung hineinwachst? In eurer Begeisterung für die Wirklichkeit wird euch eine Liebe, Unterstützung und Hilfe entgegenkommen, die euch unbegreiflich wunderbar erscheinen wird.

Euer irdisches Dasein dient der Entwicklung von Vertrauen und Bewusstsein. Dabei werdet ihr feststellen, dass die Wirklichkeit voller Annehmlichkeiten und Wunder ist. Bis ihr euch jedoch auf diesen einfachen Prozess einlassen könnt, werdet ihr irrtümlicherweise eure Annehmlichkeiten in Strukturen, eure Wunder in Illusionen und eure Kompetenz in Spezialisierungen suchen. Dies ist der Zustand der Getrenntheit, den die meisten Menschen erleben.«

»Wie kann man jemandem sagen, dass er in einer Illusion lebt, ohne in Bewertungsmuster zu verfallen?«

»Gar nicht. Jeder Mensch muss den Unterschied zwischen Illusion und Wirklichkeit durch sein Streben nach Vertrauen und Bewusstsein selbst herausfinden. Nur eine unreife Wahrnehmung betrachtet alle Erfahrungen als eine illusionäre Wirklichkeit. Mit zunehmender Reife entsteht dann die Erkenntnis, dass es sowohl Illusion als auch Wirklichkeit gibt.

Wenn du erst mal selbst den Unterschied erkannt hast, wirst du auch wissen, wann und wie du die Auswirkungen der Illusionen anderer Leute aus deinem Leben entfernen kannst.

Ich empfehle dir, in jeder Hinsicht Mäßigung zu üben, während du dieses Verständnis entwickelst. Der Mäßigung wohnt eine Gnade inne, die dir ein großes Maß an Unterscheidungsvermögen und Schutz gewähren und dich vor den Fallstricken des Urteilens bewahren wird.«

Die Spezialisierungen erschweren die Unterscheidung zwischen Illusion und Realität enorm. Die Spezialisierung erschafft lineare, auf Zeit basierende Lebensstrukturen, während unser großes Problem der Mangel an Zeit ist.

Jesus erklärte, dass die beiden Hauptursachen für Stress an amerikanischen Arbeitsplätzen in der Spezialisierung und im Verfall eines wertorientierten Verständnisses liegen. Statt einer gut funktionierenden Arbeitsstelle mit vielfältigem Potenzial haben viele Menschen zwei oder drei spezialisierte Jobs, die sie Tag und Nacht beanspruchen und ihnen trotzdem nicht genug Geld zum Leben verschaffen.

Ein wertorientiertes Verständnis baut auf Erfahrung und Beobachtung der Effektivität, der Integration und des Ergebnisses auf. Spezialisierung dagegen zerstört diese Wahrnehmung, weil sie unsere Möglichkeiten einengt. Seit Langem schon haben vergleichende Untersuchungen herausgefunden, dass hoch spezialisierte Arbeiter am Montageband am Feierabend am erschöpftesten sind. Auch wenn die Arbeit selbst in Ordnung ist, laugt die stundenlange konzentrierte Aufmerksamkeit die Menschen bis auf die Knochen aus.

Jesus sagte, dass das ganze Universum auf Kompression aufgebaut ist und dass dieses das Energiegesetz sei. **Spezialisierung führt zu Erschöpfung.** Wann immer wir unsere Aktivitäten auf eine einseitige Leistung begrenzen, verlieren wir Energie. Er meinte, dies sei einer der Gründe, weshalb so viele Amerikaner so müde seien: Ihr Leben verläuft so eindimensional.

»Ein langer, langweiliger Arbeitstag, dem häusliche Aufgaben und Verpflichtungen folgen und der von einem unruhigen Nachtschlaf abgeschlossen wird, ist keine gute Basis für einen neuen Tag voller Energie und Lebendigkeit. Unter solchen Bedingungen ist mehr Arbeit das Letzte, was man sich wünscht, und es geht auch nicht darum, mehr zu tun, sondern das, was du tust, zu bereichern.

Bringe mehr Aspekte deiner selbst zum Ausdruck oder bringe mehr Dimensionen deiner selbst an deinen Arbeitsplatz. Finde Freunde. Lerne irgendetwas, was dein Leben in anderer Hinsicht bereichern könnte. Trainiere dein Gedächtnis, deine Konzentrations-

fähigkeit oder deine sozialen Fähigkeiten. Du meinst vielleicht, dazu braucht es Energie, die du nicht hast, doch es wird dir im Gegenteil Energie geben, die du verloren hast. Wende bei allem, was du tust, mehr Dimensionen deiner selbst an. Diese Empfehlung soll die Liste deiner Verpflichtungen nicht noch länger machen. Sie versorgt dich vielmehr komprimiert im gleichen Zeitraum mit mehr transparenten Überlagerungen all dessen, was du bist.«

Er wies jedoch mahnend darauf hin, dass nur von der Liebe überwachte Kompressionen eine Energie erzeugen, die der Seele nützt. Wenn wir also Kompression erschaffen und erzeugen, dann wäre es klug, das mit Liebe zu tun.

»Liebevoll erzeugte Kompressionen sind sowohl dein Profit im Leben als auch dein Profit an deinem Arbeitsplatz. Die Vorstellung von Profit wird oft missverstanden und von Schuldgefühlen oder Neid begleitet. In vielen Situationen gibt es heutzutage gar keine wahren Profite, da wird nur Geld gescheffelt. Wo keine neue Energie erzeugt wird, da stopfen sich meist diejenigen, die am meisten Einfluss haben, die Taschen voller Geld. So ist der Profit in Misskredit geraten und die Menschen verstehen die Prinzipien des Wohlstands nicht.

Wenn die Menschheit sich der Verwendung höherer Kompression unter der Anleitung der Liebe und des Wertes nähert, dann wird Profit zu einem Begriff für Errungenschaften und frei von Schuldgefühlen werden. Profit geht dann nicht mehr auf Kosten anderer, sondern bereichert auch die Werte und den Wohlstand anderer. Guter Profit senkt die Preise und die Inflation und steigert Freude und Moral. Mit minimalem Aufwand einen maximalen Effekt zu erzielen, führt nicht zu Faulheit, sondern stellt die Arbeitsbereitschaft wieder her.

Faulheit entsteht, wenn erschöpfte Körper und rebellische Haltungen über nur am Kraftaufwand orientierte Betriebe klagen, in denen es weder wahren Lohn noch wahren Profit gibt. Guter Profit investiert Liebe, um Vorzüge herauszukehren. Ihr könnt das von den Gänsen lernen. Wenn sie in Formation fliegen, dann ist immer eine Gans in Führung. Sie führt nicht, um zu dominieren, sondern um den Wind zu brechen und damit den anderen Gänsen den Flug zu erleichtern. Guter Profit wirkt auf ähnliche Weise, für alle. Guter Profit erzeugt letztlich Energie und belebt und bereichert damit die eine Gesamtwirtschaft, an der jeder teilnehmen kann. Wenn die Kompression vollkommen ist, dann gibt es keine ernsthafte oder verbreitete Armut.«

Die Kraft der Kompression ist Liebe. Die technische Manifestation dieser Wahrheit steht hier auf der Erde noch aus. Seit der Mensch zwei Stöckchen aneinanderrieb, um sein Lagerfeuer zu entzünden, leben wir von Energie aus Reibungswiderstand. Diese Energie ist die Grundlage unserer Elektrizität, unserer Technologie und unseres Denkens. Die meisten unserer Produktionsprobleme haben mit Elektrizität und erdölabhängigen Brennstoffen zu tun, die beide hohe Kompressionen und hohe Druckverhältnisse erfordern. In den letzten Jahrzehnten hat der Wachstums- und Spezialisierungsdruck vielen unabhängigen Betrieben den Garaus gemacht. Jesus sagt, dass die großen Konzerne nur überleben werden, wenn sie lernen, klüger zu komprimieren. Damit wird eine enorme Umkehrung einhergehen, die unabhängige Zulieferfirmen und einzelne Menschen, welche ihr Leben und ihre Produktionen multidimensional komprimieren, in ein neues Licht stellen wird. Das wird nicht von einem Tag auf den anderen geschehen, doch es ist der Trend der Zukunft.

Wenn unsere Sonne eigentlich komprimierter Wasserstoff ist, dann denke ich mir, dass dessen genauere Betrachtung vielleicht zur Entwicklung eines Brennstoffs führen könnte, der in größerer Menge zur Verfügung steht und einen geringeren Widerstand hat, daher also weniger umweltbelastend ist.

Bezüglich unserer industriellen Probleme verwendete Jesus ein Beispiel aus dem Agrarbereich. Kleine Bauern und Farmer sind von den Großbetrieben verdrängt worden. Dieser Prozess war schon seit Langem im Gange und erreichte um das Jahr 1990 seinen Höhepunkt. Jetzt ist es so weit, dass die Verantwortlichkeiten des Produktionsmanagements eine kritische Überprüfung der Profite und Verpflichtungen erfordern. Die großen Betriebe müssen sich der Tatsache stellen, dass eine effektive Feldwirtschaft nicht vom grünen Tisch aus zu planen ist. Es gibt wahrscheinlich kein anderes Geschäft, was so viel Kompression erfordert, wie Landwirtschaft und Gartenbau. So viele Faktoren müssen vor Ort gleichzeitig koordiniert werden. Gleichzeitig können nur sehr große Firmen die weltweite Verteilung der Nahrungsmittel sicherstellen. Die Rolle jedes Spielers wird sich letztlich durch die Effektivität der Kompression erweisen. Hinter der Maske der Strukturen können die Illusionen nur über einen gewissen Zeitraum aufrechterhalten werden. Irgendwann wird die Macht der Notwendigkeit und der Kompression die Staffagen einstürzen lassen.

»Dies gilt für Nationen genauso wie für Individuen. Halte nach Anzeichen dafür Ausschau, dass Überbeanspruchung und Spezialisierung sich in Kompression umwandeln. Es gibt immer noch Hoffnung, dass der Übergang erfolgreich stattfinden kann. Wenn nicht, wird es einen Wirtschaftszusammenbruch geben.

So war das auch in Rom. Sie dehnten ihre nur auf Kraftaufwand beruhende Wirtschaft zu weit aus. Und dann gab es zu viele Brüche in ihrer Moral, Philosophie und menschlichen Organisation, als dass ihre Ausdehnung wieder in Kompression umzuwandeln gewesen wäre.

Kompression und Expansion sind der Atem des Universums. Wenn es an Gesundheit mangelt, wird einer der beiden Aspekte zusammenbrechen. Das Römische Reich hatte seine Kompressionsgrundlage verspielt und ging deshalb an übermäßiger Ausdehnung zugrunde.«

In unserer Zeit ist das beste Beispiel für einen solchen Prozess der Untergang der Sowjetunion. Übermäßige Ausdehnung erschöpfte die Nation und ließ nichts übrig, um wieder zur Kompression zurückzukehren. Die einzigen Kompressionen, die noch funktionierten, lagen in der Regionalverwaltung, im gemeinsamen Kulturerbe und in der industriellen Produktion. Diese Kompressionen ermöglichen es den Menschen immerhin, ihr Leben wieder aufzubauen. Dies ist ein eklatantes Beispiel, das sich die gesamte Menschheit mitfühlend und hilfsbereit zu Herzen nehmen sollte.

Jesus sagte: »*Wahre Zivilisation erkennt man daran, dass sie sich mit gleicher Anmut ausdehnt und zusammenzieht, Zyklus um Zyklus, und weder Expansion noch Kompression den unausweichlichen Rhythmus dominieren. Das ist die Wirklichkeit. Doch es ist ein Merkmal der Strukturen und Illusionen, dass sie die Expansion als den allein seligmachenden Weg zu Ruhm und Reichtum proklamieren. Wenn eine Nation oder Gesellschaft ihre ganze Kraft nur auf Strukturen und Illusionen aufbaut, dann wird sie die Expansion um jeden Preis vorwärtstreiben. Sie wird die Gelegenheiten für eine natürliche Kompression verpassen oder aus Angst davor, dass dadurch ein paar nutzlose Strukturen oder Illusionen bloßgestellt und zerstört werden könnten, zurückweisen. Mit zunehmender Expansion entsteht die Angst, dass eine Rückkehr zur Kompression traumatisch werden könnte, was wahrscheinlich auch so wäre. Nichtsdestotrotz ist diese Rückkehr unausweichlich.*

Du weißt ja, wenn du Gott erkennst, werden deine Vorstellungen realer, und die Realität gewinnt in deinen Träumen und Ideen an Bedeutung. Du weißt, dass eine Idee von Gott kommt, wenn sie effektiv mit der Realität arbeitet und sie auf eine höhere Ebene hebt.

Wenn sich eine Person oder Gesellschaft von Gott entfernt, verlieren die Ideen ihre reale Anwendbarkeit, es sei denn, es wird sehr viel Kraft aufgewendet. Das große Missverständnis liegt in der Annahme, dass durch Kraftaufwand und Manipulation jede Idee praktikabel gemacht werden könnte. Diese Vorstellung ist von Gott getrennt und führt zu einer Welt voller Kraftaufwand und Manipulationen. Dein Verständnis der Wirklichkeit wird in dem Maße zunehmen, wie du Gott erkennst.«

Wohlgemerkt sagte er nicht, dass unsere Wirklichkeit in dem Maße zunimmt, wie wir theologische Kenntnisse gewinnen.

»*Theologie ist nur eine grobe Zusammenfassung von Erkenntnissen über Gott. Für das Echte gibt es keinen Ersatz, und du **kannst***

Gott erkennen. Das ist eines deiner göttlichen und unsterblichen Rechte. Du brauchst dafür keine Vermittler und niemandes Meinung über Gott. Denn Gott ist in deinem Herzen. Wenn du Gott erkennst, werden deine Ideen besser funktionieren. Du kannst dich besser konzentrieren und höhere Kompressionsstufen erschaffen – was dir Gesundheit, Wohlstand und Weisheit bescheren wird. So wirst du wissen, was zusammengehört und wie es sich fügt. Die vielen Ebenen deines Lebens werden sich gleichzeitig und reichhaltig entfalten.«

Nach diesem Gespräch fügte er dem großen Dreieck von Liebe, Geist und Ur-Teilchen eine weitere Dimension hinzu. Er bat mich, meinen Stift zu nehmen und ein ebenfalls gleichseitiges Dreieck mit nach unten weisender Spitze über das andere Dreieck zu zeichnen, sodass ein sechszackiger Stern entstand.

»Dieses zweite Dreieck weist auf die Elemente der dauerhaften Wirklichkeit hin. Schreibe an seine Ecken: **Leben, Sinn** *und* **Existenz***.*

Alles, was ist, wurde aus diesen sechs Elementen erschaffen. Die Liebe ist der Ausgangspunkt, und die Existenz ist der Höhepunkt der gesamten Schöpfung. So ist die Existenz das Element, welches die Erde berührt und die universelle Realität aufrechterhält. Die Liebe aktiviert den Geist und gebietet den Ur-Teilchen. Dann steuert die Liebe das Leben mit Hilfe der Sinnhaftigkeit, und durch ein sinnvolles Leben erfüllt sich die Existenz.«

Laut Jesus war dies die ursprüngliche Bedeutung des Davidsterns. Nach zahlreichen Gesprächen mit ihm und jahrelanger Reflexion sehe ich so viel mehr Sinn in den drei Punkten jedes Dreiecks. Man kann zum Beispiel zwei Spitzen eines Dreiecks verwenden, um die jeweils dazwischenlie-

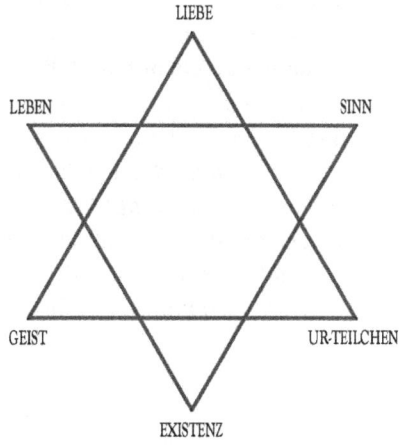

gende Spitze des anderen Dreiecks zu erklären. Das Leben ist also der Mittelpunkt zwischen der Liebe und dem Geist, die Existenz entsteht aus der Interaktion zwischen dem Geist und den Ur-Teilchen, und der Mittelpunkt zwischen der Liebe und den Ur-Teilchen ist der Sinn. Liebe ist der oberste Ausgangspunkt, während die Existenz der Kulminationspunkt ist, in dem sich alles offenbart. Sinn und Geist ergänzen einander als Orientierungskräfte, genauso wie Leben und Ur-Teilchen als Energie und Antriebskraft zusammenwirken. Durch den in diesem Symbol enthaltenen Code kann die Wirklichkeit als eine Manifestation Gottes erkannt werden.

Trotz der Weisheit, die sich im Laufe der Jahrtausende angesammelt hat, ist die Erkenntnis Gottes immer noch die größte Herausforderung. Ich fragte Jesus, warum uns das so schwerfällt.

»Es liegt an dem Gefühl der Minderwertigkeit. Deswegen befassen sich so viele Menschen lieber mit Theorien über Gott, als die Liebe des Vaters direkt zu erfahren. Leider wird das Gefühl der Minderwertigkeit von vielen dieser Theorien unterstützt. Dadurch sitzen die Leute in der Falle. Gott ist eine Kraft und eine Liebe, die weit über alle Worte und alle Theorien hinausgeht. Doch welcher Vater würde sein eigenes Kind nicht willkommen heißen?«

»Ich glaube, mich plagen nicht so sehr Minderwertigkeitsgefühle, die durch die Urteile anderer Menschen ausgelöst werden, doch meine Ehrfurcht vor dem Schöpfer führt zu unbeschreiblicher Demut und Bescheidenheit. Schließlich hast du selbst gesagt, dass der Erschaffende weit jenseits des Begriffsvermögens der Erschaffenen steht.«

»Das ist alles gut und richtig, Glenda, doch dir wurden auch Zusammenhänge in der Realität gezeigt, durch welche du das begreifen kannst, was du wissen musst.

Es gibt ungefähr acht Bewusstseinszusammenhänge, durch die du deine Erkenntnis Gottes fördern kannst:

1. *Erkenne dich selbst als Liebe und daher als Kind Gottes.*

2. *Erkenne die Schönheit, die Gesundheit und die Wahrheit des Gleichgewichts. Dafür wurden dir unter anderem die männlichen und die weiblichen Aspekte des Lebens gegeben. Beziehungen zwischen Männern und Frauen bieten dir genauso Gelegenheiten zur Vertiefung dieser Erkenntnis wie die verschiedenen Interessen und Bedürfnisse, die in einer Familie ausgeglichen und gefördert werden wollen.*

3. *Erkenne die Kraft der Sinnhaftigkeit, die dir Wirklichkeit offenbaren und die Herzen vieler Individuen in gemeinsamen Bestrebungen zusammenführen kann.*

4. *Erkenne die Kraft des Dienens in der menschlichen Gemeinschaft.*

5. *Erkenne die ganzheitlichen Muster des Lebens, indem du die Natur beobachtest.*

6. *Erkenne das Bewusstsein durch die unschuldige Wahrnehmung und durch ein objektives Verständnis universeller Prinzipien.*

7. *Erkenne die Kraft des Vertrauens als das, was dich mit dem EINEN Geist verbindet, und die Kraft der Liebe als den Willen Gottes.*

8. *Erkenne, dass das Unendliche alle Strukturen übersteigt. Gott ist die ultimative Wirklichkeit.*

Unendliche Liebe

13
Jesus und die Wissenschaften

Es gibt wohl nur wenige Menschen, die eine Verbindung zwischen Jesus und den Wissenschaften erkennen, und wenn überhaupt, würde man von ihm auf technische Fragen eher eine religiöse Antwort erwarten als eine wissenschaftliche. Seine Liebe zu dieser Realität und sein souveräner Umgang mit ihr gehörten zu den erstaunlichsten

Entdeckungen meiner Zeit mit ihm. Er teilte die Wirklichkeit niemals in verschiedene Themenbereiche auf. Er sprach nicht einen Tag über Theologie und den nächsten über Naturwissenschaften. Seine Wirklichkeit umfasste all das, und er wechselte zwischen ihren Aspekten mit der gleichen Geschwindigkeit und Eleganz hin und her, mit der ein Kunstturner Luft und Boden miteinander verbindet. Manche der Aussagen, die in diesem Kapitel über Gott und den Geist stehen, mögen einigen Lesern unwissenschaftlich erscheinen. Da sich die Wissenschaften seiner Meinung nach jedoch damit befassen, wie die Realität funktioniert, müssen sie der Vollständigkeit halber auch ihre Quelle mit einbeziehen. Andere Leser staunen vielleicht über seine Physikkenntnisse. Bevor ich dieses Buch verfasste, hatte ich jedoch Gelegenheit, einige der Informationen verschiedenen Naturwissenschaftlern vorzustellen, die überrascht feststellen mussten, dass sie statt der erwarteten spirituellen Wahrheiten durchaus wissenschaftliche Wahrheiten zu hören bekamen.

Viele der Bemerkungen von Jesus über diese Realität sind von ihrem Kontext nicht zu trennen und gehören damit in andere Kapitel. An dieser Stelle habe ich vor allem Aussagen von ihm zusammengestellt, die sich auf zukünftige Erkenntnisse der Wissenschaften beziehen. Es begeisterte mich, mit ihm über ein Thema zu sprechen, das die meisten Menschen als von Gott getrennt betrachten.

»Die Wissenschaften sind ein Dialog zwischen der Wahrheit und der Wirklichkeit«, sagte Jesus. *»Ihr habt das ganze Universum vor euch, doch wenn ihr die Beziehung zwischen Wahrheit und Wirklichkeit nicht versteht, kann es keine Wissenschaft geben.«*

Nichts von dem, was Jesus mir beibrachte, hatte so viel Bezug zu allen Bereichen des Lebens wie seine Lehren über die Wahrheit. Über ihren Besitz wurden in der Geschichte der Menschheit zahlreiche Kriege geführt und viel Blut vergossen. Und doch hatte der Meister versprochen: *»Ihr werdet die Wahrheit erkennen, und die Wahrheit wird euch frei machen.«*

Wird sich das in Form von naturwissenschaftlichen Entdeckungen erfüllen, in juristischen Abhandlungen oder durch ein neues Verständnis der Wahrheit selbst? Ich bevorzuge die letztgenannte Möglichkeit und fühle mich dabei von einigen Aussagen des Meisters über die Natur der Wahrheit unterstützt.

»Es gibt nur eine Realität«, betonte er immer wieder, *»und das ist die Manifestation der Essenz und Gegenwart Gottes durch die gesamte Existenz.«*

Diese Wirklichkeit kann durch alle Sinne empfunden und durch alle wissenschaftlichen Instrumente wahrgenommen werden. Sie zeichnet sich genau dadurch aus, dass sie unter allen Umständen konsistent bestätigt werden kann. Genauso wie unsere Augen, unser Geruchs- und unser Geschmackssinn sich die Existenz eines Apfelkuchens gegenseitig bestätigen, gilt auch in der Wissenschaft das übereinstimmende und mathematisch belegbare Ergebnis unterschiedlicher Quellen als »Beweis«.

»Die konsistente, messbare, unvoreingenommene und durchgängig vorhersehbare Existenz bildet diese Wirklichkeit, die ohne Rücksichten unablässig ihre Aufgaben versieht. Du bist der Realität nur zur Erfahrung, zur Wahrnehmung und zum aufrichtigen Berichten verpflichtet. Es gibt nur eine Wirklichkeit, und sie steht jedem zur Verfügung, der anständig und aufrichtig mit ihr umgeht. Weder gehört sie irgendeiner intellektuellen Elite noch wird sie von ihr kontrolliert. Nur Erfahrung, Beobachtung, Vergleiche, Integration und Aufrichtigkeit verschaffen Zugang zu ihr. Je mehr sich jemand auf das Leben einlässt, desto mehr begreift er auch die Wirklichkeit. **Die Wirklichkeit ist das demokratische Geschenk des Schöpfers an alles, was lebt, auch an die Menschheit. Wenn irgendjemand in der Lage wäre, diese Wirklichkeit seiner eigenen Sichtweise anzupassen, dann wäre dieses Geschenk hinfällig.**

Die Wahrheit dagegen ist die Tiefe des Bewusstseins, welches die Wirklichkeit transzendiert und sie zu schlichtem Verständnis destilliert! Die Wahrheit befreit euch von den Beschränkungen äußerer Abhängigkeiten und Bedingungen. Sie ist zwar konstant, doch ihre

Konstanz bedarf der Bestätigung durch die Erfahrung. Deswegen ist der Weg zur transzendenten Wahrnehmung für jeden Menschen unterschiedlich. Die Wahrheit wurzelt zwar in der Wirklichkeit, doch sie ist nicht archetypisch, denn sie ist von der Wirklichkeit, der sie dient, nicht zu trennen, genauso wenig wie Gott von der heiligen Wahrheit zu trennen ist – oder das Universum von seiner Wahrheit oder ich von meiner oder du von deiner. Respekt vor dieser ultimativen Integrität ist Respekt vor der Wahrheit.

Die Menschheit hat sich derart an Unaufrichtigkeiten gewöhnt, dass sie meint, die Wahrheit sei irgendwo anders oder sie sei einem Bereich vollkommener Ordnung vorbehalten. Sie ist jedoch ein lebendiger Teil der Existenz, der uns ständig an unseren Kompass aus Sinnhaftigkeit, Entschiedenheit und Bedeutung erinnert.

Befreit die Wahrheit aus ihrem Elfenbeinturm! Die Wahrheit geht der Wirklichkeit nicht voraus, noch bildet sie sie oder kann Gott als Quelle ersetzen.«

Jesus meinte, dass uns die Vorstellung, die Wahrheit sei ein idealer Archetypus, mehr als alles andere von der Wirklichkeit und dem Streben nach Wahrheit entfremdet hat. Durch diesen Irrtum werden bestimmte Ideen zu festgesetzten Wahrheiten, an denen die Realität dann gemessen wird. Wo bleibt da bitte die unschuldige Wahrnehmung?

Bezogen auf wissenschaftliches Vorgehen sagte er: *»Dein Ausgangspunkt ist die Wirklichkeit, und was du durch das Beobachten konstanter Muster herausfindest, ist die Wahrheit. Die Verarbeitung eines Verständnisses, was sich als funktionstüchtig, brauchbar und lebensfördernd erwiesen hat, das ist Wahrheit.«*

Diese Vorbemerkungen sind wichtig für ein Verständnis dessen, was der Meister an Wissenschaftlichem zu sagen hat, denn seiner Meinung nach haben ein falsches Verständnis und eine falsche Anwendung der Wahrheit dem wissenschaftlichen Fortschritt mehr geschadet als alle anderen Faktoren zusammen. Er bezog sich dabei besonders auf den griechischen Philosophen Plato, dem er bei der Entwicklung der Logik der Getrenntheit eine tragende Rolle zusprach. Plato hatte das »Ideal« als den Archetypus dargestellt und die Wirklichkeit als den unvollkommenen, verwundbaren Platzhalter. Platos Ausführungen waren von großer Schönheit und mystischer Erkenntnis, doch ihre destruktive Wirkung auf die westlichen Wissenschaften ist unermesslich und sie gaben der fehlgeleiteten Annahme, dass der in Vollkommenheit ruhende Schöpfer durch viele Schichten unvollkommener Realität von seinen Geschöpfen getrennt sei, intellektuelle Rückendeckung.

Wenn Ideen unabhängig von der Realität entwickelt werden, besitzen sie wenig Wert. Wenn Ideen jedoch ohne Ehrfurcht vor der Realität formuliert werden, dann sind ihre Auswirkungen auf den Fortschritt negativ und hinderlich.

Jesus sagte: *»Das Problem bei der idealistischen Philosophie ist, dass sie die Wahrheit für eine archetypische Idee hält, aus der die Wirklichkeit irgendwie unvollkommen hervorgegangen ist.«*

Aus dieser Perspektive stimmt die Wirklichkeit nur selten, zufällig und ungefähr mit dem Ideal überein. Der intellektuelle Idealismus postuliert, dass die Wahrheit ursprünglich und vollkommen ist, während die Wirklichkeit sekundär und unvollkommen sei.

Aus wissenschaftlicher Sicht hat diese Herangehensweise zwei eklatante Schwächen. Erstens bringt sie eine Voreingenommenheit gegenüber dem Universum mit sich, die jegliche Objektivität unmöglich macht. Zweitens werden die angenommenen Unvollkommenheiten zu Entschuldigungen für achtlose Beobachtungen, unaufrichtige Berichte und selbstgerechte Begründungen. Besonders deutlich wird das, wenn offensichtliche Diskrepanzen als vorhersehbare Abweichungen abgetan werden, um eine fixe Idee aufrechtzuerhalten.

Aus historischer und gesellschaftlicher Sicht wurden die meisten Kriege durch die unlösbaren Konflikte zwischen zwei oder mehr fixen Ideen ausgelöst. Unglaubliche Mengen an Energie, Intelligenz und Zeit sind dafür aufgewendet worden, in wilder

Hatz einer Idee nachzujagen, die alle anderen in den Schatten stellen würde.

»Dabei ging der Weg der Wahrheit vollständig verloren, denn Wahrheit entsteht aus einer Konstanz, die dem Leben Bedeutung gibt und Konflikte ausgleicht. Das Lernen wird nie ein Ende finden, es ist der Weg der Erfüllung im Himmel und auf Erden. Doch die rutschigen Gipfel glorifizierten Wissens führen nur zu gefährlichen Abstürzen in die Getrenntheit.

Die Wahrheit ist nicht archetypisch. **Gott ist archetypisch!** *Die Wirklichkeit ist Grundlage! Ein Verständnis, das durch konstante Erfahrungen und seine ausgleichende Kraft im Leben aufrechterhalten wird, ist von Wahrheit erfüllt.*

Mit dieser Gleichung sind Gott und die Wissenschaften miteinander integrierbar, denn es entspricht durchaus einem korrekten wissenschaftlichen Vorgehen, sich der Realität objektiv zu nähern und die Wahrheit aus ihr herauszufiltern.

Ein wissenschaftliches Vorgehen, bei dem eine Wahrheit oder eine Theorie als idealisiertes Konzept vorangestellt wird und der Wirklichkeit dann nur Muster entnommen werden, die zu der Theorie passen, ist jedoch nicht korrekt. **Der Sinn der Wissenschaften liegt in der Bestätigung der Wirklichkeit, nicht der Theorie!** *Die Realität ist so vielfältig, dass man jede Theorie irgendwie belegen kann, wenn man nur genug Gegenbeweise ignoriert und ausreichend Spielraum für Abweichungen lässt.«*

Jesus fügte hinzu, dass eine von Theorien dominierte Wissenschaft automatisch zu einer Kombination von atheistischen Vorstellungen mit Giftmüll produzierenden Industrien führen muss.

Mir kam dabei in den Sinn, dass es vielleicht auch die Gier nach Kontrolle ist, die die Wissenschaftler sich mehr auf Theorien als auf die Realität konzentrieren lässt, denn Theorien gelten als geistiges Eigentum, ein Besitzanspruch, der natürlich auch auf alle Folgeentwicklungen ausgedehnt werden kann. Wenn die Wirklichkeit jedoch ein demokratisches Geschenk Gottes an das

Leben ist, dann sind auch alle Bestätigungen dieser Wirklichkeit **Allgemeingut!**

Derart unsachgemäße Herangehensweisen kommen heutzutage immer seltener vor, da der platonische Idealismus seit etwa einem Jahrhundert immer mehr einer direkteren Sichtweise der Realität Platz macht. Keiner der monumentalen wissenschaftlichen Durchbrüche des 20. Jahrhunderts wäre ohne eine direkte Konfrontation mit der Wirklichkeit als primärer Existenz möglich gewesen. Doch dieser Ansatz ist nicht neu. Gleichzeitig zur platonischen Philosophie des Idealismus entstand die aristotelische Philosophie, die in der Natur »die Mutter aller Wahrheit« sah. Nach dem Verständnis des alten griechischen Philosophen Aristoteles wird die Wahrheit aus der direkten, unvoreingenommenen Erfahrung der Wirklichkeit gewonnen. Damit dient uns die Realität als Verständnisgrundlage, und ihre sorgsame Untersuchung führt zu einer genaueren Beschreibung der Natur. Die experimentellen Wissenschaften bezogen sich seitdem mehr auf Aristoteles und die Theoretiker mehr auf Plato.

Einsteins Relativitätstheorie löste die Grenzen zwischen diesen beiden Wissenschaftsbereichen praktisch auf. Die genauen Beobachtungen der fortschreitenden wissenschaftlichen Intelligenz und der zunehmenden Objektivität ließen den Idealismus verschwinden. Damit verschwand auch ein wesentlicher logischer Ansatz für die Erklärung des Verhältnisses zwischen Gott und den Wissenschaften. Zwar war von da an alles Göttliche von eisigem Schweigen umgeben und der Atheismus beherrschte das Feld. Das wunderbare Paradox lag jedoch darin, dass durch das Verschwinden des Idealismus auch der Blick auf das Göttliche freier wurde.

1965 erreichte die Wissenschaft die Schwelle zur Unendlichkeit, sowohl im Kleinsten, in der Teilchen-Physik, als auch kosmisch durch das Eindringen in den Weltraum. **Die unendliche und unbegreifliche Gegenwart des Seins in der Realität konnte nicht mehr länger verdrängt werden!**

Seit dieser Zeit gibt es in der wissenschaftlichen Literatur zunehmend metaphysische Untertöne, die sogar manchmal schon zur Erwähnung Gottes geführt haben. Natürlich ist das ein Gott der Ordnung, denn für den Gott der Wunder ist im Reich der Wissenschaften nach wie vor kein Platz. Jesus erklärte mir, dass die Wahrheit dazu diene, uns zu Gott zurückzuführen, und dass wir genau daran Wahrheit von Unwahrheit unterscheiden könnten.

Damit wollte er nicht die Theologie wieder in den naturwissenschaftlichen Prozess einführen, denn das wäre genauso verfehlt wie der Idealismus Platos. Es geht vielmehr darum, dass Gott von der Wirklichkeit nicht zu trennen ist und somit ihre sorgfältige Beobachtung und die daraus gewonnene Wahrheit unser Verständnis **sowohl vom Universum als auch von Gott** vertiefen wird. Die gleichen Wahrheiten können in Kombination mit Idealen auch zur Verbesserung unseres Lebens in dieser Welt angewendet werden.

Die folgende Abbildung zeigt, wie sich die Wahrheit auf das praktische Leben beziehen kann. Jesus sagte dazu, dass die Wahrheiten, die uns zurück zu Gott führen, heilig seien und dass die Wahrheiten, die uns bei der Verbesserung der Welt helfen, die praktische Anwendung des Verständnisses darstellen.

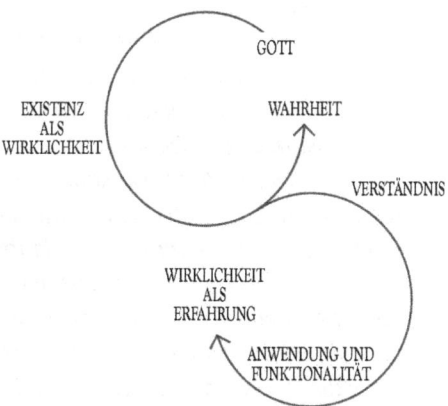

Seine Geringschätzung des Idealismus kränkte die Künstlerin in mir ein wenig, denn Schönheit und Idealismus sind in meinem Beruf eng verknüpft. Jesus erklärte mir jedoch, Ideale und Schönheit seien Aspekte der Wahrheit, die von den Sinnen wahrgenommen und vom Herzen zu lebensbereichernden Harmonien und Mustern zusammengefügt werden. Die Wahrheit ist Bestandteil allen Lebens, nicht nur der Wissenschaften.

»*Die Wissenschaften gehören in eine Entwicklungslinie, die von der primären Realität über funktionierende Wahrheiten bis zur praktischen Anwendbarkeit verläuft. Es kann im wissenschaftlichen Prozess hilfreich sein, Ideale heranzuziehen, doch nur um die Anwendbarkeit der Wahrheit zu verbessern und ihre Qualitäten genauer zu beschreiben. Buckminster Fuller ist ein wunderbares Beispiel für jemanden, der die Prinzipien der klassischen Ingenieurskunst durch idealistische Reflexionen perfektioniert hat.*

Es gibt noch einen Aspekt, unter dem Ideale in der Wissenschaft eine Rolle spielen, doch du verstehst hoffentlich, dass ich damit auf keinen Fall meine, dass der Wissenschaft Ideale aufgepfropft werden sollten. Zurzeit orientiert sich die Wissenschaft immer noch nach außen und an gewissen Objektivitätsstandards, was ihrem gegenwärtigen Vorgehen auch angemessen ist. Ein umfassenderes Verständnis dessen, was Wahrheit ist, steht jedoch kurz bevor. Dann werden auch die Ideale in der Wissenschaft eine neue Rolle spielen können, ohne das Verständnis der Realität zu gefährden.«

Ich fragte zögerlich, ob ich diese größere Wahrheit wohl verstehen könnte, wenn er sie mir erklären würde.

»*Ich glaube schon*«, antwortete er, »*denn du wendest sie in deiner künstlerischen Arbeit bereits an. Diese Wahrheit wird sogar zuerst von außerhalb der Wissenschaft stehenden Menschen wie dir selbst erkannt und angewendet werden.*

Die letztendliche Wahrheit liegt in der Übereinstimmung des Inneren mit dem Äußeren. Du kannst die äußeren Aspekte einer Situation so gründlich untersuchen, wie du willst, die Wahrheit kennst du erst, wenn du die inneren Triebkräfte mit ihren Bezügen zur Außenwelt erkannt hast. Umgekehrt gilt das Gleiche: Egal, wie gut du das Innere kennst, erst durch seine Wirkung auf das Außen kann die Wahrheit vollständig deutlich werden. Das Universum ist implizit und explizit aus einem Stück. Wenn das Implizite und das Explizite einander vollkommen in der Schwebe halten, dann entsteht Hypersynchronizität: Materie, Energie, Raum und Zeit kommen in einen widerstandsfreien Modus unendlichen Potenzials. Das bedeutet nicht den völligen Zusammenbruch der Materie, sondern ihre Synchronisierung auf einen ›Nullpunkt‹ vollkommener Stase hin.« (Die Stase [hier im Sinne von Schwebezustand, Anm. d. Übers.] ist der perfekte Ruhepunkt für die Hypersynchronizität, erklärte er.) *»Der ›Nullpunkt‹ beschreibt nicht das ›Nichts‹, sondern die Unendlichkeit. Diese Erkenntnis wird für die Physiker ähnlich bedeutend sein wie die Null für die Mathematik – sie wird ihr Potenzial unglaublich erweitern. Hypersynchronizität ist die ultimative Quelle für alle als ideal betrachteten Muster, Rhythmen und Harmonien. So wird sich das Verständnis der Ideale deutlich wandeln, doch dann wird auch klar sein, dass die Ideale zum Universum dazugehören und kein vom Verstand erschaffener Prototyp sind, an dem das Universum gemessen werden kann.«*

Er schaute mir direkt in die Augen und sagte mit fester Stimme: *»Der Verstand kann keine wahren Ideale erzeugen, weil er nachgeordnet ist und nicht ursächlich. Er **entstand** aus dem gleichen Idealzustand heraus, den er behauptet, erdacht zu haben. Diese Verwirrung entsteht dadurch, dass in der Hypersynchronizität Ursache und Wirkung ein und dasselbe sind. Wenn sich das Bewusstsein jedoch von diesem Ausgangspunkt entfernt, werden Ursache und Wirkung als komplementäre Kräfte wahrgenommen. Mit der für ihn typischen Polarität zeichnet der Verstand zwar die Wirkungen auf, entscheidet sich aber gleichzeitig, nur sich selbst als ursächlichen Faktor wahrzunehmen.«*

Er nahm meine nächste Frage gleich vorweg, indem er fortfuhr: *»Ja, es gibt einen universellen Verstand, der alle Erinnerungen an die originäre Ursache aufbewahrt und über ihr unendliches Potenzial wacht. Er hat den Zustand der Hypersynchronizität niemals verlassen, weshalb ihm die Verwirrung bezüglich Ursache und Wirkung, die der individuelle Verstand so gut kennt, völlig fremd ist.«*

Das war das einzige Mal, dass er einen universellen oder kosmischen Verstand erwähnte. Vielleicht enthielt dieser Satz alles, was dazu zu sagen war. Ich stelle mir jedoch lieber vor, dass er einfach meine Aufmerksamkeit von einem Thema weglenkte, das mein eigener Verstand nur zur Aufbauschung seiner Bedeutung verwendet hätte. Immer wieder lenkte er meine Aufmerksamkeit sanft auf die Intelligenz des Heiligen Herzens. So schloss er auch dieses Gespräch mit dem Hinweis ab, dass das Heilige Herz in jedem Menschen den Punkt darstellt, an dem das Innen und das Außen eins sind.

»Das ist dein Punkt persönlicher Wahrheit. Das Heilige Herz verfügt über mehr Intelligenz, als irgendein Verstand je erfassen könnte.«

Im Laufe jenes Tages wollte ich wissen, warum Ursache und Wirkung nicht grundsätzlicher Natur seien, sondern nachgeordnete Manifestationen der Ausdehnung. Wenn am Nullpunkt der Hypersynchronizität vollkommene Ruhe herrscht, unter welchen Umständen kommt es dann zu Ursache und Wirkung?

»Der perfekte Schwebezustand entspricht dem vollkommenen Gleichgewicht: das heilige Jetzt, aus dem sich alles formt. Wenn die verschiedenen Teile des Ganzen einander erkennen und aufeinander reagieren, entsteht Austausch. Diese Interaktion kann alles Mögliche sein: von schlichter Harmonie in gegenseitiger Unterstützung bis hin zu Unvereinbarkeit und Disharmonie, aus der sich dann Dichte entwickeln kann. Dann werden mehr Zeit und Raum benötigt, um die Harmonie aufrechtzuerhalten. Ursache und Wirkung entsteht durch eben diesen Austausch und Ausgleich durch Raum und Zeit. Alle drei Interaktionsmodi existieren gleichzeitig: der perfekte Schwebezustand in der Synchronizität, das Gesetz von Ursache und Wirkung in der Getrenntheit und der Bereich dazwischen, in dem die Existenz nach Gegenseitigkeit strebt.«

Ich dachte bei seinen Worten an das große Dreieck aus Liebe, Geist und Ur-Teilchen und begann, mir die wunderbar vollkommene Integration vorzustellen, von der er gesprochen hatte. Er erklärte, dass die Liebe die Quelle ist – sie ist die Kraft, die alles

Sein mit Leben und Energie versorgt. Die Ur-Teilchen sind die wahrhaft unteilbaren Partikel (»Atom« bedeutet ursprünglich »unteilbar«), die er manchmal auch Unendlichkeits-Teilchen nannte. Sie stellen den universellen Körper der Existenz dar. Und der Geist ist in allen Dingen, um alle Dinge, mit allen Dingen und von allen Dingen.

»Es gibt nur EINEN Geist, die kontinuierliche und ungebrochene Matrix aller Existenz.«

Alle Dinge sind unzertrennlich und unteilbar, und es gibt nichts, wo der Geist nicht wäre. Das ist die ultimative Verbindung, das wahrhaft vereinheitlichte Feld. Die Entdeckungen und Hypothesen des 20. Jahrhunderts haben zu der Vision einer inneren Ordnung des Universums geführt, eines schöpferischen Prozesses und einer kontinuierlich ordnenden Wandlung. Die Existenz wird jetzt im Wesentlichen als ein kontinuierlich fließendes Potenzial verstanden, das nur unter bestimmten Umständen unterscheidbare physische Manifestationen hervorbringt. Da die Vorstellung eines vereinheitlichten Feldes in der Wissenschaft heiß diskutiert wird, fragte ich Jesus, ob Singularität eigentlich eine sinnvolle Vorstellung sei.

»Durch den einen Geist und die hoch integrierte, synchrone Natur der Existenz gibt es den Aspekt der Singularität. Dieser Begriff ist jedoch nur in Bezug auf die Einheit sinnvoll, nicht in Bezug auf einzelne Teilchen oder Punkte. Singularität ist eine Funktion der Hypersynchronizität, die jeden Teil der Existenz in einen singulären Zustand unendlichen Potenzials komprimieren kann. Als Aspekt der Getrenntheit gibt es jedoch keine absolute Singularität. So viel Ehre kommt der Getrenntheit nicht zu.«

Es war mir jetzt klar, dass wir in das Feld der Relativität hineingelangen, indem wir einfach unsere Vorstellungen der Getrenntheit ablegen. Das Konzept des EINEN Geistes ist offensichtlich das Bindeglied zwischen dem Göttlichen und dem Anwendbaren. Doch wie die Macht der Liebe in der Teilchen-Physik funktionierte, war mir noch nicht klar.

Jesus sagte immer wieder: »*Die Liebe steht zuerst und vor allem, weil sie alles zusammenbringt. Der Funke der Vereinigung wird von der Liebe entzündet. Sie vereinigt Teilchen und bildet Beziehungen. Der physische Aspekt davon ist der Magnetismus. Die Anwendung dieser Kraft auf die physische Existenz ist die Kompression.*«

Erst eine ganze Weile später war er bereit, über die Liebe als physisch wirksame Kraft, als Quelle und Erhalterin der Schöpfung zu sprechen. Er erinnerte mich oft daran, dass die Kraft, von der er sprach, weder mit Zuneigung und zärtlicher Bindung zu tun hat noch mit all den rosigen Gefühlszuständen, die wir gerne als Liebe bezeichnen. Solche Gefühle mögen ihre Wurzeln durchaus in der wahren Kraft der Liebe haben, doch sie reichen bei Weitem nicht aus, um unser Leben zu erklären, geschweige denn zu erfüllen.

»*Du kannst dir die Wirkung der Liebe aus wissenschaftlicher Sicht als eine umgekehrte Übertragung vorstellen, als einen Punkt einer Funktion, an dem zwei komplementäre Kräfte in Anwesenheit eines stabilisierenden dritten Faktors ihre Erscheinungsformen austauschen, sodass eines zum anderen wird. Dieser primäre Magnetismus und diese Kompression ist ständig zwischen allen primären Teilchen und Energien vorhanden. In organischen Lebensformen versieht die DNS diese komplexe und geheimnisvolle Aufgabe. Hierin liegt auch das Geheimnis des Paradoxons, das alle Strukturmuster übertrifft, aufhebt, versöhnt und so ins Fließen bringt.*«

Später erklärte er das noch genauer: »*Der primären Kraft der Liebe wohnen Selbsterkenntnis, Wertschätzung des Selbst und Dialog mit dem Selbst inne. Das trifft unabhängig davon zu, ob du Liebe als Seinszustand oder als Energie betrachtest. Du kannst es auch die Kraft des ›ICH BIN‹ nennen. Durch diese verinnerlichte Verbundenheit wird sich das Ganze seiner zahlreichen Möglichkeiten bewusst. Es werden unterschiedliche Potenziale festgestellt und aktiviert. Gleichzeitig gibt es einen haltenden und lösenden Vorgang, der ein statisches Feld isoliert, sodass in Bezug auf die Aktivierung expandierender Energie eine neutrale Konstante existiert. Dieses*

Feld wirkt für die Kompression und die expandierende Energie sozusagen als Nullpunkt. Die Außenkante des Ganzen kann niemals bestimmt werden, weil es keinen Punkt gibt, an dem ein Element sich nicht mit einem anderen verbindet. **Das Ganze zeichnet sich durch seine Qualität aus, nicht durch seine Grenzen!** *Doch sein Mittelpunkt kann mit einer ›Null‹ gekennzeichnet werden. Die aus diesem Mittelpunkt strebenden Kräfte vervielfachen die freigesetzte Energie exponentiell. Durch energetische Spannung wird gleichzeitig Energie von einem Ausdehnungsextrem auf ein anderes übertragen. Diese Umkehrungen lösen ein Drehmoment aus und setzen ein Schwungrad von Magnetismus in Bewegung.«*

Die Bedeutung dieser Gedankengänge übersteigt bis zum heutigen Tag mein Begriffsvermögen, sie bereichern jedoch mein Verständnis anderer Aspekte der Schöpfung, die zum Beispiel in dem Folgenden zum Ausdruck kommt: *»Magnetismus gehört zur ursprünglichen Energie. Da du ein Teil dieser Energie bist, brauchst du sie nicht mechanisch zu erzeugen oder zu manipulieren. Du musst nur deine Verbindung damit durch Selbsterkenntnis und Selbstwertschätzung stabilisieren.«*

Ein weiterer Grund dafür, die Liebe als Grundlage unserer Selbsterkenntnis anzuerkennen! Liebe, Magnetismus und Kompression versorgen uns hier an den fernen Gestaden der manifestierten Schöpfung zuverlässig und beständig mit Energie. Doch wir sind technisch immer noch nicht in der Lage, auf dieses Potenzial zurückzugreifen. Besonders faszinierte mich die Vorstellung, dass das ganze Universum auf Kompression aufgebaut ist, dass dies das energetische Gesetz ist. Einfach ausgedrückt kann man sagen, dass Kompression Energie erzeugt und Expansion sie freisetzt. Jede Kompression erzeuge neue Energie, betonte der Meister. Das wunderte mich, da es ja den Energieerhaltungssatz gibt, und ich fragte ihn, wie es denn neue Energie geben könne, wenn ihre Gesamtmenge festgelegt sei.

»Die Energien des Universums wurden durch die ungeheure Kompression aufgebaut, die dem sogenannten ›Urknall‹ vorausging.

In dieser riesigen Explosion wurden Photonen freigesetzt, die als Licht in dem dabei entstehenden thermodynamischen Feld die Bewegungskonstante bildeten. Die Lösung dieser Kompression führte auch zu den Abständen, die ihr als Raum wahrnehmt, und zur Bildung elementarer Muster, die ihr als Materie kennt. So entstanden Materie, Energie, Raum und Zeit. Das war ein entscheidender Moment in der Schöpfung. Die durch die Explosion freigesetzte Energie war eigentlich eine Umkehrung des ursprünglichen Zustands. Von diesem Zeitpunkt an blieb die so freigesetzte Energie als festgelegte Menge begrenzt und muss sich seitdem durch ähnliche Umkehrungen selbst erhalten. Deswegen bleibt alle Struktur beschränkt. Sie beruht auf Umkehrungen der ursprünglichen Energiemenge. Darauf bezieht sich der Energieerhaltungssatz.

Das vereinheitlichte Feld der sich erhaltenden Energie ist die größte existierende Struktur. Es besteht aus einer festgelegten Energiemenge, weil es nachgeordnet ist. Es befindet sich in einem Zustand stabiler Kontinuität, und seine Strukturen sind exakt und endlich. Doch das ist weder das Ende aller Energie noch ihr einziges Vorkommen. Das freie und unendliche Feld der durch die Liebe aktivierten Ur-Teilchen stellt einen größeren Energievorrat dar und steht unbegrenzt für derzeitige und zukünftige Kompressionen zur Verfügung.«

Jesus betonte, dass die Wissenschaft sich erst mit der Natur der integrierten Ganzheit der Unendlichkeit befassen muss, bevor sie die Natur der Ur-Teilchen wirklich begreifen kann.

*»In diesem sich erhaltenden Feld wird der Magnetismus elektrisch erzeugt. Für eine bestimmte magnetische Anziehungskraft wird eine entsprechende Menge geladener Teilchen benötigt. Insofern bietet dieses Konzept keinen Ansatz dafür, das magnetische Potenzial als **Energiequelle** zu nutzen. Der primäre Magnetismus ist jedoch nicht in den beschränkten Strukturen zu finden. In dem sich erhaltenden Feld finden wir Elektromagnetismus, doch es gibt eine Funktion des Magnetismus, die diese polaren Anordnungen übersteigt und die reine Energie ist. In diesem größeren Spektrum wird Magnetismus durch Ausrichtung der Unendlichkeit aktiviert.*

Der Verstand bevorzugt trotz aller Beschränkungen die konservativen Erklärungen, weil er selbst im Wesentlichen elektrisch und strukturiert ist. Für all eure Experimentanordnungen, die Informationsverarbeitung und Datensammlungen gilt dasselbe: Sie bevorzugen natürlicherweise die Elektrizität und die Polarität. Ich schlage dir vor, mit einem Perspektivwechsel zu beginnen. Du kannst es ›die Einsicht des Kopernikus‹ nennen, denn solange der Mensch alles aus einer geozentrischen Perspektive sah, war es unvorstellbar, dass die Erde sich um die Sonne dreht. Nachdem die Perspektive zu einer heliozentrischen Sicht gewechselt hatte, standen die Tore zum Verständnis einer Galaxie offen.

Die Gesetze der Thermodynamik beziehen sich genauso auf die Felder der Dichte wie der Energieerhaltungssatz. In Bezug auf diese Felder, die thermische Energie erzeugen und auf sie reagieren können, treffen diese Gesetze in jeder Hinsicht zu. Doch die Thermodynamik ist auf fatale Weise unfähig, die Gesamtheit der Existenz logisch zu integrieren, da sie Energie als eine Funktion der Materie definiert, die innerhalb eines makroskopischen [d.h. mit unseren normalen Sinnen wahrnehmbaren, Anm.d.Übers.] Systems existiert, das isoliert vor dem Hintergrund eines unendlichen und undurchdringlichen Unbekannten steht. Wenn sie sich überhaupt mit der Unendlichkeit befasst, dann als Sammelkasten für alles, was als unerklärbar übrig bleibt. Das wird dann gerne als ›dunkle Materie‹ bezeichnet.

Doch die Naturwissenschaftler sind nicht die Einzigen, die das Unbekannte in dieser Weise aussperren. Auch viele Religionen beschränken Gott auf die Fernen der Vergangenheit und der Zukunft und räumen damit in der Gegenwart das Feld für andere Kräfte. Das erschafft eine ganz schöne Hemmschwelle, wenn man bedenkt, dass der Schöpfer doch im heiligen Jetzt weilt!«

Mir wurde klar, warum es so viele Menschen gibt, die viel von Religion und doch wenig von Gott zu wissen scheinen.

»Eine ähnliche Hemmschwelle entsteht gegenüber der Unendlichkeit, wenn man das Universum als ein makroskopisches System aus Materie und Energie betrachtet, das von einem undurchdringli-

chen Feld ursprünglichen Potenzials getrennt ist. Diese Sichtweise eliminiert die wissenschaftlichen Prinzipien der Synchronizität und der Hypersynchronizität und beschränkt die Kompression auf die ›Hauruck‹-Formeln der Thermodynamik.«

»Was ist mit den Zahlen?«, fragte ich. »Unsere Wissenschaft operiert mit Zahlen.«

»Um unendliche und primäre Energie zu beschreiben, muss die Mathematik mit Winkeln und Proportionen arbeiten, denn nur so kann Qualität in wahrscheinliche Quantitäten transponiert werden. Die Winkelverhältnisse werden sich zu ›Null‹ auflösen und so die Isolation eines statischen Zentrums ermöglichen, das ein unbestimmtes Potenzial enthält.

Ihr müsst begreifen, dass die funktionale Kraft wahrer Statik niemals innerhalb der Strukturen oder durch absolute Quantitäten erfasst werden kann, weil sie nicht zum Reich der Strukturen gehört. Doch ihr Potenzial kann verstanden und verwendet werden. Innerhalb des sich erhaltenden Feldes können mit Hilfe von Teilchen und Energie die Konstanten mit absoluten numerischen Werten versehen werden. **Außerhalb dieses Feldes ist Statik die Konstante.** *Ihr Schwebezustand bildet die Grundlage für fluktuierende Potenziale und für die Kompression oder die Antriebskraft der Potenziale. Diese Potenziale aktivieren Wirbel, die geortet, berechnet und durch Winkel und Proportionen beeinflusst werden können. Doch sie sind keine makroskopischen Systeme, die isoliert in einem größeren, undefinierbaren Feld schweben. Sie sind einfach. Durch ihre Koordination mit Partikeln und anderen Elementen entsteht in Richtung Null eine zunehmende Vereinfachung und mit zunehmender Distanz von Null eine zunehmende Komplexität.*

Im Bereich der Materie gibt es keine Singularität. Das Interessante an der Statik ist, dass sie aufgrund ihrer Undefinierbarkeit der singulären Funktion als vereinigende Kraft dienen kann, ohne reine Singularität im isolierten Sinne sein zu müssen.

Das Wunderbare am Undefinierbaren ist seine Fähigkeit, sich den jeweiligen Umständen anzupassen, ohne von ihnen bestimmt zu werden. Ein guter Einstieg könnte dabei die Erkenntnis sein, dass fast alles Raum ist ...«

»Was ist die entscheidende Sichtweise, die sich im Bereich der Naturwissenschaften ändern muss?«, warf ich dazwischen.

»Dass Energie gleich Masse ist. Energie ist eigentlich Potenzial. Einsteins Gleichung ist so perfekt, weil sie $E=mc^2$ lautet, nicht $E=m$, das heißt, die Masse wird durch das Quadrat der Lichtgeschwindigkeit bestimmt. Du hältst das vielleicht für einen sehr subtilen Unterschied, doch ich sage dir, er ist genauso bedeutend wie der Unterschied zwischen geozentrischen und heliozentrischen Erklärungen des Sonnensystems! Potenzial besteht aus einer Quantität, einer Konstanten und einer Qualität. Einstein isolierte in seiner Gleichung die grundlegenden energetischen Faktoren innerhalb des sich erhaltenden Feldes. Dabei bildet die Masse die Quantität, das Licht die Konstante und das Quadrat die Qualität. In einem sich erhaltenden Feld stellt die Fähigkeit, etwas zu kopieren und aufzunehmen, ›die Qualität‹ dar. $E=mc^2$ ist von universeller Tragweite, weil alle drei Faktoren gleichermaßen berücksichtigt werden.

Energie ist ein interdimensionales und interpositionales Potenzial. Viele aus Einsteins Theorie abgeleiteten Extrapolationen betonen die beschränkte Annahme, dass Masse mit Energie gleichzusetzen ist und Schwerkraft ausübt. Derartiges Denken wird von der Bestrebung geschürt, die umfassendste und funktionsfähigste Definition für das Universum zu entwickeln und daraus eine maximale, besitzergreifende Kontrolle über das sich erhaltende Feld zu gewinnen. Kopernikus stand zu seiner Zeit dem gleichen Dilemma gegenüber. Man hielt die Erde für den Mittelpunkt des Universums. Wer also über die Erde herrschte, nahm an, auch das Universum zu regieren. Galileo wurde verfolgt, weil seine Ideen diesen Größenwahn zunichte machten. Deswegen haben diese Erkenntnisse auch so viel menschliches Potenzial freigesetzt.

Wenn erst einmal klar ist, dass Energie ein Potenzial ist, das aus einer Quantität, einer Konstanten und einer Qualität besteht, dann kann auch eine Gleichung aufgestellt werden, die auf viele

Situationen innerhalb und außerhalb des sich erhaltenden Feldes anwendbar ist. Dann werden die Bedingungen der Unendlichkeit in den Bereich des Verständlichen rücken.«

Ich hatte bislang gezögert, ihm einzugestehen, dass mich das Verhältnis zwischen Raum und Unendlichkeit eher verwirrte. Doch jetzt erschien die Frage angemessen, ob die Unendlichkeit im Sinne von Materie, Energie, Zeit und Raum zu erklären sei.

»Erklärbar schon, definierbar nicht«, antwortete er. *»Abgesehen von Größenordnungen spielt dabei auch eine Rolle, dass die Unendlichkeit simultan und qualitativ ist. Sie existiert im Raum, wird jedoch nicht durch ihn bestimmt.«*

Seine Antwort war so klar und einfach, wie ich das von ihm erwartet hatte, doch das änderte nichts daran, dass ich die Unendlichkeit in der physischen Welt der Teilchen noch nicht verstand.

*»Stell dir zum Beispiel vor, zwei Teilchen bewegten sich mit Lichtgeschwindigkeit in **entgegengesetzter** Richtung. Wenn du ihren Ausgangspunkt als festgesetzte ›geozentrische‹ Masse betrachtest, werden die Teilchen sich nachweisbar mit Lichtgeschwindigkeit bewegen. Das ist die Konstante der Bewegung **in Bezug auf Masse**. Doch du kannst auch eine andere Verbindung zwischen den beiden Teilchen erkennen, einen Gleichgewichtspunkt, der sich nicht auf ihren Ausgangspunkt bezieht, sondern auf ihren **gemeinsamen Impuls**. Dies kann als ein ›Null‹-Punkt bezeichnet werden, von dem sie sich mit **doppelter Lichtgeschwindigkeit** entfernen. Diese zwei Partikel können dann mit anderen zusammenstoßen und sie zu einem Vielfachen dieses Prozesses aktivieren. Dies geschieht durch qualitative Übertragung und durch Kopieren, unabhängig von irgendwelchen quantitativen oder konstanten Faktoren. Der Schlüssel liegt in dem ›Null‹-Punkt, einer wahren Statik, von dem Winkel der Unendlichkeit ausgehen. Deswegen konnte das Universum so schnell erschaffen werden!«*

Das erinnerte mich irgendwie an die Chaostheorie.

»Ja«, sagte er, *»diese Theorie stellt einen gewissen Fortschritt in der Erkenntnis der Simultanität und der qualitativen Replikation dar, denn **die Unendlichkeit ist die simultane Übertragung von Poten-**

zialen durch Ähnlichkeiten in der Qualität. Doch die Suche nach einer numerischen Konstante für jede chaotische Erscheinung wird nicht viel bringen.«

Er stellte zwei Beispiele für Unendlichkeit dar. *»Winkligkeit ist der Ausdruck der Qualität der Unendlichkeit. Dehnen sich Winkel nicht unendlich aus? Und: In der Unendlichkeit entwickelt sich Quantität proportional, so wie sich die Progression von Halbwertstufen der Null nähert, doch sie nie erreicht.«*

»Ist die Konstante eine absolute Zahl?«, fragte ich. *»Nein, nicht wirklich«*, erwiderte er. *»Eine Konstante ist ein Faktor, eine Dimension oder ein Punkt, der in einem bestimmten Kontext unverändert bleibt. Jede Konstante ist ein Zeichen für ein Equilibrium, einen Gleichgewichtspunkt – sie bezeichnet den Punkt, von dem alle Abweichungen und Entwicklungen innerhalb dieses Kontextes ausgehen und an dem sie sich messen lassen. Nimm zum Beispiel die Lichtgeschwindigkeit. Einsteins Beobachtungen der Lichtkonstante waren so brillant, weil er als Erster darauf hinwies, dass ein Equilibrium in Bewegung eine Konstante der Energie sein kann. Eigentlich ist die ganze Galaxie ein Equlibrium in Bewegung. Wenn du die Faktoren des Equilibriums gefunden hast, kennst du die Konstante.*

Diese Erkenntnis scheint nicht so kompliziert zu sein, doch viele Entdeckungen können noch nicht stattfinden oder werden übersehen, weil man unter einem Equilibrium bislang nur träge, unbewegte ›Tot-Punkte‹ versteht, in denen Leben, Wirken und Aktivität weitgehend aufgehoben sind. Das kommt daher, dass man das Equilibrium innerhalb der Struktur beobachtet, wie zum Beispiel den Angelpunkt einer Wippe, die Nabe eines Rades oder die Trägheit eines ruhenden Körpers.

Wahres Equilibrium, das heißt Gleichgewicht, ist lebendig, wechselseitig und synchron. Es kann aus einem Potenzial am meisten herausholen, obwohl seine Konstanz einen Ruhepunkt inmitten der Variablen darstellt.« (Er grinste mich an und erinnerte mich daran, dass ich mich an solche Paradoxe lieber gewöhnen sollte, wenn ich mich außerhalb der linearen Strukturen bewegen will.)

»Eine Konstante dient dazu, die Variablen zu stabilisieren. Deswegen wäre es ein Fehler, sie absolut zu setzen. Manchmal ist die Wirkung einer Konstanten so offensichtlich, dass sie mit einem numerischen Wert bezeichnet und gemessen werden kann, wie zum Beispiel beim Licht. Normalerweise muss die Konstante jedoch durch sich wiederholende Faktoren in einem Feld von Variablen nachgewiesen werden.«

Ich brauchte noch mehr Klarheit über den Nullpunkt und fragte ihn daher, ob ein Vakuum ein Aspekt von Energie und Raum sei oder nur eine hypothetische Position.

»Beides. Ein Vakuum kann ein Energiefeld ohne unterscheidbare Fluktuationen sein, ein Ausgangspunkt für das expandierende Feld eines Potenzials oder ein Punkt manifestierten Equilibriums. Das Problem ist, dass der Nullpunkt sich auf die Hauptkonstante bezieht, die den vollkommenen Schwebezustand für die Hypersynchronizität bildet (das ultimative Equilibrium). Der Nullpunkt-Faktor bezeichnet die Kraft aller anderen Konstanten, denen bestimmte Quantitäten zugeschrieben werden, wie zum Beispiel der Lichtgeschwindigkeit. Wenn die höchste Konstante nicht Null wäre, dann würden die quantifizierten Konstanten in Variablen nicht standhalten.«

Ich muss etwas verwirrt ausgesehen haben, denn er fügte freundlich hinzu: *»Es ist nicht so wichtig, dass du das jetzt verstehst. Wichtig ist nur, dass du Energie mit Potenzial gleichsetzt und weißt, dass ein Potenzial aus einer Quantität, einer Konstanten und einer Qualität besteht. Welcher Wert auch immer der Konstanten beigemessen wird, sie zieht ihre Stabilität und ihr Equilibrium immer aus dem Nullpunkt der Hypersynchronizität, die in allem gegenwärtig ist.«*

»Warum ist das so schwer zu erkennen?«, fragte ich.

Diesmal grinste er bis über beide Ohren, bevor er mir zuflüsterte: *»Weil die Hypersynchronizität sich versteckt hält.* **Was in der Sprache der Einheit geschrieben steht, bleibt der äußeren Beobachtung verborgen.** *Wie bei der Wahrheit musst du auch bei der Hypersynchronizität drin sein, um sie zu erkennen.«*

Daraufhin verzog ich mich erst mal in die Stille meiner Malerei.

An einem anderen Tag war ich etwas müde, und er schlug mir vor, in den Garten zu gehen und kurz in die Sonne zu schauen. Es war später Nachmittag, und die Sonne stand schon so tief, dass ich fast hineinsehen konnte. Selbst dieser kurze Blick hatte eine sehr entspannende Wirkung auf mich.

Bei meiner Rückkehr ins Atelier fragte Jesus mich, ob mir meine kleine Reise in die Unendlichkeit gefallen habe, und meinte, meine Konzentration müsste jetzt eigentlich besser sein, weil ich wieder magnetisiert sei.

»Heißt das, die Sonne ist magnetisch?«, fragte ich erstaunt.

»Sie begann als ein mächtig komprimierter Wirbel«, erzählte er, *»und wirkt heute als magnetische Kraft im ganzen Sonnensystem. Die Sonne baute sich Elektron um Elektron aus komprimiertem Wasserstoffgas auf. Die aus diesen Kompressionen entstehende Hitze entzündete eine Kette thermonuklearer Reaktionen, die zu der Sonne führten, die du heute wahrnimmst.«*

(Ich erhielt eine erfreuliche Bestätigung für diese Aussage: Jemand schickte mir aus Washington einen Zeitungsausschnitt vom 4.11.1997 mit der Überschrift »Astronomen sagen, die Sonnenhülle ist magnetisch«. Dort stand: »Gestern gaben Astronomen bekannt, dass sie nach 25 Jahren endlich die Lösung des Rätsels gefunden hätten, wie es möglich ist, dass die Sonne außen um ein Hundertfaches heißer ist als innen. Die Antwort, sagen sie, liegt in einer Art Heizdecke, die die Sonne umgibt, um sie vor der bitteren Kälte des Weltraums zu schützen. Diese ›Decke‹ wird magnetisch aufgeheizt, nicht elektrisch. Alan Title, Direktor des Stanford-Lockheed-Instituts für Weltraumforschung und Leiter der internationalen Forschungsgruppe, nannte das Phänomen den ›magnetischen Teppich der Sonne‹. Etwa fünfzigtausend über die Oberfläche der Sonne verteilte magnetische Punkte pumpen kontinuierlich Hitze und Energie von innen zur Corona, der äußersten Schicht der Sonnenatmosphäre.« Ich freue mich schon auf die Zeit, wenn viele weitere Bestätigungen auftauchen.)

Die Erklärung des Meisters brachte mich auf die Idee, ob der magnetische Prozess auch auf die schwarzen Löcher zuträfe. Ich fragte neugierig, ob ein schwarzes Loch ein Punkt sei, an dem Materie und Energie vollkommen zusammenbrechen und von einer unendlichen Dichte mit ungeheurem Appetit verschlungen werden.

Er lächelte und meinte, ein völliger Zusammenbruch der Materie sei unmöglich. Amüsiert fügte er hinzu: »*Diese Wirbel sind keine Todesmaschinen. Die meisten davon sind eher Geburtsmaschinen, die irgendwann genug Masse gewinnen, um zu neuen Sonnen oder anderen kosmischen Konfigurationen zu werden. Was die Wissenschaftler heutzutage als schwarze Löcher bezeichnen, umfasst eigentlich drei verschiedene Phänomene. Wenn die Unendlichkeit und die wahre Statik besser verstanden werden, dann werden auch diese Unterschiede deutlicher zutage treten.*

Erstens gibt es Risse im Energiegitternetz, die die enorme Kraft der wahren Stase sichtbar werden lassen, inklusive ihrer Fähigkeit, magnetische Anziehung zu erzeugen. Dies sind die Geburtsfelder zukünftiger Sonnen.

Zum Zweiten gibt es gigantische ausgereifte Wirbel, die mit großer Geschwindigkeit zu kolossalen Energiefontänen anschwellen, ohne sich je wirklich zu verfestigen. Dies sind die mächtigen Quasare, deren Wirkungsbereich sich über Distanzen erstreckt, die ganze Galaxien umfassen können.

Und zum Dritten entstehen zusammengebrochene Energiefelder, wenn ein alternder Stern seine Fähigkeit verloren hat, Materie, Energie, Zeit und Raum um sich herum in gleichmäßiger Bewegung zu halten. Das ist nicht das Gleiche wie der thermonukleare Zusammenbruch eines jungen Riesen, der zu einer Supernova wird. In diesem Fall hat das Magnetfeld nämlich weiterhin einen großen Einfluss auf nahe gelegene Energie und Materie, doch ohne das ausgleichende System, das der Planet einst bildete. Dies ist keine zusammengebrochene Materie, sondern ein zusammengebrochenes System, das sich zu unendlicher Dichte hin entwickelt.«

Wenn Jesus sprach, schien alles so einfach und so großartig zu sein, dass ich über das unglaubliche Potenzial des Kosmos nur staunen konnte. Durch seine Augen war es leicht, die endlosen Muster der Expansion und der Kontraktion in der gesamten Existenz zu erkennen. Besonders deutlich wurde das in dem letzten ausführlichen Gespräch, das wir über physikalische Aspekte hatten. Nachdem er die schwarzen Löcher so einfach erklärt hatte, konnte ich nicht widerstehen, nach dem anderen merkwürdigen Element des Universums zu fragen – der Antimaterie.

Antimaterie ist etwas Instabiles. Wenn Materie und Antimaterie aufeinandertreffen, löschen sie sich gegenseitig aus und verschwinden mit einem gewaltigen Strahlungsausbruch. Ein Antimaterie-Teilchen ist das genaue Gegenteil eines Materie-Teilchens.

»Materie und Antimaterie wurden gleichzeitig aus reiner Energie erschaffen. Das Wesentliche ist dabei, dass Antimaterie den nicht komprimierbaren Aspekt der Energie darstellt. In Feldern hoher Kompression sammelt sich Materie zu Dichte, und die Antimaterie wird ausgefällt. Sie müssen sich trennen, damit die Materie bei sich akkumulierender Masse bestehen bleiben kann. Nur wenn sich die beiden wieder begegnen, kann sich alle Energie aus der Masse lösen. Wenn diese beiden Energievalenzen Kontakt aufnehmen, wird alle in der Materie enthaltene Kompression in Energie aufgelöst.

Bei ihrer Erschaffung teilt sich reine Energie in zwei Potenziale – das eine reagiert auf Kompression und das andere nicht. Das ist keine perfekte Symmetrie im Sinne der Strukturen, denn die Materie enthält sowohl positive als auch negative Ladungen, und Antimaterie kann gelegentlich winzige Ansammlungen von Masse bilden. Doch sie wirken komplementär als ein dynamisches Equilibrium. Normalerweise haben diese beiden Potenziale nichts miteinander zu tun. Sie sind sogar durch eine gewisse gegenseitige Abneigung voreinander geschützt, es sei denn, die Kompression wird so stark, dass sie ein sich erhaltendes Feld erschafft, das die Antimaterie regelrecht abstößt. Doch genau der Impuls zur Austreibung von Antimaterie zieht sie an, denn Antimaterie gehört zu den primären Bedingungen, die die Bildung von Materie überhaupt ermöglichten. Der Versuch zur Austreibung erschafft Anziehung. Die Anziehung führt zur Freisetzung von Kompression. Das kann unter Umständen auch ein sehr großer ›Knall‹ sein. Das ist der ewige Rhythmus des Kosmos!«

Er zwinkerte mir zu und hielt einen Moment lang inne. *»Der Sinn und Zweck der Wissenschaften liegt darin, das Verständnis des Lebens zu erweitern und das Leben zu verbessern.«*

Ich glaube nicht, dass er mir irgendetwas von all diesen technischen und wissenschaftlichen Informationen erzählt hätte, wenn er nicht bemerkt hätte, dass sich mein Bewusstsein und Begriffsvermögen ausdehnten. In all unseren Unterhaltungen legte er großen Wert auf Integration und praktische Anwendbarkeit. Besonders spannend in Bezug auf Energie waren dabei seine Bemerkungen über Mangel und Energie.

»Da der Mensch Energie in einer Weise behandelt, die von den Prinzipien des Erhaltens bestimmt wird, versteht er sie nur als etwas Knappes, Begrenztes. Die Wahrnehmung der Sonne als primärer Energiequelle fördert diese Sichtweise nur, denn die Versorgung mit Sonnenlicht durchströmt das ganze planetarische System und alle Lebensformen, doch weil es in diesem System Begrenzung und Abhängigkeit gibt, gibt es auch Konkurrenz, was die starken, aggressiven und konservativen Kräfte dominieren lässt. Kein demokratisches Gesellschaftssystem wird sich lange auf der Erde halten können, solange die Energieversorgung des Menschen derart begrenzt ist. Diese Perspektive muss sich unbedingt ändern. Um hier auf der Erde eine Welt des Friedens, der Nächstenliebe und des Wohlstands zu erschaffen, muss sich die Menschheit der Unendlichkeit und der Realität Gottes zuwenden. Dieser Perspektivenwechsel wird auch zu den physischen und spirituellen Antworten führen, nach denen ihr so lange schon sucht.

Die wahre Wissenschaft strebt nach Funktionalität und Anwendbarkeit. Sie hilft bei der Entwicklung eines Bewusstseins davon, wie das Leben funktioniert, und bei der Anwendung dieses Bewusst-

seins zur Lösung der Probleme des Lebens.« Nachdrücklich fügte er hinzu: »*Jede Aktivität dieser Art ist Wissenschaft. Durch die überwältigende Dominanz der Technologie und der militärischen Aufrüstung wurde das Wissenschaftsverständnis auf eindrucksvolle Maschinerien und elitäre Intellektualität reduziert. Das ist kein sinnvoller Maßstab für Wissenschaftlichkeit, denn er vermittelt den Eindruck, dass geistige Überlegenheit wertvoller sei als praktische Hilfeleistung. Eigentlich stimmt eher das Gegenteil. Wahre Wissenschaft entsteht aus dem Dienst am Leben, und der Verstand kann dann durch eine Zusammenfassung unserer brillanten natürlichen Neigungen seine Hilfsbereitschaft zum Ausdruck bringen.*

Es gibt einen Schlüssel zum Universum: Alle Antworten liegen direkt vor deiner Nase. Du entlockst ihnen ihr Geheimnis, indem du deine Frage formulierst. Ohne die richtige Frage bleibt die Antwort unsichtbar. Nähere dich also der Wirklichkeit mit bescheidenem, forschendem Verstand, offenem Herzen, unschuldiger Wahrnehmung und ohne Vorurteile. Wenn du die richtige Frage stellst, wird sich dir alles offenbaren!

Wahre Intelligenz ist auf selbstverständliche Weise demütig, nicht im Sinne von Selbsterniedrigung, sondern im Sinne von unschuldiger Wahrnehmung und praktischer Unterscheidungsfähigkeit. Die Probleme des Lebens sind wie die Bruchstellen eines Kreises der Ganzheit. Sie sind äußerst spezifisch und können nur mit einer ebenso spezifischen Herangehensweise repariert werden.

Seit es Bewusstsein gibt, hat der Mensch nach dem ›großen Plan‹ gesucht, immer in der Hoffnung, dass er damit eine Art generellen Bauplan der Existenz finden würde, den er dann technologisch verwenden könnte. Wenn das möglich wäre, dann könnte dieses Allheilmittel einfach wie ein goldenes Tuch über die Erde gebreitet werden und alle Probleme wären verschwunden! Wenn es so etwas gäbe, wäre es sicher das kostbarste Gut auf der Welt!

Es gibt eine generelle Prägung, doch sie kann in keinem Bauplan zusammengefasst werden und von keiner Technologie monopolisiert werden. Diese Prägung ist die Liebe. Keine Matrix, kein Gitternetz und kein Plan ist groß genug, um sie ganz zu erfassen! **Doch es gibt kein Allheilmittel. Selbst die Liebe muss mit Achtung vor dem Einzelnen gegeben und gepflegt werden, und sie muss wiederhergestellt werden, wo sie Schaden genommen hat.** *In der ganzheitlichen Wirklichkeit ist jeder Bruch und jede Störung in ihrer Art und in ihrem Vorkommen besonders. Die Idee eines Allheilmittels beruht auf einem Missverständnis davon, wie die Existenz funktioniert.*

Die Naiven, die Verzweifelten und die Abhängigen tendieren zu der archetypischen Wunschvorstellung eines Allheilmittels in der Hoffnung, dass es alle verborgenen Übel beseitige, ohne dass man sich mit ihnen auseinandersetzen muss.

Als ich vor langer Zeit sagte, dass ein Mensch nur von seinen Übeln erlöst werden könne, wenn er sie bekennt, ging es mir nicht um Schuldzuweisungen, und ich wollte auch niemanden drängen. Eigentlich war das eine ziemlich wissenschaftliche Aussage für jene Zeit. Sie bedeutet, dass du mit deinem Leben themenspezifisch umgehen musst! Du kannst einen Kreis brechen, wo du willst, doch ich versichere dir, dass du ihn nur an der Bruchstelle wieder verbinden kannst. Es gibt keine magischen Kreise, die in freundlicher Generalität alle Probleme lösen, ohne sie klar zu benennen, genauso wenig, wie du einen Schaden beheben kannst, indem du etwas anderes polierst, was gar nicht kaputt war. Wenn das Fundament eines Hauses beschädigt ist, dann hilft es nichts, das Dach zu reparieren oder den Garten neu zu gestalten. Für Beziehungen, Pläne oder Herzen gilt dasselbe: Finde die Stelle, wo der Bruch **wirklich** *stattgefunden hat, und heile sie.*

Unterscheidungsvermögen, Anerkennung der Realität und Streben nach Anwendbarkeit sind demütige Haltungen, ohne die es keine Wissenschaft geben kann. Sie gewährleisten die Liebesverbindung, die lebensspendende Zuwendung zum Einzelnen und die Hingabe an die Anwendbarkeit, die primäre Impulse der Liebe sind.

Es ist die Aufgabe der Wissenschaften, sich um die Anwendbarkeit im Einzelnen zu kümmern und im Rahmen allgemeiner Wahrscheinlichkeiten nach Erklärungen und Verständnis zu streben. Dies ist eine zwar bescheidene, doch edle Aufgabe, denn sie wird die Menschheit an die Schwelle der Unendlichkeit führen. So eine Haltung erzeugt Achtung vor dem Leben, vor der Unendlichkeit und vor allen Einzelheiten der Existenz.«

Wieder tauchte das Konzept der Unendlichkeit auf und umfasste jetzt sogar das Einzelne und die allgemeine Realität.

»Willst du damit sagen, dass die Unendlichkeit hier mitten unter uns ist, genauso wie der Geist?«, fragte ich etwas verunsichert angesichts der Vorstellung, dass ich vielleicht bis zu diesem Zeitpunkt vermieden hatte, ihn richtig zu verstehen, um mich diesem Potenzial nicht stellen zu müssen.

»Unendlichkeit ist der universelle Faktor, durch den sich Qualitäten in Quantitäten übersetzen lassen und umgekehrt. Sie bezieht sich daher in jeder Dimension der Realität auf die Übertragung von Potenzialen. Diese Funktion ermöglicht es den Ur-Teilchen (oder Unendlichkeits-Teilchen), sich mit der Kraft der Liebe zu synchronisieren. Vielleicht strebt der Mensch nach einem Allheilmittel, weil er instinktiv nach dem Gemeinsamen und dem Berechenbaren sucht. Das ist ein gesunder Instinkt, doch der Mensch irrt, wenn er sich auf archetypische Formeln verlässt, die dem Leben aufgesetzt werden, statt sie aus den natürlichen Tendenzen des Lebens zu gewinnen.

Das Problem der heutigen Technologien liegt nicht in den Wissenschaften selbst, sondern in den Erwartungen, die die Menschheit an sie hat. Die Apparatemedizin hat zum Beispiel der Menschheit unzählige Segnungen gebracht, von denen man noch vor hundert Jahren nur träumen konnte. Doch ihre unglaublichen Errungenschaften haben dazu geführt, dass man in ihr ein neues Allheilmittel vermutet. Diese Illusion ist gefährlicher, als du denkst, denn wenn etwas als Allheilmittel betrachtet wird, dann werden auch die Symptome von Problemen, mit denen dieser Bereich eigentlich gar nichts zu tun hat, dorthin übertragen.

Nehmen wir zum Beispiel einen Mann, der in finanzielle Schwierigkeiten geraten ist. Statt das eigentliche Thema spezifisch anzugehen, bekommt er vielleicht einen Herzanfall. So meint er, dass das

Allheilmittel, an das er glaubt, nämlich die Medizin, ihn retten wird und ihm die neue Chance im Leben gibt, die er braucht.

Medikamente werden allgemein als Allheilmittel betrachtet, obwohl viele menschliche Probleme gar nicht chemisch verursacht sind. So verlagert eine gestresste und leidende Welt ihre Symptome in die chemische Abhängigkeit. **Es liegt in der Natur der Allheilmittel, Fehlübertragungen zu verursachen.** *Irgendwann lösen sie ihr Versprechen doch nicht ein, aber bis dahin werden sie zu Magneten für alle möglichen Übel, die eigentlich anders behandelt werden müssten.*

Jedes Problem wird seine Symptome dorthin übertragen, wo es die Lösung vermutet, doch in Wahrheit kann die Lösung nur in Zusammenhang mit der eigentlichen Ursache gefunden werden. *Jeder wissenschaftliche Prozess sollte dies unbedingt berücksichtigen. Dieses Universum ist unendlich praktikabel, doch es funktioniert nicht, wenn du Themen zu vermeiden oder hinter vielversprechenden allgemeinen Phrasen zu verstecken suchst, die dir das Blaue vom Himmel versprechen.*

Das gilt nicht nur für körperliche Gesundheit. Jedes Allheilmittel ist eine gefährliche Illusion und wird sich letztendlich selbst zerstören. So ist Bildung zum Beispiel eine wunderbare Angelegenheit, doch eine gesetzlich aufgezwungene Bildung ist kein Allheilmittel für soziale Probleme. Aber alle Probleme, zu denen der Gesellschaft nichts einfällt, tauchen jetzt als Symptome im Schulsystem auf.

Das beste Beispiel für die Gefahren der Allheilmittel ist das Geld. Geld ist ein wunderbares Schmiermittel für das Leben, denn es sorgt dafür, dass die Räder sich gut drehen, doch die Hoffnung, dass sich damit alle Probleme der Welt lösen lassen, hat ihm alles Übel der Welt aufgehalst. Dieses Universum funktioniert themenspezifisch und ehrt die Gegenwart des Schöpfers in allen Dingen.«

Während ich seine Worte auf mich wirken ließ, stieg aus den Tiefen meines Bewusstseins eine Frage auf, die ich sanft und ehrerbietig äußerte. »Kann nicht auch die Vorstellung von Gott als Allheilmittel betrachtet werden?«

An dem Lächeln seiner Augen konnte ich erkennen, dass er auf diese Frage schon gewartet hatte.

»Das kommt darauf an, ob du dich auf Gott als Vorstellung oder als Realität beziehst! In Wirklichkeit ist Gott eine themenspezifische, leitende Kraft in allem, was ist. Wer Gott in der Realität kennt, dem stehen alle Antworten potenziell zur Verfügung, denn wo ist Gott nicht?«

Seine Antwort machte mich sprachlos, und als ob sich eine bis dahin verschlossene Tür geöffnet hätte, empfand ich plötzlich eine mir bis dahin unbekannte Tiefe des Fühlens und des Begreifens. Ich fing an, den Unterschied zwischen dem Wissen über Gott und der direkten Gotteserfahrung zu verstehen. Vorstellungen und Ideen können bestenfalls eine allgemeine Kenntnis Gottes vermitteln. Vor meinem inneren Auge breitete sich die Geschichte dieser allgemeine Phrasen mit all ihren Heilsversprechen aus, die so viele Übel der Welt auf sich gezogen hatten. Ich wunderte mich nicht mehr, warum sich im Laufe der Geschichte Wissenschaften und Theologie derart entzweit hatten. Vor allem erkannte ich jedoch, dass es so nicht bleiben musste.

14
Wege zum Erfolg

An einem sonnigen Februarmorgen strahlte das Licht mit einer Intensität durch die großen Fenster in mein Atelier, als wolle es dem im Atelier anwesenden großen Licht Ehre erweisen. Es war ein ziemlich warmer Tag für die Jahreszeit. Die Vögel flatterten fröhlich umher und mein Kater Gunnar schaute ihnen von dem sonnigen Fensterbrett aus fasziniert zu. Eine blühende Quitte rundete das Bild zu einer solchen Schönheit ab, dass ich den Meister fragte, ob wir eigentlich zu einer höheren Dimension aufsteigen müssen, um unsere Liebe und unseren Lebenssinn zu erfüllen und ganz zu dem zu werden, wozu uns der Vater erschaffen hat.

Mit einem freundlichen Lächeln meinte er, die höheren Dimensionen kämen ganz gut alleine zurecht. »*Ihr seid hier, um Gottes Schöpfung in dieser Dimension voranzutreiben.*«

»Sollen wir dann diese Dimension zu etwas anderem machen?«

»*Ihr seid hier, um den Prozess zu erlernen, durch welchen die heilige Transformation immer und überall stattfindet. Das Rohmaterial des Planeten Erde ist ein fruchtbarer Boden, um den Kindern Gottes eine ewige Wahrheit zu demonstrieren: Wenn sich das Innere erfüllt, findet das Äußere seine Übereinstimmung und seine Verwirklichung. Genauso gilt auch: Wenn das Äußere gemäß dem Willen Gottes erschaffen wird, dann findet das Innere seine ursprüngliche Vollkommenheit wieder. Ihr wurdet nach dem Ebenbilde Gottes erschaffen, um die schöpferischen Kräfte eures Vaters in all die Dimensionen hineinzutragen, die ihr bewohnt, sucht und erschafft. Deine Arbeit entwickelt sich dort, wo du bist, und du bist da, wo du sein sollst.*«

Ich empfand diese Aussage gleichzeitig als tröstlich und herausfordernd. Angesichts der Tatsache, dass uns selbst einfache Aufgaben manchmal vor kaum zu bewältigende Schwierigkeiten stellen, verspürte ich das dringende Bedürfnis nach einem Lebensansatz, der mehr Erfolg versprach.

Die vier Prinzipien, die er mir als Antwort gab, stellen eine einfache und direkte Anwendungsmöglichkeit von vielem dar, was bereits erwähnt wurde, doch ihre kraftvolle Schönheit verdient eine gesonderte Erwähnung.

»***Das erste Prinzip lautet: Sei die Liebe, die du bist.*** *Wenn du das verwirklichst, dann bist du auch das Kind Gottes, das du bist, dann bist du das Ebenbild Gottes, das hier auf Erden weilt, um in jeder*

Situation die Schöpfung seines Vaters weiterzuführen. Das wirkt unmittelbar auf dein Aussehen und auf das, was du erreichen kannst.

Als Erstes wirst du anfangen, über den Problemen zu stehen, mit denen du zu tun hast. Das ist zum erfolgreichen Leben unbedingt notwendig, denn kein Problem kann auf der gleichen Ebene gelöst werde, auf der es entstanden ist. Die Lösung liegt immer auf einer Ebene, die zumindest ein bisschen über den konfliktauslösenden Perspektiven steht. Solange du mit dem Problem auf Augenhöhe bist, wirst du es eher bekämpfen als lösen, doch wenn du die Liebe bist, die du bist, dann erkennst du in deinem Sein bereits das Geheimnis des Erfolgs. Die Lösungen für alle Probleme, die Antworten auf alle Gebete und die Offenbarungen aller Sinnhaftigkeit existieren bereits. Deine Aufgabe und deine Herausforderung liegen darin, dich für ihren Empfang zur Verfügung zu stellen.

Die Liebe gebietet dem Universum. Nur wenn die Liebe fehlt, flüchtet sich der Mensch in die Kontrolle, doch das ist ein schäbiger Ersatz und eine unglaublich ermüdende Haltung! Das Gefühl der Ausgeruhtheit kann zu einem der erfrischendsten Nebenprodukte deines Liebe-Seins werden. In einer kontrollbesessenen Welt kommt man kaum zur Ruhe. Du kannst Kontrolle auch als einen Wettbewerb um Zeit betrachten. Wenn du mit Liebe gebietest, wirst du in deinem Leben eine größere Übereinstimmung zwischen der Zeit, deinen Aufgaben und deiner wahren Natur erkennen. Wenn du gebietest, kannst du ruhen. Deswegen ist es wichtig, die Ruhe unseres Vaters am Sabbat zu achten.

Das zweite Erfolgsprinzip lautet: Tue das Richtige. *Tue es mit Beständigkeit und gib deinem Handeln eine klare Richtung, sodass du schließlich in deinem Lebensprozess eines nach dem anderen richtig machst. Lass es zur treibenden Kraft in deinem Leben werden, das Richtige zu tun.*

Versteh mich nicht falsch: Ich beziehe mich hier nicht auf eine Bewertung von Richtig und Falsch im Sinne einer strukturierten Moral. Moral unterliegt ständiger Veränderung, je nach herrschenden

Sittenregeln und Überzeugungen. Was euch heute moralisch wertvoll erscheint, war vielleicht im 17. Jahrhundert ein völliges Tabu. In eurem Land galt es noch vor gar nicht allzu langer Zeit als unschicklich, zu tanzen oder als Frau Hosen zu tragen. Heutzutage betrachtet ihr beides als Ausdruck eurer persönlichen Freiheit. Aufgrund der höheren Wahrheit, dass Moral Veränderung zum Guten hin bedeutet, sind die moralischen Standards immer in Bewegung. Alles, was du verbesserst, ist in gewisser Weise richtig. Indem du das Richtige tust, bist du mit dem Leben in Harmonie, ohne dass du dich an begrenzende Richtlinien oder das allgemeine Verständnis von Sitte und Anstand halten musst. Die sieben Prinzipien des Herzens – Einheit, Liebe, Leben, Respekt, Aufrichtigkeit, Gerechtigkeit und Güte – sind deine beste Leitlinie, um herauszufinden, ob du das Richtige tust.

In den Fragen ›Was bringt das Beste in mir hervor? Was bringt das Beste einer Situation hervor? Was bringt das Beste in anderen Menschen hervor?‹ liegt ein weiterer Weg zum richtigen Tun.«

Das erinnerte mich an eine Freundin, die seit mehreren Jahren krank war und langsam dahinsiechte, doch sie wollte sich auf keine ärztliche Therapie einlassen. Als ich sie eines Tages schließlich nach dem Grund dafür fragte, sagte sie, dass sie nur von Gott geheilt werden wolle, damit ihre Genesung der Welt seine Herrlichkeit vorführe. Der Gedanke als solcher war sicher nobel, doch ihr Verständnis von seiner Anwendung erschien mir fragwürdig.

»Wie kommst du darauf, dass Gott nicht auch durch einen Arzt wirken könnte?«, fragte ich sie. »Oder durch eine medizinische Therapie? Ist dir je in den Sinn gekommen, dass Gott vielleicht nur dein Bestes will und dafür sorgt, dass es dir besser geht, mit welchen Mitteln auch immer?«

Kurz darauf gab sie nach und ließ sich auf ärztliche Hilfe ein. Sie erholte sich nur langsam, doch ihr Vertrauen in die Hilfe von Mensch und Gott ließ sie innerlich wachsen und brachte das Beste in ihr hervor.

Es gibt eine kleine Geschichte, in der das Gleiche zum Ausdruck kommt. Ein Mann kam an das Himmelstor und wurde von Petrus herzlich empfangen und hineingeführt. Jesus kam auf ihn zu und begrüßte ihn mit den Worten: »Schön, dass du da bist, doch warum bist du jetzt gekommen? Du brauchtest in dieser Flut nicht zu ertrinken! Warum meintest du, dass deine Zeit gekommen wäre?«

Der Mann versuchte etwas irritiert, sich an die Ereignisse zu erinnern. Die schwellenden Fluten hatten sein Haus unter Wasser gesetzt und er war in sein Boot geflüchtet. Das Boot war jedoch gekentert und er hatte sich auf ein Hausdach retten können. Ein Hubschrauber war gekommen und hatte ihm eine Leiter herabgelassen, doch er winkte ab.

»Warum bist du nicht die Leiter hochgeklettert?«, fragte Jesus.

»Weil ich dachte, dass du den Fluten gebieten würdest, zurückzugehen«, antwortete der Mann.

»Ich habe ja versucht, dir zu helfen«, meinte Jesus.

In einem letzten Versuch der Rechtfertigung sagte der Mann: »Ich wollte doch nur, dass der Ruhm für meine Rettung dir zukommt.«

Jesus nahm ihn tröstend in die Arme. »Du hättest mich glücklich gemacht, wenn du einfach das Richtige getan hättest.«

Der Meister wies darauf hin, dass uns auch die nobelsten Absichten davon abhalten können, das Richtige zu tun.

Inzwischen scheint mir das Richtige zu tun wichtiger als alle anderen Absichten und Ansichten. Das Richtige kann manchmal der Griff nach den Sternen sein und manchmal das ganz Naheliegende, Praktische. Es kann in der einen Situation bedeuten, seine Stimme zu erheben, und in der anderen, zu schweigen. Das Richtige zu tun, erfordert manchmal Mut und oft Demut. Es kann verlangen, für sich selbst einzustehen oder anderen zu dienen. Die Auseinandersetzung mit der Realität des Lebens scheint mir dabei das durchgängige Thema zu sein.

»Das dritte Erfolgsprinzip ist so sehr mit dem Leben verwoben, dass es meistens übersehen wird: Folge einfach dem Leben und dem Lebendigen! Da das ganze Universum auf einer Bevorzugung des Lebens und des Lebendigen beruht, kannst du es dir nicht leisten, dieses Prinzip zu ignorieren. Folge nicht dem Tod und den Sterbenden. Damit meine ich, dass du dich nicht an überflüssigen und uneffektiven Strukturen, Ideen, Vorstellungen oder Geschäften orientieren sollst. Halte Ausschau nach neuen, erfrischenden Übereinstimmungen, Gelegenheiten und Erkenntnissen.«*

Schon vor langer Zeit hatte Jesus gesagt: »*Lass die Toten ihre Toten begraben*« (Matthäus 8,22). Jene Worte bezogen sich auf genau dieses Prinzip, wie er mir erklärte. Dem Leben und dem Lebendigen zu folgen, bringt uns weiter. Das Leben wird jeden Tag neu erschaffen, und mit jedem Ausbruch von Lebendigkeit erweitert sich das Bewusstsein. Natürlich ist es sinnvoll, sich mit dem zu befassen, was vor uns war, und es zu ehren. Doch wir können uns nicht mit dem Blick in den Rückspiegel durchs Leben steuern. Wahre Lebenskompetenz entsteht, wenn eine vorwärtsgerichtete Haltung mit der Achtung vor dem Wachstums- und Veränderungspotenzial des Lebens verbunden ist.

Dies war eine von drei Gelegenheiten, bei denen Jesus das menschliche Leiden erwähnte. Er sprach davon, dass die Menschen unnötig leiden, weil sie versuchen, das Tote und Sterbende zu bewahren, statt dem Leben und dem Lebendigen zu folgen. Dazu gehörten auch tote und sterbende Geschäfte, Situationen, Strukturen und Lebenseinstellungen.

»Unser Vater hat dieses Universum erschaffen, um das Leben zu feiern und es immer weitergehen zu lassen. Um dies sicherzustellen, gab er dem Leben Priorität. Die neugeborenen Kinder sind eure Zukunft. Wenn ihr diese Kinder nicht ehrt und euch nicht um sie kümmert, dann wird eure Zukunft sinn- und wertlos sein. Eine Fülle von tierischem und pflanzlichem Leben gedeiht überall um euch herum. Wenn ihr diese Geschenke des Lebens nicht achtet, werdet ihr im

Alter nichts ernten können. Wer nur den Toten und Sterbenden dient, wird auch nur diese zur Gesellschaft haben.

Zu den Säulen der Weisheit gehört die Achtung vor dem bereits Erschaffenen. Doch das sollte nicht mit Ahnenkulten verwechselt werden. Mehr noch als das Geld wurden die Ahnen weltweit als falscher Gott verehrt. Das stellt die Menschen in eine Abhängigkeit von dem Alten und der Lebensart der Sterbenden und Toten. Deren Lebensart stand einmal für das Leben und das Lebendige. Jetzt seid ihr das Leben und das Lebendige. Sich mit der Vergangenheit und den Vorfahren zu befassen, ist nur sinnvoll, wenn ihr Werk auf die Zukunft angewandt wird und damit neue Lebendigkeit und Sinnhaftigkeit erfährt. Neue Schöpfungen können das, was zuvor war, mit Vitalität und Erneuerung erfüllen, genauso wie Kinder neues Blut, neues Leben, neue Energie und neue Ideen in eine Familie bringen. Wenn du erfolgreich leben willst, dann fördere vorbehaltlos alles Leben und alle Lebendigkeit.

Bei Entscheidungen brauchst du dich nur zu fragen: ›Fördert dies das Lebendige oder das Sterbende?‹ In vielen Situationen sind beide Potenziale miteinander vermengt, vor allem in Arbeitssituationen. Konzentriere dich einfach auf das Lebendige oder nutze die Kraft des Lebens, um das Sterbende wieder zu beleben.

Wenn du dem Leben und dem Lebendigen folgst, wirst du instinktiv das Richtige tun, und wenn du das Richtige tust, dann bist du die Liebe, die du bist. Dieser Prozess folgt einer Logik. All diese drei Prinzipien fließen ineinander.«

»Doch was ist mit dem vierten?«, fragte ich. »Was könnte nach diesen drei Prinzipien noch zu tun bleiben?«

»Es ist nichts weiter zu tun, als dem, was sich nicht konstruktiv in dein Leben gefügt hat, zu vergeben, und mit dem Vergeben immer weiter fortzufahren, um ›deinen Tempel rein zu halten‹.

Vergebung ist das vierte Erfolgsprinzip. *Wunderbarerweise kannst du durch Vergebung alles Vergangene, was dir nicht dienlich war, abschließen. Viele Menschen hängen an dem Toten und Ster-*

benden, weil sie nicht vergeben können. Die Leute klammern sich an ihren Groll, als wäre es ihr größter Schatz. Das Tragische daran ist jedoch, dass der Groll die Verbindung mit etwas aufrechterhält, was dir nicht dienlich war, was dich im Stich gelassen oder verraten hat. Groll belastet und lenkt vom Erfolg ab. Er macht das Leben zu einem sinnlosen Durcheinander. Wenn Seelen Fahrzeuge wären, dann würde eine nachtragende Seele wie ein alter Schrottkarren wirken, der scheppernd alles Mögliche hinter sich her zieht. Wenn du genau hinhörst, kannst du ihn schon von Weitem kommen hören.«

Seit ich diese Metapher gehört habe, kann ich durch keine Einkaufsstraße mehr gehen, ohne die »Schrottkarren« und die »Rennwagen« zu bemerken.

Das Leben ist an seiner Leichtigkeit, Freiheit und Aktivität schnell zu erkennen. Die »Rennwagen« sind meistens Kinder. Sie gehen dem Leben und dem Lebendigen nach und tun instinktiv das Richtige, ohne darüber nachzudenken. Ein Großteil der Zeit sind sie die Liebe, die sie sind. Die »Schrottkarren« jedoch sind derart mit dem Toten und Sterbenden verwickelt, dass ihnen eine echte Zukunft fast unerreichbar erscheint.

»So ein Mensch ist ständig damit beschäftigt, wie er seine Aktienverluste ausgleichen kann oder welche Geschäfte schiefgegangen sind. Er konsultiert dauernd einen Anwalt, und wenn der Stress überhandnimmt, auch einen Arzt. Er verträgt sich nicht mit seinen Nachbarn, weil er keine Hunde mag, und so weiter. Das ist für viele Menschen typisch. Sie sind so von ihrem Ärger und ihren Schwierigkeiten eingenommen, dass sie sich nicht mehr auf die Zukunft konzentrieren können. Dann wundern sie sich, warum ihnen nichts mehr einfällt, und schieben es aufs Alter.

Es würde den Menschen leichter fallen, diese Probleme hinter sich zu lassen und den angestauten Widrigkeiten und Enttäuschungen des Lebens zu vergeben, wenn sie einen bestimmten Aspekt der Vergebung besser verstünden: **die Harmonie zwischen Intelligenz und Vergebung.** *Nicht das Vergessen macht die Vergebung vollständig, sondern das Verständnis darum, was schiefgelaufen ist und wie* es dazu kam. Meistens geht etwas schief, weil ein Verständnis, eine Bereitschaft oder eine Fähigkeit unvollständig war. Durch einfaches Vergessen kommt nichts ins Lot, und alles kann sich wiederholen. Außerdem kannst du deinen Groll gegen die anderen erst wirklich loslassen, wenn du deinen eigenen Anteil daran begriffen hast.

Ich fordere euch zwar auf, vorbehaltlos zu vergeben, doch das erfordert Intelligenz und Fokus. Es geht hierbei nicht um das Opfern von Bewusstsein in einem Akt passiver Selbstaufgabe oder um das widerstandslose Hinnehmen von Misshandlungen. Beim Vergeben geht es vielmehr um das Lösen negativer Anhaftungen, was den Weg zu wahrer Erleuchtung und konstruktiver Gerechtigkeit frei macht.

Wer zum Beispiel einem Kind sein destruktives Verhalten permanent vergibt, ohne korrigierend einzuschreiten, der erlaubt ihm indirekt, auf die gleiche Weise fortzufahren. Das Vergeben dient der Wiederherstellung der Liebe, nicht der Fortsetzung einer undienlichen oder destruktiven Situation.

Vergebung ist unbedingt praxisorientiert. Es ist sinnvoller, dass du deinem Nachbarn vergibst, der aus Versehen deine Einfahrt blockiert hat, als dass du irgendwelchen Terroristen auf der anderen Seite der Erde vergibst. **Je näher dir der ›Täter‹ steht, desto wichtiger ist es, dass du ihm vergibst.**

Ich hoffe, dir ist dabei klar, dass du selbst der wichtigste Mensch bist, dem du vergeben musst. Wenn jeder sich selbst und seinen Nächsten vergäbe, würde sich alles andere von alleine regeln!

Im Vergeben erhältst du genauso eine neue Lebenschance wie diejenigen, denen du vergeben hast. Dann zieht es dich instinktiv zum Leben und zu dem Lebendigen. Als Reaktion auf diesen Impuls wirst du instinktiv das Richtige tun und damit mehr und mehr zu der Liebe werden, die du bist.

Diese vier Erfolgsprinzipien bilden einen endlosen Kreislauf lebensspendender Unterstützung. Wo auch immer man sich auf diesen Kreis einlässt, wird alles andere gleichermaßen gestärkt. Die Anwendung dieser Prinzipien gibt der Liebe das Kommando über dein Leben zurück.«

Äußert sich so der Wille Gottes in unserem Leben?, fragte ich mich. Als ich in meiner Kindheit Religionsunterricht erhielt, wurde der Wille Gottes eher als eine diktatorische Macht dargestellt, nicht als eine sanfte Kraft, die die Potenziale und Harmonien des Lebens durchdringt. Also bat ich Jesus, mich über den Willen und besonders den Willen Gottes aufzuklären.

»Als Erstes musst du verstehen, dass Gottes Wille bereits am Wirken ist«, antwortete er freundlich. *»Er ist kein losgelöstes Potenzial, das am Rande des Lebens sitzt und darauf wartet, dass er mitspielen darf. Das gesamte Leben ist Gottes Wille. Der Wille Gottes ist wesentlicher Bestandteil der Wirklichkeit. Wenn du glaubst, dass er irgendwo anders sei, dann glaubst du wahrscheinlich auch, dass du selbst irgendwo anders sein solltest. Dein Leben ereignet sich aus gutem Grund genau dort, wo du bist. Finde diesen Grund heraus. Der beste Weg dazu, die Richtigkeit deines gegenwärtigen Standortes zu bestätigen, ist der Blick auf seinen Bezug zum Heiligen Herzen, dem unschuldigen Ort in dir selbst. An diesem inneren Ort ist dir der Wille Gottes bekannt. Zumindest für diesen Augenblick bist du genau an dem Ort, an dem du sein solltest. Wann immer dir das nicht richtig erscheint, erlaubst du keine Synchronizität zwischen dir selbst und dem Willen Gottes. Dann siehst du Gott irgendwo anders statt in deiner eigenen Realität.*

Es gibt noch etwas, was dir helfen wird, den Willen Gottes zu begreifen: Gottes Wille liegt in der Wahrheit. Erkenne die Wahrheit, und du wirst den Willen Gottes kennen.«

Dieser Satz schärfte meine Wahrnehmung und steigerte mein Verlangen, mehr über die Wahrheit zu erfahren. »Wahrscheinlich ist über nichts so viel geredet und gestritten worden wie über die Wahrheit«, meinte ich. »Du hast gesagt, dass die Wahrheit uns frei macht. Es ist doch merkwürdig, dass die Quelle unserer Befreiung so heiß umkämpft ist.«

Er lächelte. *»Die Konflikte entstehen, weil von außen immer nur ein Teil der Wahrheit zu erkennen ist. Die ganze Wahrheit wird nur sichtbar, wenn die innere Wahrnehmung und die äußere Realität* *eins sind. Als Ebenbild des Vaters verfügt ihr über die Fähigkeit, vollkommene Synchronizität zu erfahren. Diese Kraft wird im Heiligen Herzen bewahrt, dem Zentrum unschuldiger Stille, an dem sich dein inneres Leben mit deinem äußeren Leben verbindet. Interessanterweise kannst du so viel äußerliche Informationen sammeln, wie du willst – zur Wahrheit werden sie erst, wenn du weißt, was sie für dich bedeuten. Du könntest jeden Stein auf der Erde wiegen, alle Länder vermessen und alle Moleküle analysieren – solange diese Informationen keine Bedeutung für dein Leben haben, kannst du sie nicht anwenden und dich auch nicht von ihnen frei machen. Es gibt auch das Gegenstück dazu: Menschen, die den ganzen Tag in Gebet und Meditation verbringen und nie die äußere Welt erforschen. Du kannst auch die innere Welt so gut kennen, wie du willst – wenn dir die dich umgebende Wirklichkeit unbekannt ist, entgeht dir genauso die ganze Wahrheit.*

Wenn ihr das besser versteht, werdet ihr auch mit den Problemen eures Lebens effektiver umgehen können.

*Es gibt eine allgemein verbindliche Realität, doch jedes Individuum hat das Recht auf seine eigene Beziehung zu dieser Realität. Es gilt, beide Perspektiven gemeinsam als vollständige Wahrheit zu ehren. Eure Achtung vor der Realität ist die Grundlage für euren Umgang miteinander. Indem ihr die Wahrheit eines anderen respektiert, lernt ihr, auch eure eigene Wahrheit zu schätzen. Es ist gar nicht unbedingt eine tatsächliche Wahrheit, die euch befreit, sondern die Erkenntnis dessen, **was Wahrheit wirklich ist.** Diese Erkenntnis wird euch eine sinnvolle Basis für eine klare und vertrauenswürdige Kommunikation geben. Angesichts der Wahrheit anderer werdet ihr verstehen, wie Gott innerhalb derselben Wirklichkeit jeden Menschen mit gesonderter Aufmerksamkeit bedenkt, mit gesonderter Bedeutung und mit einem gesonderten Bund. Durch die Ehrung dieses Gleichgewichts wirst du es auch in dir selbst finden.*

Das Wundersame an der Wahrheit ist, dass sie für jeden einzigartig ist und doch für alle konstant. Das nimmt Bezug auf ein anderes Prinzip, das im Umgang mit dem Willen des Vaters eine entscheidende Rolle spielt: das Gesetz der Gegenseitigkeit. Gegenseitigkeit ermöglicht sowohl im Universum als auch unter den Menschen Ausdehnung und Differenzen, ohne dass Harmonie verloren geht. Alle Kommunikation beruht auf Gegenseitigkeit, sonst würde es keinen Sinn machen, miteinander zu reden, denn keiner verstünde den anderen. Doch welchen Sinn hätte Kommunikation überhaupt, wenn es nicht unterschiedliche Erfahrungen und Ansichten gäbe? Eine gemeinsame Sprache ist offensichtlich etwas Gegenseitiges, was gegebenenfalls den Vergleich oder die Ausräumung von Unterschieden ermöglicht. Gegenseitiges Verständnis befreit euch aus der Sicht eines anderen. Ihr braucht dann nicht mehr den Träumen des anderen zu dienen, sondern nur noch das Recht des anderen auf seine eigenen Träume zu ehren. Indem ihr sein Recht ehrt, ehrt ihr euer eigenes. Darin liegt der Segen der Gegenseitigkeit.

Das Gesetz der Gegenseitigkeit ist vielleicht eure genaueste Leitlinie für den Willen Gottes, denn der Schöpfer vergeht sich nicht gegen seine eigenen Gesetze. Gott will, dass ihr wachst und euch den Herausforderungen der realistischen Möglichkeiten stellt und dass ihr euch um das bemüht, was zum Wohle aller ist. Das Tun, zu dem ihr geführt werdet, mag mit eurem Selbstverständnis schwer zu vereinbaren sein, doch dahinter steht meist eine Verleugnung der Realität. In Bezug auf das, was wirklich ist, wird es nie unmöglich sein.«

Meine eigenen Erfahrungen beim Malen von ›Das Lamm und der Löwe‹ boten ein deutliches Beispiel für diese Wahrheit. Der Ruf überstieg mit Sicherheit mein Selbstverständnis. So ein Gemälde herzustellen, schien deutlich jenseits meiner Möglichkeiten zu liegen. Gleichzeitig war es eine Tatsache, dass ich mich mein ganzes Leben lang auf diese Aufgabe vorbereitet hatte. Mein Bund und meine Vorbereitungen hatten sich jedoch bis zum Jahr 1991 nicht auf sinnvolle oder offensichtliche Weise vereint.

In meiner Kindheit hatte ich den Willen Gottes und den Willen meiner Eltern als äußere, mein Leben formende Kräfte kennengelernt. Diese Wahrnehmung bringt uns oft dazu, uns gegen diese vermeintlichen äußeren Einflüsse zu wehren. Auch bei der Arbeit, in der Schule und in anderen Situationen müssen wir uns nach Anweisungen richten. Manchmal fällt uns das leicht, manchmal tun wir es widerwillig. Mir wurde klar, dass Wille und Kontrolle für mich immer noch unklare Themen waren. Jesus schlug vor, dass wir um eines höheren Verständnisses willen vorübergehend die Begriffe wechseln und statt »Wille« »Absicht« sagen sollten. Ich war einverstanden.

»Wie alt warst du, als du dich entschieden hast, Malerin zu werden?«

»Ich war gerade erst drei Jahre alt.«

»Gut. Das ist ein Beispiel für eine Absicht«, antwortete er.

Ich dachte einen Moment lang nach und stimmte dann zu. Das hatte ich nie für Willen gehalten, sondern immer für Absicht.

Er fragte weiter. *»Hast du von da an jeden Tag deines Lebens daran gedacht und diese Absicht bestärkt?«*

»Aber nein. Ich war ein kleines Mädchen, das seine Malbücher liebte. Ich habe auch nie um Malunterricht gebeten. Meine Mutter hat sich darum gekümmert.«

»Genau«, sagte er. *»Sie nahm deine Absicht auf.«*

»In der Schule hatte ich sehr gute Noten im Kunstunterricht, deswegen wurde ich immer gefördert.«

»Also haben auch deine Lehrer auf deine Absicht reagiert«, fuhr er beharrlich fort. *»Hast du auf der Highschool daran gedacht, aus der Malerei einen Beruf zu machen?«*

»Solche Gedanken lagen mir damals fern, denn meine ganze Leidenschaft galt den Pferden. Ich wuchs genauso auf wie andere Mädchen. Allerdings erhielt ich zum Abschluss ein Universitätsstipendium für Kunst.«

»Hat da das Universum auf deine Absicht reagiert?«, fragte er abschließend. *»Verstehe doch: An einem gewissen Punkt legst du eine Absicht wie ein Samenkorn in dein Leben. Von da an brauchst du sie nur noch ab und an zu bestätigen, zu wässern und zu düngen. Du brauchst nicht ständig daran zu denken.*

Erinnere dich an die Lilien auf dem Felde, die sich für ein wildes Leben entschieden haben. Siehst du, wie dein Vater ein Universum erschaffen hat, in dem die Absicht eines jeden Herzens geehrt wird? Eine Absicht, die du wie ein Samenkorn in dein Herz gelegt hast, wird wachsen. Andere Menschen werden sie erkennen. Deine Absicht wird keimen und wachsen, Blätter, Blüten und Früchte bilden. Als kleines Kind hast du ein Samenkorn gelegt, und heute erschaffen wir gemeinsam dieses Bild.

So funktioniert Absicht. Das Universum unseres Vaters ehrt jedes gepflanzte Samenkorn, jede Absicht. Du brauchst keine äußeren Kräfte aufzuwenden, aber manchmal können sie hilfreich sein, um die Richtung des Wachstums zu lenken. Manche Absichten lassen sich nämlich eher mit Unkräutern vergleichen. Als du dich entschieden hast, Malerin zu werden, entschied sich ein anderes Kind vielleicht gerade, von zu Hause fortzugehen. Wieder ein anderes Kind musste vielleicht mit einer negativen Situation umgehen, mit Misshandlungen oder zerstörerischen Emotionen. Und ein anderes Kind fasste den Entschluss, in den medizinischen Bereich zu gehen, weil in seiner Familie so viele krank waren. Welche Samen auch immer gelegt werden, sie wachsen und werden Früchte tragen.

Das Universum beruht auf vier verschiedenen Absichtsebenen.
*Die **erste** ist die Absicht Gottes, die sich wunderbar einfach zusammenfassen lässt: **Liebe**. Liebe ist der Wille Gottes. Mein einziges Gebot an euch war die Liebe, denn als der Wille Gottes wird sie über alles triumphieren. Auch wenn die Illusionen den Prozess noch sosehr zu beeinflussen scheinen: Am Ende siegt die Liebe. Gott will, dass dir nur das Beste widerfährt. Gott will, dass im Leben nur das Beste geschieht.*

Nach dem Willen Gottes soll jeder über die Täuschungen der Getrenntheit erhoben und nach Hause geführt werden. Nie wirst du in einer Situation enden, die deine Seele zerstören könnte. Der Wille Gottes ist Liebe und nur Liebe. Wenn du das erst mal verstanden hast, ist der göttliche Wille leicht zu erkennen.

*Die **zweite** Absichtsebene wurde vom Schöpfer in die **physischen** Funktionen unseres Universums gelegt und ist von zwei Prinzipien geprägt.*

*Eines davon ist, **dass das Leben und das Lebendige Vorrang hat vor dem Toten und dem Sterbenden**. So lautet der Wille Gottes. Also bist du immer in Harmonie mit dem Willen Gottes, wenn du das Leben und das Lebendige förderst.*

*Das andere Prinzip, das entsprechend der Absicht Gottes für das physische Wohlbefinden sorgt, ist **das Gesetz von Ursache und Wirkung**. Der Schöpfer will, dass das Universum immer wieder in einen Zustand des Gleichgewichts zurückkehrt. Jeder Ausschlag eines Existenzzustands in eine Richtung wird durch eine Gegenbewegung ausgeglichen und letztendlich wieder zur Mitte zurückgeführt. Gott hat dem Universum dieses Gesetz des Gleichgewichts eingepflanzt, damit ihr ernten werdet, was ihr gesät habt. Was du einem anderen antust, wird dir angetan werden.*

Dieses System grundsätzlicher Gerechtigkeit sorgt dafür, dass sich am Ende alles ausgleicht. Wer das ignoriert, wird in seinem Leben manche Überraschung erleben, denn euer Leben besitzt die Kraft, alles Ungleichgewicht, das ihr verursacht habt, auszugleichen. Am Ende stimmt die Bilanz immer, und das Leben hat Vorrang gegenüber dem Toten.

Mehr brauchst du vom Wirken des Universums nicht zu verstehen. Mit einem Verständnis dieser beiden Prinzipien kennst du die Absicht Gottes in Bezug auf die physische Existenz.

Das Problem dabei ist, dass die enorme Größe des Universums die Angelegenheit etwas unübersichtlich macht. In seinem Leiden und seiner Verzweiflung schrie Hiob zu Gott: ›Warum?‹, und Gott antwortete: ›Wo warst du, als ich die Sonne erschuf, den Mond und die Sterne? Wo warst du, als ich die Wale erzeugte? Wo warst du, als ich die unermessliche Vielfalt der Existenz hervorbrachte?‹ Er hätte auch sagen können: ›Hiob, auch das Große, Ganze muss sein Gleichgewicht finden. Das Universum kann sich nicht immer nach deiner persönlichen Vorstellung deines Gleichgewichts richten!‹

Manchmal werdet ihr gebeten, mit euren persönlichen Lebensumständen tolerant und geduldig zu sein und damit dem größeren Zusammenhang zu dienen. Damit die Angelegenheiten deines eigenen Lebens dauerhaft und sinnvoll sein können und du Glück und Wohlstand ernten kannst, muss zuerst das größere Bild integriert und ausgeglichen werden. Die vier Prinzipien des Erfolgs können dir dabei bestens behilflich sein.

In deinem Leben ist vieles am Wirken, was du nicht verursacht hast, deswegen sind Toleranz und Vergebung so wichtig. Verantwortung zu übernehmen für das, was du verursacht hast, ist genauso ein Zeichen der Weisheit, wie dich durch den Blick auf die größeren Zusammenhänge von Verantwortungen zu befreien, mit denen du nichts zu tun hast.

Manche Menschen erschöpfen sich, indem sie zu viel Verantwortung auf sich nehmen. Du kannst nicht für alles verantwortlich sein, doch du kannst danach streben, vollständiger die Verantwortung für die Dinge zu übernehmen, die du verursacht hast. Ein sicherer Weg dorthin ist, dem Leben und dem Lebendigen zu folgen und immer das Gesetz von Ursache und Wirkung zu beachten.

*Der **dritte** Aspekt der Absicht bezieht sich auf **Respekt und Gerechtigkeit in der menschlichen Gemeinschaft**. Du lebst nicht allein. Du lebst in einer Familie, einer Gemeinschaft, die eines Tages zu einer wunderbaren Gemeinschaft werden soll. Im Moment ist das Bild noch etwas gemischt, doch ob wunderbar oder nicht: Ihr müsst miteinander auskommen, und das ist nur möglich, wenn ihr die Absichten des anderen genauso achtet wie eure eigenen. Das kann ganz einfach sein, zum Beispiel, indem ihr fragt: ›Was ist mein Anteil an dieser Situation und was ist deiner? Lass uns damit umgehen, das ist **unsere** Situation.‹*

*Und als **viertes** kommen **deine eigenen Absichten** ins Spiel. Wenn du dein Leben auf sinnvolle Weise steuern willst, dann musst du dir deiner Absichten bewusst sein und erkennen, was du in Bewe-*

gung gesetzt hast. Vielleicht hast du die Samen schon vor langer Zeit gesät, doch sie wachsen immer noch. Du brauchst nicht jeden Tag Inventur zu machen, doch je umfassender du begreifst, was du ausgelöst hast, desto weiser kannst du mit deinem Leben umgehen.

Um erfolgreich zu leben, musst du alle vier Absichtsebenen einsetzen. Du musst den Willen Gottes in allen Dingen erkennen. Du musst die universelle Notwendigkeit des Gleichgewichts und des Vorrangs des Lebens und des Lebendigen verstehen und respektieren. Du musst die Absichten der anderen um dich herum bemerken und sie ehren oder damit umgehen. Nur allzu oft beschuldigt ihr einander, die Ursache des Problems zu sein, obwohl die Verantwortung in aller Regel beiderseits zu suchen ist. Und zu guter Letzt musst du deine eigenen Absichten anerkennen, indem du sie dir bewusst machst. Hege und pflege sie oder ändere sie, wenn nötig. Komme mit deiner abschließenden Analyse zu dir selbst zurück, denn dann richtest du dich an etwas, was du wirklich verändern kannst.«

In diesem Zusammenhang wies er auf etwas Wesentliches hin:
Wir können nur unsere eigenen Absichten verändern!

»Du kannst jemand anderen vielleicht davon überzeugen, seine Absicht zu ändern, doch du kannst es nicht für ihn tun. Dein Herz enthält deine Absichten, deswegen kannst du dein Leben nur in dem Maße ändern, wie du dein Herz veränderst. Du kannst tausend Mal deine Meinung ändern, ohne dass es deine Absicht im Geringsten berührt. Doch wenn du nie in dein Herz gehst, dann vergisst du, was darinnen ist, und verlierst deinen Einfluss darauf.

Du wirst den Willen Gottes nicht ändern. Du vermagst weder die zwei Absichtsprinzipien zu ändern, die dem physischen Universum innewohnen, noch die Absicht einer anderen Person, auch wenn es klug wäre, mit denen zu verhandeln, die dich nicht unterstützen, und dich mit denen zusammenzutun, die auf deiner Linie liegen. Das Einzige, was du ändern kannst, sind deine eigenen Absichten. Das ist dein Ausgangspunkt.

Wenn Menschen in Schwierigkeiten stecken, die der Veränderung bedürfen, neigen sie häufig zu dem irrtümlichen Versuch, Dinge zu verändern, die entweder nicht zu verändern sind oder nichts bewirken.

Eine Frau zum Beispiel, die an ihrer Arbeitsstelle unglücklich ist, versucht vielleicht, den Arbeitsplatz, die Abteilung oder die Firma zu wechseln. Sie versucht alles Mögliche zu verändern, was gar nichts mit ihrer eigenen Absicht zu tun hat. Sinnvoller wäre es, wenn sie sich ihrer ursprünglichen Absichten bewusst würde und herausfinden würde, wie sie sich derart entwickeln konnten. Damit gewinnt sie das Kommando über ihre Situation zurück und wird sich darüber klar, warum sie an dieser Stelle ist und was es als Nächstes zu tun gilt.

Diese vier Absichtsebenen existieren in jeder Situation. Angenommen, du hast eine Erkältung. Vielleicht genügt es schon, dass du dich etwas zurückziehst, ausruhst und meditierst, um dein Gleichgewicht wiederzufinden. Doch häufig reicht das nicht aus. Warum nicht? Ich will es dir erklären.

Gehen wir davon aus, dass es nicht deine Absicht war, krank zu werden, und daher andere Faktoren mitspielen, die im Außen zu berücksichtigen sind. Vielleicht betest du als Erstes, dass die Gnade Gottes, die alles überwinden kann, in deiner Situation ein Wunder bewirken möge. Als Zweites kannst du die dem Universum innewohnenden Tendenzen betrachten. Vielleicht hast du zu viel gearbeitet, und das Universum will, dass du zum Ausgleich etwas ausruhst. Du kannst jemanden um Hilfe bitten, eine Freundin, einen Arzt oder einen spirituellen Berater. Und dann kannst du herausfinden, was deine eigenen Absichten zu dieser Situation beigetragen haben. Du hattest nicht die Absicht, krank zu werden, aber vielleicht wolltest du nicht zur Arbeit gehen.

Jeder Situation liegt irgendwo auch deine eigene Absicht zugrunde. Wenn du dir all dieser Aspekte bewusst bist, wirst du mit jeder Situation fertig.

Manche Menschen sind aus einer finanziellen Katastrophe mit einem ganz neuen Lebensgefühl hervorgegangen. Der Verlust eines

Geschäfts, das zu dem Toten und Sterbenden gehörte, machte es ihnen möglich, sich dem Leben nun mit neuer Aufmerksamkeit zuzuwenden. Um echte Wachstumskapazität zu erzeugen, ist sehr wenig Geld nötig. Die großen Mengen an Startkapital sind in der Regel nur ein Erfordernis der Strukturen. Es kostet viel Geld, ein konservatives oder sterbendes Potenzial in einer Vorwärtsbewegung zu halten, doch eine lebendige Ressource zu entwickeln, braucht nicht teuer zu sein. Es wird dich überraschen, mit wie wenig man ein neues Leben anfangen kann, wenn man auf der Seite des Lebens und des Lebendigen steht!

Die vier Aspekte der Absicht lassen sich in allen Bereichen anwenden: auf Gesundheit, Beruf, Finanzen, Familie, wo immer du Schwierigkeiten hast. Wende die vier Prinzipien des Erfolgs an, und du wirst meisterlich über dein Leben gebieten.

Ab und zu muss auch eine andere Möglichkeit in Betracht gezogen werden, auch wenn sie vielen Menschen schwerfällt. Manchmal ist es angemessen, andere um Hilfe zu bitten und sie anzunehmen. Bei emotionalen Schwierigkeiten und Suchtproblemen ist dieses Vorgehen allgemein anerkannt, und bei häuslicher Gewalt und Missbrauch ist es oft der einzig wirksame Weg. Doch auch in weniger dramatischen Situationen kann es sinnvoll sein, sich trösten, beraten oder professionell helfen zu lassen. Du solltest daher wissen, wann und warum du um Hilfe bitten kannst und musst. Das kann notwendig werden, weil in einer Situation mehr Absichten zum Tragen kommen können, als ein einzelner Mensch erkennen und integrieren kann. Wenn du es nicht verursacht hast, wird Hilfe aus einer anderen Richtung benötigt.

Es ist durchaus angemessen, zuerst deinen himmlischen Vater um Hilfe zu bitten. Bitte, dass in deiner Situation die Liebe den Vorrang haben möge und dass seine Gnade dich über die Situation erhebe. Wenn es sich um ein medizinisches Problem handelt, kannst du dann einen Arzt oder Heiler aufsuchen. Je nachdem, worum es geht, kannst du an deine Familie, deine Freunde oder professionelle Berater heran-

treten. Es ist weise, sich in komplizierten Situationen von Menschen helfen zu lassen, die euer Verständnis erweitern können.«

Er wies nochmals darauf hin, dass es genauso wichtig ist, die Grenzen persönlicher Verantwortung zu achten, wie dort Verantwortung zu übernehmen, wo es angemessen ist. Manche Umstände übersteigen einfach unsere Möglichkeiten und erfordern, dass wir bescheiden um Hilfe bitten.

Es hat mich immer wieder erstaunt, wie redliche Bittgesuche das Beste in mir und anderen zum Vorschein gebracht haben. Wenn wir anderen Gelegenheit zur Hilfe bieten, dann brauchen wir uns nicht alleine abzumühen. Der gemeinsame Umgang mit den Problemen des Lebens erzeugt Vertrauen und Gemeinschaftsgefühl. Einträchtiges Wirken bringt Licht in die innere und die äußere Welt. Wie Jesus sagte: *»Du wirst nie die Wahrheit einer Situation erkennen, wenn du nicht sowohl mit dem Inneren als auch mit dem Äußeren in Kontakt bist.«*

Der letzte wichtige Aspekt für ein erfolgreiches Leben und den Umgang mit dem Willen Gottes ist ein Verständnis dafür, was wir Menschen erschaffen können und was nicht. Als Künstlerin interessierte mich das besonders. Ich halte mich gerne für einen kreativen Menschen, doch ich bin mir auch bewusst, dass alles bereits erschaffen ist. Alles ist von jeher vorhanden und wird nur wiederhergestellt, wiedererschaffen und neu formuliert, um neue Funktionen zu erfüllen.

»Was erschaffen wir?«, fragte ich also. »Der Schöpfer hat uns offensichtlich alles gegeben, was wir brauchen. Wie soll es weitergehen und was können wir mit dem, was uns gegeben wurde, anfangen?«

»Als Erstes musst du verstehen, dass ihr die Wirklichkeit nicht erschaffen könnt«, antwortete er bereitwillig. *»Die fundamentale Realität, zum Beispiel der EINE Geist, umfasst die gesamte Existenz. Die Wirklichkeit wurde vom Vater erschaffen und ist eins mit ihm. Sie wurde allem gleichermaßen und gleichberechtigt anvertraut.«*

Er schaute mich durchdringend an. »*Wenn irgendjemand anderes als die Heilige Quelle auch nur das Geringste an der Existenz ändern könnte, dann wäre die demokratische und faire Grundlage des Universums dahin.* **Ihr könnt die Realität nicht verändern, doch ihr seid eingeladen, sie zu formen, aufzubauen, zu entwickeln und euren Bedürfnissen und Annehmlichkeiten entsprechend zu gestalten.** *Das ist euer Schöpfungs- und Ausdrucksbereich. Diese Einladung ermöglicht die Früchte eurer Arbeit und all die Errungenschaften eures Lebens.*

Wenn du malst, ist es dasselbe. Du hast weder die Moleküle der Farben erschaffen noch deine Malmittel oder den Flachs der Leinwand hervorgebracht. Du nimmst das, was dir zur Verfügung gestellt wurde, und gestaltest die Früchte deiner Arbeit dem Sinn deines Lebens entsprechend.

Ihr erzeugt auch Blickwinkel auf die Wirklichkeit, die euch helfen, euer Leben sich entfalten zu lassen, eure Wertvorstellungen zu entwickeln und eure Absichten zu formulieren. Deine Perspektiven und ihre Verwendung spielen eine entscheidende Rolle in deinem Leben.

Frage dich einmal: ›Wie schaue ich auf die Welt? Wie schaue ich auf das Leben?‹ Du darfst den Wert und die Kraft deiner Perspektiven nicht unterschätzen, sie sind zur Erkenntnis der grundlegenden Natur der Wirklichkeit enorm wichtig. Wie könntest du je deine Perspektive auf die Realität ändern, wenn die Realität selbst nicht konstant wäre? Ohne diese Grundlage gäbe es keine Möglichkeit, Versäumtes nachzuholen, und keine Freiheit, dich zu ändern. Merke dir das gut. Deine Einzigartigkeit kann nur vor einem einheitlichen Hintergrund wirklich zur Geltung kommen!«

Er schaute mir direkt in die Augen. »*Wie oft hast du in deinem Leben schon die Perspektive gewechselt?*«

Etwas beschämt antwortete ich: »Wahrscheinlich viel öfter, als ich zählen kann.«

Mit voller, starker Stimme sagte er: »**Es ist dein unveräußerliches Recht, deine Perspektive zu erzeugen und zu verändern,** *denn dadurch erfährst du, wächst du und nimmst teil an der Wirk-*

lichkeit. Die Idee der menschlichen Zuverlässigkeit sollte nicht mit Stagnation und der Verleugnung des Rechts auf Wachstum verwechselt werden.

Das Wichtigste, was ihr erschafft, ist wahrscheinlich der Raum, in dem ihr euch aufhaltet. Die Menschheit erschafft genauso wie ihr Schöpfer Orte. Ihr habt die Fähigkeit und das Recht, Orte zu erschaffen, an denen ihr selbst und andere sich aufhalten können. Damit ähnelt ihr eurem Vater sehr, denn es erfreut ihn, wenn ihr seine herrliche Schöpfung im Laufe der Generationen zu einem Ort entwickelt, an dem ihr zusammen sein könnt. Ihr erschafft sogar einen Ort für den Vater, nämlich jedes Mal, wenn ihr betet. Jedes Mal, wenn ihr eure Dankbarkeit und Anerkennung ausdrückt oder die Schönheit um euch herum bewundert, erschafft ihr einen Ort für den Vater.

Es gibt auch Zeiten des Alleinseins, in denen du einen Platz für dich selbst erschaffst, um friedvoll in deinem Herzen zu ruhen. Es ist sehr wichtig, dass du einen Ort erschaffst, wo du einfach du selbst sein kannst, ohne Bedingungen, ohne zu bewerten oder etwas zurückzuhalten, um einfach in Frieden die Liebe zu sein, die du bist. Und zu guter Letzt erschafft ihr einen Ort füreinander, wenn ihr in Gemeinschaft lebt.

Durch das Erschaffen eines Ortes füreinander, für Gott und für euch selbst erfüllt ihr aufs Beste mein Gebot, Gott von ganzem Herzen zu lieben und euren Nächsten wie euch selbst. Im Lieben erschafft ihr Orte. Im Liebe-Sein ruht ihr in eurem unsterblichen Ort. Im Erkennen der Quelle dieser Liebe erschafft ihr euren Platz bei Gott. Im Verteilen des Reichtums dieser Liebe erschafft ihr euren Platz in der Gemeinschaft. Das ist es, was ihr erschafft: die Orte eures Seins, eure Blickwinkel auf die Realität und die Früchte eurer Arbeit. Und gleichzeitig gibt es keinen besseren Weg, die Schöpfung voranzubringen, als einfach Gott von ganzem Herzen zu lieben und deinen Nächsten wie dich selbst.«

15
Die Geliebten

Als vor zweitausend Jahren dieses wunderbare Kind zur Welt kam, wusste Josef, dass er es Jeshua nennen sollte. Unter diesem hebräischen Namen kannten ihn seine Familie, seine Freunde und Jünger. Seitdem ist dieser Name in viele Sprachen der Welt übersetzt worden. Wir nennen ihn Jesus. Doch es gibt auch einen universellen Namen für ihn, und durch unsere Gespräche wurde mir die Ehre zuteil, diesen heiligen Namen zu erfahren. Er lautet: Der Geliebte.

Um die ganze Bedeutung dieses Namens zu erfassen, müssen wir uns daran erinnern, dass auch wir Liebe sind, Nachfahren des göttlichen Geheimnisses, das heißt: geliebte Kinder unseres Vaters. Unser gegenwärtiger Zustand macht es uns jedoch schwer, uns an unseren heiligen Kontext zu erinnern. Wir sind so weit von der Heiligen Quelle fortgetrieben, dass wir uns als von der Liebe getrennt und von Jesus verschieden erfahren.

Unser Versuch, unser Leben durch Spiegelbilder zu begreifen, ist eine wesentliche Ursache für dieses Missgeschick. Wir versuchen, uns durch Feedback, Einschätzungen und die Meinung anderer selbst zu verstehen. Jesus nannte das »Spiegelung«. Jeder, der wirklich versteht, warum eine Flamme nicht neben sich treten kann, um sich beim Brennen zu beobachten, und warum das Wasser sich nicht beim Fließen zuschauen kann, der weiß sein eigenes ewiges Mysterium zu schätzen. Aus der Hingabe an dieses Mysterium entsteht mehr Weisheit, als irgendwelche illusionären Spiegelungen und Reflexionen je hervorbringen können. Das Vertrauen in diese Wahrheit macht alle äußeren Bestätigungen des Selbstwerts überflüssig.

Jesus sagte: »*Ihr versucht, die Liebe in euren eigenen Bemühungen und den Anstrengungen anderer zu erkennen. Dadurch habt ihr euch angewöhnt, die Liebe als ein Gut zu betrachten, als etwas, was man tut, als etwas Äußeres. Dieser äußerliche Blick auf die Liebe hat zu Verurteilungen und Getrenntheit geführt, vor allem zu Getrenntheit von euch selbst.*

Das zuverlässigste Zeichen deiner Liebe ist nicht, was deine Umgebung dir spiegelt, sondern die Freude, die du in ihrer Gegenwart empfindest. Was auch immer dich glücklich macht, bringt den Kelch deiner Liebe zum Überfließen. Durch deine Freude sollst du deine Liebe erkennen.«

Seine Gegenwart strömte über vor Liebe. Er strahlte vor Glück und Zufriedenheit, sein Gesicht war ein Ausdruck der

Freude, er lächelte und strahlte oft über das ganze Gesicht. Interessanterweise sah ich ihn jedoch nie lachen.

Die meisten Menschen halten mich für eine humorvolle Person, die leicht andere zum Lachen bringt, doch nicht ihn. Es fiel mir eigentlich erst Monate später auf, als ich in zwei unterschiedlichen Dokumenten alte Beschreibungen des Meisters las. Eines davon war von dem Historiker Josephus verfasst worden und das andere von einem römischen Statthalter namens Publius Lentulus. Sie waren sich in ihren Ausführungen unglaublich ähnlich, und obwohl die jeweiligen Textstellen nicht lang waren, erwähnten sie doch beide ausdrücklich, dass niemand den Meister je lachen sah.

Ich fing an, darüber nachzudenken, wie er mich so oft zum Lachen bringen konnte, ohne selbst je das Bedürfnis danach zu haben. Schließlich dämmerte mir, dass sich Liebe in Freude äußert und dass unser Lachen ein Ausdruck des Loslassens von etwas ist, was unserer Liebe **im Wege** steht! Lachen öffnet uns für die Liebe. Es versetzt uns in die Lage, etwas anzuschauen, was wir zuvor nicht sehen wollten. Es erlaubt bis dahin blockierter Energie zu fließen. Beim Loslassen müssen wir lachen, und die Freiheit macht uns froh.

Jesu Liebe ist nicht blockiert. Deswegen konnte er so humorvoll sein und mich immer wieder zum Lachen bringen, während er selbst ganz ruhig blieb. Das mag als ein nebensächlicher Aspekt erscheinen, doch für mich ist es ein unglaublich starkes Zeichen einer monumentalen Wahrheit, die sein ganzes Sein durchdrang: seiner Göttlichkeit.

Ich habe lange gezögert, meine Gedanken über seine Göttlichkeit mitzuteilen, denn ich will mich nicht in theologische Debatten hineinbegeben und betrachte es auch nicht als meine Aufgabe, neue Glaubensbekenntnisse zu formulieren. So will ich hier nur sagen, dass seine Göttlichkeit sich mir auf die sanfteste Weise präsentierte. Er schien überhaupt kein Problem damit zu haben, sich auf meine Wahrnehmungsebene der Realität zu begeben, und sprach mit mir in Begriffen, die ich verstehen konnte. Die ganze Erfahrung ereignete sich im Bereich der mir bekannten Wirklichkeit, doch gleichzeitig spürte ich, wie sich mir ein höheres Bewusstsein eröffnete und sich in mir neue Empfindungen einer so reinen Liebe regten, wie ich sie noch nie erfahren hatte.

Der heilige Paulus spricht in seinen Schriften oft von Jesus als dem »Geliebten« und verstand offensichtlich, dass es hierbei um mehr als ein Gefühl geht. Der »Geliebte« ist die Erfüllung und Vollendung der Liebe als Seinszustand! Die große ICH-BIN-Gegenwart, die Quelle allen Seins, konnte sich durch nichts Geringeres erfüllen als durch die existenzielle Kraft, die wir »Liebe« nennen.

Auch die Schriften des Evangelisten Johannes künden von diesem höheren Verständnis der Liebe, und wahrscheinlich hatte auch Maria Magdalena diesen Seinszustand erfahren. In der Bibel steht nirgendwo, dass sie eine Hure war, und doch ist ihre Tugend über Jahrhunderte hinweg in Zweifel gezogen worden. Manche glauben, dass sie mit Jesus verheiratet war, doch ich bezweifle das. Ich glaube eher, dass ihr Bewusstsein und ihre Hingabe an den »Geliebten« so groß waren, dass sie sich zu ihm ähnlich verhielt wie eine Frau zu ihrem Mann, und dass diese außerordentliche Liebe Neid und Eifersucht erweckte. Doch ihr Mut und ihr Verständnis der Wahrheit kannten keine Grenzen. In unserer Zeit hat Mutter Teresa in den Straßen von Kalkutta mit demselben Mut den Verzweifelten und Hoffnungslosen den Geliebten nähergebracht. Sie tat das, indem sie ihnen in die Augen schaute und dort den Geliebten sah. So funktionieren menschliche Wunder!

Jesus kam hierher, um in jedem von uns das Feuer des Geliebten zu entzünden. Der heilige Paulus erfasste als Erster die ganze Tragweite dieses Konzeptes und formulierte aus seinem Verständnis heraus eine Botschaft, die die Welt veränderte. Er erkannte, dass Anbetung ohne Liebe eine sinn- und wertlose Hülse ist. Anbetung ist oft fehlgeleitet. Aus mangelndem Verständnis der Naturphänomene beteten unsere Vorfahren die Kräfte der Natur an. Heutzutage kommt die Besessenheit vieler Menschen von Geld und Ruhm einer Anbetung gefährlich nahe.

Wahre Anbetung kann ein wunderbarer Ausdruck der Hingabe des Selbst an eine heilige höhere Kraft sein, aber es ist dabei auch möglich, dass sich das Ego mit der höheren Kraft verbündet. In der Gegenwart des Geliebten ist das Ego jedoch hilflos, denn es kann einen derart vollkommenen Zustand nicht begreifen.

Die reine, hingebungsvolle Kraft der Liebe, die uns direkt in Kontakt mit Gott und dem Geliebten bringt, ist kaum in Worte zu fassen. Selbst König Salomo, der zu seiner Zeit ein hoch geschätzter Schriftsteller und genialer Dichter war, tat sich damit schwer. Jesus riet mir, das Hohelied Salomos zu lesen, weil es diese Liebe so wunderbar besingt. Salomo verwendete die Metapher einer Braut und ihres Bräutigams, denn die Liebe eines jung vermählten Paares ist auch ein Zeichen für einen besonderen Bund mit Gott, der ja diese Beziehung erschaffen und gesegnet hat.

Es ist vielfach darüber spekuliert worden, ob das Hohelied ein Gesang auf König Salomos eigene Hochzeit war oder rein allegorisch die Leidenschaft höherer Liebe beschreibt. Auf jeden Fall lässt sich die Geschichte auf vielen Ebenen lesen. Jesus erklärte mir, dass ihre höchste Bedeutungsebene sich auf den heiligen Bund der unsterblichen Seele mit dem Heiligen Herzen bezieht, nach dem jede Seele genauso sehnsuchtsvoll verlangt, wie wir nach der Frau oder dem Mann unseres Lebens suchen. In der Hoffnung, dass dieser besondere Mensch irgendwo zu finden ist, suchen wir überall. Wenn wir ihn oder sie dann gefunden haben, kann eine Trennung höchste Qualen bereiten. Erst durch die Hochzeit ist eine Dauerhaftigkeit gegeben, auch wenn dann immer noch von Zeit zu Zeit Phasen der Getrenntheit entstehen mögen, die von Sehnsucht nach Wiedervereinigung erfüllt sind.

Was für eine herrliche Art, die wahre Liebe zwischen dem Heiligen Herzen und der Seele zu beschreiben! Jesus bezeichnete das Heilige Herz als die Tochter Gottes und die Seele als den Sohn Gottes, ein heiliges Geschwisterpaar, das einander in unendlicher Liebe als Braut und Bräutigam verbunden ist und einander auf ewig tiefer zu erkennen sucht. Im Hohelied Salomos singt die Seele von ihrer Liebe zum Herzen:

> »Wie schön ist deine Liebe, meine Schwester, liebe Braut! Deine Liebe ist lieblicher als Wein, und der Geruch deiner Salben übertrifft alle Gewürze. Von deinen Lippen, meine Braut, träufelt Honigseim. Honig und Milch sind unter deiner Zunge, und der Duft deiner Kleider ist wie der Duft des Libanon. Meine Schwester, liebe Braut, du bist ein verschlossener Garten, eine verschlossene Quelle, ein versiegelter Born.« (Hoheslied 4,10–12)

Jesus sprach mehrere Male von dem Heiligen Herzen als »dem Garten, nach dem ihr euch sehnt«. Interessanterweise ereignet sich auch im Hohelied fast alles in einem Garten. Erinnert uns das nicht an den Garten Eden?

> »Du bist gewachsen wie ein Lustgarten von Granatäpfeln mit edlen Früchten, Zyperblumen mit Narden, Narde und Safran, Kalmus und Zimt, mit allerlei Weihrauchsträuchern, Myrrhe und Aloe, mit allen feinen Gewürzen. Ein Gartenbrunnen bist du, ein Born lebendigen Wassers, das vom Libanon fließt ...
> Wende deine Augen von mir; denn sie verwirren mich. Deine Haare sind wie eine Herde Ziegen, die herabsteigen vom Gebirge Gilead. Deine Zähne sind wie eine Herde Schafe, die aus der Schwemme kommen; alle haben sie Zwillinge, und keines unter ihnen ist unfruchtbar. Deine Schläfen sind hinter deinem Schleier wie eine Scheibe vom Granatapfel. Sechzig Königinnen sind es und achtzig Nebenfrauen und Jungfrauen ohne Zahl. Aber eine ist meine Taube, meine Reine; die Einzige ist sie für ihre Mutter,

das Liebste für die, die sie geboren hat. Als die Töchter sie sahen, priesen sie sie glücklich; die Königinnen und Nebenfrauen rühmten sie. Wer ist sie, die hervorbricht wie die Morgenröte, schön wie der Mond, klar wie die Sonne, gewaltig wie ein Heer?« (Hoheslied 4,13–15 und 6,5–10)

Er konnte keine Antworten auf seine Fragen finden, weil das Herz ein ewiges Geheimnis ist. Wir können es nur andächtig bestaunen und lieben. Und dann erklang das Lied des Herzens an die Seele.

»Mein Freund ist weiß und rot, auserkoren unter vielen Tausenden. Sein Haupt ist das feinste Gold. Seine Locken sind kraus, schwarz wie ein Rabe. Seine Augen sind wie Tauben an den Wasserbächen, sie baden in Milch und sitzen an reichen Wassern. Seine Wangen sind wie Balsambeete, in denen Gewürzkräuter wachsen. Seine Lippen sind wie Lilien, die von fließender Myrrhe triefen. Seine Finger sind wie goldene Stäbe, voller Türkise. Sein Leib ist wie reines Elfenbein, mit Saphiren geschmückt. Seine Beine sind wie Marmorsäulen, gegründet auf goldenen Füßen. Seine Gestalt ist wie der Libanon, auserwählt wie Zedern. Sein Mund ist süß, und alles an ihm ist lieblich. So ist mein Freund, ihr Töchter Jerusalems!« (Hoheslied 5,10–16)

Das ist die Liebe zwischen dem Heiligen Herzen und der Seele. Sie verbringen wunderbare Stunden zusammen und sehnen sich nach einander, wenn sie getrennt sind. Sind uns solche Gefühle nicht vertraut? Kennen wir nicht Zeiten, da wir uns der Einheit voller Seligkeit bewusst sind, gefolgt von Augenblicken tiefster Verzweiflung, in denen sich unsere Seele im Innersten gespalten fühlt? Wo bleibt da die Vollständigkeit meines ganzen Seins?, fragen wir. Das Hohelied beschreibt dieses ewige Drama in edelster Form.

Eine Zeile, die im Hohelied oft auftaucht, spielt auch in den Lehren Jesu eine große Rolle: »Töchter Jerusalems, ich beschwöre euch, weckt die Liebe nicht, bis es ihr selbst gefällt.«

Liebe kann nicht erzwungen oder manipuliert werden. Sie sollte auch nicht leichtfertig hervorgerufen werden, sondern erst, wenn sie es selbst will. Die Macht der Liebe liegt außerhalb unseres Kontrollbereichs, doch wenn wir sie verstehen, haben wir das Kommando über unser Leben. Die Macht der Liebe lässt uns demütig und ehrfürchtig werden. Wir wissen nie mit Sicherheit, wie sie sich ausdrücken wird, doch sie will so angenommen werden, wie sie sich darstellt, selbst wenn sie eine Weile abwesend ist.

»Warum wird Liebe erst gegeben und dann genommen?«, fragte ich Jesus.

»*Damit ihr in euch selbst nach dem Geliebten sucht, in euch selbst und in den Herzen eurer Brüder und Schwestern. Wenn du den Geliebten nur in einer Person kennen würdest, wo wäre dann Raum für irgendjemand anderen? Selbst wenn Gott deine einzige Liebe wäre, dann erschienen dir daneben alle anderen so gering, dass du sie nur verurteilen würdest. Dir wird ein Vorgeschmack der Liebe gegeben, und dann wirst du eine Weile hungrig gelassen, damit du in dir selbst und in immer größeren Weiten der Realität nach ihr suchst. Gott will nicht, dass ihr in engen, egozentrischen Seifenblasen lebt, sondern dass euch das ganze Universum als Spielwiese zur Verfügung steht.*«

»Warum erschaffen wir uns denn dermaßen starke Schutzhüllen? Und warum klammern wir uns derart an diese Illusionen, selbst wenn es dem Sinn unseres Lebens zuwiderläuft?«

»*Weil sie auf Vorstellungen des Ego beruhen*«, antwortete er schlicht.

»Könntest du das etwas genauer erklären?«, bat ich.

»*Das Ego besteht aus all dem, was du dir als Ersatz für die Liebe, die du bist, ausgedacht hast. Heutzutage missverstehen viele das Ego als Stolz und starkes Ich-Gefühl, doch eigentlich geht es beim Ego um all die eitlen Fantasien, die du über dich hast. Sie verfügen über keine wahre Kraft, die Fluten der Ewigkeit spülen sie hinweg wie eine Sandburg. Ironischerweise bewirken die meisten dieser persönlichen Fantasien noch nicht einmal eine Stärkung des Selbstbewusst-*

seins, sondern zerstören es eher, wie zum Beispiel die Vorstellung der Minderwertigkeit, des Märtyrertums, das doch eigentlich nur auf seine eigenen Ziele aus ist, oder des Einverstandenseins, hinter dem eigentlich nur Ängstlichkeit steht. So dreht sich das Ego häufig gar nicht so sehr um das Selbstbewusstsein, doch es beruht immer auf Vorstellungen, die als Ersatz für die Liebe dienen sollen.

Deine wahre Herrlichkeit liegt in der Liebe, die du bist, aber die Dominanz des Ego zerstört dein Wissen um dein wahres Selbst. Mit den Worten ›Ein Mensch muss sein Leben verlieren, um es zu finden‹ bezog ich mich auf die Tatsache, dass das Leben der meisten Menschen sich nur um das Ego dreht. Um die Liebe, die du bist, zu erkennen, musst du dieses trügerische Leben aufgeben. Doch solange ihr nicht versteht, was das Ego ist, unterdrückt ihr weiter eure Liebe und gebt die falschen Dinge auf.«

»Manche Menschen meinen, dass wir ein entsagungsreiches Leben führen sollten, um das Potenzial der inneren Liebe zu läutern und zu erfüllen. Ist die Aufopferung für die Vernichtung des Ego wichtig?«

»Die Erzeugung des Ego war das größte Opfer, das ihr je dargebracht habt! Wie könnten weitere Opfer es wieder auflösen? Wie kannst du das Leben lieben und ihm gleichzeitig entsagen? Ich habe euch gebeten, euch zu erbarmen, nicht euch aufzuopfern! **In der Barmherzigkeit wird das Ego geopfert!** *Wenn du alle Gier nach Rache und Vergeltung, alles Verlangen nach Selbstgerechtigkeit loslassen kannst, wenn du aufhören kannst, mit der Gerechtigkeit Spielchen zu treiben, und akzeptierst, dass es dir nicht zusteht, dich ins Recht und jemand anderen ins Unrecht zu setzen, wenn du aufhören kannst, jemanden zu bekämpfen, nur um gut dazustehen, dann wirst du erkennen, was Gnade ist. Angesichts der Macht der Barmherzigkeit kann das Ego nicht überleben.*

Wie ich schon sagte, das Ego ist die persönliche Vorstellung eines Ersatzes für die Liebe, die du bist. Minderwertigkeit ist als Ersatzvorstellung besonders verbreitet. **Ein derartiges Selbstverständnis wird dich niemals zu Gott führen, und alle Religionen, in denen**

Minderwertigkeit eine tragende Rolle spielt, nähren nur die Entwicklung des Ego. Du bist vor allem Liebe, und es steht dir frei, dieses Selbstverständnis durch persönliche Träume, Sehnsüchte und Neigungen zu bereichern.

Im Gegensatz zur Liebe nährt sich das Ego von Angst und wird von Furcht getrieben. Da das Ego etwas Erfundenes ist, ist es ziemlich vergänglich. Das Licht der Realität wirkt äußerst bedrohlich auf das Ego, daher muss es sich in eine Fantasiewelt zurückziehen und sich mit Strukturen schützen.

Außerdem ist das Ego unglaublich wütend auf Gott, weil Gott mit der Realität vereinigt und die Quelle deines Liebe-Seins ist. Als ich sagte, dass ich bei meiner Wiederkehr die Schafe von den Böcken trennen würde, bezog sich das auf die Unterscheidung des Ego vom wahren Selbst! Diese Aussage ist irrigerweise dahingehend verstanden worden, dass ich einige Menschen auserwählen würde und andere nicht. Das ist natürlich völlig verkehrt, denn meine Liebe, meine Wahrheit und meine Gaben sind allen gegeben worden. Durch meine Gegenwart werde ich jedoch in jedem Menschen das wahre Selbst stärken, und das bockige Ego fliegt hinaus.«

Die uns innewohnende Kraft der Liebe ist viel umfassender, als wir derzeit begreifen können. Es gibt unzählige Geschichten von heldenhaften Taten und wundersamen Ereignissen, die die Macht der Liebe im täglichen Leben zeigen.

Ich liebe besonders die Geschichte von der Frau, die bei einem Autounfall aus der Fahrertür geschleudert wurde. Das Auto überschlug sich und blieb so liegen, dass die Türen nicht mehr zu öffnen waren. Im Auto schrie ihr Kind vor Angst und Schmerz, und obwohl sie von eher schmächtiger Statur war, gab ihr die Liebe die Kraft, das Auto umzukippen und ihr Kind zu befreien.

Eine andere unglaubliche Geschichte erzählt von einer Gruppe Nonnen, die im Zweiten Weltkrieg ein paar Waisen mitten durch ein Schlachtfeld bringen mussten, um sie zu retten. Es wäre schon ein Wunder gewesen, wenn nur eine von ihnen es überlebt hätte, doch sie kamen alle heil durch. Das ist die Kraft der Liebe.

Leider verwenden wir diese Kraft im täglichen Leben nur selten, vertrauen ihr häufig noch nicht einmal. Doch wenn es zum Äußersten kommt, überwindet die Liebe alle Zweifel und alles Zögern. Ich bin davon überzeugt, dass wir über viel mehr Kraft verfügen, als wir im Moment ahnen.

Jesus sagte: *»Alles, was ich tue, werdet ihr auch tun, und mehr. All das vermag die Liebe. Ich möchte jedoch warnend hinzufügen, dass sich dieser Satz nicht auf das fiktive Selbst bezieht. Ich will euch nicht beibringen, dass der bockige, erfundene Teil des Menschen über irgendwelche Kräfte verfügt. Er kann Druck ausüben und scharfsinnige Manipulation einsetzen, doch derlei Dinge zerstören sich letztendlich selbst. Die Kraft der Liebe ermöglicht euch, das zu tun, was ich getan habe.«*

Erst diese Erläuterungen des Ego machten es mir möglich, eine Frage zu stellen, die mir am Herzen lag. »In den Evangelien wird mehrfach erwähnt, dass du aus dem Körper oder der Seele eines Menschen Dämonen ausgetrieben hast. Die katholische Kirche betreibt seit Jahrhunderten Exorzismus, und auch viele zeitgenössische Therapien erkennen die Existenz von Kräften an, die die menschliche Psyche spalten können. Sind Dämonen ein Teil des Ego? Gibt es sie wirklich als eigenständige Wesen oder sind sie Illusionen, die Störungen in der jeweiligen Person anzeigen?«

»Beide Perspektiven haben ihre Berechtigung. Doch verstehe: Es existiert nichts außer dem Sein. Das Leben umgibt dich mit all dem, was du zur Erfüllung deines Lebens brauchst und nicht selbst sein kannst. Wenn dieser äußere Rest nicht in harmonischer Übereinstimmung mit sich selbst oder mit dir ist, entstehen Probleme.

*Alles wurde als wesenhaftes **Sein** erschaffen. Mit der Aufteilung dieses Seins in eine Vielzahl von Wesen entstand unterschiedliches Bewusstsein des erweiterten Potenzials. Die gesamte Existenz hat sich aus den vielgestaltigen Kräften des Seins gebildet.*

Im Herzen jedes Aspekts der Existenz ist das Sein in reiner Übereinstimmung mit seiner Quelle. Wenn das Sein sich jedoch als autonom erklärt und sich von seiner Quelle abwendet, entstehen Disharmonie und Widersprüchlichkeit. Mit zunehmender Getrenntheit bauen sich physische Barrieren und materielle Verhärtungen auf. Fließende Anpassungen und Interaktionen sind dann nur noch im Rahmen der linearen Entwicklungen der Zeit möglich. Das führt dazu, dass das Verlangen nach Veränderung von den Illusionen der Vergangenheit und der Zukunft dominiert wird. In Wahrheit gibt es nur EIN Sein, nur Liebe, nur Übereinstimmung mit der Quelle, und das ist für alle Wesen das einzige Zuhause!

Ein Wesen, das sich weit von seinem Verständnis dieses Zuhause entfernt hat, dessen Wahrnehmung durch aufgeschichtete Materie, Zeitströme und kontrollierende Beschränkungen geprägt ist, wird sich von sichtbaren und unsichtbaren Seinsformen belästigt und behindert fühlen. Ein Wesen, das sich weit von zu Hause entfernt fühlt, wird ähnlich verlorene und verwirrte Wesen anziehen. Diese Anziehung ist meist unbewusst. Manchmal sind solche widrigen Verbindungen so zerstörerisch, dass sie mit äußerer Hilfe durchtrennt werden müssen. Das geschah, als ich die Dämonen ausgetrieben habe. Dämonen sind nur verlorene Seelen, die so weit von ihrem wahren Sein abgetrieben sind, dass sie sich nur schwer auf eine liebevolle Korrektur einlassen. Stattdessen versuchen sie, das positive Potenzial, das auch ihren Prozess unterstützen könnte, zu untergraben.

Jede Seele, egal, wie verloren sie sein mag, kann sich einfach ihrer Quelle und dem Licht ihres Zuhauses zuwenden und dadurch eine wundervolle Harmonisierung ihres gesamten Daseins erfahren, denn alles stammt aus derselben Quelle.

Jeder, der sich von dieser Quelle abwendet, erfährt Disharmonie. Alle Versuche, sich eine Ersatzquelle zu suchen, werden scheitern. Solche fehlgeleiteten Bemühungen können dann zu persönlicher Verstrickung, Leid und weiterer Entfremdung vom Ursprung führen.

Der ursprüngliche Bund jedes Wesens besteht in den Mustern seiner Übereinstimmung mit der Quelle. Das Sein entwickelt sich nicht zu etwas anderem, es erweitert nur den Zweck seines Seins, indem es sich auf das Leben und andere Wesen einlässt.

Eure Geschichte ist als ein Hort der Erfahrungen real, doch wenn du glaubst, dass in deiner persönlichen Geschichte die Ursache für dein Sein liegt, dann sitzt du einer Illusion auf. Ein Mensch kann sich in nur einem Augenblick als etwas ganz anderes zeigen, als seine persönliche Geschichte vermuten lässt. Das geschieht am ehesten, wenn sein Lebenssinn oder sein wahres Sein wieder wachgekitzelt wird.

Wenn sich im Gegensatz dazu der Prozess der Entfremdung immer weiter fortsetzt, dann kommen mehr unbewusste und verantwortungslose Charakterzüge zum Vorschein. So ein Mensch kann die Wirklichkeit nicht mehr seinen Bedürfnissen entsprechend gestalten und fängt daher an, eine Wirklichkeit zu erfinden, die seinen Vorstellungen entspricht. Deswegen wiederholt sich die Geschichte der Menschheit immer nur. Die Erfolge, Siege und Errungenschaften, die darunter waren, sind kein Ergebnis der Geschichte, sondern entstanden aus einer Anhebung des Bewusstseins und einem Tun, das über der Geschichte stand!

Die Geschichte ist lediglich ein Hort der Erinnerung abgeschlossener Erfahrungen und teilweise abgeschlossener Erfahrungen, die noch auf eine passende Gelegenheit warten, um sich wieder ins Leben einzubringen. Doch die Geschichte ist der Teil deines Lebens, der am Geringsten zu dem beiträgt, wo du jetzt bist, denn sie ist das, was du – zumindest im Moment – hinter dir gelassen hast.

Denk einmal darüber nach. Es ist notwendig, dass du das Zeitverständnis der Welt ab und zu umdrehst, um die wahre Natur deines Seins zu entdecken. Die Welt betrachtet die Geschichte und das Momentum der Zeit als die treibende Kraft und die Grundlage dessen, was in der Gegenwart erfahren wird. Aus dieser Sicht wärst du natürlich das Produkt deiner Vergangenheit. Doch aus der Perspektive deines wahren Seins ist die Vergangenheit ein Panorama der Erfahrungen, der Bildung, der Ziele und Sehnsüchte, die jetzt endlich zu relativer Wirkungslosigkeit reduziert worden sind. Du reduzierst die Vergangenheit, und du bist nicht das Ergebnis der Ver-

gangenheit! Wie könnte es in Anbetracht der Zeitlosigkeit des Seins auch anders sein?«

»Was ist dann die Zukunft?«, fragte ich gebannt vor Neugier.

»Die Zukunft ist die Verheißung der Vollendung, an die ihr euch erinnert und nach der ihr strebt. Das unendliche Potenzial wird euch dabei mit allem versorgen, was ihr zur Erfüllung eurer Bedürfnisse, eurer Sehnsüchte, Lektionen und Anpassungsbestrebungen braucht, bis ihr endlich erkennt: **Die wahre Vollendung ist immer da gewesen** *und kann durch die Befreiung von Verlangen und Anhaftungen wieder erreicht werden.«*

Ich saß da und staunte darüber, wie einfach das alles aus seinem Mund klang! Ich war überwältigt von einem Gefühl, das sich kaum in Worte fassen ließ. Ich erkannte, dass durch unsere Einheit wir selbst **die Geliebten und der Geliebte** sind! Dieser Seinszustand ist so vollkommen, dass er keiner Worte zur Bekräftigung bedarf. Ich erkannte, dass unser höchstes Streben nach Verständnis uns zu diesem Zustand zurückführt.

Irgendwann kehrten meine Gedanken jedoch zu meinem gegenwärtigen Existenzzustand mit seinen Lektionen und Herausforderungen zurück und ich wollte mehr über das fiktive Selbst wissen.

»Dein fiktives Selbst ist ziemlich machtlos, weil es sich so vor der Realität fürchtet. Es ist vom Licht der Wahrheit so leicht zu erschüttern, dass es sich nur in geschützten Bereichen aufhalten kann, in seiner Schutzhülle, und es bedarf ständiger Bestätigung. Die Wirklichkeit ist ein lebendiger Fluss, der auf einer Vielzahl von Existenzebenen in ewiger Bewegung ist. Die Wirklichkeit ehrt jedes Wesen und reagiert auf seine Liebe. Du wirst eingeladen und ermutigt, deine Wirklichkeit immer deinen Bedürfnissen und Zielen entsprechend zu gestalten. Doch zwischen der Gestaltung der Realität und ihrer Erfindung besteht ein großer Unterschied. Es wäre klug von dir, diesen Unterschied kennenzulernen und zu wissen, dass das fiktive Selbst der Schöpfer fiktiver Wirklichkeiten ist, die dich auseinandernehmen.«

Das war das zweite Mal, dass er sich auf den Unterschied zwischen der Gestaltung der Realität und ihrer Erfindung bezog. Ich bat ihn, den Unterschied noch näher zu erklären.

»Die Gestaltung der Wirklichkeit kann mit der Geschichte eines fünfzig Jahre alten Hauses verglichen werden, das im Laufe der Zeit von acht Familien bewohnt wurde. Es wurde vielleicht als Bauernhaus gebaut, die nächste Familie verpasste ihm viktorianische Verzierungen und so fort. Jede Familie gestaltete es ihren Schönheitsvorstellungen entsprechend um, und die letzten Bewohner machten wieder ein Bauernhaus daraus. Es war die ganze Zeit dasselbe Haus, das nur den Vorlieben und Bedürfnissen der verschiedenen Bewohner angepasst wurde. Die Wirklichkeit zu formen, ist leicht und nützlich. Die Realität reagiert auf ihre Geliebten mit Achtung und Unterstützung, und mit der gleichen Zuverlässigkeit verschließt sie sich vor Fiktionen.

Eine erfundene Realität entspricht einem gemieteten Haus in einer zu teuren Gegend, mit dem man eine Erfolgsstufe vorgeben will, die man gar nicht erreicht hat. Fiktiver Erfolg macht nicht glücklich.

Jedes in Liebe vorgebrachte Gebet wird erhört werden, doch der Vater ist nicht daran gebunden, die Gebete des Ego zu berücksichtigen, seine selbst erzeugten Probleme zu lösen oder es mit seinen Illusionen zu beglücken. Dein Schöpfer ist eins mit der Realität, wie könnte er da Gebete erhören, die nur zu größerer Getrenntheit von der Liebe und der Wirklichkeit seines Seins führen? Selbst wenn er wollte, wie könnte er? Aber wenn du darum bittest, dass dein Verständnis der Wirklichkeit vertieft und deine Kompetenz im Umgang mit ihr gestärkt werden möge, wird jedes deiner Gebete unbedingt erhört werden!

Gott ist in Bezug auf deine Illusionen so geduldig wie Eltern mit den Erfindungen ihrer Kinder. Der Vater eines Kindes, das am Meer eine Sandburg gebaut hat, mag angesichts dieser Geschicklichkeit und Fantasie stolz sein, doch vor allem ist es seine Aufgabe, sein Kind zu trösten und ihm die Vergänglichkeit dieser spielerischen Erfahrung zu erklären, wenn die Flut das Kunstwerk weggewaschen hat. Mit dem himmlischen Vater verhält es sich genauso.

Leider klingen die meisten Gebete so wie: ›Lieber Gott, bitte rette meine Sandburg!‹ Ihm bleibt nichts anderes übrig, als zu antworten: ›Liebes Kind, du musst lernen, zwischen Sandburgen und festen, gut fundamentierten Häusern aus Holz und Stein zu unterscheiden. Wenn ich deine Sandburg retten würde, was würde dich dann noch bewegen, diesen Unterschied zu lernen?‹«

Was er über Gott und die Wirklichkeit sagte, veranlasste mich dazu, nach einer Bibelstelle zu fragen, die mir seit meiner Kindheit Probleme bereitet hatte. »Wir lesen in der Bibel immer wieder, dass wir Gott fürchten sollen. Wie verträgt sich das damit, dass alles, was du mir über Gott erzählt hast, Liebe ist?«

»Gott ist Liebe, und dein Herz hat vollkommen recht, ihn als solches zu sehen. Wenn du davon ausgehst, dass Gott und die Realität eins sind, dann werden diese Botschaften ziemlich pragmatisch. Du kannst statt ›Furcht vor Gott‹ ›Achtung vor der Wirklichkeit‹ einsetzen. Kommst du damit besser klar?«

»Ja.«

»Wenn du erst mal Gott und die Wirklichkeit als eins akzeptiert hast, dann wird die Wirklichkeit zu einer Quelle der Annehmlichkeiten und Einsichten. Die Realität dient dann deiner Liebe, statt zu einer Quelle ständiger Enttäuschungen zu werden, was sie tut, wenn du ihr mit Angst begegnest.«

»Wie können wir klar zwischen Wirklichkeit und Erfindung unterscheiden? Sollten wir nicht aufpassen, damit wir nicht getäuscht werden?«

»Es ist immer gut, aufzupassen. Mach dir dabei klar, dass dein Ego der größte Magnet für Täuschungen und Betrug ist, denn derlei ist immer auf dein Ego oder deinen Verstand gerichtet. Das Ego hält nämlich alles für wahr, was seinem Überleben dient, genauso wie der Verstand alles für wahr hält, was die Überlegenheit der Logik stützt. Solange sie logisch sind, kann der Verstand Fiktionen und Tatsachen nicht voneinander unterscheiden! Die Fähigkeit zur Unterscheidung ist ein Teil des höheren Bewusstseins. Unterscheidungsvermögen ist

keine höhere Form des Verurteilens, sondern eigentlich das Gegenteil davon. Im Verurteilen zeigt ein Mensch, was er noch zu lernen hat. Im Unterscheiden zeigt er, was er gemeistert hat.

Dein Herz weiß immer, was wahr ist, doch erst im Prozess des Lebens lernt es die Details. Die Realität reagiert instinktiv auf Liebe, dazu braucht es keinen Kraftaufwand.

Nur Mut, die Realität ist dafür da, dass ihr mit ihr arbeitet. Ihr braucht dazu keine Überzeugungskraft und keine einflussreichen Beziehungen, denn die Wirklichkeit gehört allen gleichermaßen. Sie verlangt weder Zulassungen noch Spezialausbildungen oder originelle Begabung. Die Wirklichkeit ist in höchstem Maße aufrichtig, unschuldig und zugänglich, selbst für das unbedarfteste Kind. Du musst einfach nur wissen, dass die Wirklichkeit und Gott eins sind – und den Mut haben, das zu akzeptieren. Das Herz erkennt die Wahrheit daran, dass sie es frei macht.

Dein Herz ist eins mit der Liebe Gottes, und Gott ist eins mit der Wirklichkeit. Du kannst die Wahrheit als das Dreieck aus Gott, Liebe und Wirklichkeit definieren. Sie ist der Punkt, an dem Liebe und Wirklichkeit eins sind in Gott. Deswegen ist die Wahrheit das universelle Lösungsmittel für alle Blockaden, Begrenzungen, Konflikte und Probleme der sterblichen Existenz. Manche sagen, die Wahrheit kann wehtun, doch sie schmerzt nur das Ego, niemals das liebende Selbst, das du bist. Wahrheit ist das höchste Bewusstsein und die ewige Gegenwart Gottes in der Wirklichkeit.

Die Wahrheit enthüllt sich nur in Gegenwart der Liebe. Kann jemand, der wütend ist, je aufrichtig sein? Die Wahrheiten, die sich dir verschließen, hast du durch deine Verstöße gegen die Liebe verdrängt. Wahre Freunde sind so viel wert, weil in ihrer Gegenwart die Wahrheit strahlend zum Vorschein kommt.

Wenn du die Wahrheit einer Seele erkennen möchtest, dann schau ihr in die Augen und akzeptiere die Wirklichkeit, die das Leben der jeweiligen Person durchdringt. Voller Freude gewährt uns unser Vater die Freiheit der Wahrnehmung und die Berücksichtigung der Realität. Doch ihr solltet nie vergessen, dass spezielle Sichtweisen dazu erschaffen wurden, die Realität persönlicher und umfassender werden zu lassen, nicht sie zu ersetzen.«

Der moderne psychologische und gesellschaftliche Sprachgebrauch ist durchdrungen von Konzepten und Ideen über die Möglichkeiten des Einzelnen, seine Realität zu erschaffen. Als ich Jesus danach fragte, betonte er, dass es eine universelle Realität gibt, jedoch unsere Sichtweisen der Realität subtile und bedeutende Unterschiede dazu erschaffen.

»Du darfst die Macht deiner Sichtweise der Realität nicht unterschätzen, denn sie ist es, die dir zu dem verhilft, was du siehst und ersehnst. Deine Sichtweise der Realität ist ein wichtiger Schlüssel zur Manifestation deines Lebens, doch es ist weise, sich daran zu erinnern, dass eine Sichtweise der Realität dann am wirkungsvollsten ist, wenn sie die universellen Elemente der gemeinsamen Existenz berücksichtigt.«

Das lässt sich mit den verschiedenen Ergebnissen vergleichen, die man erhält, wenn zehn verschiedene Maler die gleiche Landschaft darstellen. Die Interpretationen können so unterschiedlich ausfallen, dass ein unbeteiligter Beobachter sie für verschiedene Orte halten kann. Doch wenn man genau hinsieht, durch die verschiedenen Ausdrucksformen hindurch, bemerkt man die gemeinsame Realität.

»Durch ihr tiefgreifendes Verständnis der vereinigten Existenz errangen die Israeliten sich frühzeitig die Zuneigung Gottes. Die Erkenntnis, dass es nur EINEN Gott, nur EINEN Geist und nur EINE durchgängige Grundlage der Realität gibt, verlieh ihrem Volk viel Weisheit und einen großen Einfluss auf das Weltgeschehen.

Doch zu der Zeit, als ich geboren wurde, war die religiöse Lehre mehr zur Struktur als zur spirituellen Leitlinie geworden. Israel war seinem Gott noch dahingehend treu, dass es sich nicht von Täuschungen und Kraftanstrengungen Rettung erhoffte, aber es hatte seinen Kontakt zur Realität verloren, und in der daraus erwachsenden Bedrängnis begannen ihre Herzen, sich von der Liebe abzuwenden.

Dies gilt auch für viele Religionen heutzutage. Sie bewahren ihre Lehren und das Wort Gottes, doch in den meisten Fällen haben sie ihren Glauben dazu verwendet, sich geschützte Bereiche abseits der Realität zu erschaffen. Dadurch häufen sich die Nöte des Lebens, und die Herzen wenden sich von der Liebe ab. Das tiefere Verständnis geht verloren, dass die Liebe der Wirklichkeit gebietet und die Wirklichkeit auf die Liebe mit der Bereitwilligkeit einer jungen Braut reagiert. Ihr seid die Geliebten Gottes, genauso wie ich. Um diesen Segen zu erfahren, musst du jedoch aus deiner Schutzhülle heraustreten und dein fiktives Selbst im Licht der Wirklichkeit zusammenbrechen lassen. Um die in dir ruhende Kraft Gottes zum Leben zu erwecken, musst du in der Liebe, die du bist, stark sein.

Fürchte dich nicht, denn ihr seid die Geliebten Gottes. Euch wird nicht das Fliegen beigebracht, um euch dann abstürzen zu lassen. Nur das fiktive Selbst und alles, was seiner Aufrechterhaltung diente, wird vergehen. Das ist der einzige Grund, weshalb die Existenz des Todes notwendig war. Wenn du dich daher freiwillig dazu entscheidest, dein fiktives Selbst sterben zu lassen, dann hast du den ersten Schritt zur Wiedererlangung deiner bewussten Unsterblichkeit vollbracht. Die Liebe und die Gnade Gottes werden dich dann von Schritt zu Schritt weiterleiten, bis du wieder im vollen Besitz deiner Sohnesschaft bist. Für manche Menschen wird dieser Prozess nur einen Augenblick dauern, andere werden ein bisschen mehr Geduld brauchen. Das ist so ähnlich, wie manche Kinder über Nacht erwachsen werden und andere Jahre dafür brauchen. Das eine ist nicht besser oder schlechter als das andere. Jedes Individuum hat seine eigene Wachstumskurve.«

Ich fragte ihn, ob er noch einmal zusammenfassen könnte, was das fiktive Selbst sei. Er antwortete:

»Das fiktive Selbst ist das, wofür du dich gehalten hast, als du vergessen hast, dass du Liebe bist. Dazu gehören auch alle erfundenen Realitäten, die diese irrigen Vorstellungen unterstützt haben. Alles braucht seinen Zusammenhang, selbst das Ego. Wenn so ein fiktiver Aspekt der Persönlichkeit mit der wahren Existenz verwech-

selt wird, dann entstehen Fragen wie: ›Wer bin ich? Wie kann ich meine Erfindung in die Wirklichkeit integrieren? Wie kann ich die unbegreifbaren Aspekte meiner Erfindung real erscheinen lassen?‹ Die Existenz enthüllt die Wahrheit, und du kannst sie wunderbar zur Erkenntnis deiner eigenen Wahrheit einsetzen, indem du ihr erlaubst, all das zu zerschlagen, was du nicht wirklich bist. Doch wenn du über deine Herausforderungen und Erkenntnisse hinaus darauf bestehst, deine Täuschung deiner erfundenen Realität bewusst aufrechtzuerhalten, dann begibst du dich in die Welt der Sünde. Sünde ist etwas viel Einfacheres, als viele Leute meinen. Sie ist einfach die Kraft und die Tücke, mit der erfundene Realitäten eingesetzt, aufrechterhalten und gestärkt werden. In dem gleichen Maße, wie du dich darauf einlässt, entfernst du dich von Gott.

Die Welt wendet sehr viel Energie für das Verurteilen auf, was nichts anderes ist, als ein Konkurrieren um erfundene Realitäten. Die Liebe urteilt nicht. Das Verurteilen ist ein grausames, kindisches Machtspiel des Ego. Dahinter steht die heimliche Vorstellung, wer auch immer am längsten durchhalte, könne sich dem Urteil entziehen. Das stimmt jedoch nicht. Das Ego kann und will einfach nicht vergeben. Sein Widerstand gegen das Vergeben ist sein Vergehen gegen das Leben. Nur das Ego verurteilt, und dadurch wird es umkommen. Dagegen erhält die Liebe, die du bist, deine Unsterblichkeit, denn das Verurteilen ist ihr fremd.

Das Verurteilen war die Ursünde der Menschheit. *Es ist die einzige Sünde, derer eine reine, unschuldige Seele fähig ist. Das Urteilen führt unmittelbar und unausweichlich zur Trennung von dem, was verurteilt wurde, und damit auch zu einer gewissen Getrenntheit von Gott, denn der Schöpfer ist auch in dem, was verurteilt wurde. Urteile haben die Tendenz, sich zu vermehren und auszudehnen, bis die Getrenntheit von Gott zu einem riesigen Problem wird. In der Getrenntheit ist sich das Wesen seiner Quelle nicht bewusst und versucht daher endlos, sich selbst wieder zu erschaffen.*

Ohne die lange Zeit des Vergessens in der Getrenntheit und die vielen dichten Schichten nutzloser Identitäten, die daraus hervorge-

gangen sind, hätte eine Seele niemals in die Irre geführt werden können und wäre keiner Missetat fähig gewesen. Was die Welt als Sünde bezeichnet, ist das Ergebnis einer langen, tragischen Entwicklung, die aus der wahren Sünde hervorgegangen ist: dem Verurteilen und der daraus folgenden Getrenntheit von Gott, der Realität und den Nächsten. Alle Missetaten sind traurige Ereignisse, doch sie als echte Sünden zu betrachten, verschlimmert das Problem nur. In einer brüderlichen Gemeinschaft kann unmoralisches Verhalten nicht gebilligt werden, doch sie zu verdammen, unterstützt nur den Teufelskreis des Verurteilens. Das war das menschliche Dilemma. Wenn alles Verurteilen aufgegeben worden wäre und der Geist der Vergebung geherrscht hätte, dann wären die Menschen durch die Gnade zu ihrer Unschuld zurückgekehrt und mein Kommen wäre nicht nötig gewesen.

Als ich vor zweitausend Jahren hier zur Welt kam, bestand im Prinzip kein Unterschied zwischen meinem und eurem Potenzial, nur dass ich mich nie als von meinem Vater getrennt erlebt hatte und mich selbst nie als etwas anderes als die Liebe, die ich bin, kannte. Ich musste von einer Jungfrau empfangen werden, nicht weil ich den normalen Weg der menschlichen Empfängnis gering geachtet hätte, sondern weil ich damit ein Problem umging. Im organischen Leben ist nämlich die DNS als Leiter (im physikalischen Sinne) für die komplexen und geheimnisvollen Funktionen der Liebe erschaffen. Die menschliche DNS kann im Prinzip mit sehr hohen Ebenen der Funktionen der Liebe umgehen, doch sie muss sich dabei verändern und der jeweiligen Schwingungsebene anpassen. Wenn ich eine DNS verwendet hätte, die in einem Zustand der Getrenntheit entstanden ist, dann hätte das ähnlich gewirkt, als würde man Raketentreibstoff in einen Volkswagen füllen. Ich hätte mich mit einem solchen Körper einfach nicht vereinigen können, und meine Zeit, Getrenntheit zu erfahren, war noch nicht gekommen. Mein ganzes Leben lang, von meiner Empfängnis bis zum Kreuz, bereitete ich mich auf die Getrenntheit vor, mit deren Erfahrung ich mich einverstanden erklärt hatte. Die Schwangerschaft meiner Mutter sowie meine Kindheit und Jugend verliefen jedoch im Rahmen des Üblichen.

Das Opfer in meinem Kreuzestod lag nicht so sehr in der Tatsache, dass ich für euch gestorben wäre, sondern dass ich mich für euch getrennt habe. Der Tod bedeutet mir nichts, denn ich bin mir meiner Unsterblichkeit voll bewusst, und die Schmerzen des Sterbens hätte ich durch Liebe augenblicklich verschwinden lassen können. Mein Geschenk an die Menschheit bestand in der Trennung, die ich wählte. Die Getrenntheit der Menschen ist ausnahmslos dadurch entstanden, dass der Mensch sich durch seine Hingabe an seine persönlichen Fiktionen und Ego-Projektionen von Gott als Quelle der Liebe und der Realität entfernt hat. Der Mensch hat sich ganz von seinen persönlichen Zielvorstellungen und erfundenen Realitäten absorbieren lassen und darüber die Liebe vergessen, die er wahrhaft ist.

Meine Trennung war ein Akt der Liebe, *um es der Liebe möglich zu machen, sich mit dem Zustand der Getrenntheit zu vereinigen. Die lange Entfremdung von Gott konnte dadurch ein Ende finden.*

Viele sind für euch gestorben, viele haben ihr Leben für ihren Nächsten, für die Freiheit oder für heilige Prinzipien gegeben. Unzählige haben für euch gelitten, doch noch niemand hatte sich für euch getrennt! Ich trennte mich im Geist der Liebe, auf dass die Liebe selbst mit der Getrenntheit verbunden wäre. Dadurch wurde die Getrenntheit auf eine bloße Illusion reduziert. In dem Moment meiner Trennung erlebte ich eine derart tiefe Trauer, wie ich sie in meiner gesamten Existenz noch nicht erfahren hatte. Während ich am Kreuz hing und alle Getrenntheit der Welt empfing, erfuhr ich einen Augenblick lang die vollständige Loslösung von meinem Vater. Das Gesetz der Gnade sorgt jedoch dafür, dass du nur die Tatsache akzeptieren musst, dass du Liebe bist, um zum Vater zurückzukehren. Dieses fortwährende Wunder war mein bedingungsloses Geschenk an die Menschheit. Es steht jedem zur Verfügung, der sich dafür entscheidet, es anzunehmen. Auch wenn die Getrenntheit letztendlich immer eine Illusion war, stellte sie doch einst ein echtes Problem dar. Jetzt ist sie nur noch eine Illusion, die jeder einfach dadurch zunichtemachen kann, dass er das Schwert der Wahrheit ergreift und damit den Schleier durchtrennt.

Das Wunder meines Todes war die Auslöschung der Getrenntheit, denn dadurch wurde auch die Getrenntheit als Liebe verstanden und nicht mehr verurteilt. Das Wunder meiner Auferstehung lag nicht so sehr darin, dass mein Körper wiederhergestellt wurde, sondern dass die Einheit aus Mensch und Gott wiederhergestellt wurde, was die Getrenntheit in eine Illusion verwandelte. Diese Verwandlung ist nun jedem möglich, der die Liebe annimmt, die er ist. Du kannst die Illusion weiter aufrechterhalten, wenn du möchtest, oder du kannst das Geschenk annehmen. Mein Vater und ich haben dieses Geschenk all denen zur Verfügung gestellt, die dieses veränderte Potenzial nutzen möchten.

Mir wäre es lieber, dass das Geschenk gepriesen würde und nicht der Geber. Wer das Geschenk genießt, wird irgendwann seinen Weg zum Geber finden. Viele meiner Freunde und Anhänger tun sich in diesem Punkt schwer, weil sie meinen Ruhm bewahren wollen. Es ist traurig, dass sich so viele vor dem Geschenk verschlossen haben, weil sie es nicht verstanden oder weil ihnen der Geber aufgezwungen wurde. Mir wäre es anders herum lieber: dass das Geschenk im Vordergrund stünde, sodass es von allen verstanden und empfangen werden kann, denn es wurde frei und bedingungslos gegeben.

Weder ich noch meine Jünger haben die Erlösung so gepredigt, wie sie heute oft verstanden wird. Ein Mensch findet durch seine eigene Rückkehr Erlösung, nicht weil ich es ermöglicht hätte!

Beim Umgang mit Leiden und Erlösung spielt der freie Wille eine entscheidende Rolle. Der Mensch hat sich dafür entschieden, zu verurteilen, sich zu trennen und sich auf seine Weise zu erschaffen. Jetzt liegt es bei jedem, seinen eigenen Rückweg anzutreten.

Ich habe dir ja schon oft gesagt, dass ihr nicht in der gleichen Weise an das Gesetz von Ursache und Wirkung gebunden seid wie die Strukturen und die materielle Existenz. Über sie herrscht ein klares Gleichgewicht, das ohne lange zu fragen zu unmittelbaren und gerechten Reaktionen führt. Zwar hat auch das menschliche Verhalten seine Konsequenzen, doch dank der Liebe und Weisheit des Vaters bestimmen seine Kinder mit ihrem freien Willen über die Art *der Konsequenzen. Eure Erlösung unterliegt immer der Gnade und eurer Entscheidung.*

Was ich für die Menschheit tat, war tatsächlich ein Geschenk ohnegleichen. Ich habe es euch möglich gemacht, nach Hause zurückzukehren, zu der Erkenntnis der Liebe, die ihr seid, und zu einer persönlichen Beziehung zu eurem Schöpfer. Die Getrenntheit ist jetzt wie ein Haifisch ohne Zähne – jeder, der nach der Wahrheit strebt, kann diese Illusion durchdringen. Doch für diejenigen, die zitternd am Strand stehen bleiben, gefangen von ihren eigenen Urteilen und Schöpfungen, hat der Haifisch immer noch Zähne, und ihr Hass wird dafür sorgen, dass sie sich weiterhin vor spiritueller Erkenntnis fürchten. Mein Geschenk war nötig geworden, weil der freie Wille durch die Teufelskreise des Verurteilens fast zum Erliegen gekommen war. Zwar gab es in jeder Generation ein paar hingebungsvolle und tugendreiche Seelen, die ganz bewusst zu Gott zurückkehrten, doch den meisten Menschen war dies nicht möglich. Obwohl die derart Heimgekehrten eine größere Klarheit und Mitgefühl für das menschliche Bewusstsein hinterließen, änderte sich der leidvolle Zustand nicht.«

In diesem Augenblick hatte ich eine blitzartige Erkenntnis, die mir der Meister auch gleich bestätigte: Niemand kann sich zu einem Zustand der Vollkommenheit hin entwickeln! **Vollkommenheit ist der ursprüngliche Zustand, zu dem wir nur zurückkehren können!** Ich erkannte mit absoluter Deutlichkeit, dass die Vorstellung persönlicher Entwicklung eine Falle ist. Nur Illusionen können sich entwickeln, die Wahrheit ist immer konstant! Mir wurde klar, dass Jesus sich in seinem Leben nicht persönlich und spirituell zu einer Transzendenz hin entwickelt hat, sondern von Anfang an wusste, dass er im Namen der Liebe auf eine bewusste Trennung hinsteuerte, auf dass die größere Macht der Unschuld als ursprünglicher Seinszustand des Menschen wieder sichtbar würde.

Ich hatte weder Absicht noch Gelegenheit, den Meister zu fragen, ob er bereits zuvor in einem anderen Leben auf Erden gewandelt sei. Höchstwahrscheinlich ist er immer bei uns gewesen, und manche sind davon überzeugt, dass er von Zeit zu Zeit aufgetaucht ist, um auf den Verlauf der menschlichen Ereignisse einzuwirken. Vielleicht stimmt das und vielleicht ist es gar nicht wichtig. Wie auch immer er bei uns war, er war es immer im Geist der Unschuld, zu dem wir zurückkehren können, um unsere Liebe wiederherzustellen.

»Die Wiederherstellung der Liebe kann auf vielfältige Weise geschehen – durch ein friedvolles Gefühl im Herzen, durch einen tänzelnden Schritt, den Kuss eines Kindes oder einen strahlenden Frühlingsmorgen, wie auch immer du die Gegenwart Gottes erfährst. Wenn die Liebe eine Zeit lang verschwunden zu sein scheint, sorge dich nicht: Es scheint nur so, damit du sie wieder suchst. Die Liebe ist ein Mysterium – das größte Mysterium des Universums. Liebe ist dein wahres Selbst; so bist du Gott, der undefinierbaren ewigen Quelle allen Seins, entsprungen. Es gibt keine Erklärung dafür, wer oder was das Feuer der Liebe in dir entzünden wird. Es gibt auch keine Erklärung dafür, wie du in anderen dieses Feuer entfachst. Wie oft geschieht es in einer Gruppe von drei Freunden, dass einer anfängt, die Gesellschaft des einen dem anderen vorzuziehen, nur um dann festzustellen, dass der andere eigentlich sein wahrer Freund ist.

Liebe ist ein Geschenk, ein Wunder, ein Geheimnis. Deine Neigungen und die Sehnsüchte deines Herzens führen dich an ihre Schwelle, doch ihre Macht stammt aus der Gnade, nicht aus Erwartungen. Liebe ist das ultimative Paradox, denn sie ist das Lamm und der Löwe. Sie ist die ultimative Kraft der Hingabe.

Die Macht der Liebe rührt daher, dass sie über den Nullpunkt gebietet, an dem Raum und Zeit in der Ewigkeit göttlicher Energie und Bewusstheit eins sind. An diesem heiligen Nullpunkt ist Gott sowohl der Vogel als auch der Wind, sowohl der Baum als auch der Boden, sowohl der Fluss als auch das Boot, sowohl das Lamm als auch der Löwe. Wenn du in der Kraft deiner eigenen Liebe lebst, dann erfährst du diesen Nullpunkt, und alle Widerstände fallen weg. In diesem heiligen Jetzt löst sich alle Dualität in dem Wunder des Paradox auf.

Im Geben empfängst du. Im Loslassen erreichst du etwas. Im Vergeben wird dir vergeben. Im Nichtstun ist alles getan. In der Hingabe wird alles überwunden. Das geschieht nur durch die Liebe. Deswegen ist jede Gabe, die ohne Liebe gegeben wird, vergeudet. Das Geheimnis und das Wunder der Liebe kann jeden Gegensatz in ein lebendiges, dynamisches Paradox verwandeln. Eine Krankheit des Körpers kann genauso eine Heilung der Seele bewirken, wie eine finanzielle Misere neue Lebenskraft und neue Visionen hervorbringen kann.

Sei dankbar für die Liebe, wo auch immer sie dir erblüht. Schau und sieh den ›Geliebten‹, darin wirst du Freundschaft, Stärkung und Beglückung finden. Und wenn keine Liebe für dich sichtbar ist, bedeutet das nicht, dass die Person oder die Situation feindselig sein muss. Alles und alle gehören dazu. Segne sie, achte sie, und vergib, wenn nötig. Vor allem zwinge deswegen niemandem Liebe oder Schuldgefühle auf.

Die Liebe kann nicht erzwungen werden. Die Abwesenheit der Liebe muss mit genauso viel Anmut und Demut angenommen werden wie ihre Anwesenheit, denn beide sind Teil des Willens Gottes. Viele Konflikte hätten vermieden werden können, wenn die Abwesenheit der Liebe einfach als ein Zeichen dafür interpretiert worden wäre, dass der Zeitpunkt für Gemeinsamkeit noch nicht da oder vorüber ist. So ist es möglich, sich gegenseitig bei aller Unterschiedlichkeit zu segnen. Du kannst niemanden dazu bringen, dich zu lieben. Die Liebe ist in jeder Hinsicht ein Mysterium.

Die Liebe lässt sich unmöglich definieren, weil sie nicht von außen verstanden werden kann. Weil du Liebe bist, wirst du sie nie ganz begreifen. Weil Gott Liebe ist, ist sie ein göttliches Mysterium. Die Liebe kann nicht kontrolliert werden. Sie kann weder definiert noch berechnet, noch erzwungen, noch versklavt, noch getötet werden. Wenn du eine Vorstellung von ihrer Größe, ihrer Macht und ihrer Genialität bekommen möchtest, brauchst du nur daran zu denken, dass sie alle Dualität beenden kann. Liebe kennt kein Gegenteil. Sie kann nicht eingefangen werden und dient doch bereitwillig. Sie ist unendlich frei und begibt sich doch in Gefangenschaft. Sie kann nicht erzwungen werden und ist doch die Grundlage jedes Gesetzes. Sie ist die Botin der Wahrheit und urteilt doch nie. Sie sieht alles und verachtet nichts. Sie siegt durch Hingabe, sie regiert durch Aufrichtung. Durch ihre Meisterung des Paradoxen beendet sie alle Dualität.

Wissenschaftlich ausgedrückt, kannst du die Wirkung der Liebe als umgekehrte Transferenz beschreiben – einen Punkt einer Funktion, an dem zwei komplementäre Kräfte in Anwesenheit eines stabilen dritten Faktors ihre Modalitäten austauschen und die eine zur anderen wird. Deswegen lässt sich das Ur-Teilchen nicht experimentell isolieren. In der Liebe und durch sie wird immer ein Teilchen zum anderen. Dieser Prozess ist unter den primären Teilchen und Energien – und unter allen Wesen, die in Liebe sind – ständig im Gange. Auch dieses Geheimnis wird sich enthüllen, wenn die Wirkungsweise der Liebe besser begriffen wird.«

Mit Nachdruck fügte er hinzu: *»Die Liebe veranlasst die DNS, sich zu ändern, nicht umgekehrt. Die Vorstellung, dass sich die Menschheit durch Genmanipulation zu einer höheren Stufe hin entwickeln ließe, könnte sich als tödliche Falle erweisen. Die Wirkung der Liebe auf die DNS wird vor allem durch das Ego mit seinen Strukturen eurer persönlichen Verteidigungsmechanismen behindert. Das Ego verhindert, dass die Energie der Liebe die Heilungen und Wunder hervorbringt, die in eurem Leben möglich wären.*

Das Ego strebt immer nach Kontrolle, weil es sich tief im Inneren als minderwertiger Versager fühlt, was es gerne unter einem Mantel des Geheimnisvollen versteckt. Wenn Versagen und Minderwertigkeit durch viel Kreativität ausgeschmückt werden, könnten sie fast echt wirken, obwohl sie doch nur Lügen sind. Letztendlich ist das Ego die Quelle alles Versagens, weil sein eigener Widerstand es zu Fall bringt. Alles Paradoxe und alle Umkehrungen sind dem Ego daher unerträglich. Aber wenn du einmal weißt, wer du bist, dann verschwinden Ego und Ängstlichkeit, und du wirst als unendliches Liebespotenzial wiederhergestellt.«

Diese Worte sprach Jesus genauso wie viele andere in diesem Kapitel am 12. März 1992. An diesem Tag war das Gemälde so weit fertig, dass ich die meiste Zeit nur danach suchte, was ich noch vervollkommnen könnte. Ich ließ mir viel Zeit bei meinen Gesprächen mit ihm und sah ein bisschen ängstlich der bevorstehenden Veränderung entgegen. Ein Blick auf die Uhr sagte mir, dass es bereits halb fünf war und das beste Licht des Tages bald verschwunden sein würde. Also mischte ich schnell noch ein wenig Farbe an, um seinem Haar noch ein paar Strähnen hinzuzufügen. Doch als ich von meiner Palette aufsah, war der energetische Faden, der mir die Vision ständig vor Augen hielt, verschwunden! Ich sah Jesus vor mir stehen, doch seine Gestalt verblasste zusehends. Ich wusste, diese großartige Zeit in meinem Leben endete nun. Das Gemälde war vollständig, doch ich hörte weiterhin seine Stimme, wie sie mit unverminderter Klarheit sprach:

»Ich bin der Löwe, der als Lamm kam, und ich bin das Lamm, das dröhnte wie ein Löwe. Ich bin als lebendiges Paradox der Liebe auf Erden freigesetzt. Ich bin die Kraft, die ihre Dualität beendet.«

Er lächelte und schaute mich mit friedvoll brennendem Blick an, während er seine letzten Worte an mich, an Sie und an die ganze Menschheit richtete:

»Und ihr seid meine Geliebten.«

Epilog
Das Leben geht weiter ...

Sinn der Erinnerung
Ist die Befreiung – nicht ein Abnehmen der Liebe, sondern
Ein Erweitern über Begehrlichkeit hinaus, und so die Befreiung
Vom Künftigen wie vom Vergangenen.

T.S. Eliot: »Little Gidding«

Die Erscheinung war vorüber, doch meine Erfahrungen und mein Wachstum hatten gerade erst begonnen. Die ersten achtzehn Monate nach Fertigstellung des Bildes waren ein einziger Wirbelwind. Wann immer ich nicht unterwegs war, empfing ich Besucher aus aller Welt in unserem Wohnzimmer. Dabei waren vor allem die Kinder eine Quelle ständiger Freude. Ihre freimütige und unschuldige Art inspirierte mich, und im Gegenzug durften sie mit dem Kater spielen, der Jesus gesehen hatte.

Ich fühlte mich dem Gemälde derart verpflichtet, dass alles andere davon überschattet wurde, und ich hätte ohnehin nichts gewusst, was mich mit vergleichbarer Begeisterung erfüllen konnte.

Ich wurde oft darum gebeten, andere Bilder von Jesus zu malen, vor allem ein Porträt mit seiner Mutter in der klassischen Madonna-Haltung. So diplomatisch wie möglich wies ich alle derartigen Ansinnen mit dem Hinweis ab, dass jedes weitere Bild auf die gleiche besondere Art zustande kommen müsste wie das erste. Wenn der Meister ein weiteres Bild wünschte und es mir übermittelte, käme ich seinem Wunsch mit Freuden nach.

Darüber hinaus hatte ich nach wie vor nicht viel Bezug zu religiöser Kunst. Unter diesen Voraussetzungen hielt ich es für unwahrscheinlich, dass ein weiteres Bild zustande käme – und ungefähr sechs Monate lang hatte ich recht.

Zu meiner großen Überraschung erhielt ich jedoch im Herbst 1992 eine weitere Vision. Es geschah während des Abendgottesdienstes in einer kleinen Dorfkirche, in der ich gerade das Bild gezeigt hatte. Während des Schlussgebets bemerkte ich den speziellen Duft, den ich mit der Gegenwart Jesu in meinem Atelier verband. Ich hob den Kopf und öffnete meine Augen, um mich zu vergewissern. **Er war da!**

Ich verhielt mich vollkommen still, um die anderen nicht zu stören, und schaute andächtig auf das, was sich da vor meinen Augen abspielte. In Sekundenschnelle verjüngte er sich, bis er als kleines Kind im Arm seiner Mutter lag. Maria war jung und sah sehr hebräisch aus. Sie war lieblich anzuschauen, ein Bild der Unschuld, fast selbst noch ein Kind. Nach ein paar Minuten stabilisierte sich die Vision und blieb während der zwei Monate, in denen ich sie malte, unverändert. Ich nannte das Bild »Die Flamme der Liebe«, und es war am zwölften Tag des zwölften Monats um zwölf Uhr mittags fertig, genau neun Monate nach der Fertigstellung von »Das Lamm und der Löwe«. Noch am gleichen Nachmittag fand ein Empfang zu Ehren des Bildes statt, zu dem mehr als zweihundert Menschen kamen. Die jugendliche Maria und die Ähnlichkeit des Kindes mit dem Mann in »Das Lamm und der Löwe« riefen ehrfürchtiges Staunen und tränenerfüllte Augen hervor. Mein Leben wurde von da an noch geschäftiger, und meine Malsachen staubten ein. Die Malerei schien nur mehr ein Teil meines persönlichen Werdegangs gewesen zu sein.

Von Anfang an war mir klar, dass das Gemälde ökumenisch verbreitet werden sollte. Eines seiner herausragenden Merkmale liegt genau darin, dass es jeden persönlich willkommen zu heißen scheint. Das war mir bei meiner Suche nach einem geeigneten dauerhaften Ausstellungsort wichtig, und ich zögerte deswegen, es in einer Kirche unterzubringen. Außerdem sind die meisten Kirchen nur einmal in der Woche für ein paar Stunden geöffnet.

Menschen aller Altersstufen, aller Glaubensrichtungen und aller Rassen würden kommen, um sich in das Bild zu versenken, damit zu beten, zu meditieren und still den Segen durch sein Porträt zu empfangen. Sein Abbild schien eine unglaubliche Vielzahl von Ausdrücken und Charaktereigenschaften zu enthalten. Ich gebe mich gerne der Vorstellung hin, dass sein Porträt auf einer Art universeller Vorlage beruht, die unendlich viele Anpassungsmöglichkeiten enthält. Gleichzeitig hoffe ich natürlich auch, dass meine Vision eine gewisse Geschichtstreue enthält oder zumindest eine Art konstanten Aspekt des Meisters darstellt.

Viele Menschen, die ihn in Nahtoderfahrungen oder Visionen erblickten, haben mir geschrieben und meine Hoffnung bestätigt. Eine Pfarrerin stellte mir die folgende Passage aus ihren Seminarunterlagen zur Verfügung, die eine gewisse Authentizität der Darstellung unterstützt. Der Text stammt aus einem Bericht des Publius Lentulus, Statthalter von Judäa, an den römischen Kaiser Tiberius Cäsar. Er steht in Aramäisch auf einer Steintafel, die bei Ausgrabungen gefunden wurde [Jeffrey Furst, Edgar Cayce's Story of Jesus (New York, 1969), S. 212. Es gibt verschiedene Quellen, in denen dieser Bericht zitiert wird. Ich habe diese gewählt, weil in dem gleichen Text auch Edgar Cayces eigene Sicht des Meisters aufgeführt wird: »Ein Bild von Jesus könnte auf Leinwand aufgebracht werden ... Wäre ganz anders als alle anderen, die sein Antlitz dargestellt haben, der Körper, die Augen, die Form des Kinns, das völlige Fehlen eines jüdischen oder arischen Profils. Alles ist klar, rein und rötlich. Haar fast wie Davids, ein goldenes Braun mit gelbrotem Ton.«]:

»Zurzeit lebt in Judäa ein Mann von einzigartiger Tugend, dessen Name Jesus Christus ist, den die Barbaren für einen Propheten

halten, doch seine Anhänger lieben und verehren ihn als den Sohn des unsterblichen Gottes. Er ruft die Toten aus ihren Gräbern zurück und heilt alle möglichen Leiden mit einem Wort oder einer Berührung.
Er ist von hoher Gestalt und angenehmem Wesen. Die Farbe seines Haares ist selten, von der Farbe reifer Kastanien, und es fällt in Wellen auf seine Schultern. Seine Stirn ist hoch und ausdrucksvoll, seine Wangen sind makellos und von rötlichem Ton, seine Nase und sein Mund sind wohlgeformt, sein Bart voll und von gleicher Farbe wie sein Haar. Seine Augen sind von einem klaren Blau, sein Blick ist unschuldig, würdevoll, männlich und reif. Die Proportionen seines Körpers sind perfekt und einnehmend, und seine Arme und Hände sind wohl anzuschauen.
Er rügt mit Macht und tröstet mit Milde. Sein ganzes Wesen ist in Wort und Tat gewandt und würdevoll. Niemand sah ihn je lachen, obwohl er sehr freundlich ist, doch er hat oft vor anderen geweint. Er ist maßvoll, bescheiden und weise, ein Mann, der durch seine außerordentliche Schönheit und seine göttliche Art weit über den Menschenkindern steht.«

Dabei ist besonders bemerkenswert, dass dies von einem Römer über einen Juden geschrieben wurde, von einem Mann über einen Mann in einer Zeit, zu der ein derartiges Kompliment nur unter ganz besonderen Umständen ausgesprochen wurde.

All das nahm mich derart gefangen, dass ich meine Liebe zur Malerei fast vergaß. Die Reisen und Ausstellungen mit dem Gemälde waren wunderbar – und erschöpfend. Im Herbst 1993 war ich reisemüde und sehnte mich nach Ruhe und Erholung. Es überkam mich der Wunsch, wieder künstlerisch tätig zu sein, und zwar in einer Umgebung, die ich nicht mit der ganzen Welt teilen musste. Meine Sehnsucht brachte Erinnerungen an die Zeit mit dem Meister hervor und an die Gelassenheit, die ich in seiner Gegenwart empfand. Mein hektisches Leben hatte sich weit davon entfernt.

Ich schaute auf sein Bild in der Hoffnung, diesen Zustand inneren Friedens wieder zu finden, als etwas Merkwürdiges geschah. Anstelle seines Gesichtes sah ich Hunderte von anderen – ich sah die Gesichter all derjenigen, deren Leben und Herzen durch diesen Hinweis auf seine ewige Gegenwart berührt worden waren. Nacheinander lösten die Schichten sich auf, bis nur noch sein Antlitz übrig blieb. Ich verstand, dass nicht nur ich selbst mich nach der Ruhe und Einsamkeit meines Ateliers sehnte, sondern dass das Bild ebenso eines Rückzugsortes bedurfte. Es brauchte einen andächtigen, stillen Ort, an dem auch all die verschiedenen Leben, Überzeugungen und Herzen seiner Besucher geachtet würden.

Ich wusste keine Lösung, doch ich war mir sicher, dass der Meister die Lösung kannte. Ich betete und meditierte, um meine Sorgen loszulassen und mich der höheren Führung anzuvertrauen. Doch manchmal ist das Loslassen einfacher gedacht als getan. Als nach Wochen immer noch keine Möglichkeit auftauchte, wurde ich immer unruhiger. Tage und Nächte vergingen unter Anspannung. Ich hätte ein Wunder erwarten sollen, doch es überraschte mich wieder.

Zum zweiten Mal in meinem Leben wurde ich von einem seltsamen Licht geweckt, diesmal jedoch um drei Uhr morgens. Ich setzte mich im Bett auf und rieb mir die Augen. Nach kurzer Zeit konzentrierte sich das Licht in einer Ecke des Raumes und nahm die Gestalt eines Engels an. Vielleicht war diese Form aber auch nur das Muster, in das mein Verstand das nicht zu verleugnende Unbekannte vor sich übersetzte.

Es war eine beeindruckende Erscheinung! Als Kind hatte ich an Engel geglaubt, doch außer zu Weihnachten dachte ich eigentlich nie an sie, und ich hätte nie erwartet, zu Lebzeiten einen zu Gesicht zu bekommen. Was ich sah, war unerklärlich. Ich hatte zwar immer eine ausgeprägte Vorstellungsgabe, doch bis 1991 war meine Wahrnehmung immer im allgemein üblichen Rahmen geblieben. Wenn mich jemand gebeten hätte, einen Engel zu malen, hätte ich wahrscheinlich wie der französische Maler Courbet geantwortet, der hundert Jahre zuvor gesagt hatte: »Wenn Sie mir einen Engel zeigen, dann male ich einen Engel.«

Voller Verwunderung starrte ich auf das Licht, als der Engel sprach: »Fürchte dich nicht. Ich komme, um dich wissen zu lassen, dass deine Gebete erhört worden sind. Dem Gemälde wird ein Heim bereitet.«

Was er sagte, freute mich, doch wie er es sagte, erstaunte mich. Meine Ohren hörten eine liebliche, himmlische Musik, während mein Verstand die gleichen Klänge als Worte in meiner Sprache vernahm. Ich hatte deutlich den Eindruck, dass die »Musik« eine Art universeller Sprache darstellte, die jeder, der sie vernahm, in seine eigene Sprache übersetzen konnte. Später kam mir der Gedanke, dass es sich mit der visuellen Erscheinung vielleicht genauso verhielt.

Die Zeit mit dem Engel erschien mir wie zwanzig Minuten, doch wahrscheinlich war sie viel kürzer. Genauso wie in den Geschichten, brachte auch dieser Engel frohe Botschaft, doch trotz mehrfachen Nachfragens gab er mir keine genaueren Angaben über das, was kommen würde. Bevor er verschwand, legte er seine »Hand« auf mein Herz und sagte: »Ich pflanze diesen Samen von Bewusstsein in dich, um dir weitere Einsichten und Anweisungen zu geben.«

Ich wartete eine Weile passiv ab, doch nach ungefähr einer Woche siegte meine Neugier. Ich habe noch nie gerne gewartet. Ich verwarf die tausend Gebete, die mir in den Sinn kamen, und versenkte mich stattdessen in tiefe Meditation, in der Hoffnung, so an dieses Samenkorn von Bewusstsein zu gelangen, das der Engel in mich gelegt hatte. Doch nichts zeigte sich. Nach einer ganzen Weile, als ich kurz davor stand, diesen kontemplativen Zustand zu verlassen, vernahm ich wieder die Musik. Ich konzentrierte mich darauf und hörte die Worte: »Bau eine Abschirmung zum Beten.«

»Was?«, fragte ich verwundert nach.

Ich hatte keine Ahnung, was das sein sollte, geschweige denn, wie es in Bezug auf mein Anliegen stand. Doch das war alles, was ich zu hören bekam. Ich hatte um eine Antwort gebeten und erhielt einen Auftrag!

Aber da ich wohl kaum einem Engel widersprechen konnte, fuhr ich am nächsten Tag zum Baumarkt. Ich hatte immer noch keine Ahnung, wie das aussehen sollte, was ich zu bauen hatte, und wanderte suchend durch die Gänge. Nach den monatelangen Renovierungsarbeiten an unserem Haus kannte ich mich hier ganz gut aus, und die meisten Verkäufer kannten mich beim Namen. Doch ich konnte nichts Passendes finden.

Ich war schon auf dem Weg zum Ausgang, als ich über etwas stolperte und beinahe zu Fall kam. Jemand hatte mitten im Gang ein Türblatt liegen lassen. Ich wollte es aufheben und stellte zu meiner Überraschung fest, dass es ganz leicht war. Es war eine hohle Eschenholztür, und ich bemerkte die schöne Holzmaserung. Sie war auch nur sechzig Zentimeter breit, ein gutes Maß für das, was ich vorhatte. Ich könnte drei dieser Paneele mit Angeln verbinden, das würde eine sehr hübsche Abschirmung ergeben! Mit ein bisschen Lack und Verzierung wäre die Gebets-Abschirmung fertig, wofür auch immer.

Die Türblätter mussten etwas gekürzt werden, doch das hatte ich im Laufe der Renovierungsarbeiten gelernt. Als sie das richtige Format hatten, holte ich sie in mein Atelier. Bei näherer Betrachtung stellte sich heraus, dass sie auf einer Seite eine schöne Maserung hatten, die einfach nur lackiert werden musste. Doch die andere Seite sah ziemlich langweilig aus. Was war da zu tun? Ohne darüber nachzudenken, fing ich spontan an, die Türblätter mit Engeln zu bemalen.

Das erschien mir als eine angemessene Zurückweisung der Verantwortung an meinen Auftraggeber. Ich hatte ja keine Ahnung, dass das Bild, das vor mir entstand, ein wichtiger Meilenstein in meinem Leben sein würde! In jenem Augenblick hoffte ich einfach nur, durch die Abarbeitung meines Auftrags der Beantwortung meiner Frage nach einem Aufbewahrungsort für das Gemälde näher zu kommen. Doch es dauerte noch eine Weile, bis es so weit war.

Zunächst einmal bemerkte ich, dass mein Energieniveau und mein Lebensgefühl durch das Malen der Engel erheblich anstieg. Als ich fertig war, sah die ganze Abschirmung sehr viel schöner aus, als ich es erwartet hatte. Ich zeigte sie auf unserer Weihnachtsfeier, die kurz darauf stattfand, und da ich seit neun Monaten nichts gemalt hatte, fand sie viel Aufmerksamkeit. Eine Frau verliebte sich besonders in die Engel und versuchte hartnäckig, mich zum Verkauf zu bewegen. Ich war nicht interessiert und erklärte ihr immer wieder, dass die Abschirmung eine besondere Bedeutung für mich habe und unverkäuflich sei. Doch sie rief täglich an, und irgendwann gab ich nach. Sie hielt mir immer wieder vor, ich könnte doch eine neue Abschirmung machen, und das hatte ich dann auch vor.

Als sie jedoch mit ihrer Engel-Abschirmung zu Hause ankam, musste sie feststellen, dass sie nicht in ihr Haus passte. Sie ließ sich davon nicht entmutigen, sondern rief mich an und bat um Erlaubnis, die drei Teile auseinanderzubauen und einzeln aufzuhängen, denn letztendlich ging es ihr vor allem um die Engel. Der Kontakt mit ihr eröffnete auch mir neue Möglichkeiten.

Die Synchronizitäten gingen weiter und konnten kaum noch als Zufälle abgetan werden, denn nach zwei Tagen rief sie mich an und fragte, ob ich ihr neue Engeltafeln anfertigen könne.

»Warum?«, fragte ich. »Sind sie kaputtgegangen oder gestohlen worden?«

Etwas zögernd gab sie zu, dass sie sie verkauft hatte. Sie erklärte mir, dass am Abend zuvor sich eine Gebetsrunde, zu der sie gehörte, in ihrem Haus getroffen habe und dass zwei der Mitglieder dieser Gruppe die Engel für ihre Kirche kaufen wollten. Offensichtlich hatten sie ihr in punkto Hartnäckigkeit um nichts nachgestanden.

Dieses Projekt schien seine eigene Dynamik zu entfalten, gegen die ich nichts vermochte. Ich fing an, neugierig zu werden, was für ein Wind da durch die Bäume rauschte. Ich holte mir geschwind alles, was ich brauchte, und machte mich an die Herstellung ihrer neuen Engeltafeln. Bevor ich mich versah, wurde aus dem »Job« ein vergnüglicher Entdeckungsprozess neuer Freiheiten und Ausdrucksformen. Ich muss das geahnt haben, denn ich hatte instinktiv breitere Türblätter gewählt und sie auch stärker gekürzt, sodass ein Format entstand, das einem ausdrucksstarken Gemälde angemessener war. Während ich arbeitete, entdeckte ich Tiefen meiner Intuition, meines künstlerischen Ausdrucks und meines Schönheitsempfindens, die mir in meiner klassischen Arbeitsweise nie zugänglich gewesen waren. Nach weniger als zwei Wochen waren ihre neuen Bilder fertig.

Sie hatte sie kaum aufgehängt, als sie mich anrief und bat, ihr eine weitere Tafel zu malen. Sie hatte schon wieder eine verkauft! Der Wind, der da durch meine Bäume rauschte, entwickelte sich zum Sturm, denn im Verlauf der nächsten zwei Jahre malte ich Engel auf Engel, und jedes Mal, wenn einer fertig war, tauchte nach wenigen Tagen jemand auf und rief: »Das ist mein Engel!«

Besonders erstaunlich fand ich an der ganzen Geschichte, wie passend es war, dass der Engel sich ein Türblatt als Unterlage ausgesucht hatte. Nicht nur, dass der Prozess ein Tor in meinem eigenen Bewusstsein geöffnet hat – es ist auch eine wunderbare Metapher für den Platz, den die Engel in der Schöpfung als Torhüter einnehmen. Denn eines steht fest: Ohne äußere Intervention wäre ich niemals auf dieses Material verfallen!

Der hauptsächliche Grund für die ganze Angelegenheit enthüllte sich im Februar 1994. Jene Freunde meiner ersten Kundin, die ihr damals die ersten Tafeln für die Kirche abgekauft hatten, wollten gerne mehr Engel erwerben und mich aus diesem Anlass auch einmal persönlich kennenlernen. Ich lud sie zu uns nach Hause ein, und sie sahen das Bild von Jesus zum ersten Mal.

Es bewegte sie sehr, und die Begegnung wurde zum Beginn einer tiefen Freundschaft zwischen allen Beteiligten. Außerdem bestellten sie sieben Engel für ihre Kapelle.

Ich arbeitete fast den ganzen Frühling daran, und wir lernten uns in dieser Zeit ganz gut kennen. Sie gehörten zu einer christlichen Organisation, die zum Zeitpunkt ihrer Gründung 1993 erklärt hatte, dass sie allen Menschen und allen Aspekten christlicher Wahrheit gegenüber offenstehe. Daher auch ihr Name »Christ Truth League« (dt. »Bund christlicher Wahrheit«). Seitdem lehrten und dienten sie von ihrem wunderschönen, sieben Hektar großen Gelände in Fort Worth aus. Ihrem ökumenischen Ansatz entsprechend, wirkten sie vor allem durch Veröffentlichungen und unterstützten andere christliche Organisationen. In ihrer Kapelle vereinen sich in lieblicher Weise traditionelle und moderne Motive. Sie steht mitten auf einem sehr schön parkähnlich angelegten Gelände, das der ganzen Anlage eine heitere Gelassenheit verleiht, die auch die erschöpfteste Seele erquicken kann. So wirkte es jedenfalls auf mich.

Der Pfarrer Dr. Applegate war von »Das Lamm und der Löwe« tief beeindruckt und bat mich, es an einem Sonntag zum Gottesdienst in der Kapelle auszustellen. Es ergab sich, dass zu dem ausgewählten Termin auch alle neuen Engel fertig sein würden.

Jener Sonntag begann als ein strahlend blauer Frühlingsmorgen. Ich freute mich darüber, obwohl ich gelernt hatte, dass ich mir in Bezug auf das Bild keine Sorgen zu machen brauchte. Welches Wetter auch immer vor oder während einer Präsentation herrschte: Zu dem Zeitpunkt, an dem das Bild vom Auto ins Haus oder vom Haus ins Auto gebracht werden musste, gab es keine Probleme. Etliche Male hatte es noch Minuten zuvor gestürmt und gegossen, doch plötzlich, genau dann, wenn wir es brauchten, schien das Wetter Pause zu machen! Nichtsdestotrotz war ich dankbar für den Sonnenschein und das Zwitschern der Vögel.

Also brauchte ich mir über nichts Gedanken zu machen – glaubte ich!

In dem gleichen Augenblick, als der Pfarrer den Segen sprach, verdunkelte sich der Himmel, und die Elemente bekräftigten das »Amen« mit Blitz und Donner. In wenigen Minuten fing es an, wie aus Kübeln zu schütten. Bisher hatten sich alle Schwierigkeiten mit widrigem Wetter immer nach ein paar Minuten von selbst geklärt. Doch diesmal nicht, und zwar drei Tage lang. Es regnete drei Tage lang unaufhörlich, Tag und Nacht. Das Bild musste also dort bleiben.

Zum ersten Mal in seinem Leben wurde das Bild der Obhut von jemand anderem anvertraut. Es war dafür nicht versichert, was mir zwar nicht wirklich Sorgen machte, doch die Gemeinde fühlte sich dadurch ebenso geehrt wie verunsichert. So kam es, dass sie über zweiundsiebzig Stunden hinweg bei dem Bild Wache hielten, was ihnen letztendlich genauso zugutekam wie dem Bild. Viele erlebten Visionen und bedeutsame Träume in der Gegenwart des Bildes und ließen sich auf eine tiefe Seelenverbindung mit ihm ein.

Der wichtigste Traum wurde Deborah Truman geschenkt, der Frau, die die ersten beiden Engel für die Kirche gekauft hatte. Sie träumte, dass »Das Lamm und der Löwe« zu Hause angekommen sei. Ohne göttliche Inspiration wäre das eine ziemlich gewagte Behauptung gewesen, denn ich hatte zu niemandem außer meinem Mann etwas davon verlauten lassen, dass ich nach einem Ort für das Bild suchte. Sie erwähnte ihren Traum auch erst Wochen später, als ich in einem Gespräch bemerkte, dass unser Besuch ihrer Kirche mit dem Gemälde der Höhepunkt unseres Frühlings gewesen sei. Ihre Botschaft überraschte mich genauso wie die Idee als solche. Bis zum Februar hatte ich noch nie etwas von der »Christ Truth League« gehört. Doch bei genauerem Besehen musste ich feststellen, dass die Kapelle alle Kriterien erfüllte, die ich mir gewünscht hatte, inklusive der Tatsache, dass sie sieben Tage in der Woche der Allgemeinheit für

Gebet und Meditation offen stand. Sie war leicht zu erreichen, ehrwürdig und wunderschön.

Wir kamen schnell überein, und im Juni konnten »Das Lamm und der Löwe« und »Die Flamme der Liebe« in ihrem neuen Zuhause einziehen. (Christ Truth League ist eine nicht konfessionsgebundene christliche Gemeinschaft mit internationalen Verbindungen. Die Adresse ihrer Kapelle und ihres Büros ist 2409 Canton Dr., Fort Worth, TX 76112. Die Gemeinde und ihr Vorstand haben diese Botschaften großzügig und rückhaltlos unterstützt. Trotzdem möchte ich hinzufügen, dass ihre Glaubensgrundlagen unabhängig von den Inhalten dieses Buches sind.)

Es war ein wunderbarer Abschluss einer wunderbaren Reise, die zu jedem Zeitpunkt von Wundern begleitet war, doch erst als ich die Bilder dort zufrieden zwischen ihrer Eskorte von Engeln hängen sah, erkannte ich so richtig, wie all die Synchronizitäten mein Leben durchdrungen und den göttlichen Willen sichtbar gemacht hatten. Synchronizität muss der dynamische Prozess sein, aus dem Wunder entstehen. Wenn wir nur besser zuhören würden!

Die Bilder lebten jetzt ihr eigenes Leben, und ich malte bis zum Frühjahr 1996 weiterhin Engel auf Eschenholztüren. Offensichtlich brauchte ich so lange, um meine nächste Tür zu durchschreiten. Ich empfand die Engel als Kräfte der Liebe, die sich unaufdringlich und doch kraftvoll in Situationen einbringen, die eine Extra-Portion Schutz, Unterstützung oder Inspiration brauchen. Ab und zu erhaschte ich einen Seitenblick auf ein vorüberziehendes Licht oder einen ungewöhnlichen Duft. Doch meine Wahrnehmung befand sich nach wie vor in dem Bereich, den wir als »normal« betrachten – was auch immer das bedeutet. Mein erweitertes Bewusstsein der Liebe war mir um vieles wichtiger als irgendwelche sichtbaren Manifestationen himmlischer Wesen. Ich malte Engel, weil meine Seele nach Erkenntnis und Kontakt mit dem höheren Leben hungerte. Außerdem erfüllte der am Anfang so schwierige Akt der Hingabe mich inzwischen mit großem Glück. Ich ließ die Kräfte der höheren Bewusstseinsebenen durch mich hindurchströmen, und ihre Schönheit trug Früchte.

Ich brauchte niemanden mehr, der mir Porträt saß, und auch keine Vision, die ich in mir trug. Meine »Vision« war jetzt das Drängen meines Herzens nach Möglichkeiten, die höhere Führung zu ehren und ihr genauso zu dienen wie meinen Nächsten, von Seele zu Seele. Die Schwelle war überschritten und eine neue Welt künstlerischer Ausdrucksmöglichkeiten hieß mich willkommen. Mit dieser Erkenntnis konnte ich auch die Türblätter hinter mir lassen und wieder zu geeigneteren Malunterlagen zurückkehren. Ich brauchte die Türen nicht mehr, weil mein Herz zum Tor geworden war.

Mit meiner neuen Arbeit entwickelte sich auch meine Wahrnehmung weiter. Ich malte weiterhin Engel, und sie wurden immer schöner. Doch noch wichtiger war, dass eine neue Ausdrucksebene hinzukam, die die menschliche Seele einschloss. Nach mehr als hundert Engelbildern bemerkte ich, dass in allen die Person, der das Bild dann später gehörte, unzweifelhaft präsent war. Nicht unbedingt direkt, sondern eher in Zeichen wie einer bestimmten Farbwahl, besonderen Symbolen oder Hintergründen und manchmal auch einfach in der Atmosphäre. Ich will bestimmt nicht behaupten, dass ich die Beziehung zwischen Engeln und Menschen verstünde. Ich weiß lediglich, dass sie weder das Recht noch die Pflicht haben, in unser Leben einzugreifen. Als Freunde aus einer anderen Dimension können sie allerdings manchmal Gefahren abwenden, und sie streben immer danach, unser Bewusstsein zu erhöhen. Sie tun das durch Seelenverbindungen. Diese Seelenverbindungen wurden mir immer deutlicher. Am Anfang hatte ich die Engel einfach als einzigartige Manifestationen höherer Existenzebenen gemalt. Doch seit 1995 war der höhere Aspekt der menschlichen Seele, der die Engel berührt, mindestens genauso wichtig geworden wie die

Engel selbst. Das ist sicherlich ein Spiegel meines eigenen spirituellen Prozesses jener Zeit.

Im Laufe der Zeit galt es, eine weitere wichtige Veränderung zu integrieren: Ich musste lernen, ohne »Das Lamm und der Löwe« als meinen ständigen Begleiter und meine Inspiration zu leben und zu malen. Am Anfang war es so, als wären gute Freunde in eine andere Stadt gezogen, und man spürt ihre Nähe noch an all den vertrauten Orten. Dann erging ich mich in Erinnerungen. Doch irgendwann erkannte ich, dass nichts wirklich Wichtiges weg war. Im Geiste war der Meister immer noch bei mir, und mein spirituelles Wachstum war reichhaltiger, als ich mir je hätte träumen lassen.

Jeden Tag, den ich im Atelier verbrachte, hielt ich Ausschau nach Spuren seiner Anwesenheit und fand auch meistens welche. Doch genauso wie in meinem Verhältnis zu den Engeln verschob sich auch hier der Schwerpunkt. Unsere Seelenverbindung wurde mir wichtiger als irgendwelche physischen Manifestationen. Das bewirkte, dass ich mich deutlicher an die erste heilige Erscheinung erinnerte als an seine nachfolgenden Besuche. An jenem 23. November 1991 hatte ich keine Ahnung, wer da in jenem weißen Licht reiner Geistigkeit vor mir stand. Ich wusste nur, dass es etwas Heiliges war. In den letzten Jahren wurde mir klar, dass es Jesu reine, ewige Seele war. Dieses Verständnis hatte eine tiefe Wirkung auf meine Selbstwahrnehmung und ist zum Richtstrahl für das geworden, was ich zu werden suche.

Dieser Erinnerung und meiner zunehmenden Wahrnehmung ihrer Reinheit zu Ehren habe ich ein Bild dieser ersten Begegnung gemalt, das ich »Erstes Licht« getauft habe. Für mich repräsentiert es den Anfang und das Ende meiner Suche, denn der vollkommene Frieden der Liebe, der Wahrheit und der Gelassenheit ist unsere ultimative Zuflucht. Das ist das Heilige Herz, das Himmelreich, das in uns lebt.

In meiner Hingabe an die Inspirationen meiner täglichen Meditationen, Gebete und schöpferischen Aktivitäten wurde meine Verbindung mit dem lebendigen Christus noch tiefer und gleichzeitig lebendiger. Es gab keine weiteren Erscheinungen, die so ausgedehnt waren wie die erste, doch im Laufe der Jahre ist er einige Male kurz aufgetaucht, und ich erfuhr häufig eine erhellende und tröstliche Verbundenheit. Vor allem entwickelt sich unsere Beziehung ständig weiter, und ihr Potenzial überstrahlt alles, was ich mir 1992 hätte träumen lassen.

Während seines Besuches hatte ich mir ausführlich Notizen gemacht. Ich tat das nur, um mich später an seine Lehren besser zu erinnern, denn ich ging davon aus, dass ich für den Rest meines Lebens daraus lernen könnte. Mit keinem Wort erwähnte ich diese Notizen anderen gegenüber, denn der emotionale Druck wäre zu groß gewesen. Viele Menschen brachten dem Gemälde eine solche Ehrfurcht entgegen, dass ich nur umso fester entschlossen war, nichts verlauten zu lassen.

Dabei wäre es auch geblieben, wenn mich der Meister nicht 1996 aufgesucht hätte, um mich zu bitten, das Schweigen zu brechen. So bereitwillig wie unsicher gab ich seinem Wunsch nach und begann im Mai jenes Jahres damit, die Informationen bekannt zu geben. Ich tat das in einer Reihe von Vorträgen mit Hilfe eines Großteils meiner damals noch unüberarbeiteten Notizen. Diese Vorträge wurden auf Kassette aufgenommen und unter dem Titel »Conversations with Christ« veröffentlicht.

Mit dem Mut, die Wahrheit auszusprechen, begann ein neues Leben für mich. Indem ich das, was mir heilig ist, mit anderen teilte, erreichte ich meine heilige Zuflucht, nicht in Form eines passiven Rückzugsortes, sondern in einem dynamischen, lebendigen Prozess, der mein ganzes Leben und Arbeiten durchdringt und lenkt. Endlich erkenne ich, dass das Heilige Herz die Kirche der Menschheit ist, das innere Heiligtum, in dem die Seele in ewiger Verbindung mit Gott und in brüderlicher Gemeinschaft mit allem Leben ruht.

Über die Autorin

Die in Texas geborene und aufgewachsene Künstlerin Glenda Green galt in den Siebzigerjahren als eine der besten realistischen Malerinnen der USA. Ihre Spezialität waren Porträts in Öl, und ihre Werke sind unter anderem im Smithsonian Institute und im Museum of the City of New York ausgestellt. Seit sie 1991 das Bild »Das Lamm und der Löwe« malte, veränderte sich der Schwerpunkt ihrer Kunst und ihrer Karriere. In den letzten Jahren verbringt sie neben der Malerei einen großen Teil ihrer Zeit mit öffentlichen Vorträgen über ihre Begegnung mit Jeshua und ihre daraus gewonnenen Erkenntnisse.

Glenda Green
Liebe und Bewusstsein
TB, 416 Seiten
ISBN 978-3-86728-292-5

»Liebe und Bewusstsein – Die Weisheiten von Jeshua«
enthält die Essenz der Gespräche zwischen der Künstlerin Glenda Green und Jesus Christus. Er erschien ihr
1992, während sie sein Porträt malte. In ihrem ersten
Buch »Unendliche Liebe – Jesus spricht« wurde ein
großer Teil dieser ungewöhnlichen Gespräche zum ersten
Mal veröffentlicht. Einige der Informationen, die sich
ihr zunächst nicht erschlossen hatten, behielt sie, um sie
noch tiefer zu begreifen. Unter der ständigen Begleitung
des Meisters entwickelte sich ihr Verständnis des Lebens
und sie entdeckte bisher noch verborgene Wahrheiten.
In diesem Buch werden nun auch die restlichen Notizen und Informationen der Öffentlichkeit zugänglich
gemacht. In einer modernen Sprache und mit Beispielen
aus unserer Zeit enthält es die Quintessenz der Lehren
des geliebten Meisters.